上层的雪

很冷吧。

冰冷的月光照着它。

下层的雪

很重吧。

上百的人压着它。

中间的雪

很孤单吧。

看不见天也看不见地。

————金子美铃《积雪》

西风东土

两个世界的挫折

熊培云 著

Gone With the Western Wind

新星出版社 NEW STAR PRESS

图书在版编目（CIP）数据

西风东土：两个世界的挫折／熊培云著 . —— 北京：新星出版社，2016.4
（2025.5 重印）

ISBN 978-7-5133-2012-2

Ⅰ . ①西… Ⅱ . ①熊… Ⅲ . ①社会科学－文集 Ⅳ . ① C53

中国版本图书馆 CIP 数据核字（2015）第 313517 号

西风东土：两个世界的挫折

熊培云　著

策划编辑：陈　卓
责任编辑：陈　卓
责任印制：李珊珊
封面设计：hanyindesign

出版发行：新星出版社
出 版 人：马汝军
社　　址：北京市西城区车公庄大街丙3号楼　　100044
网　　址：www.newstarpress.com
电　　话：010-88310888
传　　真：010-65270449
法律顾问：北京市大成律师事务所

读者服务：010-88310811　　service@newstarpress.com
邮购地址：北京市西城区车公庄大街丙 3 号楼　　100044

印　　刷：河北尚唐印刷包装有限公司
开　　本：660mm×970mm　　1/16
印　　张：40.25
字　　数：510千字
版　　次：2016年4月第一版　　2025年5月第七次印刷
书　　号：ISBN 978-7-5133-2012-2
定　　价：79.00元

作者像　2011 年摄于东京大学

人是意义动物，而不是真理动物。

目录

道路与命运——卷中插画

下卷

自序 人类尚未形成

2014年6月，我赴东京大学做客座研究员。几个月后，便有了这部日记体访学笔记。它详细地记录了我旅居日本期间的所见与所思。这是我在写作上的又一次尝试。我曾经说过，寻找一种适合我自己的表达方式，是比拓展我的言论自由更严肃的事情。

旅日数月，甘苦自知。除了日常的读书、交谈和讲座，每晚我还必须整理出当天重要的见闻和思考。为省时并便于现场记录，平常出门我除了背一个长镜头相机，还要带上一台笔记本。随身带相机是做记者时养成的习惯，我喜欢用相机做笔记，见到有意思的东西便拍下来，尤其是文字资料，说不定什么时候会用上。至于随身带电脑，完全是因为有了前车之鉴。

几年前我曾两次访美，一次为观摩美国大选，另一次是为寻找美国非暴力运动的思想资源。几个月里我先后跑了美国东西部许多地方，并记下了厚厚几本笔记。不幸的是，直到现在我也没能将它们一一整理出来，或许将来直接变成遗物也未可知，我有时会这样想。

而这次，我不得不像个打字员一样度过劳累而充实的每一天，虽然同样地日日辛苦，但后期整理确实要容易得多。从日本回到中国时，我的电脑里已经有四五十万字的文稿等着我了。

问题与方法

去日本之前，我准备探讨的是有关中日和解的主题。这是我的一个心结。早些年在法国，我时常惊讶于法德之间的和解。而东亚，尤其中日之间的纷争让我不得不为这两个所谓"同文同种"的国家叹息。

我清晰地记得五年前第一次到日本时的感受。当时天空中飘着细雨，我走在东京的大街上，仿佛并没有走出中国。这里有太多和中国相似或相关的东西，比如人的肤色、体型以及随处可见的汉字。不同的是日本人喜欢打躬。事实上，这也是中国到了近代才丢掉的礼节。以前，中国人不仅打躬，还要作揖。刘半农曾写过一本《作揖主义》，大意是说不管有什么天大的事，不与别人争论，多作几个揖，送走后好忙自己的事——"要办事，还是办我的事；要有主张，还仍旧是我的主张"。

然而明治维新以后，就是这个具有中国古代文化特质的日本（春秋人格＋儒家思想＋天子崇拜），渐渐与中国结下冤仇。从"和魂汉才"到"和魂洋才"，日本曾是东亚最好的学生，谁知他竟以弑师之礼毕业——不仅攻击了中国，也攻击了美国。此"和魂"者，亦变异为"不和之魂"也。

百余年前，美国诗人亨利·朗费罗（Henry W. Longfellow）曾经说过："如果我们能读懂每个人秘藏的历史，在每个人的生命里发现他的哀伤和痛苦，所有的仇视也就放下了（disarm all hostility）。"我相信了解是和解的前提。在此背景下，我准备了不少有关日本的问题。比如：媒体与知识分子在日本法西斯化过程中起了怎样推波助澜的作用，今天处于十字路口的日本出现了怎样的变质，日本能否守住和平宪法第九条，等等。与此对应的是中国该怎样应对目前中日关系恶化的局面。此外，日本普通的国民，甚至包括当年挑起战争的狂热分子以及今天的极右势力，他们究竟是些什么样的人，有着怎样的内心世界，这些问题也都是我想了解的。

至于具体的研究方法，它同样得益于我几年前的美国之行。当时我正在伊利诺伊州观摩大选，所到之处，我问了很多人，他们无一不说现任总统的好话，并准备助奥巴马一票之力。这是我在美国现场做的随机民意调查，然而，为什么我搜集的民意和美国主流媒体及民意测验中心发布的结果大相径庭？

根据现场调查，我的结论是90%以上的美国人都支持奥巴马连任，而其他民调却显示两位候选人平分秋色，甚至罗姆尼在第一轮电视辩论后还暂时领先于奥巴马。

这一落差很快让我警觉起来，我注意到我的抽样出了严重的纰漏。我经常是在公交车站或长途汽车上抛出问题，而这里聚集了大量底层民众尤其是黑人和来自拉美的少数族裔。换句话说，我差不多是在奥巴马的客厅里调查有多少人支持奥巴马！合理的抽样很重要，同样是关于国民体质的调查，在游泳馆里和在手术台上得出来的数据自有天壤之别。

以上醒悟让我突然之间明白了许多道理。比如说在中国，我经常会在一些聚会上遇到和我意气相投并有着相同价值观的人，对中国该如何转型我们通常会有一个共识。但是，倘使我由此得出一个信心满满的结论，以为中国会朝着我们的共识走，那真是异想天开了。因为那些聚会上的共识并非这个国家的共识。难以计数的反对我们的人，并没有出现在那些聚会上。同样，如果在认同我的读者当中调查《环球时报》与《自由在高处》哪个更好看，这种抽样也是有问题的，因为被调查者是一群被我的写作过滤出来的人。

中国未来走向之复杂性远非几个志同道合者坐在一起可以预见或判断的。每个圈子都有每个圈子的局限性，作为时代观察者与思考者，如果想了解更多，你就得不断地离开原有的圈子，走进更广泛的人群，倾听更多的声音，梳理出更多的思路。

我把这种醒悟带进了我的日本之行。无论是对历史还是现实的了解，我的判断只能来自于我所能够获得的材料，即可能的事实。为此，我必须做到两点：

其一，事实层面。因为我能获得的事实或者材料是有限的，所以我要尽力获得更多的样本，要接触日本的各个阶层和领域。所以，在那一百多天里，除了旅日华人，我的访问对象还包括日本的学者、议员、律师、杂志主编、新闻记者、家庭主妇、企业家、小商贩、大学生、皮条客、公务员、维权者、自建房屋者、年届九旬的老人、侵略者和被屠杀者的后代，以及我在审美上完全不能接受的右翼作家和右翼出版人。

注意，有些人的身份可能重叠。就立场而论，他们有的支持日本向右转，有的模棱两可，有的完全反对。无论如何，我相信和他们交流对我思考日本和中日关系是有益的。做完这些功课，剩下的就是"读万卷书，行万里路"。我既要恶补自明治以来与日本相关的书籍，还要去山梨、山形、京都、奈良、大阪、横滨、久里滨、茨城、北海道和冲绳等地寻找历史与现实的交汇处。即便如此，我也清楚地知道，我所能获得的材料对于了解这个国家而言仍是微乎其微的。

其二，意义层面。既然观察与思考注定是一个断章取义的过程，在对日本做判断（为事实赋予意义）时，我更要十分谨慎。事实是事实，意义是意义。我们无法获得全部的事实，却热衷于生产各自的意义，这既是个人隐性之权力，也是世间纷纭复杂、参差多态之原因。当我们说"物以类聚，人以群分"时，那更多是意义层面的事情。如果我想打捞事实层面的东西，我就不能只关注我所垂青的角色（重要的意义素材），还要还原或者扫描整个舞台。

心理学上有个实验很好地解释了我的担忧。美国伊利诺伊大学心理学家丹尼尔·西蒙斯和他的同事在1999年进行了一项实验。他们让志愿者看一段打篮球的视频，要求他们数出三位身着白衣者的传球次数，而无须理会三位身着黑衣者。那些人传球时，一个打扮成大猩猩模样的人走进他们中间，面对镜头捶打胸膛，在镜头前停留 9 秒后退出。视频播完后，一半志愿者回答没有看见"大猩猩"上场。

这就是著名的"看不见的大猩猩"实验，心理学家将此现象归因于"视觉盲视"。简单说，人们只能看到自己想看到的东西。当你把注意力集中在某个事物上时，你会对周围的事物视而不见，哪怕它就发生在眼前。

《小王子》里有句经典的话——"只有用心才能看到本质——最重要的东西眼睛是无法看到的。"这句话其实也可以反过来说：当我们用心观察某事物时，最简单的东西我们可能看不见——但它们确实真实存在。用心看是追求意义，用眼看是尊重事实。最好的状态是心眼并用，意义不否定事实，事实不代替意义。

何谓"西风东土"

这些年我梦见最多的是老家的风景与村庄，我几乎没有梦见过城市。在国外旅行时我也会格外留意乡间的老屋。这次在日本，看到一些江户时代留下的房子，我虽为之赞叹，内心却有不平——我家原本有一栋带天井的几进老宅，据长辈说便是被日本兵烧掉的。几年前，当我为写作《一个村庄里的中国》搜集日军在我老家犯下的种种恶行时，更是满腔愤懑与伤感。

因为上述原因，每当我踏上日本的土地时，内心难免被另一种悲哀笼罩——同为东土，这个深受中国文化影响的岛国，何以在其文明的母国衰落之时举起了屠刀？

无论是聊天还是在一些书上，我都接触到一种非常流行的辩解——帝国主义化和法西斯化是因为日本在近代化过程中向西方学坏了。言下之意，东土原本和谐完整，怪只怪"西风吹裂了东土"。我当然不能认同这种寻找替罪羊式的解释。我并不否认对西方的学习在一定程度上"帮助"日本走上了邪恶的道路，但它只是无数稻草中的一根而已。虚荣的天皇、试图以侵略谋求发展的失意武士、鼓噪战争的无良媒体人以及脑壳小得只装得下天皇的农民，他们哪一个是西方教出来的？

这可真是找对了尺子量错了对象。在一个弱肉强食的世界里，最重要的是强弱对比。没有学习西方之前，日本也曾试图吞并比它弱小的琉球。就算向西方学来的器物之变将日本带到了某个"tipping point"（引爆点），最终影响日本国策的仍是日本对周边国家的强弱判断。试想如果当年日本确信在军事上将输给中国，它一定会收起尖牙利爪。至于后来自不量力地袭击美国，那完全是日本在陷入战争泥潭之后的疯狂。

以"西风东土"统括此书，与上述争论有关。西风是流动的，它像是一种观念的潮流，四处飘荡；而东土是凝固的，它包含着人与附着其上的传统和习俗。风可以帮助花蕊孕育，也可以吹落花蕾，但风不会让一粒樱桃的种子长成一颗土豆。土地里有什么样的种子，孕育什么样的果实，终究都是土地自己的事。

在这里，西风的内涵也会随着东土的意义发生变化。当东土仅指日本时，西风既包括现代意义上的西方（欧美），也包括日本以西的中国。这也印证了日本由"和魂汉才"到"和魂洋才"的转变。而当东土指现代意义上的东方时，它既包括日本、中国，也包括亚洲许多其他国家，西风则仅指现代意义上的西方。但正如萨义德所说，东方只是一个被发达国家制造出来的概念。所谓"近东"、"远东"等体现的都是典型的欧洲中心论。如果考虑"地球是圆的"这一因素，除了南极北极，从地球上任何一点西行都可以回到自身。换言之，在这颗星球上，凡位于我西方的土地必然同时位于我的东方。那东西还有什么区别？人们在地理上区分东方与西方，是为了确定方位；人类在政治上划分东方与西方，只能说明人类尚处于分裂之中。

"我者—他者"是一种相反相成的关系。一方面，我者与他者对立；另一方面，为了证明自己的存在，我者需要不断地制造他者。比如奴隶主需要奴隶这个"他者"来确立奴隶主的身份，而爱国者也需要圈定"卖国者"这一身份来完成自己的身份认同。同样，还有"东方—西方"。

虽然我们名义上同属人类这一物种，并置身于所谓的人类文明之中，但人类从来没有真正生活在同一个世界里。误解与被误解，施虐与受虐，征服与臣服，同胞与异类，只要"我者—他者"这个模式一直存在，人类就永远有两个世界的挫折。而层出不穷的事实一次次证明，随着人类历史进程的加快，一个世界的挫折必然会影响到另一个世界。这也解释了为什么当日本走向法西斯时，被其视为他者的美国和中国都无法独善其身。

除了"东西"，本书书名暗含"风土"。往深层次说，我这里所谓的东土，亦可指人性本身。在人性广袤的大地深处，埋藏着难以计数的欲望与恐惧的种子。风可以吹落它们结下的善或恶的果实，但风不能吹走深藏在种子里的欲望与恐惧，那是人类善恶的源泉。没有欲望与恐惧，人就不复存在了。

人有欲望与恐惧，并不必然为恶。真正的自由，不过是要求你的欲望以他人的恐惧为界。有一点是日本在近现代化过程中改变了的，即国民对个体与国家的理解。这是意义层面的事情，人性以外还有"人义"，我在后面会谈到。

我还想提前申明，如果有朝一日我把在法国、美国甚至计划中的印度的访学笔记整理出来，也可能冠之以"西风东土"，到时候它们又会有另一番含义。想想生活中还有那么多事情可以做，人生还是有希望的。

线索像瀑布一样散开

这是一本主题日记，它历时性地记载了我在日本几个月的生活。书中不仅贯穿了几个固有的思考主题，而且详细记录了我在日本的交往。随着时间的推移，主题渐渐增多，就像流瀑从山上的峡谷飞出，散开，至潭底而浪花四起。

我喜欢文森特·梵高的绘画，这源于一种审美上的需要和心灵上的激情。我的写作也因此不时浸透着这种绘画风格。我用文字画出若干轮廓并涂上异彩纷呈的色块，只求它们热烈、具体却又不令人窒息。我每写一篇文章，通常都会花很长的时间，有时候会停下来放几天，像是画家等待油彩风干了之后再画。

右翼抬头让日本重新回到了历史的十字路口。我很幸运，刚到日本的第二天就开始了对石桥湛山的寻访。我试图以他为契机寻找日本的自由主义与个人主义传统，这是一种奇妙的感觉。原本想以石桥湛山为中心写一本关于"小日本主义"的书，但随着寻访的深入，我很快发现还有更多内容需要记录，比如新宿自焚案、西山案、守卫和平宪法第九条、右翼人士等。有关石桥湛山的追问也因此退而成为本书中最重要的一条线索，但不再是唯一的线索。

读者会注意到，对石桥湛山的历史访问接续了我过去寻访罗曼·罗兰、宋教仁、胡适和董时进的所有热忱。历史有如迷宫，对那些被淹没的人物的寻访常常让我豁然开朗。石桥湛山让我明白明治维新之后的日本一直有两种思潮在对决：一是以东京帝国大学为中心的国家主义和皇权主义，二是以札幌农学校（今北海道大学）为中心的自由主义和个人主义。当后者被前者压制，日本走向军国主义，滑入十五年战争（1931-1945），这时候的日本是一个"强国家—弱社会—无个人"的结构。当战争结束，后者开始占上风，生活重新回到正常的轨道，日本将其经济版图扩张到全世界。如果没有石桥湛山及其背后的小日本主义传统，美国对日本的改造以及日本在战后的迅速崛起就不会那么顺理成章。

不得不承认，我心目中的石桥湛山把自由主义与中庸之道做到了近乎完美的结合。在日本对外扩张领土时，他说日本应该放弃满洲，努力开发本土资源和国民的脑力；当日本深深地卷入太平洋战争时，他祈祷日本赶紧战败，好让时间重新开始；当美国占领日本时，他希望日本不丢掉其根本，不当美国的附庸；当别人认为他道义讲得少而功利讲得多时，他承认这种功利主义是双向的——做生意不能只考虑自己，还要考虑对方是否得到益处，否则任何功利都不可能长远。他像涩泽荣一所追求的那样，"一手论语，一手算盘"，道义与功利相得益彰。

罗曼·罗兰的和平主义没有阻止欧洲混战，宋教仁的议会政治与宪政设计倒在了中华民国的血泊之中。当胡适和董时进的价值被重新发现，新中国刚刚经历了无比惨痛的一页。历史可以凭吊，却无法绕过苦难重来。我之所以仍然热衷于寻访一些我所喜爱的历史人物，除了因为在他们身上我可以找到精神与思想上的共鸣，更有对历史木已成舟的某种伤怀。我相信这种伤怀不仅是基于古老的悲剧意识，更是我对所有尼布尔意义上的光明之子[1]的深切回望。我想从黑暗年代里寻回一点光亮，希望那些曾经照亮过去的人也将照亮未来。而我对现实的寻访，也因为我们所经历的现实，就在历史之中。我亦相信，人类历史上从来没有那样一个时刻——在那里，只有黑暗而绝无光明。

---

1 美国神学家雷茵霍尔德·尼布尔认为人类社会不乏光明之子，但是这些人总是把社会变革想得太过简单，甚至以为只要像他们这样的人多做点牺牲，世界就一定会朝着好的方向走。理论上当然如此，但在现实生活中，还有无以计数的黑暗之子，他们看重的是现实利益。光明之子之所以功败垂成，是因为他们低估了黑暗之子的力量。从历史上看，光明之子一次次推动了文明进程，而权力最后却一次次落在了黑暗之子手中。

日本是中国之药

很多初到日本的中国人都会觉得这是一个美好的国家，甚至会有一种"utopia achieved"（已实现的乌托邦）的印象。但时间久了，慢慢地就会发现一些负面的东西，比如亲情淡漠、格差社会[1]、媒体丢失新闻理想、没有实质意义上的违宪审查、三权分立但随时三权合谋，甚至可能与媒体一起完成四权合谋。

在过去，日本媒体曾经和军国主义者一起将这个国家拖入战争的深渊。今天的日本媒体同样为了趋利避害而不断夸大甚至在不同程度上制造了两国的分歧与对立。当各方媒体像政客一样在寻找敌人、唱衰两国关系时，现实却给出了另外的答案——2014年上半年来自中国大陆的访日人数首次突破百万。在这样的数据面前，你不得不承认，国家是国家，社会是社会。

以上并非重点。我对日本之了解，除对政治走向的观察外，更多仍集中于社会与个人的关系层面。今日日本可以说是一个典型的"有什么样的人民，就有什么样的政府"的社会。一方面，国民有选举权可以塑造政府；另一方面，每个人包括官员都不得不存在于社会"空气"之中。

我和加藤嘉一曾经交流过这个问题。如果说中国仍保留着人治社会的特征（有大量的官员），美国是法治社会（有大量的律师），那么日本就是"（空）气治社会"（每个人都是空气，每个人都参与对他人的治理）。这种空气会驯化人，使人人显得有教养，但也会像"村八分"一样令人压抑。所以加藤嘉一愤懑地对我说："社会是魔鬼！"

也许是由于两国社会不同的缘故，关于社会的作用我并不像加藤那

---

1 一个新兴的日语词汇，由东京学艺大学教授山田昌弘提出，指的是民众之间形成严密的阶层之分，不同阶层之间的经济、教育、社会地位等差距巨大且不易改变。

样悲观。那些天我甚至在想，如果能早几年了解日本，我会在《重新发现社会》一书中着重分析日本社会及其对中国社会建设带来的启示性价值。

结束访学之前，我在东京大学做了最后一场讲座，分别从国家、社会、个人这三个层面介绍了中国社会与日本社会的互补结构。中国是凹形结构，即"强国家—弱社会—强个人（政治权利之外的极端个人主义与'自由过度'）"；而日本是凸形结构，体现为"弱国家（日本和平宪法甚至剥夺了国家的宣战权）—强社会—弱个人（集团社会下生活的个人'责任过度'）"。对比中国和日本，从国家的角度而言，政治权力应该被宪法驯服（当然，安倍内阁重新解释宪法第九条开了一个恶劣的先例）；从社会角度而言，中国可以从日本学习如何保存和发展社会，使社会的组织系统和意义系统能够充分自治、良好运行。

至于个人角度如何，网上曾流传过一份"联合国全球国民素质道德水平调查及排名"：日本名列世界第一，其次是美国、法国和瑞士等国家；而中国列入后十名，与印度、刚果、阿富汗、朝鲜、东帝汶为伍。这份名单轰动一时，后被证实为子虚乌有。印度是"强奸大国"，仿佛实至名归；日本排世界第一大家也不意外；中国排至倒数第二，的确有些骇人听闻。但这份名单能够广为流传，也在一定程度上表明很多人宁愿相信它是真的。大家心知肚明的是：这个国家一方面欣欣向荣，另一方面极端个人主义盛行，话语暴力充斥，垃圾遍地。这里尚未真正建立起一个自由国家，也没有真正建立起一个责任社会。从社会伦理来看，责任与自由原本密不可分。没有自由的责任是奴役，没有责任的自由是放荡。

所以我说日本是中国的一味药。至于药性如何，很大程度上取决于中国对日本的态度。如果认真学习日本的社会建设，日本将是一味良药，可以医治中国"弱社会"与"强个人"的病灶。如果只是看到日本在向右转、安倍在参拜靖国神社、右翼在街头举旗叫喊，从而继续以民族主义、国家主义来强化中国"强国家—弱社会"的结构，则可能适得其反。倘若良药未成反自制苦果，将是一味毒药。

当然，我在这里讨论日本建立了责任社会，仅限于日本内部。就外部来说，日本对战争责任的推卸是显而易见的，也是不可饶恕的。日本战败后，除了石原莞尔"敢作敢当"，更多人都在装疯卖傻，仿佛整个国家上至天皇下至农夫都是"一群不明真相的人"。几十年后，一位战后从中国返回日本的老兵在接受采访时表达了他对天皇的愤怒——"这个叫天皇的家伙究竟是谁？这个王八蛋让我们去卖命和吃苦头，到头来却假装什么都不知道！"

但这个老兵自己当真忏悔了吗？这个世界上，有多少凶手，在不该扣动扳机时没有管住自己的手指，而在应该忏悔时却又缩回了自己的舌头。事实上，让这些加害者讲述战争本来就是一种吊诡的冒险，如詹姆斯·道斯（James Dawes）在《恶人》一书里谈到他让日本老兵讲述真相与罪行时的困惑——"这些人在战争期间拥有神一般的力量。他们单凭说一句话便可以予生予死，而受害者命如草芥。现在，事隔多年之后，你却把同样大的权力重新赋予他们"。

不能和解的历史

和法德历史性和解相比，中日无疑错过了战后的黄金时期。时至今日，双方甚至进入了某种"和解疲劳"。历史问题通常被理解为阻碍两国和解的绊脚石。表面上的分歧是，日本担心中国没有解决"未来的问题"——中国崛起将会对日本构成威胁；而中国担心日本没有解决"过去的问题"——历史问题不解决，军国主义就会卷土重来。

但正如克罗齐所说，"一切历史归根到底都是当代史"，中日之间的历史问题从本质上说也都是现实问题。否则，我们将无法解释 20 世纪 80 年代中日关系何以有过蜜月期。历史是已经发生了的事实，它无法改变，会改变的是当代人对历史的诠释与态度。而这些变化中的诠释与态度，都是现实问题，而非历史问题。如果我们不以法德和解为标准答案，80 年代的中日和睦可以说初步完成了中日之间的"历史和解"。

变化的不是历史，而是现实。中日历史问题的背后，更多是现实利益的纠葛。民族主义至今魅力不减，在于它能给人带来某种心理上的安慰，并发泄心中的不满。政客鼓吹国家处于危险之中，是为了获取更多的权力。报纸在经营压力下迎合民意向右转，出版社印刷 hate speech（仇恨言论）类书籍，这些都不是难解的历史问题，而是什么生意最好做的经济问题。

其实，对于"历史遗留问题"，中国内部无论是两岸之间还是国家与社会之间都需要达成某种和解。日本投降后，许多日本军人都对中国人感恩戴德。一个日本战犯，如果同时住过苏联的西伯利亚战俘营和中国的抚顺战俘营，他就知道中国人有多么宽宏大量了。这些历史细节让我看到中国人"礼外"时的"以德报怨"（这也是中日之间的和解基础）。如果中国人在"法内"时也能够"以德报怨"，至少不是"以怨报德"，中国内部的历史进程与社会和解一定会好看很多吧。

我喜欢金子美铃的《积雪》一诗，并把它用在了扉页上。人不能相互理解与同情，和各自所处的位置有关。几个月来，我试图从书本和日常生活中去了解普通日本人的所思所想与喜怒哀乐。即使是和一位专做极右翼图书的出版人坐在一起，我们也可以像熟人一样交谈，我理解他如何为生活所迫，也看到了他人性中善的一面。

我要强调的是，尽管我一遍遍提到中日和解的重要性，但这并不意味着我原谅了日本曾经在中国犯下的罪行。须知这个世界上有两种恨：一种恨是有仇必报，另一种恨是明辨是非。我的属于后一种。

在整理完这部旅日书稿后，我重新回到了中国人的历史经验。几年间我先后与几位中国学者受邀出访日本，因为中国当下政治与社会存在着一些或重或轻的问题，有些学者对日本只有无节制的赞美，而对中国人的历史情感与现实利益缺乏必要的同情。我不喜欢沾染这种一边倒的倾向。为了平衡我在日本的美好记忆，以便更好地理解中国和日本所共同面临的问题，我花了大概一周时间，在家里逐页阅读了几本有关抗战时期江西各县受害者的口述史。此前我一直在抗拒做这件事情——不是因为我对窥伺苦难和"人权色情"（human rights pornography）有所排斥，而是因为内心的某种不安。诺贝尔和平奖得主埃利·威塞尔（Elie Wiesel）曾经说过，遗忘就是把一个人杀两次，而我担心回忆与见证也会把一个人再杀一次。

最后，我还是坚持读完了整整两千万字的苦难史。那几天，我与其说是在读书，不如说是在口述者的带领下参观地狱。书中很多罪行是重复的，但也因此起到了很好的交叉验证的效果。无数惨痛的事实再次向我表明，中国广遭诟议的抗日剧不过是童话，它没有言及当年日军在华所犯罪恶的万分之一。

所有口述者都谈到了日本兵当年如何无恶不作：他们强奸妇女，逼迫儿子污辱母亲，从孕妇肚子里剖出婴儿穿在刺刀上游行，从下体虐杀妇女，在农民的铁锅和米缸里大便，毫无征兆地屠杀到村口迎接他们的人……最严重的是毒气战，为了在浙赣线两边搞无人区，一个几百人的村庄会在几年内死掉一半，有的村庄甚至只剩下几个活人。

有村民这样回忆当时的惨状：

> 直到农历七月二十四日，日本兵才退走。村民们回到村里，可以看见东一具尸体、西一具尸体，有的没有烂完，到处散发着恶臭。死鸡、死猪也到处都是。不久，村里开始流行怪病，就是"打摆子"、

"三日阴"、拉脓血，全身时冷时热，热时跳进水里还是热，冷时太阳底下晒还是冷。那时还是夏天，几床棉被盖在身上还是全身发抖。同时全身溃烂，有的腿肚子烂得可以看见里面白森森的骨头。全村70户400多人，死得只剩下100来人，全家都死光的就有七八家。我现在还记得，这其中就有发龙家、芋头矮（土名）。死得最多的一家姓方，24口人死了20人，只剩下4人。那时候，村里人到县城横路街买棺材，早上去，下午还去，一天要买好几副。我们村死人都葬在黄泥埂，一天要埋好几个，就像种芋头一样。

……

我们村里有一口古井，叫王家井，据说有一千多年历史了，村民都吃这口井里的水。村里人得病死了那么多人，有人怀疑是不是井里有毒，于是村民就抽干井里的水，发现有两个铁箱，倒扣在井底，后来据人讲，这就是日本侵略军细菌部队投在井里的细菌桶。村民把水抽干，撒了石灰消毒，村民的怪病才逐步好转。（口述人祝腮菊，女，1927年出生）

曾经刻骨铭心的历史渐渐被时代的洪流淹没。我在书中看到一段回忆，说的是1970年高安县建立了一个大屠杀纪念馆，里面收集了许多人证、物证，讲述了日军在当地的罪行。1974年县革委会将这个馆撤销了，因为那时候中日关系已经正常化，要讲"中日友好"了。两个月前，我路过永修附近的星子县，看到路边有块铭记大屠杀的"一见心寒"碑和一块抗日英雄碑。它们完全被淹没在杂草里，旁边终日不绝的是采石场的轰鸣与漫天飞扬的灰尘。对比我在日本的一些村庄公墓里看到的仍算气派的"鬼子碑"，这些抗日英雄与死难者的纪念碑真是让我一见心寒了。

同样，在我的老家永修曾经打过一场持续了几个月的修河保卫战。

由于久攻不下，日军最后在冈村宁次的指挥下投放了大量毒气弹。我小时候，当地有不少人得了大脚病，据说就是因为沾染了毒气所致。作为随军出征的"鬼子"，著名电影导演小津安二郎在日记里记录了日军朝修河对岸发射"特种弹"的事实。然而那场残酷的战争在他笔下也不过是"炮声隆隆，迫击炮摇曳着火尾在头顶上交错爆炸，把满树的杏子震落下来"。而日军如何在修河边 "骁勇"地屠杀国军战士，也很快成为了日本教科书与连环画里的重要内容。

日军实施毒气战的罪恶，在二战结束后的东京审判中，因为美国人的"宽宏大量"被一笔勾销。曾经在中国进行惨无人道的活体实验的"关东军细菌战部队"部队长石井四郎中将等人，因为将活体实验的全部资料提供给盟军司令部，并跟美军交易，而使全体"731"部队免除了战犯的追诉。

引述上面的内容，不是要记住仇恨，而是要记住罪恶以及对罪恶的无力抵抗，要明辨是非。试问这样的历史需要"和解"吗？当一位孕妇眼睁睁看着胎儿从自己被剖开的肚子里取出，并被鬼子用刺刀挑在肩上，那一刻的历史事实是真实的，她的仇恨也是真实的。在此背景下，后人有什么资格谈论"宽恕"与"历史和解"？对于那位妇女来说，仇恨不仅是她最后的权利，也是她生而为人的最后的尊严。

真正需要和解的是现实，而不是历史。历史已经发生，历史和解在一定程度上意味着篡改历史。现实仍在变化，吉凶难测，和解的价值在于它能让我们逢凶化吉，不重蹈历史的覆辙。尊重历史，就不会忘记罪恶；尊重现实，就不会活在仇恨里。没有谁能够穿越到过去的战场上杀敌，而过去的仇恨也不必穿越至今成为两国继续仇恨的理由。毕竟，今天的日本人和当年的日本鬼子完全是两代人。佛经有所谓"菩萨畏因，凡夫畏果"，记住历史上的罪恶就是记住一种价值观，它不是为了报复，而是为了给未来种下善因。

人性的疯狂与意义的疯狂

行万里路，写一卷书。我很感激在日本游学的几个月。每当我出门远行，离开平时熟悉和拥有的一切，我会又一次真切感到自己最需要的东西不过就是一个健康清醒的状态而已。甚至，以前觉得非有不可的书房也不那么重要了。每日每夜，我路过的城市、住过的旅舍、跨过的河流，没有什么是属于我的。然而，世界是这般仁慈，正是这些并不属于我们的人和物，构成了属于我们个人的情感和经验。所谓我，不是别的，就是我所经历的一生。

最近又在计划一次远行，我想从南开大学走回江西老家。沿途一千多公里，大概要走一个多月吧。因为伏案久坐的缘故，我的身体这几年出现了严重不适，我想通过一次漫长的行走给身体来一个重启。我相信这将是一次艰辛而甜蜜的旅程。然而因为雾霾过重，我最终还是决定放弃了，心想等夏天来了再说吧。以前喝西北风是因为贫穷，眼下大家都盼着喝西北风了。

寂静的山岗，果实累累。大自然馈赠人类太多的恩情。它给了我们足够多的免费的东西，而我们却在给所有免费的东西下毒，让清洁的阳光、空气和水不再眷顾我们。它给了人类免费的死亡，人类却没有耐心等待这份施舍，不仅发明了断头台并给刽子手发工资，还制造战争把无数血肉之躯变成炮灰。

然而，我还是要感谢大自然有关生与死的无私的施舍，它教会我们要节制贪欲。因为有了这份免费的死亡，我们可以在有生之年积极行善，至于除恶的事情交给大自然就好了。我不敢想象，人类若得永生，这个世界将会进化出多大的一个暴君。

弗洛伊德在《文明及其缺陷》中谈到，人与生俱来有着强烈的侵略欲望。所以，邻人不只是我们可能的帮助者或性爱对象，还是一个诱惑，诱惑着我们用他们来满足自己的侵略性，诱惑着我们去剥削他们的劳动力，诱惑着我们强暴他们，抢夺他们的财产，羞辱他们，侵害他们，杀死他们。

翻开日本侵华史，我发现有些内容近乎谜团。为什么像野田毅和向井敏明那样展开过"百人斩"杀人竞赛的日本少尉军官在临死前竟然喊出"中国万岁！"以及"世界和平万岁！"的口号?

要回答这些问题，还是要重新回到人的意义本身。人类世界最可怕的恐怕还不是人性，而是为人性提供方向与能量的各种意义。意义和空气一样无所不在。**相较人性，我愿意研究的是人的意义，在此姑且称之为"人义"，即人对自我所赋予的意义**（meaning）。它不同于《礼记》中伦理意义上的"人义"，也不同于相对于"神义论"而言的"人义论"。简而言之，我所谓的"人义"包括了人对自我、他人、世界以及命运抱持一种怎样的意义上的理解。人是意义动物，人的意义可能是自我生成的，也可能是因外加而被迫接受并内化的。

牛顿说："我可以计算天体运行的轨道，却无法计算人性的疯狂。"在我看来，人性并不疯狂，**真正难以计量的不是"人性的疯狂"，而是"意义的疯狂"**。一群人为了抢救几张领袖的照片不惜被淹死，这不是人性的疯狂，而是意义的疯狂。纳粹屠杀犹太人，胡图族屠杀图西族，关东大地震时日本人杀朝鲜人，这些都不是人性的疯狂，而是意义的疯狂。能让一个人为了自己的孩子而去杀死另一个孩子的，是意义，不是人性。

相较于用善恶来定义人性，我更愿意采用非道德化的欲望和恐惧。人性不是一个道德层面的问题，它包裹的不是善恶，而是合乎自然的欲望和恐惧。善恶是"人义"层面的问题，这种道德激情或意义激情使人可以重新定义一切欲望和恐惧。在自然状态下，一个人看到另一个人被杀，会有恻隐之心。这是人性。但如果死者被注入意义，比如他是"人民公敌"、"卖国贼"、"叛徒"、"臭虫",他就变得"死有余辜"了。这是意义。

我在书中提到了石原莞尔、菱沼五郎对杀人的理解,显然这不是人性论所能解释的。事实上,当我们以善恶来区分人性时,很大程度上也是在对人性赋予意义,即回到了"人义"的层面。同样是杀人,为什么我们言之凿凿的罪恶,在石原莞尔和菱沼五郎等人看来却是一种为人类或国家做出的"牺牲"?这不是因为人性,而是因为自我意义的设定,即"人义"。

好的观念将人带上康庄大道,坏的观念让人万劫不复。当一个国家被一种坏的观念所笼罩,这个国家也就开始了它的灭顶之灾。日本当年就是这样一步步从明治维新滑向"一亿总玉碎"之疯狂的。在这里,"意义猛于虎"。许多人受意义的激情驱使,像弗兰肯斯坦[1]一样生产了意义的怪人,最终又被意义吞没。一个人最终选择自杀,也是因为他不能很好地控制他所生产的意义,而导致自噬。

1943 年,日本政府曾经发布报告,将日本对亚洲国家的侵略粉饰为一种人道主义介入:"我大和民族现今正流着'血',要建立大东亚共荣圈,以达成我们在世界史的使命。为实现亚洲十亿人民的解放,更为维持我们在大东亚共荣圈的领导地位,我们必须把大和民族的血植入这些'土壤'。"而日本的宗教领袖甚至也认为这场战争是一场"慈悲战争"。他们要么隐藏了人性中的欲望,要么活在"人义"的乌托邦里不能自拔。

鉴于日本当局和日本社会对侵华战争的种种掩饰,詹姆斯·道斯认为中日之间的战争并没有结束。和以往不同的是,现在的战争不是发生

1　弗兰肯斯坦出自玛丽·雪莱的同名科幻小说。医生弗兰肯斯坦制造了一个力大无穷的怪人,最终这个怪人不受医生控制而带来毁灭性的灾难。弗兰肯斯坦的悲剧来自于个人主义和科学主义的激情,他一再责备自己当年对这些东西缺乏防范之心。这是一个关于创造者如何被其所创造之物吞噬的隐喻。

在中国的战场上，而是发生在两国的记忆领域。而这场战争注定持久，甚至可能从历史烧进现实。

究竟要从历史问题入手解决现实问题，还是要从现实问题入手解决历史问题，其实并不重要，重要的是如何回到人的境遇本身。生而为人，我们首先是人，然后才是一个中国人或日本人。我们都会计较现实中的利益，那就应该就事论事地考虑双方的利益。

回到人的命运本身将有助于我们看清历史并促成人的和解。我在日本的一些乡村旅行时，偶尔会看到几块侵华士兵的墓碑。我知道当年日军如何作恶于我的故乡，然而当我站在这些紧靠村庄的墓地边上，看着远方风吹稻浪时，却一点也恨不起来。他们曾经在自己的土地上世代务农，却背井离乡做了帝国的炮灰。我恨他们犯下的罪恶，但又同情他们在这颗美好的星球上度过了可怜又可恶的一生。

我曾和学生们谈到日本侵华给中国人带来的苦难，同时指出中国不仅要防止来自外部的杀戮，更要防止来自内部的杀戮。让我颇感意外的是，有个学生反驳我说："老师，我认为你说得不对。外国人杀中国人，是侵略；而中国人杀中国人，是内部进化。性质不一样。"我无法认同这位学生的观点，但它的确具有代表性。在这里，国民的观念仍然优先于人的观念。

理想的状态是：日本人杀中国人，中国人要对日本的凶手问责；中国人杀中国人，中国人也要对本国的凶手问责。同样，当日本民众反思战争时，不仅要反思战争给本国带来的痛苦，也要反思战争给他国带来的痛苦。所谓历史和解，归根到底是要重新回到人的命运本身，对人类的苦难历史抱以广泛的同情，并在此基础上建立起一套可靠可行的文化与制度，避免苦难再次降临。所谓永久和平，不只是两国不再开战，更是人与人之间不再互相杀戮。

江西曾经是抗日战争的主战场，我在星子县寻访抗战史的时候，发现了一个耐人寻味的故事。故事的主人公是两位抗战老兵，年轻时他们都当过庐山游击队的分队长和机枪手。临终前的一些日子，两位老人先后和来访者吐露了隐藏多年的心事——他们为自己当年打死过那么多日本兵感到"不安"。一个说，"日本佬也是人"；一个说，"那些被打死的也都是些年轻的后生啊！我感觉我担了'过分'（星子县方言，意为'做了缺德的事'），我有罪啊！"

没有人会认为两位老兵有罪。我一直相信慈悲乃人之神性，这恰恰是我在他们身上看到的。雨果借小说《九三年》强调革命之上有人道主义，我则认为一切正义都应始于慈悲，并终于慈悲。

日军当中有些被洗脑者曾相信他们参与的大东亚战争是一场"正义的战争"，战争的目的是"将黄种人从白种人的压迫中拯救出来"。然而从第一天开始他们就错了。石原莞尔寄望日军像中国古代的"王师"，然而我在他的思想里没有找到一点慈悲。

能杀死一个人的，不是刀枪，也不是人性中的欲望和恐惧，而是"人可以被杀"的观念。当这一观念开始"人挡杀人，佛挡杀佛"时，能对它说不的，除了抵抗，还有来自人心底里的那点慈悲的天性与自然的精神。当年日本兵在战死前呢喃着"妈妈"而不是高喊"天皇万岁"，也是受到了人性中那点美好天性的召唤。

残忍依旧广泛地存在于这个世界上

几天前，就在准备为这篇文字收尾时，我在微信上看到一段小浣熊被活剥的视频，并为此潸然泪下。

一只只小浣熊，被从铁笼子里抓出来剥皮。为了避免它们挣扎，行凶者先将它们砸晕，不过有些小浣熊很快就醒来了，它们舞动四肢无用地挣扎，眨着血眼睛看着自己的皮毛被人剥走……

我知道眼泪有时候不是什么好东西，它会让我们误以为自己为这个世界尽了力，而实际上只是以流泪的方式维持一种人格上的平衡与自我欣赏，然后你就可以心安理得地把该做的善事忘得一干二净。不过我当时的伤感的确是真实的。从本质上说，活剥一只小浣熊和日本人当年在中国滥杀无辜有什么不同呢？它们的内核都是针对他者的令人发指的残酷。

如今的日本人理应为其父辈在中国杀人放火感到羞耻，而我亦时常为自己生而为人感到羞耻。有时候我在想，世间所有物种的罪恶，全加起来都不及人类的罪恶吧。我同情个体的具体命运，但是作为物种的人类却是不值得同情的。上苍以人类为万物之灵长，让人类看管这个世界，人类却对不起上苍的这份恩情。上苍给了人类智慧，但人类并没有发育出与之相称的德行。

人类不仅有"自私的基因"（道金斯语），更有残忍的基因。观察人类历史，极端主义的最大罪恶往往不在于主义本身，而在于它借着人们对正义与天堂的激情不断释放出人性中的残忍，使信仰它的人自此"人性大发"，无恶不作。有一点是可以肯定的，我们如何对待他者，他者就会如何对待我们，因为我们同为他者之他者。我们如何对待自然，我们就如何对待自身，因为我们身处自然之中。

世人总在谈论人性，而我认为比人性更深不可测的是"人义"。人性是自然属性，它让人类有着相同的优点和缺陷，而"人义"包含自我属性和社会属性，它给了人类赋予意义的自由，却没有指出必然或相应的责任。我希望这个世界保持其丰富性，那是我们幸福的源泉。但我又不得不时常痛心于各种"伪物种"（比如按国家、宗教和鼻梁的高度来划分人种）的流行。当人可以肆无忌惮地虐杀动物，并将他者等同于动物时，人就有了杀人的理由。

想起前不久，我去朝韩交界的板门店参观，为防止被误杀，导游要求每个旅行者签署"生死状"。回国后不久，极端组织 ISIS 又在巴黎发动了几起骇人听闻的恐怖袭击。这一切，和当年日本兵为了建立所谓伟大国家而去杀戮殊无二致。经济学家洛蕾塔·拿波里奥尼（Loretta Napoleoni）在《这才是伊斯兰国！》一书中对比"阿拉伯之春"的失败和伊斯兰国的成功，警告奉行民主主义的国家应该对新一波的威权主义浪潮严阵以待。二战真的结束了吗？有人甚至说，全球化的恐怖主义使人类正在进入第三次世界大战。

在巴黎遭遇恐怖袭击后，我发了一条微信：

> 那些手握刀枪的人，幻想浮着异教徒的血浮上天堂。没有诱惑，就没有杀害。天堂不死，地狱不止。

吊诡的是，那些信奉天堂的人，以"逃避自由"（弗洛姆）的方式追求自由。

几年前，我在美国寻找非暴力思想资源时读到一本书，作者通过分析从 1900-2006 年间的若干抵抗运动案例得出结论，非暴力运动的成功几率比暴力运动高出一倍。而史蒂芬·平克（Steven Pinker）也在《人性中的善良天使》一书中宣称，得益于人道主义的发展，暴力在人类历史上一直在衰退。过去也许如此，但未来是否一定会尊崇这个趋势，我并不十分确定，因为人性与"人义"都不确定。

人类尚未形成，残忍依旧广泛地存在于这个世界上。夜已深邃，是时候停下我敲击键盘的手指了。在这个寂静无声的时刻，当我想起白日里法槌与人心的互相审判和对决，想起人世间层出不穷的灾难、隔阂以及人类对这世界的残忍，我忍不住又一次在心里默诵起赫尔曼·黑塞（Hermann Hesse）的《箴言》：

你应同万事万物

结为姊妹兄弟

让它们贯穿你全身

让你不再能区别哪些是我的

哪些属于你

没有哪颗星、哪片叶应该陨落

你该同他们一起逝去！

这样你才会同万事万物

复活于每一刻

完稿于 2015 年 12 月 14 日深夜

上卷

加拿大华裔青年的忧虑

刚坐上 NH906 次航班，我打开了电脑。机舱里空空荡荡，两成旅客都不到。14：45，从北京到东京，飞机已经晚点了一个多小时。

2011 年接受早稻田大学的讲座邀请，我曾在东京有过短暂的停留。那是我第一次到日本，有了些浮光掠影的感受：

一是空气质量好。刚下飞机，就发现日本夜晚的灯光比中国的要明亮一些。转天从我住的旅馆走到街上，觉得东京的空气不像都市，而像森林。

二是日本轨道交通的发达。我从东京到栃木县的乡下，中途虽有转车，但基本上是无缝连接，不必搬着一堆行李从一站赶到另一站。与此相关的是东京汽车少，我几乎没有看到过堵车。大力发展公共交通，间接限制私人交通，东京是城市合作精神的典范。

三是日本人的礼貌和对秩序的尊重。这一点差不多是所有走马观花的游客的共识吧。

四是东京街头随处可见的汉字。我对汉字实在是太过热爱和敏感了，而它们给了我一种并没有离开中国的感觉。比如说"日暮里"这个站名就立即让我想起了崔颢的诗句——"日暮乡关何处是，烟波江上使人愁。"

洗完澡再次打开电脑时，我已经住进了东京大学驹场校区的别馆，现在已是凌晨一点。先是飞机晚点，后又因为在成田机场出关时办理居留卡耽误了些时间。多亏东大学生王琳到机场接我，帮我赶在 23：00 点别馆关门前办理了入住手续。

宿管员的细致让我叹为观止。领我进宿舍时他带了一沓 A4 纸，上面有房间配备的清单。冰箱、洗衣机、空调、炉灶、书架、一个锅、几个碗、几把勺以及灯亮不亮、水龙头能不能用、下水道通不通等，他都要逐条验过，逐一打勾，最后请我签字。等一切忙完，已是零点了。来日本之前，我带了些问题，比如为什么精细化的日本和德国一样走上了法西斯道路，英国和日本能非常完好地保留本国文化是否和它们都是岛国有关，等等。而就在今晚，我切身感受到了日本人和德国人一样近乎苛刻的精细化管理。

夜已经深了，略记今晚遇到的另一件事。

在成田机场排队过关时，我后面跟着一个年轻人。他个子很高，看到我拿的是中国护照，便用中文问了我一些问题。

"先生，我的行李会不会丢？"

"不会吧？！"我有点惊讶，坐了这么多年飞机，从来没有被人问过这样的问题。

"那在东京日本人发现我是中国人会不会打我，是不是我不能说自己是中国人？"

"怎么会？！几年前我来过一次，这里社会有序，民风友好，并没有给过我这种糟糕的印象。"

年轻人的一连串提问引起了我的好奇。接下来的聊天让我对他有了些了解。他的父亲毕业于南开大学经济系，在他八岁的时候举家移民加拿大。

"因为入了籍，每次回国办签证都要花不少钱。"年轻人向我抱怨。

虽然在加拿大生活了十几年，但他很多时间都泡在中文网站里。而爱国论坛里的各种转帖、抗日神剧里千篇一律的复仇腔调，显然在感染并塑造着他。按说他早已随父母远渡重洋、"隔岸观火"，可从他的那些担忧看，这些隔岸之火似乎真的烧到他了。

接下来，马斯洛的需求层次理论应验了。在我的回答部分解决了他的"安全"问题后，年轻人又问了我一个风格迥异的问题："我这次来主要是因为喜欢吃日本寿司，您知道东京哪家寿司店最好吃？"

我摇了摇头，我说我完全不在行。我对吃没有什么兴趣，果腹即可。如果科学家能够发明打一针管上几年的营养剂，那我真要谢天谢地了。

年轻人提前进了关，我继续思考一些问题：一个在加拿大长大的孩子，为什么还能生活在中国的抗日神剧里？在他世界化的过程中，曾经的文化母体为何能将他"引渡"回来？互联网在拓宽人们的世界时，是否同样会缩小人们的视界？

按原计划我此刻应在江西老家。我一直想写一部与故乡有关的小说，所以一有空便会回本乡本土搜集素材，这样的日子让我着迷。然而就在两个月前，我接到东京大学和日本国际交流基金的联合邀请，他们希望我能到东京做半年的访问，以增进中日之间的交流。邀请者对我写作中的和解主题比较感兴趣。因为惦念着手头正在做的事情，我只答应了四个月。

这将是一次漫长的远行。雁过留声，我过留心。我不想虚度光阴，我愿意把我的所见所思一点一滴地记录下来。后面的日子会怎样呢？如果能养好身体，我也算不虚此行。

晚安，东京第一夜。

邂逅石桥湛山

上午十点，早稻田大学的女生加藤千晴来别馆找我，她要带我去国际交流基金会报到。基金会接待我的是野口裕子，她曾在上海三年，中文说得很好。她的上司曾在法国工作过几年，过来和我用法语简单聊了会儿。

与野口在酒菜屋吃完午饭，我回东大驹场校区旁听阿古智子的课。智子是我在东京大学的研究搭档。她这节课和学生们讨论的是信任和社会资本的问题，由刘春晖给我做翻译。自由发言时我谈到信任固然是好，但不信任也并非都是坏事。套用尼布尔的话，人有恶的倾向，所以不信任成为必要；人有善的倾向，所以信任成为可能。而洛克和孟德斯鸠的分权理论、梭罗的公民不服从主张也是基于对政府的不信任，防止人性中恶的倾向。同样，对于普通民众而言，适当的不信任也是一种自我保护，因为信任一个人是需要成本的。打个比方，隔壁老王让一位朋友给他买速效救心丸，结果这位朋友满脑子都是单位评职称的事，忘了买药。这时候老王不光是错失了找其他人救自己的机会，甚至可能连命都搭上了。

晚上和智子、张成、刘春晖一起吃饭，智子请客。终日阴雨绵绵。昨天从家里误带了女儿粉红色的天堂伞，不好意思撑开，于是换了智子手里的长伞。我的性别观念太强，撑开白色塑料伞的那一刻，我如释重负。

张成和刘春晖分别是一桥和东大的在读博士生。席间，我简单谈了几点有关中国精英的看法。我说精英既是动力也是刹车，20 世纪中国最大的悲剧就在于逐渐消灭了各行各业的精英。而中国是否有一个光明的未来，仍取决于精英的质量与数量。当我谈到对汪精卫的历史评价问题比较感兴趣时，智子向我推荐了早稻田大学的刘杰教授。

谈到中国问题时，张成显得年轻、淳朴、涉世不深。他问了一连串问题，比如为什么某某领导人上台后不想着留下点好东西，为什么下属一定要听上司的……

刘春晖在国内做过日语老师，却总是谦卑地称我"老师"。他谈到自己正在做关于石桥湛山（1884-1973）的博士论文，这提醒了我。石桥湛山是著名的评论家，曾主持《东洋经济新报》，战前以"小日本主义"反对对外扩张的"大日本主义"，并在战后出任日本第55任首相。我隐约感到自己在日本的寻访势必围绕着石桥湛山和他的"小日本主义"展开，这是一个能与胡适媲美的真正的自由主义者。

上苍有意，让我在来日本后的第二天找到了一种奇妙的感觉。

抗日剧里的灰太狼

我和智子是几年前在早稻田大学认识的。几个月前，她调到了东京大学。

"日本大学的会议太多了！教授自治，每周都要开很多会。以前在早稻田大学也一样。"她向我抱怨，"而且，从私立大学调到东京大学后，薪水降了近三成。"

"那你为什么要来东大？"

"我比较认同东大，这边有个学术小组，可一起做些我喜欢的研究。"

智子说今天要带我去东大的教授会上露个面，不过她记错了时间，其实是在下周。我在她的办公室里坐了坐，这是一间20平米左右的房间，里面摆满了书，其中大部分是中文书。遥想我在中国大学里逼仄的办公室，我只有慨叹的份了。窗台上有一幅小字——"显仁足以利物，藏善足以独用。"智子说这是斯律师送给她的，只是不太明白什么意思。我解释说这句话出自《隋书》，原句是"显仁足以利物，藏用足以独善。"将"善"与"用"两个字对调，也算是恰到好处。昨晚餐叙时我曾谈到，在这个世界上独善其身何其难哉，需要一种超乎寻常的能力。

下午抽出空来，和刘春晖一起去涩谷买生活用品，包括被单、被子、枕头等。前天到别馆后才发现没有被褥，我不得不在床垫上干躺了两夜。春晖为人诚恳热情，帮我提了一路的东西。

回别馆后，春晖给我简单讲了点日语学习方面的经验，我准备多花点时间学习日语，但又担心余下数月没有时间。我再次和他强调我对石桥湛山非常感兴趣，今后可以经常探讨。今天的日本和中国，已经很少有人知道石桥湛山和他的"小日本主义"。我说如果我为此写一本书，就叫《小日本》吧。

查找有关石桥湛山的资料，知道《朝日新闻》记者若宫启文专门写过一本关于和解的书，其中一节名为"石桥湛山的悲剧"。这个标题让我想起了宋教仁、胡适与董时进等先贤。无论中国还是日本，两国历史上都出了不少悲剧式人物，而且都是双重悲剧。于个人而言，他们的思想不为时代所用，良将死于荒野，此悲剧者一；于时代而言，忽略如此重要的思想，时代遂堕入万劫不复之深渊，此悲剧者二。倘使日本当年听从了石桥湛山一系的小日本主义，日本何致在大日本主义乃至军国主义的鼓噪下将明治维新的老本赔个精光，并且遗祸环太平洋？而中国类似的悲剧人物更是数不胜数……每当我梳理历史时，总免不了"读书人一声长叹"。

《朝日新闻》欧洲总局局长梅原季哉发表文章，就几天前欧洲各国政要齐聚法国纪念诺曼底登陆感慨道：作为加害国的意大利和德国首脑参加这场聚会，展示了"亚洲未有的和解"。

明年将是二战结束 70 周年，东亚几国首脑能否聚集一堂？而中国又将拿什么来铭记曾经的苦难？靠"横店根据地"的抗日剧肯定是不行的。在那些抗日神剧里，曾经的苦难似乎都变成了喜剧，真所谓"娱乐基本靠抗日"。我生于 70 年代，抗日剧是我的动画片。很多时候，我会通过播放它们来催眠，而且的确起到了很好的效果。当作恶者变成了被戏弄的对象，恶就消失了。

几年前我问过女儿一个问题：在《喜羊羊与灰太狼》里你最喜欢谁？女儿说喜欢灰太狼。理由是"灰太狼是弱者"。中国的抗日剧就是这样吊诡的。一方面它在强化仇恨，另一方面又在弱化是非。前者让现实囚禁于历史，后者又陷历史于虚无。

与铁牛坐禅

天放晴了。上午学了会儿日语，然后外出，留意到路边有不少映山红。中午回别馆时，遇到太阳雨，感觉这一天心里都美滋滋的。映山红让我想起了江南春夏，而太阳雨让我回到了法国的西布列塔尼。

下午在驹场的图书馆里借到石桥湛山的传记和评论集，试着读了一下午。

傍晚和铁牛到校园里的一间禅房坐禅，一共来了三十多人，大家分坐两侧，中间是一位五六十岁的禅师，据说是从外面寺庙请过来的。

铁牛现在在法政大学读书，这是我们第一次见面。铁牛的父亲是我南开本科时的大师兄，现在在国内吃了官司。由于误打误撞进来，而且未受过打坐训练，我们俩都有点坐不住。铁牛像是一个少不更事的孩子，全场只有他一边"坐禅"一边玩着手机。如此自由自在，身物两忘，算是直接进入了禅宗的最高境界吧。

第一轮漫长的打坐结束后，禅师开始讲经。我完全听不懂他在说什么，好在分发下来的经文是我可以读懂的文言文。当禅师插科打诨说到"人死了更好，因为灵车比救护车舒服多了"时，众人大笑。虽然不知所云，出于礼貌我也笑了。区别是别人是懂后才笑的，而我是笑后才懂的。感谢铁牛，每到关键时刻他都会放下手机给我翻译。

坐禅讲经结束后，我和铁牛坐在东大食堂前的草坪旁边聊天。

"读中学的时候，我从丰台赶到五道口，在日式KTV里一个人连唱五个小时的歌。"铁牛是个热爱生活的年轻人。他喜静，性格略显封闭，沉迷上网和游戏，最喜欢的是日本动漫。虽然在法政大学专攻法律，但对于父辈的职业与志向并无多大兴趣。这世界上没有谁不热爱自由，铁牛最害怕失去自由的理由很具体——"要是耽误看第二天的动漫，那该多么糟糕！"

铁牛是我见过的个子最高的人。铁牛说他爸一米八六，他妈一米七四，而他一米九六。虽然人高马大，不过他自幼胆小，害怕虫子和蟑螂，甚至因为怕太阳晒而从不穿短袖。虽然现在铁牛家里遇到了困难，但我在他脸上看不到一点愁云惨雾，"越是这样，我越要活得好一些"。这是他今晚最触动我的一句话。

外面凉风习习，月亮不停地在云层里穿行，时隐时现。它仿佛是我所经历的时代，在我的脑海里挥之不去。

此次访日，只带了电脑、相机和一大箱子书。除了一本反映老家永修生活的小说，其他基本都与日本有关。我想过一种行万里路、读万卷书的生活。

睡前读沟口雄三[1]《中国的冲击》。沟口雄三长于逻辑思维，他对中国有无自由、日本是否做到了"脱亚入欧"等问题的分析，让我印象深刻。此外还有南京大屠杀的数字问题。日本人说中国人讲的 30 万不准确，并由此怀疑南京大屠杀的真实性。对此，沟口雄三不以为然。他举例说，一个国家遭到邻国军队的侵略，这些士兵跑到一个小镇上掠夺，镇上有的妇女还遭到了强奸。当一位妇女出来指证强暴她的人是个身高两米的彪形大汉时，邻国说掠夺的行为我们承认，但是强奸却没有，因为我们军队里没有两米高的士兵。沟口雄三解释说，这位妇女说的两米可能是"情感记忆"而非"事实记录"。这里的"两米"只是她内心恐怖的象

1　沟口雄三（1932-2010），著名汉学家，中国思想史学家。

征，并不一定要和事实记录吻合。同样，即使南京大屠杀的数字不是正好 30 万人，也不能否认大屠杀的事实。而 30 万这个数值，不仅表达了中国政府在这一问题上与日本政府的政治性对抗，还显示了中国人对"至今还不认罪"的日本人的恼怒程度。同样是关于二战的记忆，沟口雄三批评日本的媒体像是接受了新闻检查一样，只记住了自己的广岛，却忘了中国的南京；只记得自己是受害者，却忘了自己更是加害人。

幅馆卓哉的眼泪

　　学了一上午日语，下午去早稻田大学找刘杰教授。三点半左右，王铮在大隈纪念讲堂前接到我。王铮是刘杰的博士，毕业后在东京开了家公司。他带我先去学校附近的春山庄公园，那里有不少河津樱和腊梅，据说晚上还能看到萤火虫。萤火虫，多么神奇的物种。自从我背井离乡，已经很多年没见过它们了。即使夏日偶尔回到江南乡下，好像也未再遇着。

　　春山庄公园与早稻田大学之间有一条河叫神田川，河道虽然不阔，看起来却像是天堑深渊。想起这几天下雨时在东大附近听到下水道哗哗作响的声音，感觉里面有地下河道一般。这样的东京，怎么可能像北京那样在雨天路面积水数尺甚至淹死人呢？

　　快下课时，我们来到刘杰的课堂。不巧他晚上有同学聚会，未能多谈。按计划我和王铮等七八人到高田马场的一家居酒屋聚餐。晚间新认识的几个人，颇有些意思。

　　第一位是北京大学来早稻田大学交换的博士生，此前本、硕他都在日本做过交换生。不过他的发言让在座的很多人包括我都没法接受或理解。比如："本来我可以同时攻读早稻田大学的博士，但我不想拿日本的博士。你知道现在中日关系不是太好，这对于我将来借调到中央单位可能会有影响。""即使当年土改杀了两百万人，从效果来看总还是好的。"这位仁兄经常打断别人的讲话，我注意到他和大家有些气场不和。而当他说出上面有关土改的那句话时，我只好把头偏到一边看居酒屋里的大和抚子[1]了。

第二位是驻日大使馆广报部的三等秘书官徐金，他平时负责与日本媒体接触。"《朝日新闻》是反对修宪的，和站在政府一边的《读卖新闻》相比，处境要艰难一些。"徐金说自己每天坚持看四小时的书，"不想混日子"。他读过我写的《重新发现社会》，赞同中国社会需要有所发展。至于国际关系，在他看来中国外交的最大问题是"总是留有余地"，没有一个清晰的主张，所以处处被动。

第三位是早稻田大学的助教岛田大辅。他随手带了一本太田宇之助的《中国と共に五十年》（与中国的五十年）。1983年，为促进中日友好，太田宇之助将自家的土地捐给东京，并由政府在这块地皮上建造了留学生宿舍（即现在的太田纪念馆）。太田纪念馆此前只对北京留学生开放，2002年以后开始对亚洲其他城市留学生开放。徐金说最近他正在处理这件事，因为它有违太田宇之助的遗愿，应改回只招收北京或中国留学生。太田宇之助曾经是《朝日新闻》的记者，为表示中日友好，特地给女儿取名"晔"字。据说为了让中国学生能够笑口常开，他还置了一块匾在留学生宿舍，上面刻着"微笑"二字。

第四位是我今天必须着重记录的幅馆卓哉。早先王铮和我提起会见到一位毕业于上海东亚同文书院[2]的老人，说的就是他。下午我走进刘杰的讨论课时幅馆刚刚讲完，正在黑板上用粉笔写下自己的名字和电话号码。我完全没想到的是，他已经九十岁了。

徐金帮我调了个座位，让我坐到了老人的对面。我这才注意到他桌

---

1 大和抚子在日本被用来指代柔和清雅的美女。

2 上海东亚同文书院是日本在1901年创立的以进行"中国学"研究为专务的高等学府。其办学的一大特色，即是组织历届学生对中国进行长达四十余年的实地调查。有个说法是，日本军国主义者在东亚同文书院培养了大量的"中国通"，通过大旅行等各种手段对中国进行立体式调查，实际上是为侵略活动作前期准备。日本战败之后东亚同文书院大学被中国接管，原有众多教职员和学生在日本创办了爱知大学。

上放了一本关于汪精卫的书，书里还做了许多笔记和折页。

"幅馆先生，您汉语好，和我说说您在上海东亚同文书院的事情吧！"我有点迫不及待。

"我汉语讲得不好，马马虎虎啦。"老人先谦虚了一下，接着和我讲起了他的故事。

"我 1924 年出生在汉口，在上海长大。中国是我的第二故乡，有时候也觉得是第一故乡。如果死了，我愿意魂归中国。不瞒你说，17 岁的时候我在上海爱上了一位重庆姑娘。最初她教我中文，经常纠正我的发音，慢慢地我们就恋爱了。她的父母来过上海，知道我们的事情后给我提了一个条件——如果我爱她，就和她一起回重庆。由于当时我还在东亚同文书院读书，所以没有答应。日本投降时我很高兴，因为中日交恶的时代终于结束，但她那时候已经不在上海了。"

"您和她后来有联系吗？"

"回日本后我结了婚，几年前妻子过世了。"说到这儿，老人取出装钱的皮夹，里面有他和妻子的合影，"早先我们还和这位重庆姑娘保持通信，后来就断了。其实我最想念的还是重庆姑娘……"

说着说着，老人哭了起来。

不忍老人伤心，我赶紧转换话题。"虽然出生在中国，但作为日本人，1945 年后中国人对您有虐待和歧视吗？"我问。

"完全没有！"老人接着说，眼圈有些发红，"关于中国，我什么坏印象都没有。1948 年回国之前，我主要是帮国民政府做遣返日本战俘的事情。在我看来，蒋介石和汪精卫都是伟人。日本人在中国做了太多的恶事，需要用两百代来还。我曾经很多次看到日本人杀中国人，心里很痛苦。过去日本人打中国人，都以为中国人不会疼……"

老人又哭了起来。（唉，记到这里，我竟也忍不住流下泪来。）

"中国人是我的恩人。小时候做了错事，我的中国奶妈会打我屁股，

站台上的幅馆卓哉

我妈看见了也不会管。那时候我真觉得我就是中国母亲养的孩子。1994年我还回去找过奶妈一趟，当时她已经过世，我搂着她的儿子痛哭了一场……"

聊到快十点，大家各自散去。我和幅馆卓哉先生一起从高田马场站坐 JR 线回家，他要在新宿转车到郊外的调布市。我本想送老人到出站口，他却执意不让，并将我送回车厢，然后退到站台毕恭毕敬地看着我。待地铁终于重新启动，他突然脱下帽子，向我深深地鞠了一躬。

我承认，那一刻我完全乱了方寸。虽说这是日本人送行时常用的礼节，但这毕竟是一位年届九旬的老人，在这样的夜晚站在那里只为等着给我鞠一躬再走，实在让我难以承受。而在我的内心也有一个声音："抽时间再去看望幅馆老人吧！他一定还有很多话想和我说。"

山梨一日

窗外有几棵大树，每天都被乌鸦吵醒。叽叽喳喳，不知道它们唱的是欢乐还是悲伤。

昨天和智子约好一起去山梨县的石桥湛山纪念馆，我想更多地了解这个被日本人遗忘了的短命首相。智子倒也乐得奉陪，我对石桥湛山的热情显然感染了她。富士山就在山梨和静冈两县的交界处。今天的首要任务是寻访石桥湛山，至于富士山就只能远远地看了。

清晨六点刚过，我已坐车到了新宿。由于碰面时耽误了一刻钟，我们只能坐九点半的车去山梨县首府甲府。今天智子带上了儿子小青，这是她的行囊。这孩子虽然只有四岁，但已经到过中国二十多次。记得几年前的一个初冬，我们一起去栃木县乡下。当时冷风飕飕，小青只穿了一条短裤。我说冷不冷啊，智子一个劲地说没事。日本人对小孩似乎不像中国人那样小心翼翼地含在嘴里怕化了。对于可能的核辐射，也不是那么紧张。我们去的地方离福岛已经很近了。

一路上，智子和我讲了些自己的经历。智子早先在大阪外国语学院读大学，后在名古屋读硕士，又在香港大学读了教育社会学的博士。不过她更喜欢的还是做 NGO 项目，而非在大学里教书。

大约一个半小时后，我们来到甲府。智子昨天已经联系好了山梨大学生命环境学部的副教授石塚迅，他负责接待我们。由于他要中午才有时间，而博物馆下午才开门，智子就先带我去当地最好的宾馆泡温泉。不巧那家宾馆没开门，我们只好在周围闲逛。路上看到几个支持安倍的政治广告，大意是"把日本还给日本"。这个口号让我想到了法国的极右分子勒庞，勒庞的口号是"法国是法国人的法国"。

日本人喜欢泡温泉，泡温泉也算是待客之道。不一会儿，我们走到了一家名为"杖温泉"的温泉馆。这家温泉馆打了个空海和尚"开汤"一千两百年的招牌。我知道有"开光"的，对于"开汤"一词，还是第一次见到，心里不由得乐了起来。

哎，我对泡温泉实在不感兴趣，我无法体会让自己像只年迈的青蛙那样蹲在水里有什么快乐，所以在温泉池里泡了四五分钟后我便穿上衣服回前台和女店主聊天了。我说牌匾上的字不错啊——"安禅不必须山水，灭却心头尘自凉。"由于汉字的缘故，在日本我常常忘记自己身在何方。而且在日本的大街上偶尔还会看到一些在中国不常见的字，比如"桁"字。小时候家里盖房子总听父亲说起"桁料"，却从来没见过这个字。如今得见，像是遇到一位失踪多年的故人。

女店主见我赞美她屋里的摆设，兴致明显高了起来。带着以前做记者的习惯，我问了她一些问题，比如是否知道石桥湛山这个人。

"当然知道啊！我两个女儿在甲府一高读书，那是石桥湛山的母校。不过我对他了解不是很多。"

我们用英语简单地聊着，不时通过手书汉字笔谈。女店主知道我从中国来到甲府只为寻访石桥湛山并断定他"理应获诺贝尔和平奖"时，多少有些惊喜和感动。

大约二十分钟后智子也出来了，她给我们当翻译。不过相较于知之甚少的石桥湛山，女店主似乎更愿意和我们聊田中角荣[1]。

"田中角荣出生在邻近的新潟县。虽然他不被日本的许多知识分子

1　田中角荣（1918-1993），1972 年出任日本首相，同年 9 月底，访问中华人民共和国，签署《日中联合声明》，实现了中日邦交正常化。1974 年他因涉嫌洛克希德一案下台，1976 年宣布退出自民党。

认可，但我们对他却很有感情，因为他朴实而且务实，能为当地人和底层百姓着想。"

我说如果当年的受贿是真实的，他被赶下台也怪不了别人。不过，田中角荣在中日关系正常化方面真是个大功臣。据说1972年7月组阁后，田中角荣便立即着手促成日中邦交正常化。而就在他准备带一个庞大的访问团访华时，许多反对派给他打电话，威胁说如果他一意孤行，浅沼稻次郎[1]就是其下场。因为同时涉及日本与台湾"断交"的问题，访华回国后田中角荣在两院大会上受到了反对派的激烈批评，自民党诸多议员斥其"国贼"，甚至要求他剖腹谢罪。

接下来拍照，女店主满面春风自是忙得不亦乐乎。我来日本的这几次，当地人的热情与礼貌，常常让我这个号称来自"礼义之邦"的人自愧弗如。尽管有时候也会觉得日本人之间的礼节过于烦琐，甚至有些形式主义，但我不得不承认有些形式本身就是内容。

十二点半，我们来到早先约好的地方与石塚迅会合。石塚一家人已在酒店门口等候了。由于这里今天没有自助餐，我们改去另一家餐馆吃意面。

"我每年都会去中国两三趟，近几年北京的空气污染和堵车太严重了。"石塚说。

石塚与我同岁，主要研究宪法，因而和北京大学的张千帆教授较熟。既然石塚研究的是宪法，我们的话题难免与违宪审查有关。他说："1889年2月颁布的《大日本帝国宪法》表面上看是立宪主义，但是因为规定了天皇神圣不可侵犯，也没有司法独立，故该宪法与欧美的立宪主义有

---

1 浅沼稻次郎（1898-1960），日本社会党领导人。反对《日美安保条约》，在中日建交前多次率团访问中国，曾提出"美帝国主义是日中两国共同敌人"的口号。1960年10月12日在东京日比谷公会堂发表演说时被右翼分子山口二矢刺杀，成为战后第一位被杀害的日本政治家。

很大差距。二战后，《日本国宪法》于1946年11月颁布，转年5月施行。该宪法确定了法治原则，包括宪法对个人的尊重和人权保障，承认宪法是最高法规，还规定了美国那样的程序正义。此外，《日本国宪法》特别赋予了法院司法独立和违宪审查权。

"日本的违宪审查只针对一些具体的权利诉讼，需要有具体的诉讼利益，而不会直接针对法律或观念进行判决。比如安倍参拜靖国神社，必须有人出来说安倍的参拜给他带来了什么具体的损害。而且事实上，对于具有高度政治意义的国家行为，法院虽然享有审查权却不太敢做出法律判决。最典型的例子是'自卫队是不是违反宪法'和'认定难民'，因为这些都是统治行为。所以说，《日本国宪法》第81条虽然规定了违宪审查权，但日本法院采取'司法消极主义'，并不会对任何案件行使违宪审查。战后日本最高法院的违宪审查总共才20个案件，而明确做出违宪判决的也不过10个。当然，这种'司法消极主义'也可能有日本法院比较尊重国会，同时回避司法政治化的考虑。"

我说，难怪砂川事件[1]中的违宪审查最后不了了之。而所谓对议会和国家政治行为的尊重，一方面固然体现了三权分立的原则，另一方面也可能形成一种权力之间的合谋，伤及国家的底线。目前，日本的和平宪法所遇到的正是这种危机。

1　砂川事件有两次：第一次是1955年，日本政府为帮助美军扩建立川基地，强制征用砂川町民有土地，激起居民和各地人民反抗，9月起发生多起警察同农民、工人、学生的流血冲突。最后政府被迫停止测量和征用该地。第二次是1957年7月，日本政府以禁止进行测量的工人和学生进入美军立川基地为由，根据保护美军的《刑事特别法》第2条对7人进行起诉。1959年3月，东京地方裁判所认为《日美安全保障条约》和驻日美军违反日本宪法，因而保护美军的《刑事特别法》无效，宣布全体被告无罪。同年12月，最高裁判所接受检察当局上告，认为东京裁判所并不具有对条约是否违宪的审查权，否定了东京地方裁判所的判决。其间，美军被迫打消了扩建的念头，反对征用砂川土地的斗争就此结束。此判例明确表示司法机关在重大政治事件中必须屈从于立法及行政机关，实际上是违背和平宪法三权分立原则的一次倒退。日本政府显然不可能允许判定日美安保条约违宪，因此此案是一种政治上的妥协。

由于时间关系，我们没有继续讨论下去。吃完饭，石塚送走家人，开着他的微型车将我和智子母子送到石桥湛山纪念馆。石塚喜欢邓丽君，一路上播了几首邓丽君的日语歌，其中一首是《我只在乎你》。这时我才猛然意识到石塚和我是同龄人。

没想到我们赶到石桥湛山纪念馆时，又吃了闭门羹。门上的告示说，该馆工作人员正在另一个地方举办有关捍卫日本宪法的研讨会，要到15：45才有人来开门。

还有两个小时的时间，石塚便将我们带到了附近的武田信玄神社。武田信玄是日本战国时期的一个武士，以孙子的"疾如风，徐如林，侵掠如火，不动如山"为行动哲学，所以神社到处都是"山林风火"的旗帜。不幸的是，在神社附近我被蚊子咬了几口，奇痒难耐。好厉害的一群山林风火般的蚊子！

再次回到石桥湛山纪念馆时已是下午四点，门已经开了。在我们说明来意后，负责看门的老太太向我认真介绍了有关石桥湛山的生平资料。就在我快参观完时，浅川保馆长回来了。由于日本宪法研讨会那边的活动还未收尾，他只能简单地回答我几个问题。

浅川保今年60多岁。20多年前，他在甲府一高教书时曾读到石桥湛山保留在学校的一些材料，便想着将来一定为石桥湛山建一个纪念馆。不过直到7年前退休后，他才了却这桩心愿。先是自己花了不少钱，后来又在一个不愿意透露姓名的人那里筹到了1000万日元。这个馆既是石桥湛山纪念馆，也是山梨县和平博物馆，主题都是反战与和平。在一楼的反战内容中，同时有重庆和甲府被空袭的惨状。

"两个馆是融为一体的，去年我们以山梨和平博物馆的名义搞了一次以世界和平为主题的征文，所设奖项就是'石桥湛山和平奖'。当时一位来自南京的中国学生获了奖。"说话间，浅川先生用手指着墙上的布告栏，上面有相关新闻。

博物馆门口的售书处有不少石桥湛山的书或关于他的评传。我买了两本传记，一本是浅川保馆长所著，另一本是姜克实的《石桥湛山》。遗憾的是，我至今仍然无法正常阅读日语。回想十几年前我在家中读《胡适文集》，没有丝毫的语言障碍，那种直通理性和心灵的感觉真好。而在今天的博物馆里，印象最深的文字是石桥湛山的书法，包括汉语成语"得鱼忘筌"，以及英文"Boys，be ambitious"。英文出自札幌农学校（北海道大学的前身）的首任副校长兼首席教官克拉克先生。据说石桥湛山的中学老师大岛正健是克拉克的学生，而大岛正健和同窗内村鉴三[1]等人所支撑起的正是日本自明治以来的自由主义一系。

　　晚上回东京，智子和孩子一直在车上睡觉。陪了我一天，他们都太累了。而我正充实于今天在甲府找到了一种与石桥湛山相关的现场感。无论是爱一个人，还是想了解一个人，都要到他的家乡去看一看。这些年，我在不同地方寻访了罗曼·罗兰、胡适和董时进。尤其是胡适，我不仅去了他在安徽上庄的老宅、台北的墓园，还特别找到了他在纽约生活过的街道。对我而言，每一次对另一段生命的寻访，都是为了丰富我的内心，寻找我隔世的同路人。

1　内村鉴三（1861-1930），日本基督教思想家，无教会主义的倡导者。曾就读于札幌农学校。1884-1888 年赴美国深造。回国后任第一高等中学校讲师、《万朝报》记者等。内村鉴三能够超越近代国家的局限，以基督教的普世原则批判近代日本。

石桥湛山

札幌農学校物代教頭
クラーク陪生ヲ川錦ヲ録ト
母校男育中学ヲ生徒得居
序一題ス
昭和二三年
湛山

Boys be Ambitions!

石桥湛山书法

男儿当胸怀大志

落地而死的麦子

　　智子来信向我推荐了一篇有关电影《永远之零》的文章，作者是早稻田大学现代中国研究所的郑成。

　　郑成认为《永远之零》的原著作者百田尚树既聪明又愚蠢。谓其聪明，是因为一个作家能够通过自己的作品激起成千上万日本人的民族自豪感，实为不易；谓其愚蠢，则因为他如此行事会自挖战后日本"和平主义"的墙脚。不过，他同时认为，《永远之零》所反映的日本社会现状虽非良性，但绝不能简单理解为军国主义复活的前兆。

　　我并不认为今天的日本有什么军国主义复活的可能，但正如郑成所分析的，日本社会的确在向右转，而我担心的是中日以及美国究竟有多少力量正在与安倍政权合谋推动这一转向。

　　说到神风敢死队，我认同林语堂写在《与尘世结不解缘》里的观点：人需要精神，但过分着重于精神也是有害的。如果人的自然属性和本能被一股精神淹没了，人的完整性也就不在了。

　　我们都是凡夫俗子，我们的身体如土地时刻供养着我们的灵魂，又如庙宇为我们的灵魂遮风挡雨。肉体支撑着灵魂，而灵魂却总想高于肉体，甚至为了意义与激情不惜彻底否定肉体，这不仅是一种忘恩负义，而且是自取灭亡。当精神的大树挣脱出肉身的土地，肉身便失去了意义，精神也会慢慢枯萎。

　　晚上读了一些有关神风特攻队的新材料。在日本政府有意误导民众的同时，日本的民间记忆也在不断抵抗。《朝日新闻》"歧视与自由"专栏谈到了鹿儿岛的两个博物馆，有时间我想去看看。

鹿儿岛县知览町曾是日军的"特攻作战"基地。1975年，有人在这个基地的原址上建起了一座"知览特攻和平会馆"，馆中摆满了年轻特攻队员们的遗像和遗书。据说每当有"特攻"题材的电影上映时，年轻的参观者就会增多。而距离会馆约1公里外，穿越市中心的麓川沿岸有一处名为"富屋食堂"的民间资料馆，富屋食堂是当年特攻队员们常去的一家餐馆，后来迁移到此处。除了写给军方的遗书，队员们还会趁着宪兵和长官不注意，偷偷向食堂老板娘鸟滨留托付另外一些信件，上面写着"集体主义的国家最终会失败"、"明天一名自由主义者就要离开这个世界"等。之所以做一个这样的民间资料馆，鸟滨留女士的孙子、馆长明久先生说："为了向大家传达那些只靠和平会馆无法传递的（特攻队员的）形象。"根据民间资料馆留下的资料，许多特攻队员并非自愿参加战斗，一些同伴被选为队员后甚至被吓昏了，还有一些人试图逃走，被宪兵抓回来后自杀了。

这些资料让我想起鹤见俊辅[1]在《战争时期日本精神史（1931-1945）》里提到的林尹夫。他是一名特攻队员，据说生命的最后一天他还偷偷躲在厕所里阅读列宁的《国家与革命》。每读完一页，就把它撕碎吞下。林尹夫从中得到一个结论："自己将为毫无意义的目的而死"，而且日本进行的战争是帝国主义的战争，最后必被英、美、苏、中四国打败。书中还有些例子讲到，那些即将战死的人事实上并不像日本政府宣传的高呼"天皇陛下万岁"，而是呼喊着自己母亲的名字。说到底，军国主义思想还是敌不过最初的人性吧。

鹤见俊辅写道，这些在封闭年代学会独立思考的人，虽然无力击垮

1　鹤见俊辅（1922-2015），日本思想家、大众文化研究者、社会运动者。

那个封闭的国家，但他们孤独的声音却能传至今天。他们就像落地而死的麦子，虽然一粒麦子死了，但还会长出更多的麦子。

鹤见俊辅一定是个有趣的老头。小时候饱受母亲的虐待，他认为自己对母亲最大的孝行就是没有自杀成功。而为了反抗母亲，他在十四五岁就和许多女人做爱，此后又禁欲了十几年。

中午到东大食堂吃饭，一路上都在思考我关于人生意义那本书中的若干问题。人是欲望的开始，也是欲望的终结。我们不会对着一棵树、一块石头、一片土地诉说自己的痛苦，也不会对着它们炫耀自己的成就。我们的幸福与痛苦，一切意义的赋予，起起落落的关键最后都在于人。

去智子办公室的时候她正和同事高原明生教授一起接受中国记者的采访。我在社会科学系的会议室里等她。十二点多，智子出来，说高原希望我能去东大本部做个讲座。几年前我曾经在东大参加过高原组织的学术沙龙。

接下来，我和智子要就水污染的问题去住友化工做些访谈。在驹场东大前站和八丁堀站我们陆续等到三位学生，他们分别是东大二年级的井堀拓郎、野村实广和三年级的缝部瑞贵。路上我问他们是否知道石桥湛山，前两位茫然无知，只有缝部瑞贵了解一些，知道石桥湛山做过很短一段时间的首相，而且是个自由主义者。

井堀拓郎懊恼自己不知道石桥湛山，并问我石桥湛山在中国是不是很有名。我说情况并非那样，我也只是偶然知道他的。野村实广不知道石桥湛山也在情理之中，因为她一直在英国和香港读书，最近才回到东大。

三个年轻人是东大"水社会"社团的成员，该社团共有 15 人，主要关注水污染和企业社会责任。当他们从智子那里得知住友化学株式会社可能在无锡造成污染后，决定到住友总部做一些访问，并准备在下个月到无锡、上海和南通等地做实地取样调查。

聊天时我才知道日本大学到三年级才分专业。"这样真是不错呢！"我说，"你们可以按照自己的兴趣填报专业，并知道自己将来最适合做什么。"

手机导航让我们走了一段冤枉路，到住友化学株式会社时，已经晚了将近半个小时。住友公司的几位代表很热情地回答了学生们的提问。

这次访问，我印象最深的是几位学生穿得正式而得体。在日本，仪式感无处不在，人与人之间总是客气周到、彬彬有礼。和智子一样，三位都没有吃午饭，但走起路来，竟让我赶着有些吃力。智子身体好，在中学时练过中长跑。她在中国做过不少社会调查，几年前曾经暗访上海的地下性产业。当时她挺着个大肚子，其他小姐见着她，以为她也是做小姐的，很同情地说："你怎么这么不小心，你看，怀上了吧！"

会谈结束后学生们回东大上课，我和智子去位于千代田区的《文艺春秋》编辑部。下午四点智子和拓殖大学海外事情研究所的中国问题专家富坂聪有一个对谈，正好我也想了解一下《文艺春秋》编辑部。路上我曾问智子，如果我写篇评论给《朝日新闻》是否容易发表。智子说非常难，日本不像中国，虽然前些天她在上面发表了一篇关于中国的文章，但这样的情况很少。不过她觉得如果我只是想表达自己的观点，请《朝日新闻》的记者来采访我，效果其实是一样的。

智子和富坂聪对谈的时候，我坐在会议室里查阅有关《文艺春秋》的一些史料，顺便读完了菊池宽[1]的短篇小说《自杀抢救业》。

1　菊池宽（1888-1948），日本小说家、戏剧家，1923年成立了日本出版界最具影响力的"文艺春秋社"并创办《文艺春秋》杂志。

《文艺春秋》是一本由菊池宽创办于 1923 年的文学刊物。该刊出版 15 周年时，菊池宽在发刊词中写道：“拟站在中正的自由主义立场，代表知识阶级的良心。”而到了创刊 20 周年时，他的卷首语已有天壤之别：“时值对英美开战的非常时刻，本人携全体员工决心舍弃私心私情，将本志作为国防思想阵地一大战车，为实现国家之目的而勇往直前。”

　　一个自由主义者变成了国家主义者。这个细节让我想起国内的一位自由主义同乡，这些年中他发生了类似转变。早先大谈自由，如今却为时人“误会”希特勒而痛心疾首了。

　　据说菊池宽之所以创办《文艺春秋》是因为厌烦了对出版商和编辑的妥协，因此想自己有个平台写自己的话。最初他标榜“纯文学”和自由主义，也的确获得了成功。不过和许多自由派一样，在日本转向军国主义后，他也开始发表大量军国主义言论。从 1937 年开始，菊池宽作为文人代表三次来到中国。第一次是带领 22 名作家到前线从军，此即所谓的“笔部队”；第二次是到南京、徐州一带视察战况，采写《西住战车长传》；第三次是参加汪日政权成立大典。此外，菊池宽还多次以领导身份积极参加军部策划的“大后方文艺运动”、“日本文学报国会”、“大东亚文学者大会”、“大日本言论报国会”等为侵略战争歌功颂德、摇旗呐喊的活动。1947 年 10 月，占领军总司令部发出追放[1]菊池宽的命令，而菊池宽抗议道：“我虽然不赞成战争，但一经开战，尽全力不使其失败乃天经地义。追放我这样的自由分子实在荒唐。”次年 3 月的一天，菊池宽在家里开 Party 祝贺自己大病初愈时心脏病发作，不治而亡。人生不可预测啊！

　　二战期间，日本政府加大了对媒体的控制，《文艺春秋》曾被迫于

1　追放，语出《孟子·尽心下》，意指追逐放逸之兽。这里特指盟军总部公布的公职追放令，即禁止日本战犯在战后出任公职。

1944 年停刊。为什么菊池宽会为一个关闭其杂志的国家而战？他曾说"恋爱是一种疾病"，那么爱国呢？

大约一个半小时后，智子、富坂聪和出版社的编辑来办公室找我。在智子向他们介绍我的书在中国的销量后，《文艺春秋》的编辑大概是觉得冷落了我，对我加倍热情起来。

智子和我说，富坂聪经常在日本媒体里抛头露面谈中国问题。对于中国的态度相对强硬，也因此和许多右翼团体比较熟悉。我说这对我不是坏事，我来日本想了解各种人，我不介意他们的观点是什么，重要的是首先要有所了解，并且知道他们的观点所为何来。

和智子在文艺春秋社附近吃了个便餐。她又饿又困，差不多一天没有吃饭了。接孩子的事情，已经推迟到了 19 点。我说要知道你没人接孩子我就不在这里关心菊池宽了。智子说，以前有一对中国学者夫妇来日本时，曾经在她家里住过一个多月，学者夫人当时没什么事，经常帮她接孩子。

晚上在涩谷转车回东大，在大盛堂书店买了本书。看着这个据称是世界上最繁忙的路口上的汹涌人群，我不由得又一次想起了早上的思考——人是人的欲望之起点和终点。当我对人还有欲望，不仅说明我还年轻，而且表明我没有失去人之根本。当然，人有时候对动物也会保留一些珍贵的情感。忠犬八公像前总是围满了人，抽烟或拍照。在涩谷的书店里看到《忠犬八公物语》，那是一个真实的故事，后来改编成了电影。

我在城市待久了，慢慢被孤独感浸染，有时候也想养条狗。几年前我去美国住在董时进的儿子董保中家里时，有一幕场景更是让我萌生了强烈的养狗的愿望。当时我刚在董先生的书房里落座，他家的金毛便将头靠在我的膝上。当我们对视时，我在那条金毛的眼睛里读到了一种难以名状的温情。当然，这只是我生活中的一个想法，和我许多方生方死的想法一样，从未实施。

　　细想起来其实我是养过狗的，虽然只有几天时间。我读小学时，有一天村子里来了一条流浪狗，我收养了它，而且我能够明显感觉到它对我有一种亲近感。不幸的是，一个星期后，它被村子里的人打死吃掉了。我是在放学时发现这个状况的，而当我去找打狗的主力说理时，他一句"那又不是你家的狗"就把我挡回来了。我想还是算了吧，我一个孩子，狗对我是身外之物，对他却已是身内之物，他们已经融为一体了。世间之恶，我们见到时都是木已成舟，哪由得我去争辩？

　　昨天和智子提到我想找姜克实见面的事。深夜，智子给我抄送了一份她写给姜克实的信，信中说明了我前些日子在山梨县寻访石桥湛山纪念馆的事情。姜克实是石桥湛山研究专家，按说这事该由我自己联系才显得更周到。只是智子热心，找到姜克实的邮件地址后直接代劳了。

从涩谷谈话到日比谷抗议

　　很久没有看电视了，电视不仅会偷走人的时间，而且是一种统治方式。来东京后，房间里没有电视机，倒让我犯了难，因为看不了世界杯。这是我唯一有热情观看的足球赛，草地上的乌托邦。最省时省力的办法是每日早上看一眼昨天的精彩进球。当然，这有点糟糕。在知道比分后看球赛，很像是看黄片，那个全神贯注激动人心的过程你并没有亲身体会。

　　世界各地的媒体都在称赞日本的球迷。他们入场时各自带了一个蓝色的垃圾袋，在比赛时给垃圾袋鼓胀了气，为自己喜欢的球队加油助威，赛后不论输赢，都会将垃圾收走。虽说现在的日本人追求小日本主义，但其集体主义仍是举世无双的。这方面，最直观的是日本人对垃圾的态度。这种整体性和协调性，我在任何国家都不曾见到。日本街上很少看见垃圾箱。一来垃圾箱容易脏，二来会增加公共财政的负担，所以每个人身体力行，将一切生活垃圾都带回家自己处理。几天前和智子去山梨县，我记得她包里就装了几个用剩下的瓶瓶罐罐。这就是日本人平常对待生活垃圾的态度。

　　晨起清理屋内的垃圾，我也学着将它们一一分类。谢天谢地，我的垃圾袋里没有手纸，日本的手纸扔进便池后会立即化为纸浆，可以随时冲走而不致堵塞下水管道。它不像中国的手纸，扔进水里还结实得像块抹布。中国学习制造日本可以冲洗臀部的马桶盖之前，还是先想想如何"改退"一下手纸吧，免得每家每户都在家里积攒一筐筐"黄金万两"

再扔掉。

我算是一个不愿给别人添麻烦的人，但到了东京后过得更小心翼翼了。哪怕是掉了一张无用的纸在地上，也会追着把它捡回来，如果不那么做，我会觉得周围的花花草草都在看着我。深更半夜，我曾经见到一对遛狗的夫妇打着手电在路边清理狗粪。凡事从细节做起，严于律己，不给别人添麻烦，这也是"小日本"的另一种含义吧。

今天要去办居留卡。坐横滨方向的东急线，出了第一站中目黑，没走几步便到了区役所。按几天前海关人员的提醒，我必须在十四天内到所在地的区役所做登记。日本的区役所，相当于区政府，市民可以随意进出。今天在这里办事，发现整个大厅里甚至连个摄像头都没有安装。而在中国，别说是大街小巷，就连大学的教室与走廊里都已经布满摄像头了。

中午和蔡成平约好在涩谷见面。由于到早了，我便在忠犬八公雕像边多等了会儿。这个地方多少有些混乱，路边"步行者优先"的牌子上面不知道被谁高高地甩上了一双黑色球鞋，刚看到时我还以为是落了两只乌鸦。

蔡成平是新浪财经驻日特约记者，我们最初是通过新浪网认识的。有人说他在日本的活跃程度相当于加藤嘉一在中国。我走进约好的咖啡馆时，发现他和另外一位朋友已经到了。这位朋友早先在京都大学读商科，在日本待了几年后觉得没什么发展空间，便回上海创业，做中日贸易。在他看来，日本什么都不错，就是太过成熟，所以没什么机会，像他这样一个外国人，在一个公司能做到科长就不错了。

"我在日本待的时间越长，越看不懂日本，所以有些文章都不太敢写了，怕自己过于武断。"蔡成平感慨道，"不过，我并不认为现在的日本人对中国有多了解。我从早稻田大学毕业后在《朝日新闻》做了不到两年的审读，感觉日本的媒体人没什么新闻理想，他们不像欧美记者对中国报道得那么深入，也不像中国的记者那样有情怀。而且，日本研究中国问题的学者，也没写出什么好书。像大前研一这样的趋势学者，曾经预言中国将在2005年组成中华联邦[1]，现在看也只是一个笑话。当然还有一个原因，在日本出书实在太容易，一个小册子，译成中文也就两三万字。有些书就是对谈，没什么深度。现在很多人都在走极端，不是'中国威胁论'，就是'中国崩溃论'。"

蔡成平曾经与人合写过一本日文书《超越中日对立的发信力》，讨论媒体是否真实地反映了两个国家。

"当然，你也许会说，我在日本批评日本，在中国赞美日本。这其实并不矛盾，我是对症下药，而且节制有度。像《新周刊》对日本的赞美，在我看来有过度美化之嫌。"蔡成平说这句话的时候，让我想起李小牧给加藤嘉一写的公开信，他批评加藤嘉一是"在中国批评日本，在日本批评中国"。

至于街头上的日本右翼，我所谓"喇叭主义者"，蔡成平认为日本其实没有多少右翼，事实上日本民众对他们的行为也非常反感。

我们的话题信马由缰：比如日本的宗教自由——虽然麻原彰晃制造了毒气案，但日本并没有取缔奥姆真理教；池田大作因为创价学会（孕育了公明党）而成为日本隐性的首富；丸山真男和梅忠棹夫对日本思想史的贡献；梁启超的速成日语《和文汉读法》导致许多对日本文化思想的介绍不准确……

紧接着，蔡成平问了我一个问题："日本人在骨子里看不起中国人，

---

1 大前研一曾在《中华联邦》中大胆预言："受到经济浪潮强力的推移，2005年两岸和平统一。中华联邦的新板块，将结合中、台、港甚至新加坡，成为一股莫可抵挡的经济旋风。"

而中国人只是表面上看不起日本人，那么到底谁的歧视更厉害呢？"

我说我很少从整体性上去思考类似问题，因为人有差异性。当然，某种倾向性可能是存在的。比如说中国人表面上讲集体主义，而实际上更在乎私力救济。这也决定了许多中国人虽有一种基于历史创伤的集体性反日情绪，而一旦他有了一位日本朋友，便忘了这是所谓"敌国"的国民。简而言之是"具体交往，抽象反对"。从这方面说，中国人并没有坚定的反日情绪。

另一方面，如今中日之间的互相憎恨，有一些也可能和"疤痕效应"有关。有个著名的实验：心理学家在每一位志愿者的左脸颊上涂抹了令人生厌的疤痕，并让他们照了镜子。当志愿者记下自己可怖的"尊容"后，心理学家收走了镜子。紧接着，心理学家表示为了让疤痕更持久，他们需要在做好的疤痕上涂抹一些粉末，事实上心理学家只是借机除去了志愿者脸上的假疤痕。在一切安排妥当后，志愿者被分别带到了各大医院的候诊室，装扮成急切等待医治面部疤痕的患者。候诊室里人来人往，全都是素昧平生的陌生人，志愿者在这里可以充分观察人们的种种反应。实验结束后，志愿者们向心理学家陈述了感受。许多人都表示自己受到了歧视，甚至为此怒不可遏，然而事实上他们脸上什么疤痕也没有。这个世界上很多人不也是这样的吗？他们想象自己被别人歧视或憎恨，于是将这种歧视与憎恨还给他想象中的那个人。一来二去，就变成了互相憎恨。

聊了两个多小时，由于后面还有事，我起身告辞。临走前在咖啡馆旁边的书店里买了本古市宪寿的书，我想了解日本年轻人的想法。古市生于1985年，就读于东京大学，已经出了几本书，和加藤嘉一一样，算是日本的后起之秀。古市出版的《绝望国里的幸福青年》曾经引起热议。如果后面有时间，我想约他谈谈。要是加藤在，相信效果会更好些。

下午去了日比谷公园的野外音乐堂，17：30 这里有一场主题为"护宪非战"的抗议活动。昨天约好了王琳给我做翻译，在涩谷碰面后我发现她显得有些兴奋。在日本待了六年，她从来没有参加过类似活动。

　　日比谷公园树林繁多，更像是一个养生场所，而非抗议之地。然而恰恰就是在这里，发生了 1905 年的"日比谷烧打事件"。数以万计的东京市民抗议日俄议和，要求同俄国人血拼到底。会后，狂热的市民捣毁了《国民新闻》报社，放火焚烧内务大臣官邸以及许多派出所。当时日本国民的好战与狂热，由此可见一斑。

　　如今的日比谷公园仍是表达民意的重要公共空间。前不久，在反对通过修改宪法解释以解禁集体自卫权的日本市民团体"阻止战争千人委员会"组织的集会上，大江健三郎就警告，如果解禁的话，就会让日本跟着美国去打仗。

　　此外，日比谷公园也是附近的东京地方裁判所发放旁听券的专门场所。

　　野外音乐堂附近的小路上，聚了不少陈情者。有的在为一个性骚扰冤案征求签名；有的为农地被征用寻求声援；还有人举着牌子要求"放送协会"（NHK）的会长籾井胜人下台[1]。籾井胜人是安倍的心腹，也因此成为 NHK 的心腹大患。

　　我走进野外音乐堂时，里面旌旗招展，已经坐满了人。这是一个露天的半圆形广场，今晚集会的主题是反对安倍政府修改宪法。1947 年的《日本和平宪法》由美国主导颁布实施，其中第九条规定："**基于正义和秩序的目的，为了诚实地寻求国际和平，（日本国）永远放弃以国权发动的战争、武力威胁或武力行使作为解决国际争端的手段。为达到**

1　早先，在履新记者招待会上，籾井胜人曾就慰安妇问题发表争议性言论。籾井胜人说，日本在二战期间使用慰安妇和其他国家没有区别。而在被问及如何看待中日领海、领土争议时，籾井胜人表示，NHK 应当和政府保持一致，"政府说东，NHK 总不能说西"。为此，日本记者协会（JCJ）发表声明，要求籾井胜人辞职。

前项目的，不保持陆海空军及其他战争力量，不承认国家的交战权。"此外，宪法第九十八条规定："**任何违背日本国宪法的法令和国家行为，原则上视为无效。**"而安倍不顾民意反对，企图通过修改对宪法第九条的解释，解禁集体自卫权。

集会开始后，民主党众议员近藤昭一、日本共产党党首志位和夫、社会民主党党首吉田忠智、翻译家池田香代子等轮番上台发言。他们一再申明，宪法第九条是日本通过无数生命换来的，而日本战后没因为打仗而死伤一个士兵，全赖宪法第九条的保护。

上智大学教授中野晃一指出，现在的教育改革正在使日本回到二战前，安倍正急着把日本建设成一个可以战争的国家，而日本应该动用聪明才智，以非军事力量改变世界，以获得世界的尊重。

所有演讲者中，最能引起共鸣的当属前自卫队员井筒高雄。他回忆说："我当年加入自卫队时训练非常残酷，所以第一项任务就是写遗书。这会让你想象到什么是死以及怎样面对死亡。为了完成任务，我们不得不亲自去捉青蛙、杀蛇来填饱肚子，留着口袋来装武器。而作为一个战士最大的悲哀是，当他快饿死时，他的第一任务还是举枪杀敌，而非觅食自救。"

1992年日本通过《协助联合国维持和平活动法案》（即PKO法案），允许向海外派兵，转年井筒高雄便退役了。他说，当时政府还有些遮遮掩掩，为消除其他国家对日本的怀疑和为自卫队出国提供法律保障，日本在制定PKO法案时还提出了所谓的"PKO五原则"[1]，而现在为了达到目的，已经大张旗鼓了。

"安倍首相，你根本就不懂什么叫战争，你要拿着枪，杀死所谓的

---

1 所谓"PKO五原则"，是指日本派遣自卫队参与维和行动的地区必须已经达成停火协议；必须得到当事国的同意；必须保持中立性；以上三条件如发生变化，必须立即中止参与维和；在保护自卫队员个人生命的最小限度下使用武器，不得集团使用武器。

敌人。我希望你能遵守宪法，而不是只想着完成自己的军国主义梦想。你之所以能当上首相，是国民们一票一票决定的。现在的宪法不允许这个国家做战争的准备。如果你真的想让日本成为一个可战之国，那你就解散现在的内阁，再来一次选举，问问国民们的意愿。如果那时你再当选，便可以堂堂正正地修宪了。2013 年国防部的预算是 4 兆 5000 亿日元。你还想在军事上花多少钱？这不是你的钱，是全体国民的税金……"

晚上的集会持续了很久，略记思考如下：

其一，日本的希望。日本有大量独立于政府和执政党之外的反对派，这是日本的希望所在。反对派中有不少团体，甚至包括各种母亲团体。今天两位年轻女子抱着孩子上台讲话，希望日本能给下一代以希望。这些"小日本主义"的母亲团体和二战前狂热拥抱"大日本主义"的母亲团体完全不同。

其二，和平宪法的意义。如果说欧盟在一定程度上是欧洲在二战后收获的成果，那么日本的和平宪法更可以说是二战后人类获得的最伟大的政治成就。它意味着在政治文明方面，日本已经走在了世界各国之前，即日本国民不仅将权力关进了笼子，而且将战争关进了笼子。否定和平宪法不只是否定过去的苦难所得，也使人类失去了未来的方向。

其三，广场政治带来的幻觉。在露天的阶梯广场，当所有人举着牌子，各党各派代表们群情激昂地表达自己的抗议时，世界仿佛只有一个声音。那一刻，我有一种"我们多么强大！100% 的强大！"的幻觉。在此我姑且称之为"广场政治的满分效应"。而一旦这些人从聚会广场走到大街上，走进芸芸众生，"零落成泥碾作尘"，他们会发现自己是那么孤单弱小，连千万分之一都不到。

野外音乐堂的集会结束后还有游行活动。19 点 40 分开始，两支游行队伍分别朝国会和银座出发。大家高喊"反对战争"、"不要破坏宪

大街上的警察与反对派

法第九条"等口号。组织者解释之所以向银座去，是想让那些对修改宪法漠不关心的人了解日本遇到了什么危机。和我参加过的法国游行不同的是，日本的示威者多是中老年人，不像法国会有大量年轻人参加。这也验证了此前的一些民意调查——日本年轻人大多支持修宪或者根本不关心政治。此外，在日本游行时警察并不提前封路，而是留出路的一部分供示威者使用。想必这和日本人比较循规蹈矩有关。如果在法国游行而不封路，恐怕队伍早和行人打成一片了。当年我的一台相机还是在封路的情况下被几个黑人学生抢走的。

其四，精英与草根。志位和夫等党派领导人慷慨陈词结束后，台下若干群众开始游行。为了更好地观察日本的街头政治，我和王琳跟着其中一支队伍从日比谷公园走到了银座。一路上真有一种"精英动嘴，草根动腿"的感觉。这和我在法国的感受不一样。法国人会把游行示威搞得和嘉年华一样，整体氛围也平等一些。

我庆幸自己虽没有大嗓门，但上苍给了我一支笔。

回到住处，在网上查有关池田香代子的一些资料。池田是翻译家，也是和平活动家。2010年，为纪念"花冈事件"而建的"花冈和平纪念馆"在日本秋田县大馆市开馆的时候，她在那里做过主题演讲。"花冈事件"中众多被强掳至日本的中国劳工在二战结束前牺牲了。宣传战时日方加害行为的场馆在日本国内尚属少见。

池田香代子写过一本小书《如果世界是一个 100 人的村子》，里面附了一首同题长诗。

世界何其大，又是何其小。

"同学，请把你的骨头带走！"

深夜整理完几千字的笔记，已经筋疲力尽。回复了野口的来信，更是睡意沉沉。野口在信中说如果需要联系什么人采访，她会尽量提供帮助。

继续被东京的乌鸦吵醒。今日出版的《朝日新闻》头版配图发表了我昨天参加的抗议活动。报道说，东京都千代田区的日比谷野外音乐堂约5000人（主办方数据）举起了写有"不要毁掉第九条"、"反对战争"等内容的标语。东京都新宿区的公明党本部前也聚集了40余人，呼吁"公明党要坚持住"。自民党为了下周就能举行内阁决议，正在与公明党进行协商调整。当日，大阪和名古屋也举行了游行和集会。

尽管昨天有不少记者在场，但是今天见报的似乎只有《朝日新闻》。《产经新闻》和《读卖新闻》并无相关报道。

我越来越喜欢东大干净整洁的食堂了。它没有饭点，全天开放。对我而言，这也是一个非常适合读书的场所——我喜欢在芸芸众生中读书，更重要的是我不必为吃饭操心。当然，为避免拥挤，食堂提醒中午12:00—13:00之间最好不要占用食堂自习。

我每餐的花费约在六七百日元之间，包括一碟洋葱牛肉、一盘凉菜、一碗米饭和一个明治酸奶。虽然费用比在国内略高，但环境确实好了不少。我想起我在国内大学食堂吃饭的情景。每逢饭点，许多桌子上要么是摆满了占座的鸡零狗碎，要么就是那些生活不能自理的学生扔下的一堆骨头。那样的时候，我最想说的是，"喂，同学，请把你的骨头带走！"如果中国学生能够和日本学生一样学会"不给别人添麻烦"，我相信中国人在公共场合的生活也一定会变得舒适一些。

吃完午饭，在校园里拍摄各种花草树木，直到四点半参加智子的讨论会。讨论会的主题是"日本住民运动"。先由几位同学做读书报告，然后集体讨论。我就中国的"避邻运动"和"为人民服务"这个提法做了简短发言。

有学生提到成田机场的钉子户。我以前读过一些资料，今天突然想去现场看看了。

20 世纪 60 年代初，日本政府决定新建成田国际机场，随即遭到当地农民的激烈反对。直到 1966 年此事重新由内阁拍板，但是新机场所占之地有近 50% 需要从成田市三里塚地区的农民手中征收。从 1967 年至 1978 年，三里塚因征地爆发了 56 次冲突，其中 4 名警察和 1 名示威者死亡，3100 名警察和 5000 名抗议者受伤，1900 人被逮捕。直到 1995 年，时任日本首相的村山富市接受了学者们的建议，向机场反对同盟成员谢罪。这一怀柔之策最终使得反对同盟内部瓦解，反对机场运动暂时得以平息。直到今天，成田机场的钉子户问题也没有完全解决，它像波茨坦磨坊主的故事一样，渐渐成为民权与国权抗争的经典案例。

提起村山富市，难免让人想到他的"寿眉"与"村山谈话"。1995 年 8 月 15 日，二战结束 50 周年之际，村山富市发表了内阁总理大臣讲话，就日本曾经犯下的历史错误，表示"深刻的反省和由衷的歉意"。村山富市先后两次道歉，一是面向外交，一是面向内政。在某种程度上可以说，村山富市当时的双重道歉意味着小日本主义在日本处于巅峰时期。大日本帝国的时代过去了，对内对外日本追求的都是小日本主义。然而，日本的历史并没有就此终结，大日本的观念和人性的弱点一样，至今依旧存在于许多日本政客及其支持者心中。也正是这个原因，安倍政府准备实质性否定村山谈话了。

课后，智子赠我她的书《貧者を喰らう国——中国格差社会からの警告》（被噬食的贫者——来自中国格差社会的警告）。该书几年前由新潮社出版，卖了一万多册。

智子每天骑自行车上下班，正好路过我的住处。在食堂吃完饭，我准备回别馆，智子也正好要回家，她推着车带我走了段近路。十天过去了，我才知道东大有个小南门直通我的住处，以后免得再绕个大弯子了。

临睡前注意到微博、微信上正在讨论两件事：一是关于《律师执业行为规范》，二是关于禁止记者的私自批评报道。

如果什么都不关心了，我也就解脱了。

宗教与迷失

　　早上在网上补看了几个世界杯进球。上午要到综合研究科的教授会前亮个相。穿过昨日刚知道的小南门，很快就到了2号馆。

　　一路上有不少映山红做的花圃，密密匝匝的。原本以为映山红只有红色的，没想到在东京看到这么多的白色映山红。猛然想起波普尔的黑天鹅理论。你看到所有映山红都是红的，并不能证明映山红就是红的，因为只要有一朵是白的，这个假设就不成立了。

　　会议室里有十几个老师，作为客座研究员，我对自己过去和正在做的研究做了简单陈述，随后他们继续开会，包括智子。智子是我眼中的大忙人，今早她已经开了一个会，而且还帮我把女儿探亲所需要的证明材料寄出。如果我做事能像智子那样有效率，我该做出很多事情了吧。在东京大学，智子只是个普通教师，今天她有四五个会要开。细数下来，教授治校还真不容易呢。而在中国的大学，一切都安排好了，几乎没什么会议是必须参加的。

　　离开会议室，三楼的走廊里堆了一堆日文书和纸盒子。顺手翻开一本大川隆法的《ハイエク「新・隷属への道」》（哈耶克：新·隶属之道），这是一本谈论哈耶克的书。大川隆法在日本是个传奇人物，他不仅创立了"幸福的科学"教派，出版了"几百本书"，几年前还拍了一部嘲讽中国政府的电影《神秘之法》。大川隆法热衷灵修，自称通灵，在政教分离执行得暧昧不清的日本，他甚至还组建"幸福实现党"参与日本大选。虽然大川隆法的政治思想让很多左翼不满，但由于 2012 年钓鱼岛事件的影响和电影《最后的审判》上映，有不少日本人转而成为他的支持者，他们同样认为日本必须加强国防，而不能一味地依靠美国的帮助。

不过，"幸福实现党"的有些主张依旧被很多人理解为疯言疯语。比如他们宣称该党的部分政策是大川隆法从诸葛亮的灵魂里得到的。据说奥姆真理教的头目麻原彰晃也自诩朱元璋转世，因此在 1994 年还特别到中国拜谒明孝陵。东京地铁投毒案让世界皆知麻原是个疯子。他曾经扬言自己将在 1997 年成为日本之王，到 2003 年世界大部分地区都将纳入奥姆真理教的势力范围，仇视真理的人必须尽早杀掉。麻原表达了以武力推翻日本政府，建立"奥姆国家"，进而征服世界的野心。

就是这样一个教派，日本最终并没有将之取缔，而只是进行了斩首行动。麻原彰晃以故意伤害和危害公共安全等罪名被判处死刑，不过至今尚未执行。在日本，信什么教都不违法，因为公民有思想自由和宗教信仰自由，但若以宗教名义危害公共安全，就是刑事犯罪了。在奥姆真理教遍遭诅咒的情况下，日本议会曾决定通过"反邪教法"以授权政府取缔教会，但最后不了了之。[1] 现在的奥姆真理教已由 1995 年的 15400 人锐减到几百人，并且更名为"阿雷夫"（AREF，アレフ）。新教主是麻原彰晃的三女儿林上冈子。她曾发表声明向受害者家属及日本人民

1　用来惩治奥姆教犯罪分子的法律是 1952 年制定的《破坏活动防止法》，这是一部反对暴力犯罪的刑事法案。东京地方法院一审宣布取消麻原"奥姆教"的法人资格，并试图引申该法律进而取缔奥姆教，东京高等法院的二审裁定作了纠正："解散命令并不带有禁止或限制信徒宗教行为的法律效力。"1996 年 5 月 24 日，日本律师联合会通过决议，反对根据《破坏活动防止法》取缔奥姆真理教。1997 年 1 月，日本最高司法部门否决了取缔奥姆教的动议。两年后，日本国会众议院通过了有关打击奥姆真理教的两个法案，即《关于对实施大规模滥杀行为的团体进行限制的法案》（简称《团体限制法案》）和《破产特例措施法案》。前者明确表示要对"曾肆意进行大规模滥杀的"团体加强监控，主要内容包括：三年期间对有关团体进行观察，团体每隔三个月要递交一份活动报告；团体的设施要接受检查；当团体的危险性增加或妨碍检查时，将没收或禁止使用团体设施，禁止向它捐款，禁止它的骨干进行活动等。而后者则用经济惩罚手段，让非法团体赔偿有关生命财产的损失。

道歉，宣布废除暴力教义。"阿雷夫"每三个月要向日本警方提供一份活动报告，警察可以随时到教会突击检查，这是"团体限制法案"赋予警方的新权力。

的确像有人说的那样，今天的"阿雷夫"像是肺结核留下的钙化点，虽然在 X 光胶片上看起来依旧是一个吓人的亮斑，但奥姆真理教的活跃期已经过去。奥姆真理教没有因为部分民意而被取缔，这让我想起美国的辛普森杀妻案和挪威的连环爆炸案。同样是面对千夫所指的罪恶，前者不因之伤害程序正义，后者不因之毁灭自己的价值观。一个国家是否强大，最关键处在于政府与国民能否共同维护而非消灭那些作为立国之本的价值观。

对于奥姆真理教所带来的悲剧，日本国民也做了深刻反思。村上春树曾经为此写过两本书，并采访了很多奥姆真理教的成员。让他感到吃惊的是，几乎所有被询问者都不后悔自己的那段信教岁月。村上春树认为："因为那里确实存在着现世中基本不可能得到的纯粹的价值。因为纵使作为结果转换成了噩梦性质的东西，其光照辉煌而温暖的初期记忆至今仍鲜明地留在他们身上，而那是不可能用其他东西简单取代的。"而这些"奥姆性质的东西"才是最危险的，尽管他们重返那个容器的可能性几乎是零。村上春树同时思考的问题是：为什么那么多受过高等教育的精英会参加莫名其妙的危险的新兴宗教？那些精英分子轻易抛弃唾手可得的社会地位而投奔新兴宗教，是否意味着现代日本教育制度存在某种致命性缺陷？而我的疑问是：既然人难免有理想主义的倾向，那么如何让这种理想主义在救起自己的同时又不至于伤害他人？

今天没做特别安排，吃完午饭便去了图书馆。想起早上读到的《安妮日记》在日本被毁的一些报道与评论，其中一篇是《朝日新闻》在今年 5 月 5 日发表的《守护"图书馆的自由"》，文章开篇提到诗人长田弘的诗歌《柏林的无书图书馆》。为了铭记当年纳粹焚书的恶行，德国人在焚书的地方建起了一座没有书的图书馆。而《安妮日记》及有关书籍在日本遭到破坏，东京都内多家图书馆共计300多本《安妮日记》被撕毁，这难免让人联想起当年纳粹的暴行。文章说，"这份深不可测的恶意让人战栗"。

不过，我在5月5日的《朝日新闻》没有找到这篇文章，想必是因为《朝日新闻》中文网并非完全照搬纸媒内容，还有一些原创吧。

近几年来，仇外、排外势力的上升引起日本知识界和出版界的担忧。就在前几天，《朝日新闻》还报道了另一件事，以河出书房新社为代表的一些出版社正组织起来抵制"厌中憎韩"的言论。河出书房新社号召全国的书店创设了"现在思考这个国家"的图书角活动，以"既不讨厌，也不漠视"为口号，在"现在应该阅读的书籍"中介绍了作家伊藤正幸等19位名人推荐的19本书。伊藤正幸在推荐语中特别强调："语言已不再是思考的手段，而仅被用于给他人贴标签、攻击、歧视、使自己具有绝对优势。"

图书馆外，几个东大学生正组织抗议安倍政府修宪的活动。一位白人学生一手举旗，一手拿扩音器，正在发表反对安倍内阁修改宪法第九条的演讲。

由于南开有事找我，中途回了趟别馆。上网处理有关事情时收到宿管室群发的一封道歉信。信里说前天误报火警，并详细列出了处置失当的时间和过程。难怪前天下午我听到楼下有喧哗声，因为听不懂他们在说什么，所以没有下楼。现在才知道原来楼里"发生了火灾"。虽然是个乌龙事件，但有个细节还是让我有些触动——当警报响了后，宿管室人员第一时间赶到了一位孕妇那里，并且将她带下楼。宿管室有所有住户的详细资料，谁该在紧急状态下被优先照顾，他们有精准的预案。

两个大学生，两种态度

晚上与智子在食堂吃饭。玻璃墙外，一群群学生在跳舞。

"真羡慕他们既年轻又有朝气！"我说。

"他们跳得并不好，不如我年轻时。"智子打趣说，接着又抱怨日本的国立大学不如私立大学好。

晚饭时智子给我讲了点她的身世：

"我十二岁那年母亲就过世了，父亲今年七十多岁，住在大阪。说到靖国神社，我从来没有去过那里，因为没有必要参拜。我的家族里没有一个人参加侵华战争。父亲那一代人有十个兄弟姐妹，但因家境贫寒，很多时候不得不靠吃红薯叶填饱肚子。家里人基本上都信佛教，当然日本是多神教国家，信佛教的人一样可以去教堂举行婚礼，也会去拜一些与佛教无关的神社。"

每次吃饭之前，智子都会双手合十，嘟囔几句。智子解释说这个仪式和佛教、基督教都没有关系，这是日本人从小养成的一个习惯——"感谢上苍让我有饭吃。"不过，这种感恩，我在和其他日本人聚餐的时候很少见到。这也是日本遗失的传统吗？

国会故事

图书馆《安妮日记》被毁一事有了下文。作案的是一位精神病患者，此事完全与右翼行为无关。如果不是这个真相浮出水面，人们通常会循着"政治恶意"的思维定式夸大事件背后的意义。这就是"看不见的大猩猩"在作怪。出于安全的本能考虑，很多时候我们倾向于把事情想得更糟糕一些。此时，或许也暗含着一种心理补偿，如果的确很糟糕，我们会说，早就料到了；如果不那么糟糕，我们也会如释重负。所以我说，悲观的人有时候也会饱尝"悲观的甜蜜"。

今天要去永田町参观国会。了解日本的政治运行，就必须了解日本国会[1]。

王琳前几天教我安装了一个地铁 APP 软件，它不仅标示了站名，而且点击两个站名时会立即显示相应的线路、时间和价格。比如"驹场东大前到永田町，289 日元，中途在涩谷换乘一回，全程 20 分钟"。这

---

1 作为国家最高权力机关和立法机关，日本国会由众议院和参议院构成。如今，众议院议员设 480 席，参议院议员设 242 席。国会议员可兼任内阁阁员，内阁总理大臣（首相）亦由国会推选。主要政党包括自民党、民主党、公明党、日本维新会、众人之党等，而最大党为自民党，其次为民主党。根据法律，凡年满 20 周岁的日本国民，在市、町、村的区域内连续居住 3 个月以上的，都有选举权，可登记为选民。凡年满 25 周岁的国民均有被选为国会众议员的资格，凡年满 30 周岁的国民均有被选为国会参议员的资格。日本国会最早可以追溯到 1889 年，在明治宪法的框架下，帝国议会分众议院与贵族院。1947《日本国宪法》（即现行宪法）通过后，帝国议会改组为国会，仍维持两院制，但贵族院被新设的参议院取代。

款地铁神器，让我立即有了一种"老东京"的感觉。

我准点到达国会门口，平野爱和她的丈夫佐藤充则早早地等在那里。他们都是智子的朋友。

"我们两个在中国留学四年，在中国相识并相爱，真的是和中国有缘，后来回到东京就结了婚……"平野很大方地介绍了自己，并递给我一张名片，夫妻俩现在开一家纪录片公司。

平野帮我联系了民主党前议员樽床伸二[1]的秘书水本隆明，由他负责接待我们。议会大厦门前排了很长的队，有不少中小学生前来参观，水本隆明带我们走了另外一条通道。不得不承认，这世界到哪儿都是熟人好办事。

接下来的一个多小时，就是走马观花。议员们进进出出，准备下午的会议，我们在议会大楼里旁若无人地走着。虽然我曾经在欧美参观过一些议会大厦，但日本的议会大厦还是给我留下了深刻的印象。

一是大楼入口处的议员灯牌。从亮灯的情况看，今天大多数议员都来了，非常直观。共产党的八个议员里唯一缺席的是我几天前在日比谷公园见到的该党党首志位和夫。而头面人物安倍晋三和石原慎太郎同样缺席。

二是自民党的一党独大。我在楼道里走着，很快感受到自民党在这栋大楼里所具有的压倒性优势。虽说这是多党制的国会，但因为自民党议员众多，所以国会大厦里的很多办公室都属于自民党。而其他若干小党和无所属（无党派）只能说是勉强获得了一两个房间。气场之弱，像是在官殿之外搭一个茅棚。

三是议员餐厅。议员们的膳食和我在东京大学食堂吃的没什么两样，

1　樽床伸二 2010 年曾经与菅直人一起竞选民主党党首，最后失利。而菅直人胜出后获众议院全体会议提名，最终出任日本第 94 任首相。

国会议员的姓名灯箱

除了价格略贵。如果说我在东大食堂花 600 日元,这里则需要 1000 日元。据说安倍爱吃的那份套餐价格为 940 日元。由于今天议员开会,餐厅仅有的几张长条餐席已被预订,并且贴出了议员的名字。

四是塑像。众议院正门立的是尾崎行雄[1]和三木武夫[2]的半身塑像。而在国会的中央大厅,立有伊藤博文、大隈重信、板垣退助的全身像,唯独第四个只有一个空空如也的石台。水本隆明解释说可能是因为不能用屁股对着远处的皇宫,所以空着。也有说前面三个很快达成一致,而第四个却因为众口难调最后不了了之。但也因为这个空缺或留白,为日本留下了想象空间——荣誉的殿堂虚位以待,日本呼唤一个经天纬地的后来者。

上述几个人物中,板垣退助并不为中国人所熟悉。他是日本第一个政党自由党的创立者,明治维新的功臣。因为倡导民权,其名声也因此在日本走向帝国主义的过程中渐渐衰弱。按戴季陶在《日本论》一书中的说法,他从前到日本时常去拜访板垣。那时的板垣不是"门前冷落车马稀",简直是"门前冷落车马无",连一个讨材料的新闻记者都没有。至于生活,每月总有一两回连米钱房钱都付不出,穷到不成样子。戴季陶感叹板垣晚景凄凉,像托马斯·潘恩一样受到冷遇。其实,历史给了板垣退助必要的荣誉,不仅日本国会有他的塑像,而且百元日钞上也曾印过他的头像。至于潘恩,美国人对他是何等凉薄,我都懒得提起了。

五是记者屋。为方便记者撰写新闻稿件,国会有专门的房间留给亲

1　尾崎行雄(1858-1954),日本明治、大正、昭和时期的政治家,议会和政党活动家,日本议会政治之父。一战爆发后持民主主义、和平主义、国际主义立场,晚年坚持裁军立场,坚决反对军国主义,全力抵制法西斯主义,提倡世界和平。

2　三木武夫(1907-1988),在自民党内较早提出"中华人民共和国是中国唯一合法的政府"、"台湾是中国不可分割的领土"的人,并呼吁及早恢复中日邦交正常化。1975 年 8 月 15 日,身为首相的三木武夫以私人身份在东京参拜靖国神社,开启了日本首相在"终战纪念日"参拜靖国神社的先例。

近国会的记者。这和日本的记者俱乐部制度可谓一脉相承。所谓"条件即逆境"，当权力机关为记者提供一个有限的场所，就必然会有随之而来的霍布森选择效应[1]、堕落和心照不宣。

最后是国会大厦的建筑细节。据水本隆明介绍，大楼的玻璃、门锁等材料是从欧美等国进口的，其他都是国产的。该楼始建于1920年，耗时17载，共有254万人参与了施工，总共花费2570万日元。当时的日本，由于财力有限，也算是拼尽了力气。而日本当局之所以如此费心劳力，据说是想以此庞然大物昭告世人——这个新生的国家将长久地存在下去。

几年前，我曾经在东京的宪政纪念馆外看见尾崎行雄脱帽致敬的雕像。作为日本的宪政之父，尾崎行雄是最容易让我想起宋教仁的日本人。他关于日本如何保有东方传统及如何学习西方文明的观点，至今发人深省。当时日本被崇洋的风气笼罩，凡洋学者，不管造诣如何，都委以重任，给予奖励，占据官场要冲，而日本的传统学问则受到冷落。如此过度崇洋，势必使日本重回东方，迎来儒学复兴。而同样是学习西方，日本学的却是最差的那个老师。尾崎行雄曾经留学英国，在《德国学与支那学》一书中对日本努力效仿的德国模式提出了尖锐的警告。在他眼里，普鲁士不过是一个宇内新邦，论其学艺也只在近日有所发达，远不及罗马、希腊、中国、印度之学古老苍茫。如果日本真要学习西方，最好是学习注重实际和经验的英美，而不是把政治与学问都搞得渺渺茫茫、脱离实际的德国。更何况就民风而论，"德国之民"乃是未得言论自由权之民，未得充分参政权之民，其政府以专制为尚，以铁血为政。如果连有良心

1　1631年，英国剑桥商人霍布森贩马时，把马匹放出来供顾客挑选，但附加上一个条件，挑好的马匹必须从马圈的小门牵出来。显然，加上这个条件实际上就等于不让挑选。对这种别无选择的"选择"，后人讥讽为"霍布森选择效应"。

东京宪政纪念馆前的尾崎行雄

的学者都处于政府的严厉管制之下，终日无所事事，这样的国家有什么值得学习的地方！

正因为有了上述思考，在制定日本国宪法时，尾崎行雄提出了日本是向普鲁士学习还是向英国学习的问题。遗憾的是，最后伊藤博文还是选择了普鲁士型宪法，将民权挤压到非常狭窄的地步。

西方是一个复数。当迟滞的东方遇上了价值观相离的西方，究竟要学习哪一个西方，的确是个值得思考的问题。

由于下午有约，在匆匆看完了国会大厦后，我在礼品屋买了瓶"安倍混合果汁"，便去了东京爱宕山上的爱宕神社。《朝日新闻》记者野岛刚已经在那里等我了。担心我不好找，佐藤夫妇打车将我送到了爱宕神社，然后才回家。

野岛刚会一口流利的汉语，我们的话题从石桥湛山开始。野岛刚对石桥湛山似乎并不熟悉。他能准确说出石桥湛山"曾经写过不少评论，办过《东洋经济新报》"，至于石桥有何主张，则语焉不详。若宫启文曾在书中提到"石桥湛山的悲剧"，而我在寻找"小日本"的过程中也慢慢发现遗忘石桥湛山的悲剧正在这个国家上演。

野岛刚曾经在厦门大学读过一年书，1992 年进《朝日新闻》工作。巧合的是，我刚参观完日本国会，而他曾经做过三年国会记者。

《朝日新闻》当时共有 20 个记者跑自民党，10 个记者跑民主党，一个记者盯一个重要人物。回想自己做国会记者时的日子，野岛刚有点苦不堪言。"早上六点，我就得等在议员家门口，边上通常还会有其他媒体的记者。条件好的自己开车，不好的就挤地铁。待议员走出家门，他会和我们寒暄今天有什么事要做，有什么新的想法。白天我们有可能跟着议员出去活动，也可能什么事都没有。而到了晚上八九点钟，又要守在议员家门口，听他讲今天的活动和感想，或者请他回答一些与此相

国会记者

关的具体问题以及对时局的看法等。有时候等不着人，就会一直耗到凌晨。如果赶上议员心情不好，他什么也不会说，那我们就白等了。赶上开会的时候，记者还得经常在国会里熬着……"

野岛刚的这番话让我想起上午在国会里遇到的记者，他们有的坐在走廊的地上，有的躺在记者室的长椅上。

"日本的国会记者是世界上最忙的记者，"野岛刚接着感慨，"累了的时候，只能在记者室的长椅上躺着休息。跑国会，大家写完的稿子最后会交到编辑那里，很多稿子都不会署名。有的记者跑了一辈子新闻，都没有署过名。"

"既然如此辛苦，甚至写稿都不署名，那你们为什么还要做国会记者呢？"我问。

"虽然很累，但也并非完全没有成就感。有的人因此获得机会，成为重要人物的秘书，或者直接参选。现在的国会记者，女性比以前要多一些，可能报社认为她们可以获得更多的消息源吧。在日本做记者，很多都是终身制。对于《朝日新闻》这样的大报，也算是大树底下好乘凉，即便现在受到网络冲击——我承认《朝日新闻》在衰落，但是这种衰落很慢。1992 年我入职时它的发行量为 860 万份，20 多年过去，如今的发行量仍保持在 750 万份左右。总之，大家只管为报社做事，收入也还不错，40 岁以上的一线记者，每年有 1200-1300 万日元的收入。我工作那年，《朝日新闻》一下进了 100 位记者，现在只有 20 个人在跑新闻了。许多人都已转岗，但并没有离开《朝日新闻》。而且报社也不鼓励记者在外面写专栏、出书。像我这样的人，是比较少的。"

野岛刚现在给腾讯大家供稿，同时每月给《南方都市报》写差不多 10 篇专栏。目前已经出了几本和中国有关的书，包括《两个故宫的离合》、《谜一样的清明上河图》。

"刚开始跑国会的时候，我觉得议员是一帮贪腐的没有理想的邪恶存在，"野岛刚接着说，"但接触久了，慢慢对他们也有些尊敬了。首先，他们腐败的机会并不多。有拿过几百万日元的，但查出来后果会很严重。其实他们的年收入不是很高，通常在2500-3000万日元之间。虽然比普通人高出不少，但这份职业并不稳定。田中角荣说过，'猴子从树上掉下来还是猴子，议员从树上掉下来就什么也不是了'。他们任期四年，如果不能继续做议员，就处于失业状态。执政党议员能在政府里同时担任公职的，毕竟是少数，超不过五十人，更别说国会还有解散的可能。有些议员好不容易当选，说不定会赶上国会解散，那就等于提前失业了。在日本做议员非常辛苦，周一到周五要在国会开各种会，周末还得回到自己的选区和选民联络感情。而且，议员们的权力并非一成不变。在国会，权力是流动的，这取决于首相和民众对他的态度、有无公职以及他最近的表现等。这些将直接决定他在国会里的协调能力。"

至于为什么还是有那么多人愿意参选议员，野岛刚的回答是"他们为了荣誉"。当然，有的是官二代、官三代，驾轻就熟。他们靠父辈的名望与财富的积累，有自己的地盘、知名度和大把的钞票，相对而言容易成功。如果是普通人，仅为奉献去做议员，是非常艰难的。

世袭社会无所不在，世界各地都一样，不唯政界。想想小泉纯一郎的儿子小泉孝太郎，虽然他明确表示自己将进演艺圈而不走仕途，但他能够成为红人，和他父亲的帮衬并非完全没有关系。国会大厦的纪念品商店里，有两个被做成卡通人物的广告，一是安倍晋三的混合果汁，另一个则是小泉孝太郎的"为日本恢复元气"的巧克力。

第二次海湾战争时，野岛刚曾在伊拉克随美军采访。因为写了一篇"为美军在伊拉克杀人叫好"的文章（2003年4月）而在日本引起争议。野岛刚对自己一边倒的立场做了辩解："当时我和美军天天在一起，几乎断了与外界的通讯，而自己的生命也受到了来自伊拉克人的威胁。虽然那一个月也用卫星电话，但一分钟100美元，只能给总部传稿用。所以很多消息都是屏蔽的。"野岛刚接下来的话让我有些吃惊——"战地记者的报道80%都是假的。"很快，他承认80%的说法有点夸张，但造假的确是很普遍的，理由是"只有他在那里，没有人知道到底发生了什么"。"伊拉克是一个由英国人'人造的国家'，当地人只服从强权的统治。伊拉克战争是一场诡异的战争，而真正的战争发生在萨达姆倒台之后。"

我认同野岛刚最后这句话。当年我在法国做记者时，曾经在《南风窗》上批评美国发动第二次海湾战争是不计后果，时至今日，当地的局势已经恶化到不可收拾。

对于我批评的日本人的书写得太过简短的问题，野岛刚的解释是日本人写一本书，只需写清楚自己的观点，并不需要旁征博引，所以一本新书有七万字就可以了。

野岛刚出生于1968年。谈到现在日本的年轻人，他的感情似乎很复杂。"相较于我们这代人，现在的年轻人畏首畏尾，没有理想，也没有对生活的信心。我们年轻的时候总想着去欧美旅行。而现在的年轻人怕花钱，只会选一些'安、近、短'（廉价、短程、少时）的线路。我想这和日本经济失去的二十年有关。冷战时期，民族情感虽然被压抑，但80年代日本人有自己的优越感。而现在，随着中韩崛起，日本年轻人越来越感到压力巨大，他们当中许多人成为安倍的支持者也就在情理之中了。现在书店里骂中韩的书很好卖，也激励了更多的作者和出版社推出类似的书籍。以前的言论禁忌，被一点点地打破了。"

我很难断定野岛刚的这些话里究竟是对现在年轻人的忧虑多一些，还是对自己过去的优越感多一些，也许兼而有之吧。早在20世纪60年代，日本曾在《国民收入倍增计划》的推动下，追求"一亿总中流"或称"一亿总中产"，可以说这是一种国民意识，或者说"日本梦"。

1968 年，日本超过西德跃居为世界"第二经济大国"，仅次于美国。国民生活也"水涨船高"，以城市工薪阶层为主体，庞大的中产阶级形成了。据日本总理府的《关于国民生活的舆论调查统计》，1958 年，七成以上的日本人自认为是中产阶级，而到了 70 年代，这个比例上升到九成。那时候流行的口号是"消费是美德"。1991 年泡沫经济崩溃后，日本衰落了，"日本梦"开始褪色。时至今日，正如我在一些书店和报纸上看到的，日本人讨论得更多的是"格差社会"，是越来越严重的贫富分化。

事实上，泡沫经济最严重的时候，也是许多日本人梦想破灭的时候。比如城市里的工薪阶层，他们的理想是在郊外有间独门独院的房子，然而泡沫经济导致土地价格暴涨，他们失去了购买能力。这一情形很像现在的中国。多少人想在城市边上买个上接天、下接地的房子，可是伴随着房地产市场的拔地而起，那些曾经让我们心动的梦想如今也变得遥遥无期。

对于年轻人而言，他们不仅要面对日本的衰落，还要面临"老年人的崛起"。人口老龄化不仅会增加年轻人的负担，还意味着更多的社会资源继续掌握在老年人手中。从代际更替的角度而言，他们的"成功"被大大延后了。与此同时，因为日本仍然保持着"纵式社会"的特征，所以日本年轻人不能像中国年轻人一样横空出世，只能盼着"纵空出世"，以命搏命。

"为什么大川隆法在日本有那么多信徒？"我突然想起日本人的信仰危机问题。

"他是一个骗子。"野岛刚几乎是条件反射。他接着说："大川隆法的通灵，没有人能验证。我也奇怪他在日本为什么有那么多信徒。一千万？具体数字不太清楚，但不会太少吧，否则日本各地不会有那么多办公楼和教堂。有时间你可以去白金台看看，就在东京。事实上，石原慎太郎也得到过宗教团体的支持。其实，日本并没有真正做到政教分离⋯⋯"

在爱宕神社边，我们慢悠悠地度过了一个下午，最后聊到了安倍。

在野岛刚看来，安倍已然做得不错，这主要表现为三点：一来政坛比较稳定，以前内阁声音不一，现在内阁比较齐心；二来经济略有起色；三来外交上也有些作为，国内的事情他多交给官房长官处理。

明早要和智子去山形县的一户农民家，今晚先到智子在中野的家里住下。作为"おじさん"（熊叔叔），晚上陪小青一起在院子里放烟花、打篮球。待回到楼上，他又会举起他的塑料剑，把我当怪兽"酷啾酷啾"地比画起来。

智子家在东京的房子在日语里叫"一户建"，相当于中国的独栋住宅，上下共三层。这是几年前他们买了地自己盖的。智子的丈夫城山英巳是日本时事新闻社的记者，现常驻北京。智子和英巳在中国相识并恋爱，因为迷恋中国文化，十年前他们在陕西的米脂县举行了一个中式婚礼，米脂县县长还给智子颁了"米脂婆姨"的证书，《西安晚报》为此特别做了报道：

> 正午12时，爆竹炸响，唢呐长鸣，新娘花轿进入"婆家"院，喜笑颜开的新郎城山英巳从轿中扶出新娘，双双走到父母面前。总管高声道，一拜天地、二拜高堂、夫妻对拜——为了观看洋新娘的容貌，四邻八村的群众不但站满了整个院子，就连垴畔、山坡上也都挤满了人，猴急的娃娃们在人群中窜来窜去。在婆姨们的指点下，新郎新娘上炕相背而跪片刻，接着新郎转身，揭开新娘头上的红盖头，而新娘为新郎穿上自己做的千层底棉布暖鞋，随后二人夹起四片炸油糕，喝下交杯酒。

智子在东京的家里收藏了非常多的具有中国元素的东西。除了夫妻二人都会讲汉语，还有从中国运来的旧木家具，包括八仙桌、小橱柜、板凳、茶几，以及写着"家庭和睦"字样的樟木箱子。当然，这个家里最抢眼的是八仙桌边上插了两面小国旗，一面是日本的，另一面是中国的。这是在心里装着两个祖国的一家人。

　　晚间和智子聊起野岛刚做国会记者时的辛苦，智子说英巳当年也跑过法院记者，每天一大早就要去法官家门口等着，晚上还要再去一趟。不过辛苦归辛苦，也和法官有了些私交。最苦闷的是，有时候文章写完，稿子却发不出来，回到家里也只能唉声叹气。

无言的炮灰——阿信故乡纪事（一）

6月21日
晴

东京乌鸦特别多。昨夜只睡了三个半小时，被远处的聒噪吵醒。这些乌鸦让我想起年少时在乡下生活的情景。老村子北面有一条小沟，沟边长着几棵桑树。印象最深的是秋冬季节，总有几只乌鸦落在上面，时而干叫几声扬长而去，真有一种"枯藤老树昏鸦"的意境。可叹如今的家乡，村子挪了地方，桑树死了，乌鸦也不见了，所有童年的记忆，仿佛都被抹平了。余下的岁月，我只能是从异乡到异乡。

今天要去山形县，山形是石原莞尔和阿信的老家。几天前查了点《阿信》的资料，才知道这部小说和《血疑》出自同一个作者——桥田寿贺子。我小时候看过《阿信》的电视连续剧，如今早已生疏，只记得它讲述了一个日本女人不屈服于命运的故事。待今晨读到其中一个情节，还是另有一番触动。

小说中的阿信出生于明治三十四年（1901）山形县的一个佃农家庭。7岁那年，阿信被送到木材行帮忙带小孩。由于不堪虐待，她一气之下逃离了木材行，却在暴风雪中迷途昏倒，幸好被一个叫俊作的猎人救起。俊作是个好人，他教导阿信要关爱别人，还教她读书写字、学算术。就这样，阿信在山上度过了半年美梦一般的生活。春天来临的时候，俊作把心爱的口琴交给阿信，亲自送她下山，不料被几位搜山的宪兵所杀。阿信抱着俊作的尸体号哭……后来阿信才知道，俊作是日俄战争的逃兵。弥留之际，俊作告诉阿信，他不是因为胆小或怯懦才逃跑的，而是因为厌恶战争的残酷，不愿意过那种互相杀戮的生活，他不想再去杀人了。

这个世界需要的不是枪炮，而是书籍和音乐。人们常说战争的目的是为了和平，而在这里，最爱好和平的却是一位丢盔弃甲的逃兵，而且被杀害。

除了智子，今天一同前往的还有樱美琳大学的高井洁司教授，他负责开车。此外还有两个日本人，以及一桥大学博士生张成和应外务省之约来东京做访问的另一位中国学者 Q 先生。

这是我第一次见 Q 先生，很遗憾我们在车上的交谈并不愉快。他首先说中国一些知识分子反对或批评政府，只是因为他们日子过得不好，如果都和他的老师阎学通一样，能在体制内过得不错，这些知识分子就会是另一种风格。对此，我很不以为然。我认为知识分子之所以反对一些东西，还有一种可能，即来自良心与意义的驱使以及对知识和真理的热爱，而不全是出于个人利益的考量。由于他反对我的这个观点，我便反问他："如果政府给你两百万要你写文章赞美它，你会不会写？"他说他当然会。我说我不会写，如果那样做，我的文字就失去了信用，我在写作方面的人格就破产了。

谈话并未就此而止。没想到这位 Q 先生对着车里的所有日本同行者说："刚才我说的是真话，而熊培云说的绝对是假话！"

或许我根本不需要为自己辩解，我知道自己一生中最重要的是什么，但还是忍不住表达了对他的失望。我说我为什么要做违背内心的事情，如果需要赚很多钱，我很早就会选择做生意，老家那些没读过书的人，只要智力还可以，加上勤奋，现在都赚了很多钱。

过了一会儿，Q 先生又给自己补了一枪。"我刚想了一下，如果只是两百万我可能不会那么做，五百万差不多……"

虽然我不愿与 Q 先生继续交谈，但他的话向我展示了一个复杂的中国言论界，以及这个国家复杂的反对派。当然，人为自己的利益去做事，并非是一种糟糕的选择。遥想美国当年的制宪会议，离心离德、患得患失的代表也不在少数。问题是，你可以有你的态度，我可以有我的态度，但你不能将你的态度强加于我并且断定那也应该是我的态度。

上述谈话算是一个小插曲，很快就过去了。还是说说我们今天的司机高井洁司教授吧。高井曾在《读卖新闻》做过二十多年的记者。两伊战争时他曾带着家人在伊朗驻扎了两年。

"我们也是经常担惊受怕的。当时伊朗方面有两支军队，一是政府军，二是革命卫队，后者经常在地盘还没有站稳的情况下召开记者招待会，记者赶过去，一个个提心吊胆，怕受到攻击。"

几年前高井从《读卖新闻》辞职，出任北海道大学传媒研究院院长，现在又彻底回到东京，在樱美琳大学做教授。在北海道大学期间，高井同时是该地区中日关系协会的会长。他曾经分别于 1989 年和 1997 年两次到中国做驻华记者，也出版了几本关于中国的书。高井可以说是一位充分见证了中国改革开放的日本记者。

今天到山形县，主要是去高井洁司的亲家须贝智郎家。一路上高井和我们大致说了点有关智郎的经历。日本实行长子继承制，须贝智郎和他的妻子都是家里的老大。他们恋爱时，父亲希望他能继承祖业，而妻子家只有三个女儿，希望智郎能够做上门女婿。由于无法同时满足双方家长的条件，两人索性背着吉他私奔了。年轻时他在外面从事过修筑水坝、隧道和下水道的工作，有一天他突然意识到与其为别人打工，不如为大自然打工，于是又回到自己的本乡本土，既做他的樱桃园主，又做乡村音乐人。我们这次来，更准确地说是为了参加智郎筹办的一年一度的乡村音乐节。

年轻时的须贝夫妇

几个小时后，车子在一个村子边上停了下来。伴着几声牛叫，我们进了须贝家。这是一栋有着鲜明江户时代特色的老房子。当时智郎的妻子正带着几个帮工，借着一台小型机器的帮助把樱桃装进一个个小包装盒子。每小盒樱桃，通常的价格是三四千日元，好一些的八千日元。虽说是农民之家，但这里看起来更像是一个产销结合的小作坊。

　　须贝家有一大片樱桃园。智郎离不开这片土地，除了樱桃园，还因为他喜欢乡村音乐。高井说，像智郎这样生活的人在日本实属罕见。他没有上过大学，家里却摆着一个大书架，上面放着各类书籍，我甚至在书架上看到一本研究中国经济制度转型的书。同时，作为民间音乐人，智郎创作了几百首歌曲。他每年组织乡村音乐节，还在 NHK 的农民歌手大赛中获过奖。此外，智郎还筹拍了一部名为《桃源乡》的电影。但由于"桃源乡"的日语发音和拉登的"基地组织"相同，后来被更名为《饭团》。电影主要讲述了一群质朴的农民对家乡和土地的热爱，智郎在片中本色出演。

　　老屋的前面是一个仓库，上下两层。一楼摆着钢琴、吉他等各种乐器，可以说是须贝智郎乐队的演奏厅。我进去的时候，一位年轻的女孩正在钢琴前自弹自唱。后来我知道她的名字叫中川智美，是位刚出道的歌手。智美的父亲仰慕智郎的名声，让她在须贝家练习弹唱。晚餐时，智美为来访的客人们弹唱了几首智郎作词作曲的歌，其中一首是《故乡人》。

　　　　在喧嚣的城市里　不要随波逐流

　　　　相信自己所走的路

　　　　向着地平线前行

　　　　就像野马一样

　　　　让迸涌而出的汗水　释放生命的光辉

　　　　看夕阳沉入大地

寻找温柔　做一个故乡人

就算不为人知　也在某个角落绽放

可以结出果实的花朵

即便被践踏　也会坚强地活着

就像杂草一样

平凡，却幸福无比

……

　　草木在这里应该是幸福的。下午的时候，我注意到须贝家的屋外一角有两个"草木塔"，它们静静地立在那里，仿佛在向我昭示这片土地万物有灵。我喜欢的东方，是人心中不仅装着神灵，而且装着他者。遗憾的是，在臭名昭著的 20 世纪，无论是西方还是东方，都在为自己心中的神灵搭建天堂，而将他者视为地狱，或者直接将他者推进地狱。在两个世界的对垒中，没有哪个世界大获全胜，也没有哪个世界全身而退，有的只是两个世界的挫折。

　　今天从日本各地赶来了二十多人，都是为了参加明天的樱桃音乐节。高井和我说，智郎的音乐节每年有两场，一场在夏至，一场在秋收之后。夏至场就在须贝家的院子里，通常能来百余人，而秋收后的一场则在野外举行。听参加过音乐节的人说，智郎这辈子没什么追求，想要的就是能在这片土地上抒情。其实我也是个喜欢对着土地抒情的人。我在心里盼着明天下雨，如果赶上下雨，我相信从钢琴里传出的清脆琴声会将我带上天堂。

　　下午和智子母子一起在须贝家周围的农地里转了转。当地种的主要是水稻和果树，果树以樱桃最多。附近有个小神社，这些在中国曾经司空见惯的神祇，现在已经难得一见。天光渐暗的时候，我远远望见村外有座曹洞宗杨林寺的寺庙，旁边还有一片公共墓地。

"如果中国的村子边上也有这样整齐的庙宇和墓地就好了！"我心里又浮出这个念头。这些年我走过国外一些地方，时常觉得中国的墓葬过于零乱。倘使一个古老的村庄能够紧邻着一片体面的墓地，即使免不了生离死别，也总能够给生者和死者一点慰藉吧。

十年前我曾经在巴黎的墓地里不忍离去，十年后又在东瀛小岛的墓地里徘徊不前。不同的是，后者多了一些让我感到沉重的东西。我没想到会在这里与两块侵华日军的墓碑不期而遇。一位叫须贝龟五郎，昭和十三年（1939）于"北支山西省战死"，曾经荣获"功勋七八级"；另一位是"忠肝院泰岳禅雄清居士"，昭和二十年（1946）在牡丹江市宁安县海林关战死。

我在两块墓碑边停了下来，仔细阅读上面的文字。当年侵华日军在我老家犯下的种种恶行，我在《一个村庄里的中国》中做过浮光掠影的描述。我必须承认当年写到那些细节时，心里是充满恨意的。我为那些枉死日军屠刀下的无辜农民鸣不平。然而此刻，当我站在另一片农民的土地上，我似乎恨不起来了。

这里埋葬的也是几抔炮灰吧！

我想起了高桥哲哉的《靖国问题》。靖国信仰让当年的日本人相信"为国家而死"、为天皇献出自己的儿子和丈夫是神圣的行为。正如一位老妇说的："孩子出征的时候，俺嘴上是说'不准当逃兵啊'，可心里还是觉得可怜，怎么也不想让孩子去死。虽是这样，可孩子是送给天子的啊，怎么能当逃兵呢？像咱们这种啥都不是的人家的孩子，还能给天子派上用场呢。"

当年的那些侵华日军，大多数都是些从日本各地征调的农民。他们或战死异乡，或背着沉重的包袱回到故土，都是些无力主宰自己命运的可怜虫！我怎么恨他们呢？他们连自己都没有。在拿起枪进入中国之前，他们就已经死掉了。他们来到世间，只是听从魔鬼的号令，去另一片原本与他们无冤无仇的土地上杀人，然后毫无体面地离开这个世界。

晚餐时，客人们轮流发言。我没有避讳谈到傍晚看到的两块墓碑，其中一个还是须贝家族的。我说我这次访日，既为进一步了解日本，也为寻访可以促进两国和解的精神资源。我有个小小的愿望，希望中日两国国民不要再为政客们的无能或所谓的国家理想而牺牲掉自己的美好生活。大家用热烈的掌声回应了我的发言。那一刻我对自己说，中日间的仇怨在我们这一代真的该翻过去了。

饭后，客人们陆续去仓库看电影《饭团》，我留在老屋和须贝夫人聊天。她去年刚病过一场，面容略显苍白憔悴。

"您会参与民主投票吗？"我问。

"我会去投票的，但是民主并非投一票就可以了，更多还在于大家平日里的作为。一个人的投票，在众多票里可能是微不足道的，但他一年又一年坚持做的事情，累积起来会有更好的效果。"

"您对中日关系怎么看？"

"过去的历史已经发生了，我们无法改变。但是我们可以不断加强中日社会之间的横向交流，改变现在和未来。"

须贝夫人的回答让我有些恍惚，这不是一位足不出户的农妇，更像是一位训练有素的外交部发言人。

最后我们谈到须贝家的房子。房间里各种设施都很齐全，洗手间和星级宾馆也没有什么区别。据须贝夫人说，这栋楼上下两层，一共400多平米，兴建于江户时代，距今约有170年的历史。

"你们不知道，保留这样一栋房子需要很高的成本。就说那厚厚的屋顶吧，每年需要花30万日元更换上面的草。不过也没什么啊，我们想得开，住这么大的房子，就算是每个月花3万日元的租金，也是很合算的。"

"30万日元？"我听着直咋舌，心想这才是有品质的农村生活啊。更重要的是，这些老房子的主人出于对传统的尊重或审美需要，有耐心和热忱来维持这种品质。

晚上和张成以及北海道来的几位中国客人住在须贝家里。临睡前，张成说了自己关于国家治理的想法。他说如果一个政党不行，就该让其他人来做；如果本国人管理不好，让外国人来管理也未尝不可。一个公司，只要产权是清楚的，换了管理层又有什么关系？我说道理是这样的，但是人性与人的感情比这要复杂得多。中国古代早在《孙子兵法》之前有部兵书叫《司马法》，里面提到义战，其中一个观点是"攻其国，爱其民，攻之可也"。这就是中国古代讲的王师的概念。可是人类历史上，哪见得到什么王师呢？日本人当年出兵中国，美其名曰要拯救东亚，却到处杀人放火。一个国家的尊严与解放，还是要从内部生长出来。人不自救，何来他救。当然，这个过程很复杂，需要一定的"民智维新"，要经得住瞒和骗。

下午刚到村子的时候，智郎带我们去附近的温泉馆。让我有点惊喜的是，一群来自北海道大学的中国学生在温泉馆外认出了我。他们刚从札幌坐船再租车到南阳来参加明天的音乐节，从高井教授那里知道我今天会过来。晚上与须贝夫人聊天时，其中一位叫于亚妮的学生一直举着机器在边上为我们录像。她读过我的《自由在高处》。

晚安，明天还有精彩。

樱桃的滋味——阿信故乡纪事（二）

五时起，花了四个小时，在同伴的鼾声里补完昨天的日记。九点下楼，吃完主人精心准备的早餐。和昨天一样，北海道大学的几位中国留学生一直在厨房忙前忙后。

须贝家的人越聚越多。樱桃音乐节的首场活动是参观须贝家的樱桃园。为方便大家"连吃带拿"，主人给每位客人特别准备了一个"吃不了兜着走"的小塑料盒。采摘的队伍十点准时出发，沿着村口的一条水沟，没走多久便到了目的地。在国内我其实并不爱吃樱桃，今天难得尽情享受，毕竟是直接从树上摘下来的，明亮饱满的樱桃让人很难不对之垂涎。我也因此更好地理解了伊朗电影《樱桃的滋味》。这的确是一道可以将一个人从死气沉沉的生活中拯救出来的美味。[1]

回到须贝家，高井洁司教授刚刚回来。昨晚他带着几个人在附近的宾馆入住。就在须贝及其朋友忙着在院子里搭建舞台和遮雨棚的时候，我和高井聊了起来。我先向他交了1万日元，作为对须贝家樱桃音乐节的支持。这只能说是一点心意了。为了维持正常运转，音乐节要收4000日元的门票。

"今年是第22届，须贝智郎的这个樱桃音乐节已经坚持办了22年。"高井说。

1　《樱桃的滋味》里有一个故事：一个失意的人准备在一棵樱桃树上吊死，当他爬上树拴绳子时，顺手摘了一颗樱桃吃了下去。这让他觉得生活中还有甜蜜的事情，于是摘了许多樱桃回家了。

我若有所悟。难怪昨晚须贝夫人和我说民主并不只是投一次票，还要坚持一年年做自己的事情。想来她也是有感而发啊。

我们的话题拉拉杂杂。我问高井，既然你有这么多中国朋友，对中国也了解，是否有心写一本促进中日和解的书。高井说他想写，但是日本出版社考虑到市场可能并不愿出，而中国又会因为所谓的政治敏感而不能出。

"我们这些人，往往是两边不讨好。日本的网站上还有人骂我是'非国民'呢！"高井接着感慨道。

我说还是智郎这样的日子美好啊！简单、从容，每日对着自己热爱的土地，把日子过得像诗歌一样。

说话间我猛然发现须贝家的仓库门边挂了个木牌，上面写着"耕心"二字。何其美哉！农民不只是耕地，还在耕心。两个汉字远远地击中了我。克里希那穆提说过："如果喜欢花，就去当园丁。做自己喜欢的事时，没有恐惧，没有比较，也没有野心，只有爱。"司汤达的墓志铭留下了概括他一生的三个词："vivre, écrire, aimer（活着，书写，爱）。"须贝智郎耕心于乡野，过着一种"半农半X"的生活，完全是出于对土地与音乐的热爱，所以才能如此心无旁骛地在这片土地上生活几十年，而且过得有声有色。

演出开始前，有两位老太太给我留下了深刻的印象。一位是坐在我右边的八十多岁的老太太，她说她原本打算从东京开车过来的，但考虑到路程太远，最后还是选择了坐新干线。另一位是在摘樱桃时远远望见的一位老太太，当时她坐着轮椅刚刚被人推进樱桃园。老人来自新潟县燕市的冈村，曾经有个叫可奈子的孙女。不幸的是，可奈子出生不久医生就断言她难以活到成年。这个噩耗让可奈子的父母放弃了家庭，将一切事务都推给了她的奶奶。2003年1月，可奈子离开人世。她生前有个

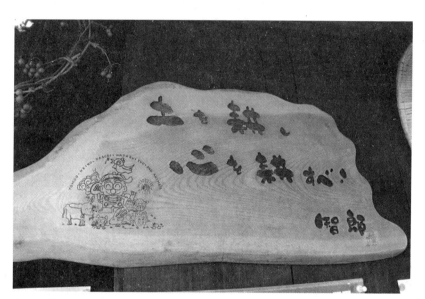

耕地与耕心

心愿，希望有人能将她的诗《不要忘记微笑》谱成曲，并且让滨崎步来演唱。几年后，须贝智郎偶然知道此事，便将这首诗谱成了曲。据说因为病态难堪，可奈子生前曾饱受同学欺侮，所以除了纪念可奈子，智郎也希望这首歌能够成为所有受苦人的"助威曲"。

下午的音乐会如约进行，舞台就搭在老屋和仓库之间的葡萄架下，边上竖着几个稻草人。除了我们这些远道而来的游客，还有其他县市旅游协会的人，他们在会场边上插满了招揽游客的广告旗。在几位外地来的歌手演唱完之后，智郎开始舞动吉他，激情献唱……

此刻夜深人静，当我回想下午的演出，最能拨动我心弦的还是中川智美。她抚着钢琴，边弹边唱，尽乎完美地表现了《去有你的地方》。这是智郎当年写给新婚妻子的情歌。我盘腿坐在地上，沉醉其中，忘乎所以。而天公真的如我所愿，洋洋洒洒地飘起了细雨。

等某个时候　我长大了
就到你住的地方
之后在那里生活
被你的爱包裹

坐着摇晃的夜班列车
带上装满回忆的行囊
到温柔的你　温柔的你所在的地方

从秋天到冬天　四季轮回
不知什么时候　会有雪花飘洒
我身穿嫁衣的模样

一定会融化在雪里

将我紧紧抱入怀中

不要放手

去梦的世界　去有你的地方

坐着摇晃的夜班列车

带上装满回忆的行囊

到温柔的你　温柔的你所在的地方

去有你的地方

音乐会持续了两个多小时，结束时智郎邀请部分客人上台发言，我也简单说了几句。我首先感谢须贝家人的盛情款待，同时表达了自己关于美好生活的理解：

我在山形县看到了我想要的乡村生活，这里不仅有芬芳的樱桃园、古老的房屋以及搭在葡萄架下的稻草人与戏台，还有穿透云层的钢琴曲、如约而至的雨水，以及来自远方的人们。我的生活里有两个天堂，一是美轮美奂的钢琴曲，二是雨声。一个来自人间，一个来自自然。今天，两个天堂合而为一，虽然时光短暂，转瞬即逝。

我幻想有一天能在中国过上这样的乡村生活，并且认同须贝先生的主张，人不仅要耕种好自己的田地，还要耕种好自己的内心。

谢谢诸位，但愿十年以后我还有机会参加须贝的樱桃音乐节，我盼望那一天能够在这里再次聆听琴声穿过雨声。

我的发言引起了在场者的共鸣。在我走回原座时，客人们纷纷和我握手，而智郎也远远地张开了臂膀，与我热情拥抱。智郎说为什么是十

舞台上的中川智美和须贝智郎

年以后而不是明年！他说他活着是 day by day，有一天是一天。我说我的人生也不过如此啊，second by second，有一秒是一秒。

音乐会散场后还有一个酒会，部分留下来的客人继续把酒言欢。中川智美就坐在我旁边，智美是这场音乐会里最耀眼的明星，在听完我的发言与赞美后，她特别给我留了一段赠言以示纪念。

熊培雲 さん

　　出会えたこととても嬉しく思います。かっこいい言葉は何も浮かびませんが…どんなことがあっても命の限り、精一杯生きていきましょう！この出会いも生きてるからこそ！そう思います。

敬爱的熊先生：

　　能和您相遇相识真是很高兴。我想不起什么华丽的辞藻来表达我的内心，但我始终认为无论遇到什么我们都要努力地、用心地活着。我想我们不也正是因为先有生命才有的邂逅吗？

坐在我对面的是智郎的大女儿（忘了问她的名字），现在柬埔寨工作。她说自己起初并不认同父母的这种生活，虽然有时候和孩子一起回来住，但更多的时候还是在国外跟着丈夫跑。她喜欢奇遇和多样性，不喜欢被土地束缚。如果生活一成不变，她会感到厌烦。

在我推荐了《樱桃的滋味》后，她也向我推荐了柳田国男 [1]。我说柳田国男本是有独立精神的学者，可惜在军国主义横行的时代，他有关日

1　柳田国男（1875-1962），日本民俗学创立者。曾任《朝日新闻》评论员，1932 年辞职后，专攻民俗学，创立了民间传说会、民俗学研究所。著有《后狩词记》、《远野物语》、《海南小记》、《蜗牛考》、《桃太郎的诞生》等许多民俗学著作。1951 年荣获日本文化勋章。

本民俗的独立研究也一样被法西斯政府所利用。事实上，他和石桥湛山一样，希望日本停止对外扩张，尤其主张日本要和中国搞好关系，同时认为国内应该让农民自主经营，提高农业生产力，发展国内市场，以减少对外发展的压力。

当我问到她对大川隆法的"幸福的科学"和池田大作的"创价学会"有什么看法时，她笑了。"它们都类似邪教，对人进行精神控制。"在她看来，日本人信奉这些宗教（它们广泛涉及政治领域），只是因为空虚。她说她自己是泛神论者——凡是有用的都可以信。这个观点有些像她的母亲须贝夫人。昨天我问她有什么宗教信仰时，她说也谈不上有什么。虽然在墓地那里有个寺庙，但并不代表当地人信奉佛教，那些只是作为古老的器物留了下来，和今人的信仰未必相关。

须贝家最后和我交流的是智郎的父亲。老人满头白发，已经八十四岁，精神非常好。在酒会快要结束时，我们坐在一起喝起了白葡萄酒。他和我主动说起昨天我提到的两个在中国战死的日本兵，其中一个是他的远房亲戚。

"那个龟五郎也是可怜呢！他去中国打仗的时候只有二十多岁，家里还有三个孩子。那时候人们什么也不懂，觉得有人去打仗，家里就很光荣。上面来征兵的那年我只有十五岁，所以没去当兵，否则也可能死在战场上了。我记得龟五郎死后，政府还给送来了一面锦旗，安葬得风风光光。现在想起来，那时候的日本人真是疯了。那种精神状态，我觉得就像是现在的朝鲜一样。这样的事情不能再发生了。现在的日本决不会有人再这样为政府去白白送死了。"

暮光四合，因为还要赶回东京，高井先生已经在催促我了。我起身辞行，须贝一家老老少少和中川智美父女等将我们送到村口公路旁。隔着车窗，我有一种奇异的感觉。在中国我们已经习惯的一个说法是"鬼子进村"。而今天，历史换了另一个场景，我进了"鬼子的村庄"，却已经看不到一个鬼子了。墓里墓外，只有一个个死去的或活着的人。

再见，阿信的故乡！车子在黑暗中行驶，两旁不时掠过的车牌让我又一次变得精神恍惚。那些熟悉的数字和汉字的组合让我误以为自己正穿行于京津高速公路上。两天的劳顿让智子母子很快入睡，待醒来后智子告诉我，英巳的外公在南京打过仗，回日本后对自己的经历只字不提。当年和他一起去打仗的人只回来了三分之一。不过智子强调说，英巳的外公在中国应该是在南京大屠杀之前，但不排除他当年在中国杀过人。而英巳小时候也是因为知道外公的这些事情后，开始对中国问题比较感兴趣。

几个小时后，我们一行人回到东京。路过新宿的时候，智子和我提到李小牧已经归化日本，准备参选新宿区的议员。李小牧是一个有趣的人，我早闻其大名，原以为他只会混迹于新宿的歌舞伎町，没想到别有洞天。虽然在微博上我们早已互相关注，但我并不真正了解他。

回到别馆，草草整理完今天的笔记，在网上查了点须贝智郎的资料，没想到他和我身份证上的生日是同一天，而且整整大我 20 岁。准确地说，须贝智郎和西乡隆盛是同一天生日。不同的是，须贝智郎耕耘的是内心的疆土，而西乡隆盛想的是为国家开疆拓土。一个是内求的小日本，一个是外求的大日本。

帝国之心深不可测

中午 12 点，郑成在大隈讲堂等我。郑成来日本已有十几年，现在在早稻田大学教书。

按计划饭后要参观附近的妇女与和平博物馆，不巧今天闭馆，我们只好在附近的咖啡馆里继续聊天。我们的话题从《永远之零》转到了现在在日本比较活跃的右翼作者，包括被贴上极右翼标签的黄文雄和石平。接下来，郑成和我讲了一段耐人寻味的经历："在一次讨论会上，我遇到一个日本右翼学者，大家其实都不是太喜欢他。不过这个人说，你们的书我都看了，但我的书你们都没看，你们说不过我的。"

郑成的夫人以前在广岛大学，现在在长野上班，所以他经常要往返于东京和长野之间。他今天特地给我带了两本他参与主编的《当代日本中国研究》。

为了能多聊会儿，郑成不辞辛苦地绕了很远，特地将我送到地铁闸口，这让我有些感动。今天他最让我认同的一句话是："中国对日本的态度取决于中国对未来的态度。"

下午本想去池袋的淳久堂书店找"现在思考这个国家"的读书角，没想到刚出地铁站就迷了路，索性在一家叫八胜堂的书店里买了一本有关军国主义洗脑教育的旧书《ボクラ少国民》（我们少年国民），作者是山中恒，日本著名的儿童文学作家。该书从历史的角度分析了军国主义条件下一个少年如何变成帝国的工具。

人性何其复杂。说到洗脑教育，我想起了与谢野晶子。在日俄战争时期，因为弟弟在前线，与谢野晶子曾经写过一首著名的反战诗《弟弟你不能死》，其中几句是这样的：

> 不要献出你的生命。
> 天皇自己并不参加战斗。
> 帝国之心深不可测；
> 他怎能如此要求
> 让人们牺牲，
> 让人们鸟兽般阵亡，
> 难道人们只有战死才有荣光？

然而，就是这位写出了和鲍里斯·维昂《逃兵》一样优秀诗歌的女子，若干年后变成了一个极端的国家主义者。"九一八"事变后，她认为这是中国军因为排日言行而自惹灾祸。上海"一·二八"事变后，她又以风吹樱花的寓言，将阵亡将士美化得比鲜花还要纯洁。珍珠港事件后，她鼓励参加海军的儿子"从军赴战场，勇猛去作战"。从《弟弟你不能死》到送子上战场，一个小日本主义者变成了一个大日本主义者。人啊，究竟该如何节制对一个时代的爱，才能让自己时刻保持目光明亮，不与世同沉？

一个小时后，终于找到了淳久堂书店。这家位于池袋地铁站附近的书店，或许是东京最大的书店吧，上下九层，一楼仅收银台就有20多个。和中国相比，日本的实体书店受网络的冲击似乎并不严重。

五楼的一角被列为"社会问题"专柜，并不十分显眼，主要陈列一些日本著名右翼的书，比如黄文雄的《全世界憧憬的天皇所在的日本》、

东京大学书店一角

《中国从世界地图上消失的那一天》、《韩国和中国死都想掩饰——日本的战争是正确的》。在第三本书中，作者认为从日清战争（即甲午战争）到大东亚战争的 50 年里，日本不得不战是因为中韩破坏了亚洲的和平，而且是日本真正救了亚洲。从版权页上看，黄文雄的书还算畅销，其中一本当月便已再版，另一本三个月内加印了两次。

另一位华裔作者叫石平，书名有着"标题党"的明显特征，比如《为什么中国人连 1% 的未来都没有》。网上有资料显示，石平反对用"侵略"形容南京大屠杀。他认为中国的中小学课本上有关"南京大屠杀"的记载不符合历史事实，并在推特上对《南京大屠杀辞典》评论说："真实的内容恐怕只有南京这个地名和日军进城的日期，整个是《南京大谎言辞典》，看来到时可拿一本来作中国谎言的样品。"石平同时认为钓鱼岛为日本固有领土，必须重视日美同盟，联合盟国美国对抗中国，而中国就是"纸老虎"，措施只是"恐吓和威胁"，日本不必恐惧。

此外，黄、石二人还合著了一本《中国已经结束》。

从格调上看，这几个架子上的书差不多都可以纳入所谓"厌中憎韩"系列。其中有本批评韩国的书，书名即为《切勿同韩国打交道》。署名为"某国神盾"的作者认为，这世上有一种"Ｋの法则"——凡是同韩国打交道的国家和个人都将遭遇不幸。

上述书籍多为德间书店出版。这些年，德间书店出了不少右翼图书。历史真有些反讽，该出版社创始人德间康快（1921-2000）本是一位著名的和平主义者，二战期间因反战被日本右翼分子打掉了牙。谁知几十年后他的后人迫于生计做起了贩卖右翼思潮的生意。

尽管我在书店里看到了一些所谓的右翼图书，但我并不认为右翼言论占据了日本的主流市场。毕竟这是一个主张言论自由和市场经济的国家，任何一种言论的背后，都可能是一桩生意。既然这个国家能够容纳"创价学会"、"幸福的科学"，甚至连奥姆真理教都不被刻意取缔，一切交给法律和市场，那么，时而冒出些离经叛道的右翼言论也就再正常不过了。这些人的许多观点令人厌恶，甚至骇人听闻，但只要还在法律的框架内，一个理性的社会应该能够经得起这些言论的考验，或者说，这也可以纳入保卫社会的范畴。在此意义上，国民最需要关注的反倒是政府的价值取向和政治行为。比如政府对某些个人和团体的刻意打压或标榜，是否破坏了公认的程序正义以及作为立国之本的价值观。

今日购书三本。由于连日来严重缺觉——三天只睡了十个小时，下午在淳久堂书店的椅子上不知不觉睡着了。感谢让我休息的椅子，灵魂走得太快，我要停下来等等我的身体。

回到别馆，翻看当日的《朝日新闻》。民调显示，安倍的支持率已经明显下降。《朝日新闻》社于 6 月 21 日、22 日进行了全国舆论调查（电话调查），结果显示安倍内阁的支持率从上一次（5 月）调查时的 49% 下滑至 43%，是 2012 年 12 月第二次安倍内阁成立以来的最低值，不支持率达到了 33%。从本次的支持率和不支持率来看，男女差异较大。男性支持率为 50%，女性支持率仅为 36%。男人总是幻想担起国家的责任，而女人只是不想失去自己的孩子。前者是教育的结果，后者则基于人类爱的本能。

"笔部队"与书籍广告

"走进日本网"（Nippon.com）今日登载了岛田裕己分析日本年轻人宗教信仰的文章。

岛田认为，日本越来越多的年轻人流连神社、佛寺是多种原因促成的。一是媒体的关注使走访灵地（power spot）成为热潮。二是年轻人囊中羞涩，神社佛寺属于花钱不多又能休闲的场所。如果去迪士尼乐园，一个人要花掉 1 万日元，而即便参拜伊势神宫这样有名的地方也不用付费。三是年轻人谋求安身立命，一直是新宗教的主力。

岛田在《创价学会》（新潮新书）一书中曾经详述相关情况。20 世纪 50 年代中期至 70 年代初期，日本经济高速增长，加入创价学会的主要是刚从地方来到都市的年轻人。其中有许多是农村家庭的次子、三子，他们刚刚进入都市，缺乏安身立命的稳定社会基础，所以想通过创价学会获得这些东西。这是第一阶段。此后，"新新宗教"取代新宗教，日渐崛起。1973 年，《诺查丹玛斯的预言》和《日本沉没》成为畅销书，这在很大程度上是因为人们对世界末日的关注度不断提高。相对于新宗教将解决"贫、病、争"问题和给予信众现世利益作为主要目标，新新宗教在宣扬末世论的同时，把获得能够度过这种危机的超能力作为宗教活动的重点。正是借着这股宗教热潮，奥姆真理教和"幸福的科学"粉墨登场。尤其是奥姆真理教的信徒中，20 多岁的年轻人占了绝大多数。而现在属于第三阶段，由于社会趋于稳定，日本的年轻人也在试图找回传统。在此基础上，新宗教和新新宗教渐渐式微。

睡了几个小时，今天不安排那么满，要好好休息。这是早上的决定，但很快又不奏效了，脑子里依旧有很多事情要做。中午和智子去参观别馆附近的现代文学馆，没想到我天天路过的驹场公园里有这么多参天大树，以及风格迥异的和室与洋馆。尤其和室，里面干净整洁，面对着古树溪流。一个七八十平米的房间，如果想搞次活动，租金只需 2400 日元。

今日天有异象，虽阳光普照，却雷声不断。我告诉智子，这就是中文说的"晴天霹雳"。

在文学馆里的咖啡厅吃午饭时，我问智子对她所接触的中国知识群体有什么看法，她说一言难尽，讲不清楚。我说中国的未来，很大程度上取决于中国知识精英的质量。她感慨中国社会环境整体性的堕落，"我在中国做调研时，农民工和我说不骗人就活不下去"。对此我并不完全认同。我不认为中国知识阶层的堕落完全是大环境所致，还有一种可能是他们失去了赋予人生意义的能力。

"打算写小说吗？"我问智子。因为在文学馆，我想起自己在中国放下的写小说的事情。

"有啊，只是没有时间写。"

我说我一直有这个想法，只怪我现在身体还好，到处跑，没能静下心来。我想能够像米切尔一样，一辈子写一部自己满意的小说就可以了。而米切尔当年写《乱世佳人》好像就是因为腿受了伤，行动不便，索性辞了报社工作在家养病，才有机会写的。

"那铁牛的爸爸现在有机会写了。"

我说是啊，前提是他要有这个想法。

吃完午饭，智子去学校开会。她继续向我抱怨大学里"会议太多"，每周平均五六个，再加上一些社会活动，日日忙得鸡飞狗跳。

智子走后，我才留意到这家咖啡馆名为"BUNDAN"。它听起来有点像中文"笨蛋"，实际意思却是"文坛"。咖啡馆整整一面墙都是旧书，卖的套餐也标明这是哪部文学作品中提到的哪一道菜。

外面雷声隆隆，吃完午饭的人陆续散去了。我在餐厅图书馆翻开两本书。一本是芥川龙之介的《支那游记》，另一本是林芙美子的《放浪记》，价格分别为 4200 日元和 2520 日元。日本的旧书大多保持着很好的品相，没有一点灰尘。

《支那游记》记录的是 1921 年芥川龙之介在中国的旅行，他分别到过南京、杭州和庐山等地。和同时代很多日本人一样，在"脏、乱、差"的中国走了一圈后，芥川龙之介对古老中国的崇敬之心荡然无存。

我曾经读过它的中文版，书名改为《中国游记》。书中，芥川龙之介多次提到中国街市上的屎尿。《长江游记》一节这样写到我的老家九江：

前一天晚上，我在九江下榻。……其实这（长江）也是一条水流黄浊的河沟，根本不见什么"枫叶荻花秋瑟瑟"之类的雅趣。……那么暂且不谈"萧瑟秋风"如何如何，总以为会跳出一个浪里白条张顺或黑旋风李逵那般的好汉，谁知从眼前的船篷里，却露出来一只丑恶可怕的屁股，而这屁股居然又大胆（写到这里，请原谅我说话粗俗）而从容不迫地向江中拉着粪便……

在《江南游记》一节里，芥川龙之介是这样描写故都南京的：

夕阳余晖照耀下的这座城市，在夹杂着洋房的一排排房屋后面，时而看得见种了小麦和蚕豆的田地，时而又有养着白鹅的池塘。在比较宽阔的马路上，行人不多，稀稀落落。问带路的支那人，他说，南京城内五分之三是农田和荒地。我望着路边的柳树、倒塌的土墙以及成群的燕子，心中想发思古之幽情。与此同时，直觉得若能把这些空地买下，或将发一笔大财，成为暴发户。

"有人能现时买下这些空地就好啦。浦口（南京对岸的城镇）发展繁荣起来了，地价准会飞涨的啊。"

"不行。中国人都不考虑明天。根本不会有人去买什么地皮的。"

向导接着告诉日本作家，他也不会考虑买地皮，"因为房屋会否被烧，家人会否被杀，明天的事情谁知道啊"，而且如今的中国人"不去盼望孩子的前程，只是沉湎于酒色"。

苟全性命于乱世，这位向导的担心其实没错。而芥川龙之介也完全没有想到，二十几年后，正是来自他祖国的那支邪灵附体的军队，在这座古老的城市犯下了不可饶恕的罪行。

至于中国有什么优点，在芥川龙之介笔下，好像只有中国女人的耳朵比日本女人的要好看些，因为中国女人的耳朵外露，有一种天然之美，而日本女人的耳朵藏在厚重的发髻之下，长得像是两只没精打采的蘑菇。

《放浪记》写于 1927 年，是林芙美子最知名的作品之一，后来被改编成动画。在我正打算离开文学馆时，外面终于下起了雨。无奈间只好在"笨蛋"咖啡馆里读有关林芙美子的资料。

林芙美子原名宫田芙美子。1937 年南京保卫战爆发后，她以《每日新闻》社记者的身份亲临现场。林芙美子是一个特殊人物，作为"笔部队"里唯一的女作家，她被当时的宣传媒体誉为陆军班的头号功臣。1938 年11 月，林芙美子随日军进入汉口后，《东京朝日新闻》一篇文章写道："日本女性到战场来啦！使全军官兵大为吃惊，如在梦境。林女士去了荒凉的武汉平原，简直是战场上的一个奇迹。她一下子成为战场上众口皆碑的中心，她的勇敢和谦虚使全军将士从心底里尊敬和感动。她风尘仆仆，风餐露宿。汽车随时都会碰上地雷，但林女士置生死于度外……林女士的汉口入城，是全日本女性的骄傲。"

作为从军的收获，林芙美子回日本后出版了书信体的从军记《战线》（朝日新闻社，1938 年 12 月）和日记体的《北岸部队》。试看《战线》中的一段描写："战场上虽然有残酷的情景，但也有着美好的场面和丰富的生活，令人难忘。"而这个美好的场面和丰富的生活，就是她经过一个村落时两个日本兵正在讨论是杀死还是烧死一个被捕的"支那兵"。讨论的结果是，"被俘虏的中国兵就在堂堂的一刀之下，毫无痛苦地一下子结果了性命。我听了他们的话，非常理解。我不觉得那种事情有什么残酷"。"我者—他者"之模式，在此描述中尽情体现。

无论是《战线》还是《北岸部队》，林芙美子极力把残酷的战争加以诗化和美化，不仅对亲眼所见的侵华战争毫无反思，而且努力把自己或日本读者的价值观与侵华士兵的所作所为统一起来。"真想把武汉长满棉花的大平原据为日本所有！"（《战线》）

外面的雨继续下着，我想去图书馆找林芙美子的其他书来翻翻，我甚至犹豫是不是要去位于新宿的林芙美子纪念馆看看。人啊，多么复杂！在日本，林芙美子是一个女权主义者，时常同情女性和弱者；而到了中国，她却失去了基本的人性。她曾经傲慢地将中国踩在脚下，在她的世界里，中国永远只是一个毫无尊严、随时可以毁灭殆尽的他者。

雨仍不见小，到文学馆外看了几次，又回到"笨蛋"咖啡厅。当我再次出门探雨时，文学馆前台的一位女士走过来，问我有什么需要帮忙的。在知道我没带伞后，她主动拿过来两把伞，并将其中外形较好的一把给了我。

我接过伞，谢谢这位女士的好意。外面的雨越下越大，走到驹场校区图书馆时，鞋差不多全湿了。就在这时，猛听见有人叫"熊老师"，回头一看是智子课上的学生孙梦之。我们一起在食堂吃晚饭，她告诉我智子对中国留学生包括她都非常好，同时提到我前几天和智子一起在山梨县的事情。

"你怎么知道这事？"我问。

"在推特上看的啊！"说话间小孙打开智子的推特，找到那条信息。

智子在推特里谈到上周末与我一起去石桥湛山纪念馆的事，同时提到我的问题——"为何石桥湛山在日本的知名度如此之低？"接着她写道："熊先生的这番话，给了我一个机会去思考自己的国家应有的样子。"

晚上和小孙一起去了代官山。这个世界有些城市是值得一去的，比如巴黎、纽约，还有眼下生活着的东京。当我徜徉于代官山，偶尔闻到了一点巴黎的气息。

不过，茑屋书店却让我有些失望，也许是因为此前听国内朋友描绘得太好了吧。好书难觅，勉强买了一本佐伯启思的《正义的伪装》。此前看过佐伯启思发表在《产经新闻》上的一个观点——今天过度的全球化竞争正在让世界重回20世纪初的帝国主义时代。他认为，无论是中国在钓鱼岛问题上的态度，还是韩国在竹岛问题上的表现，抑或是俄罗斯在北方领土问题上的做法，都必须在"帝国主义回归"这一现状中加以解读。虽然这不会造成当年那种迅速出现大战的局面，但有可能会造成局部战争。

回到别馆已近十点。想起这些天看日本报纸时的一个印象，里面有大量的图书广告。于是重新翻开早上未读完的《朝日新闻》，细数下来吓我一跳——40个版里竟有10个版登载了书刊广告。此外，还有些版面涉及讲座和演出信息。

以下是6月24日《朝日新闻》每一版刊登的广告：

1. 世界思想社、丸善出版等图书广告

2. 降压与书籍 CD

3. 亚纪书房新书广告

4. 大川隆法书籍广告

5. 演出广告

6. 精工手表广告

7. 三笠书房图书广告

8. 与朝日新闻资产活用相关的几场讲座广告

9. 与稻盛和夫相关的书籍广告

10. 三菱 UFJ 信托银行相关的广告

11. 各种刊物广告

12. 汽车广告

13. 无

14. 无

15. 无

16. 保健品广告

17. 厨房用品广告

18. 饮料广告

19. 汽车保险广告

20. 各种大学学习培训广告

21. 同上

22. 演出广告

23. 药物广告

24. 养老地产广告

25. 保健品广告

26. 影视广告

27. 保健品广告

28. 保健品广告

29. 大学公开讲座广告

30. 小孩教育广告

31. 公共讨论广告

32. 保健品广告

33. 《周刊女性》杂志等广告

34. 化妆品广告

35. 东京电力广告

36. 卫浴用品广告

37. 小学生夏令营广告

38. 《周刊朝日》广告

39. 分类广告

40. 保险广告

翻开当天的《读卖新闻》，整体感觉也是一样的。记得中文网络上曾经有一段话，编造者伪托大前研一的口吻说中国到处是按摩店而书店寥寥无几，人均阅读量只有日本的几十分之一。中国是典型的"低智商社会"，未来毫无希望成为发达国家。虽然我对这段话不以为然，但是从日本主流媒体充斥大量图书广告来看，日本的确是一个少有的学习型社会。

野口来信，她已经为我联系好石桥湛山基金会，并称正在联系参观东京下水道等若干事宜。

临睡前，突然有些怀念晚上在茑屋书店里看到的 Nipper 了。一个白色的茶杯，杯把上坐着一只忧伤的小白狗。我很喜欢却没有买它。现在回想起来，心里有些感伤。据说这是一只真实的小白狗，它喜欢咬着主人的裤管听留声机。后来主人死了，它被另一家人领走了。因为音乐与寂寞的缘故，它似乎比涩谷的那只忠犬八公更能打动我。

夜深人静，听中川智美弹唱的《去有你的地方》，心中难免感慨万千。这是我想听到的最美的音乐和歌声吧。可是谁又能够住在歌声里呢？

清朝的维稳外交——池袋夜谈

6 月 25 日
雷雨

窗外豪雨，雷声滚滚，夹杂着远处京王线过车时的阵阵"轰隆"，一起衬托着我的这个紧锣密鼓的夏天。

补写完日记，中午去东大食堂吃自助餐。食堂有两种托盘，一种上面什么也没有，一种在盘中央印了图文。今天才注意到托盘新换了《朝日新闻》为夏目漱石的小说连载做的广告。夏目漱石本名夏目金之助，笔名"漱石"取自《晋书》"漱石枕流"。他去世后，据说大脑仍保存在东京大学。1984 年，日本发行的千元钞票印了他的头像。对于一个日本作家来说，这还是破天荒第一次。2004 年，夏目漱石让位于日本医学家野口英世。

日本人最熟悉的头像是万元纸币上的福泽谕吉，不过在我眼里他是一个非常暧昧的形象。一方面他被誉为"明治维新的思想之父"，另一方面正是他的思想带着后来的日本人渐渐走上军国主义道路。此所谓天皇制造帝国的炮灰，福泽谕吉为炮灰指明方向。

下午参加智子的研讨班，主要讨论美国移民问题。张成为我做翻译。由于地铁里有人自杀，耽搁了交通，他晚到了好一会儿。日本每年有 3 万多人自杀，为此，不久前的日本内阁会议通过了"2014 年版自杀对策白皮书"。

下课后，东大"时代错误社"的几个学生拿着喇叭在校门口推销他们的网站"恒河沙"。年轻人喜欢谈时代错误，是因为他们能看到的时代错误太少了。如今我已人到中年，阅尽荒谬，更想找到一些我认为正确的东西。

晚上与蒋丰见面。他派了一个员工在池袋站北口接我。池袋像巴黎的十三区、纽约的法拉盛，是华人聚居区，仅中餐馆就有两百多家。据说有华人想模仿横滨，也在池袋建唐人街，但遭到了当地人的强烈反对。理由是横滨的中华街是华人从一个小渔村慢慢发展起来的，而池袋的繁荣"古已有之"。

到了《日本新华侨报》办公地，在场的一二十名员工都停下手中的工作，站起来向我齐声问好。我受宠若惊，赶忙回礼。在日本我会遭遇各种礼节，因为不适应，有时候会显得有些窘迫。

在开始寒暄前，我已经被蒋丰办公室里的各种书籍和摆设吸引了。

办公室二十平米左右，四面墙上都摆满了各种中日文书。最有特点的是，有两个书架顶端还挂着卷轴式投影幕。"这些都是为了便于接受电视台采访而准备的。连同书架，这个房间可以组合成八个受访背景。"

蒋丰经常在中日媒体中出镜，虽然满头白发，但是精神饱满。事实上，他的一头亮闪的白发，早已成为了他的招牌。这可真是一个"受访专业户"，门口衣架上光领带就有十几条。"我这人贪玩，你看那里还有很多汽车，"他指着一个书架上摆着的几十个汽车玩具，"小时候没机会玩，现在算是给自己的补偿。"

蒋丰1988年来到日本，现任《日本新华侨报》主编，兼《人民日报》海外版的日文版主编，出版过不少书。他的外公是著名学者杨联陞，他的儿子已经加入了日本籍，理由是中国护照出门太不方便，"每次和同学去国外玩的时候，大家总要等他的签证"。

我们的正式谈话是从他的一篇关于夏目漱石后人的报道开始的。因为署名权的问题，夏目漱石的几个后代闹了纠纷。大概是采访过太多人的缘故，蒋丰过了好一会儿才记起来这件事，"哦，当时他们吵得很厉害，不过我写得比较节制"。

蒋丰很健谈，观点也直截了当。从日本的"长崎事件"说到清朝的"维稳外交"，一言以蔽之——"清朝是哪个地方出了乱子，就在哪个地方解决，只要不蔓延到京城来就万事大吉，缺乏一个通盘解决的方案……"

对比日中两国当年的学习态度，蒋丰先是感佩，紧接着开始叹气。"当年日本有许多遣唐使，他们冒着生命危险来学唐朝的东西，其中有一半人葬身海底。后来，他们也学习美国。至关重要的是，日本学习的是强者最好的东西。从'和魂汉才'到'和魂洋才'，日本都是有选择地吸收。日本以前从中国学到很多东西，但是没有学中国的宦官、小脚。同样，日本的佛教没有规定和尚不能结婚生子。在历史上，日本人更没有像中国人那样大吸鸦片。日本的黑船开国和中国的鸦片开国不一样，日本做到了顺势而为，直接得到了好处。而中国至今谈到鸦片战争时，还是浸透在一种屈辱里。过去，日本对中国了解很多，但中国对日本了解太少，往往一句'小日本'或'倭寇'就打发了。你知道，当年日本人为了获得情报，可以在中国化装成乞丐。中国也派人去了解日本，最后只带回了一些风土人情……"

聊了两个多小时，和蒋丰在附近的中餐馆吃完晚餐，背着一堆他送的书，我重新回到池袋北站。路上有一群记者好像在蹲守什么新闻。坐在拥挤的地铁里，一位女子拉着吊环迎面站在我跟前，充满了一种"女上位"的喜感。人世间的很多事情，是经不起断章取义的。

回到住所，刷微信知道陈宝成今天被释放。几年前我们同在《新京报》评论部工作，当时他正在为保卫老家的土地和房屋斗智斗勇。而就在几个月前的一场冲突中，他失去了自由。

中国崩溃论与大正民主运动

中午参加国际交流基金的欢迎宴会，这是例行公事。除了智子和野口裕子外，还有基金会的几个人。我们一行人在赤坂见附附近的金龙餐厅就餐。这是一家传统的日式餐厅，女子都穿着和服。奇怪的是，休息间的屋顶上竟然有春宫画。据说以前这里是一些政要聚餐的地方，虽然现在已经平民化了，但整体而言还是偏贵。经验告诉我，所谓高档场所必有一道附赠的菜品叫"不管饱"，今天也不例外。

午餐会大家七嘴八舌，讨论了日本人"不给别人添麻烦"的精神。据说早在江户时代的农村，便有了这种文化。

对此，我谈到中国人对麻烦有两种态度：一是"别给自己找麻烦"，这是久逢乱世形成的避世宪法；二是能麻烦别人就多麻烦，所谓"在家靠父母，出门靠朋友"。当然，这也不全是坏事。韩国总统朴槿惠不也说"如果想快，就一个人走；如果想远，就一群人走"吗！自由与合作都是人之天性，关键在于如何平衡。中国至今未解决的问题是群己权界不分，权利被侵害的行为时有发生。这当然也是自由与责任不分的问题。就这些而言，中国人应该学习日本把"不给别人添麻烦"当作第一行为准则，这有利于公序良俗的形成。

"不给别人添麻烦当然是好，但也不必过度拔高，因为它也让人与人之间变得非常冷漠。"智子再次重复她的观点。因为经常出入中国，她对体现在中国人身上的人情味多有迷恋。

对此我表示认同，同时强调日本人与人之间的冷漠从早期的继承方式便已经体现出来。就父辈的财产而言，中国实行的是诸子均分，而日本是长子继承。这意味着在一个日本大家庭里，长子以外的子女在成人后都要被扫地出门。所以也难怪他们对家族、故乡缺乏归属感，对血缘、地缘关系缺乏认同感，并将自己的身体与灵魂完全委身于某个集团。而中国人之间的家庭救济、私力救济也决定了人们之间总会互相麻烦，因为很多利益、关系本来就纠结在一起。

当中国人讲"忠孝不能两全"时，孝对于忠其实有一种平衡作用，一个爱母亲的人，不一定会去为皇帝打仗。而长子继承制下的日本，孝的观念不如中国深厚，那些离开父母佑护的人更重视的是非血缘团体的忠。在明治封建制被打破以后，这种忠便直接归属于天皇。以天皇为中心的极权体制因此能够轻而易举地建立起来。这也就是我所说的"无数个好消息拼凑成一个巨大的坏消息"。

说到"麻烦"，野口提起田中角荣广为人知的一桩公案。1972年，时任日本首相的田中角荣访问中国，为表示日本侵华的歉意，他用的是日文"迷惑"一词。而日方译员直接将之译为"给中国人民添了很大的麻烦"。此一表述受到中方的强烈批评，田中意识到翻译出了问题，便解释日文"迷惑"就是诚心诚意地表示谢罪之意。中方最终接受了田中的解释。

对此，智子也表示了反对。在她看来，即使是出于日语本意的"迷惑"一词，相对于侵华的罪行而言还是有避重就轻之嫌。我想智子是对的。回想当年日军剖开中国孕妇的肚子，用刺刀挑出里面的胎儿，这些罪行以日语之"迷惑"怎么可能一笔勾销呢？就是"罪恶"一词也不足以描绘其中的罪恶吧。

除了上述话题，今天我还着重谈了自己对石桥湛山的理解，以及日本国民坚守和平宪法对人类政治前景的意义。我知道我的这个想法在今天的世界依旧是痴人说梦。人类从未走出互防互害、冤冤相报的囚徒困境，也从未离开贪婪与恐惧共同编织的牢笼。

至于平生之理想，我说这世界有两种慈悲，一种是送人食物、予人钱财；另一种是行万里路、读万卷书，只为向世人讲清一两个道理。而我一介书生，最想做的就是后一件事。佛教讲世间有财布施、法布施和无畏布施。我所谓的"讲清楚一两个道理"，若得自救救人，也算是一种法布施吧。

聚餐结束后，和智子在附近补吃了两个面包，并在新宿站分手。她要急着回家写东西，邀请我去她家吃饭。我说改天吧，我想在新宿周围转转。没走一会儿，猛然听到大喇叭在身后响起。扭头一看，一辆招摇过市的汽车正狂奔而来，随即戛然而止。车的左边印着"天诛"二字，右边则是"竹中平象先生应援"，其中"象"字上面还画了一个大红叉，想必意思是谁支持竹中平藏[1]，谁就该遭天谴。这就是所谓的"日本极右势力"。这些"喇叭党"终日大喊大叫，他们追求的并非你的认同，而是要证明他们的存在。多么孤独的一群人，多么孤独的人生！

顺着新宿站外的街道，穿过一个桥洞，不知不觉走到了歌舞伎町。这是日本最有名的风月场所，我在里面闲逛，其中真有一家门口写着传说中的"Japanese only"，而另一家写着"欢迎外国人"。

此时才想起来应该和李小牧提前联系，听他讲讲这里的风月故事和他竞选议员的计划。日本人拘谨的外表难免给人一板一眼的印象，但这

1　竹中平藏是日本著名经济学家，曾在小泉纯一郎内阁担任财政大臣，主管宏观经济运行和经济改革。他对安倍的政策多有批评。此处标语中的"象"字与"藏"字同音，恐怕是右翼为了避免实名攻击同时以杀象来表示恐吓。

的确是一个非常包容的国家。一个活跃在红灯区的皮条客，因为有红灯区这个票仓以及知名度，便可以堂而皇之地参选新宿区议员。

新宿不只有皮肉之欢，还有皮肉之苦。在距离歌舞伎町不远的桥底下，我遇到了两个躺在地上的流浪汉。他们一个睡在封好了只露出一个小孔的纸板盒子里，另一个睡在敞开的纸板上。在不远的地方，还有几个流浪汉躺在石阶上。他们让我想起几年前第一次来东京时和智子等人给流浪汉送汤的情景。

我曾读过一则资料，说的是东京在 20 世纪 90 年代初的时候，有5000 多个这样的流浪汉。现在虽然减半了，但也有 2000 多人睡在类似的纸盒子里。这些人通常都会认为日子过成这样是自己的责任，而不会找他人泄愤。可怕的是，有些路人对他们并不宽容。东京隅田川的一位流浪汉曾经向义工诉苦，说有年冬天他在纸盒子里睡得正香时，被一群开车路过的年轻人浇了一盆冷水，"纸箱和衣服都湿了，真的很冷很冷"。

回东大食堂吃完晚餐，在图书馆找《东洋经济周刊》。东大的外国杂志真不少，没想到连法国的 Le Monde diplomatique（《外交世界》）都有原版。这份报纸总是会勾起我对巴黎的乡愁。此外还有人体摄影杂志，里面有很多裸体照片。从杂志的翻阅程度来看，显然少有人问津。在一个性产业开放的国家，人体摄影就真的只剩下艺术了。

杂志架上放着最新几期的《东洋经济周刊》。我寻找这份刊物自然是因为石桥湛山的缘故，他当年撰写的许多有关小日本主义的文章，就刊登在其前身《东洋经济新报》上。

翻开杂志，封内是长谷川庆太郎《中国崩溃的前夜，朝鲜被韩国统一之时》的新书广告。中国崩溃？我已经见过太多这样的标题。无论是西方，还是日本，近二十年来有关中国最流行的说法无外乎"中国崩溃论"和"中国威胁论"。对此，那些真正在中国生活过的外国人往往抱持相对保守的看法。比如同样在这期刊物上发表文章的田中信彦就不相信"中国崩溃论"。田中信彦曾做过《每日新闻》的记者，在上海生活了很多年。他注意到日本媒体总是在强调中国的贫富差距越来越大，民众的不满已经达到极限，并且预言"民众的不满将大爆发，中国社会在数年之内就会崩溃"。但在他看来，分析一个社会远非在媒体里找到"富人"PK"穷人"那样简单。比如说拆迁，由于经济高速增长，上海旧城改造如火如荼，业主反对政府强拆、市民群起抗议等新闻不时见诸日本报端。"被经济发展所遗弃的中国民众"是日本媒体热衷谈论的话题。问题是，上海市民是否因为政府的野蛮拆迁而到了忍无可忍的地步呢？田中信彦分析说，现实并非如此，事实上，有很多业主热烈欢迎拆迁，而且期待自己快点成为拆迁对象的人往往居多，因为拆迁补偿款可以为他们换来宽敞的新居。这些年中国经济的高速增长带来了很多问题，也付出了很多代价，但这个国家和大多数国民变得越来越富有也是事实。

回想我这些天在日本书店里翻到的一些"中国崩溃论"的书籍，它们翻来覆去讲的都是一句话——"中国到处都存在着严重的问题，所以将崩溃。"就算前半句是对的，中国的确有非常多的问题需要解决，但是有问题就一定会崩溃吗？如果只是为了证明这个结论而写书，那这本书研究的就不是问题，而是主义了。

在我看来，仅从媒体上找几个新闻案例来分析一个国家的未来，本身就是一种冒险。一些身居海外的中国学者或评论者对中国的形势失去判断，往往也是这个原因。众所周知，新闻之所以是新闻，很大程度上就是因为它是小概率事件，是对现实的断章取义。这是一个抽样的问题。同样，中日关系恶化与两国国民的媒介素养不无关系。举例说，《产经新闻》上刊登一幅中国人反日游行的照片，并不意味着中国天天或处处都有反日游行，更不意味着中日两国的关系崩溃了。

回别馆前在图书馆借了一本《战争日本の政治と市民意识》。这是一本很有意思的书，里面竟然有关于社会民众党菊池宽参与第一次普选的海报。1926 年，大正天皇驾崩，改元昭和。昭和三年，日本实行首次普选。在社会民众党的一再敦请下，菊池宽参加了众议院议员竞选，最后以 5682 票落选。他自己认为失败的原因一是动手晚了，二是一些大报对他冷嘲热讽影响了选票。

普通中国人对日本的了解，往往会从明治维新直接跳到昭和年代的军国主义，却忽略了两者之间还有一个大正民主时期。大正民主运动发生在 1905 年日俄战争后的反对日俄媾和运动至 1925 年制定普选法的 20 年间。而石桥湛山当年为推动日本普选，作为副总指挥参与游行，也是在这个时期。与此对应的是 20 世纪 20 年代中国的联省自治运动，那时在湖南甚至出现过中国第一位民选省长。只是历史无情，有心栽花花不成，梦想总被雨打风吹去。日本国内的几大民主运动（包括自由民权运动、大正民主运动、护宪三派斗争、反法西斯斗争等）均遭失败；而对外侵略时的屡屡得手，更刺激了日本朝着军国主义道路越冲越远。

"大正民主时期"的提法，在一定程度上解释了为什么战后日本能够迅速崛起。它的存在表明，在军国主义大行其道时，日本仍有一个自由主义、民主主义的传统在这个国家生根发芽，悄然生长。反过来，如果我们换一个角度细察历史的成因，会发现所谓大正民主时期同时也是日本的"大正法西斯化时期"。这不是说当时日本的法西斯已经成形，而是说这个时期开始为法西斯主义、军国主义上台鸣锣开道。否则我们很难理解为什么 20 年代的日本民主运动如火如荼，而到了 30 年代日本会突然转向全国总动员体制。

准确地说，小日本主义和大日本主义在 20 年代的日本都有所发展。表面上欣欣向荣，暗地里地狱之门已经悄悄打开。1920 年的一份调查显示，当时绝大多数日本人都相信皇国至上。最具标志性意义的是，这一

麦克阿瑟，战后日本转型的关键人物

时期有许多年轻的妈妈被组织去兵工厂参观，以感受时代的进步。这些目光短浅的女人们心里装着国家，却丝毫没有意识到自己的孩子有朝一日会成为战场上的炮灰。战争，在她们眼里只是一连串开疆拓土、领取赔款的好消息，是国家暴富与个人幸福生活共同的催化剂。她们没有品尝过战争的恶果，因为无论是甲午海战、日俄战争还是第一次世界大战，日本本土都没有沦为战场。和这个国家的男人们一样，她们亲历了东京大地震的苦难，更相信一场"让日本成为大陆国家"的战争会给她们及子孙带来福音。

历史从来不是单行线，一个时代从来不会只有一个声音。我们给某个时代贴上某个标签，也不过是在对这个时代断章取义。同样，与大正民主时期对应的还有"大正教养主义"或"教养派"。日本人的确爱读书，但同样是读书，有的书让人接近政治，比如福泽谕吉的政论；有的书让人远离政治，或者至少不那么狂热，夏目漱石的小说、西田几多郎[1]的哲学便有些功效。1947年《朝日新闻》曾刊登图片，《西田几多郎全集》第一卷正式发售三天前便有热心读者在岩波书店门口打地铺排队了，其情形完全像中国人春运买火车票。重文化而轻政治，这是理解日本的另一条线索。当狂热分子试图把自己奉献给国家的时候，这些人却对乃木希典所提倡的武士道精神和明治以来的国家主义深恶痛绝。

我离开图书馆时已经快十点了。校门口一群学生正围拢在一起听一个人讲话，可能是在准备一个什么集体活动吧。所有学生都站得笔挺，如军人一般，时不时异口同声地"嗨依"。每次看到这样的场面，我都会感到日本人真是团结。智子今天和我说，明天有一个为前面提到的Q先生安排的活动本来也希望我参加，没想到那位Q先生执意不肯，说

1　西田几多郎（1870-1945），日本近代哲学史上最有代表性的哲学家，京都学派创始人。

他来日本只想和日本人交流。日方表示不理解，但也只好作罢。难怪说中国人一个人是龙，一群人是虫。当然我也不必过度美化日本。前几天我在新宿过地道时，被一头急行的胖子狠狠地撞了一下，他竟头也不回就走了。如果我在日本待长了，恐怕也会积累不少有关这个国家的负面经验吧。这个世界并没有乌托邦，有的只是不那么坏。人类试图创造的那些美好的东西，其实都是一些不那么坏的东西。至于美好的东西，大自然已经为人类准备了一切。

睡前知道阿部知子等59位日本参议员、众议员今天向诺贝尔奖委员会递交了申请，希望能将2014年度和平奖颁给日本和平宪法。这些想法和我真是不谋而合！我想和几位议员好好聊聊申请诺奖的事情，正巧智子认识阿部知子女士，她负责为我联系。

从1945年9月2日日本正式投降至1952年4月28日《旧金山和约》生效期间，日本列岛完全被盟军占领。耐人寻味的是，日本人没有在外族的占领下沦为亡国奴，而是借着盟军的改造从此脱胎换骨，成为一个现代国家。为消除战前军事独裁的流毒，以美国为主导的占领当局对日本施行许多变革。日本从明治时代以来的帝国体制转型为自由民主制国家，同时放弃军事力量与宣战权，一切得日本的和平宪法所赐。

武田泰淳的悲伤

连日劳累，身体多有不适。

上午参加东大的中日学术研讨会，主题是《现场的挑战与文学的实践》。与会者主要是来自中日两国研究文学的学者和作家。

几小时听下来，只有东大石井刚教授提到的武田泰淳[1]关于司马迁的研究引起了我的兴趣。武田泰淳认为司马迁笔下的"史记世界"没有中心，是一个空间化而非时间化的人际网络。据说武田泰淳在写作《司马迁》第一版时还相信，可以也应该构想一个以日本为中心的未来世界的图景。他在第一版结语中如此论述："日本人相信日本是世界的中心，也相信这会永恒持续下去。因此，在日本人看来，不相信汉武帝的司马迁是一个极其不忠的家伙。……司马迁创造出了史记世界，结果，无法相信中心而最终无法相信人类了。从我们绝对地相信日本人优秀的角度来讲，这是绝不应该的行径。而我们只有相信日本以及日本的中心性，才能够参与到历史。"然而在日本战败后，武田泰淳删除了这条结语。有人叹息地说，武田泰淳随着战败而放弃了"日本文化的世界化构想"。

关于日中关系，武田泰淳的小说更值得回味。

武田泰淳 1931 年毕业于东大文学系，1937 年应征入伍，作为辎重补充兵派往上海。其后两年间他目睹了在日军暴行下中国人民尸横遍野的惨状。他的首部长篇小说《风媒花》通过自身经历反映了部分侵华

---

1 武田泰淳（1912-1976），日本小说家，"战后派"代表作家之一。

日军的忏悔心情。而《审判》（1947 年）则写了日本兵二郎在中国赎罪的故事。二郎曾经杀过几个中国人，一次是奉命杀了两个农民，另一次则是主动杀了一对老夫妇。战后，他的内心深处受到痛苦的折磨，无脸和情人铃子结婚，也无脸返回日本，他决定留在犯罪之地完成自我救赎。

同样是参与侵华，作为士兵的武田泰淳与作为记者的林芙美子关于战争的记录却是如此不同。有一点需要强调，林芙美子写战地报道是在战时，武田泰淳写战地小说是在战后，时代氛围的转变大概也是重要原因。[1]

在食堂吃过饭，下午继续听学术研讨会。说实话，这样的形式让我厌倦。我更喜欢聊天，而不是开会，其他人也差不多吧。有几分钟我发现好几位学者开始"鸡啄米"地打起盹来。直到有位重庆大学的女士开讲中国的民族主义时，气氛才变得热烈起来。不过，她讲得实在是没有条理，对"自干五"的评议，也因为只有贬低而落入俗套。

我不反对人们创造概念，但并不赞同动辄扣帽子。我批评道，就算有一些所谓"自带干粮的五毛"，只要他们是在诚实地表达自己的观点，即使是发表支持政府的言论，也应该受到尊重。从本质上说，这也是言论自由的一部分，它和权力部门收买水军操纵舆论完全是两个概念。若

1　二战期间，日本国内形成了一种作家必须为军国主义效忠的氛围。火野苇平的"士兵三部曲"（《麦子与士兵》、《土地与士兵》、《花儿与士兵》）被奉为"报国文学"的样板。而林芙美子作为"笔部队"中的一员被派往前线，作品难免会美化侵略。从动机上说，她不是去写作，而是去战斗。早在 1874 年，日本媒体便派出了战地记者。战地记者是笔杆子记录枪杆子，并不全然以"笔部队"自居。到了昭和年代，这些笔杆子纷纷倒向枪杆子，成为枪杆子的帮凶。但并非所有作家都束手投降或助纣为虐，石川达三也写出过《活着的士兵》那样的反战小说。1937 年南京沦陷后，石川达三作为《中央公论》的特派作家前往南京，按约定他要为《中央公论》写一部反映攻克南京的小说。转年，《活着的士兵》在《中央公论》上发表。尽管出于审查的原因小说被删了约 80 页的文字，但是杂志一发行就被查禁，而石川达三被判四个月监禁，缓期三年执行，因为小说"记述皇军士兵掠夺，杀戮非战斗人员，表现松散状况，扰乱安宁秩序"。在此氛围和压力下，石川达三后来也不得不向"笔部队"靠拢，为日本军国主义贡献出《武汉作战》、《敌国之妻》等作品。

要一个民族聪明起来，最好先让每个人享有选择愚蠢的权利。

晚上一起吃自助餐，我问石井刚东京是否还有宋教仁曾经租住过的旧居。他一时想不起来，但很快补了一句："应该没有了吧，你知道20世纪前50年东京连遭两场火灾。"石井刚说的两次大火，一次是1923年关东大地震引起的火灾，地震发生时老百姓正在生火做饭，东京由此陷入火海，逾10万人死亡。另一场火灾发生在1944年，美军大轰炸投下许多燃烧弹，造成近万人死亡和失踪。

"不过，有两个地方你可以去，一是神保町的维新号，当年闹革命时许多中国人在那里吃饭。二是日比谷的松本楼，孙中山经常去，那里还有宋庆龄弹过的钢琴。"石井刚接着说。

我说算啦，我对当年闹得鸡飞狗跳的暴力革命不感兴趣。我更愿意花时间梳理那些被淹没的个人的历史。如果能找到一点让宋教仁动心的西村千代子的历史，也算是我此行的一大收获了。

晚上和智子聊起白天的讲座，我说大家好像挺累的，包括石井刚在会上也打了个小盹。智子很惊讶，"啊，石井也睡着了，看来大家真是太累了！"我想起中国那些在会场打盹的代表、官员。那一刻也许是他们一生中最诚实的时候。每个睡着的人都是善良的。

前天托智子帮我联系了石平，我们约在7月22日共进晚餐。我想知道这位著名"华裔极右"的心路历程，以及为什么发表那些对于绝大多数中国人而言都无法接受的言论。

来日本这么多天，每天翻看《朝日新闻》，越来越想给这份报纸写点评论。虽然智子说这将是一件非常艰难的事情，但我还是想试一试。正是因为在《朝日新闻》能看到一些关键性的讨论，我开始相信纸质媒体并不一定会随着互联网的侵蚀而消失。而这种感觉也在一定程度上解释了为什么《朝日新闻》和《读卖新闻》的销量在过去二十年间并没有特别明显的下滑。

　　一份国际特快专递从东京到天津走了十几天。智子给我孩子寄的用于签证的文件终于收到了。孩子的母亲说，该死的邮局把信件扔在家门口的垃圾堆里，也没有给她打电话，好在今天无意中发现了。

分人主义

阴雨天，乌鸦照旧叫得欢呢。在这东京的盛夏里，我竟然被冻醒了。看手机上的天气预报，这几天只有 20 度左右。

单曲循环，听须贝智郎与中川智美的《去有你的地方》。我感觉自己的魂快要被这首钢琴曲给收走了。

下午接着听学术研讨会，地点转到了一个阶梯教室。由于弄错了时间，我进去时中国作家孙甘露已经开始谈起了他对小说的理解。

"米兰·昆德拉说过，小说不是人类历史一开始就有的，而是人们试图从人类历史中挣脱出来的一种努力……"

这话不错。小说是作家和读者寻找意义的一种古老方式。正如马克·里拉在《当知识分子遇上政治》中谈到的——你不读小说，怎么了解思想史？

孙甘露提到马尔克斯写过的一个短篇小说，讲的是一位父亲晚年得子，生了一个女儿。他非常喜欢她，但是有一天小孩突然死了。他接受不了，怎么也想不通，最后得出的结论是她被上帝召唤去了。他想找教皇，于是每天推着一个车子，希望教会能够封他的女儿为圣徒，否则他无法接受这一切。当然，他一辈子都没有遇见教皇。由于一辈子都在做这件事情，这位父亲在死后被封为圣徒。

这是一个动人的故事！

本次主讲嘉宾还有日本的两位年轻作家，一位是平野启一郎，24 岁时获得芥川龙之介图书奖；另一位是女作家青山七惠，26 岁时获川端康成文学奖。

平野启一郎在接受采访时一再表示自己将始终作为一名小说家发言，不过他今天的身份似乎更像是一个社会学家。"我调查发现，日本的年轻人现在越来越悲观和虚无，找工作时面临身份认同危机。现在很多年轻人都不知道自己该做什么。明治以前的日本，武士是武士，农民是农民，大家不用找工作，所以也没有个性与身份的烦恼。而现在你适合从事什么职业只能由个人选择。日本以前没有'个人'这个概念，那是从西方'individual'翻译过来的，其本意是'不能分开的'……"

接着，平野借夏目漱石《三四郎》这部作品继续分析："日本人其实都是这样活着——面对权力，作为'不能分开的个人'在抵抗，但在生活中却分饰各角。人们戴着假面生活，但真正的自我在哪里？所以我从'不能分开的个人'（individual）这个概念中想出了一个'分人'（dividual）的概念，提出'分人主义'（dividualism）。也就是说，在多重人格之间有一个平衡关系。当一个人开始自我否定，如果个人不能分开，那么这个人最终会自杀；而在分人状态下就不一样了。我在学校被人欺负，这个'分人'我不喜欢，但在家里我受到关爱，这个'分人'我喜欢。这个概念来自我的写作而非实践。一些 NPO 团体也是在用'分人'的概念试图帮助那些想自杀的人……"

在回答提问时，平野启一郎谈到自己正准备就"分人主义"这个概念写本书。对于有关"分人"的质疑，他坚持"分人"并非见人说人话，见鬼说鬼话，而是要"相对化共同体"，不要完全卷入一个共同体，这样可以局部保留自己的自由。因此，他说他对日本的认同，也不可能是100% 的。

平野启一郎造出的这个概念其实并无太多新意。他的意思可以简略为：每个人都是由很多个分人组成的，所以你不要把全部的自己放在一个分人身上，而是放在若干个分人身上。一个分人绝望了，其他分人活下去。这个思考与我关于人生维度的思考不谋而合，但它同样难以解决一个问题，即人有借助"分人"逃避矛盾的倾向，也有保持完整的倾向。毕竟，"分人"不能像全息影像一样保持人的完整性。而这也是人们在面对"角色冲突"、"多重人格"时所要解决的问题。更难解决的悲剧是，当一个分人决定去死，其他分人便失去了活下去的机会。难道在分人与分人之间，还会搞个民主投票，决定去不去死吗？

就在我继续思考的时候，台上的主题换了几次。过了一会儿，平野启一郎也在后面打起了瞌睡，时而被惊醒。此刻我想问他，当一个人睡着了，能否做到一个分人在睡，一个分人在醒。哎，还是那句话，学术研讨会有时候和政府开会差不多，常常令人昏昏欲睡。

感冒了，清涕如春雨，辅以饥肠辘辘。中午没有吃饭，散会后去食堂，才发现今天是周六，食堂晚上不营业。正准备去外面吃饭时，看到许多学生举着牌子，示意路人去看他们的戏剧《毒、ふわりと》（毒，轻飘飘的）。出于好奇，我上前问了几句，结果被他们带到了校内的一个剧场。就这样流着清涕、饿着肚子看了两个小时的戏剧。戏剧的主题是自杀。

走出剧场的时候，老天也是清涕流个没完。由于没有带伞，害得我在回别馆的路上淋了个半湿。好在半路上歇了会儿，吃了一碗乌冬面，暖暖身子，结束这饥寒交迫的一天。

"在东京合作盖房吧！"

早晨读到中科院博士生张东文服毒自尽的新闻，想起平野启一郎提到的分人主义。在博客里，张东文给自视珍贵的东西排了序：第一父母，第二事业，第三爱人。然而，在父母、爱人都在的时候，他还是自杀了。正如我昨天思考平野启一郎的分人主义时所担心的，当一个分人决定去死，其他分人就失去了活下去的机会。

每次看到自杀新闻时，我总是自责。有关人生意义一书的写作，积累了几年，早该完成了，而现在却天天在东京忙着所谓中日和解的事情。事实上，人世间最难和解的恰恰是人与自己。

日本是一个自杀大国。和日本人聊天时他们总会提到一个数字，每年有 3 万人自杀。据说所有的发达国家中日本的自杀率是最高的，平均每天 85 人。相较而言，美国的自杀率只有日本的一半。

青木原树海是富士山下的一个著名景区，这里因为林深树密，尸体不易发现，而被绝望的人改造成了"自杀森林"。几十年来，每到秋天，警方都会在青木原树海搜索尸体，而且越搜越多。自杀人数最多的是每年三月，这是日本公司的集中倒闭月、人事调动月和学生毕业季。

青木原树海成为自杀胜地，可以追溯到 60 年代松本清张的悬疑小说《波之塔》（即《富士山禁恋》），其中的女主人公结城赖子便是选择在此自杀。而这部小说，被称为半个世纪以来日本影响最大的爱情悲剧。

更重要的原因可能和日本文化中对死亡的迷恋有关。诸如我昨日观摩的大学生的戏剧，何尝不是日本杀戮文化中的一种呢？不到两个小时的戏剧，剧中人物死了十几个，充满了暴力和诡异的气息。宣传海报这样写道："今天，黑圈增加，气球胀破，毒气在房间、在世界扩散。"在血滴蔓延的背景下，小宣传册的背面写着："毒，轻飘飘的，负面感情在心里积累多了，就会让情感的液体凝固成块。每一次呼吸、运动时，体温会把毒液气态化，扩散到世界。"在网上的相关推广视频中，则是血色弥漫的背景下，拉着吊环的手臂一只只跌落下去……

今天要去佐藤充则和平野爱家里做客。平野说他们中午到别馆来接我，我误以为他们会开车来，谁知下楼一看，佐藤推了辆婴儿车。原来佐藤家就住在附近的代代木上原，孩子不到两岁，夫妇俩经常推着孩子过来散步。

"那里有一片樱树和草地，非常漂亮。"平野说。

我这才注意到我住的地方还有一片小风景，平常从另外一个门出去，很少走到这边来。

步行十来分钟，到了佐藤家。一路上我免不了感慨，这片住宅区的居民政治参与度真高啊，不少人家在外墙上贴了竞选广告。共产党、民主党、公明党，此外还有日本维新会石原慎太郎的过气照片——因为维新会早已经分裂了。

和智子一样，佐藤夫妇也是大阪人。两人在东京打拼多年，此前分别在上海的大学读经济和中文。由于都喜欢拍纪录片，几年前他们与人合伙成立了一家纪录片公司，主要与NHK合作。通常是他们先给NHK一份拍摄计划，NHK同意后会先支付30%的前期费用。至于版权，虽然NHK给他们留了40%的版权，其实还是NHK说了算。几年来公司拍摄了几部与中国现实有关的片子，如郑州的毛主义者、乌坎事件，眼下正在拍摄中国的城中村。

"乌坎那部纪录片给日本观众留下的更多是感动，"平野说，"该片在 NHK 播放后，许多日本人都不敢相信那是在中国，中国的乡村竟然有那么多的民主力量，那些村民和西方国家的参选者没有什么两样。当然，后来的事情，难免让人叹口气。"

说这些话时，平野正给我放着他们制作的纪录片，不时指着屏幕上的人说这是谁谁谁，到美国去了，这是谁谁谁，被抓了……

午饭时间，佐藤夫妇准备给我做一顿正宗关西风味的章鱼丸子。

"章鱼丸子起源于大阪……"平野开始介绍章鱼丸子的起源，不过眼下我真正感兴趣的是她家的房子。从房子大小来看，这不过是东京最普通的家庭。家里的字画，除了小幅的"大丈夫だよ"（放宽心），还有来自长辈的"每日健康进步"的祝福。

"房子不大，是我们自己盖的。"说到房子，平野眼里流露出一点兴奋。

"啊，是吗？"我的好奇心一下子被勾了起来，在东京居然可以自己盖房子，而且是在寸土寸金的涩谷区。此时我才突然想起智子在中野的"一户建"也是自己盖的。不同的是，智子家是独门独院，而佐藤家是几户人家集资盖了这幢楼。

说起这事，佐藤也变得兴奋起来："这幢楼一共有九户人家，都是在东京打拼的外地人。几年前我们都想买房子，正好找到了同一家房屋中介。在中介的撮合下，考虑到成本的问题，我们决定集资盖楼。于是就签约让中介帮我们找地，我们同意后，由中介先买下来。之后，中介帮我们联系了设计公司和建筑公司。从 2008 年买地到 2011 年入住，前后花了三年时间。"

"这种 Cooperating house（合作住房）的方式，比自己直接买房大概省了 30% 的费用，"平野接着补充，"当然，有些细节需要几户人家操心。比如楼层的选择、房间的大小、房屋所占土地面积的折算等。

我们家选的是地下和地上的两层，考虑到采光、朝向等原因，实际面积占建筑面积的 93%。"

这栋楼共五层，总面积为 707.50 平米，佐藤家需担负的面积为 73 平米。当然这是指套内面积，合建筑面积 90 平米。我们大概算了一笔账，土地、设计、建造、交给中介预付款的利息等合起来，佐藤家需要支付的费用约合人民币 336 万。

涩谷是东京的中央商务区，这相当于花 336 万在北京的国贸附近买一间 90 平米的房子。而且在日本贷款利息不高，25 年房贷利息为 1.44%。即使这样，佐藤夫妇还在抱怨"利息太高了"。"因为我们属于自主创业，银行认为有一定风险，所以才收取了高息。如果是职业较稳定者，比如东京大学的教授，利息只要 0.4%。"

我说你们这不算高息了，我在中国的房贷利息超过 6% 呢。两人听完都咋舌。不过平野很快补充一句："日本泡沫经济的时候，利息也有过那么高。"

夫妻两你一句我一句滔滔不绝。佐藤说："我们不只是一起盖了房子，还共同营造了一个社区。几年来大家结下了深厚的友情，算是不辜负这份盖楼的辛苦。九户人家，除了我们两个拍纪录片，一个在国会众议院工作，一个在东大做机器人研究——他总和众议院的那个人说国会要多拨点预算给东大老师，其他几个分别在外资银行、NHK、杂志社、《读卖新闻》旗下的日本电视台等单位工作。还有一家有自己的公司，最有钱，所以四楼、五楼都是他家的……"

"这种感觉真的很好，我们就像是住在江户时代的长屋里。"平野感慨道，"大家都很熟悉，而且能够互相照顾，谁家的孩子衣服不穿了，玩具不用了，可以送给别的人家。"

平野的话也让我心生感慨。我念中学的时候有两个梦想，一是愿以写作为一生的志业，二是有一群好兄弟生活在一起。前一个梦想我自己努努力也就做到了，而后一个梦想，早已经破碎不堪。一来从前的兄弟离开老家后星散于五湖四海，慢慢地，有的人情也淡漠了。二来我们没有真正属于自己的土地，就算有同城的兄弟姐妹和朋友，也不允许在一起集资盖房。

"你们是如何进行社区管理的呢，是否需要一个物业公司？"我接着问。

"我们自己成立了一个负责社区管理的三人管委会，包括理事长、副理事长和监事，分管事权、财权和监督权。以房号为序，每年换一次，大家轮流做。"说话间佐藤从楼上的柜子里找出几个册子，并将其中一本社区细则交到我手里。

"今年我做的是副理事长，再过两天也就是 7 月 1 号起我就做理事长了。哪户人家想养狗，就得先经过我的批准。哈哈！当然我没有权力胡来，必须服从此前大家一起制定的细则。如果没有相应的细则，那也只能由大家一起来商量增加细则，而不是我自己擅自做主。"

我接过细则，里面有各种各样的规定。比如，一家最多只能养一只小鸟，所养宠物不能超过 20 公斤等。

"如果住在这里的九户人家，八户想将土地卖掉，而有一户不同意，怎么处理？"我想知道这个自治社区如何解决"多数人的暴政"问题。对此，佐藤的回答是这不涉及"多数人的暴政"，因为大家有言在先，后果自负。"我们的合约里有一个'多数人同意'条款——如果要卖掉这块地，必须征得四分之三以上的住户同意。"

除了解了日本人的社区自治，佐藤家同样让我见证了日本人做事的精细。就在我和平野聊天时，佐藤又从楼上的柜子里搬来几本大册子，里面有各种建房条约，包括装修时留下来的材料。

"这个房子装修一共花了 644 万日元，由于我们将来有可能回大阪，所以只是简单装装。"佐藤说。但就是这个简单装修，装修公司给他们的合同就有 300 页纸，内容具体到每一个螺丝钉的型号，而且都附有图片。

不过，佐藤夫妇对这种文牍主义也颇有微词。"日本的确是方方面面要求规范、细致，但有时候也会给人一种紧张感。"平野说，"有美国朋友到日本来，就觉得很不适应，上个厕所里面还写着'小便请往前站'。坐地铁书包要背在前面，以免妨碍他人。日本人做事细致，不想给别人添麻烦，也不想给自己添麻烦，所以凡事中规中矩。你看这里还附了一张剪报，中介给我们解释为什么花的钱比预算要少，因为材料降价了，这报纸上就有相关报道。日本人不像美国人那样喜欢打官司，不喜欢和别人产生矛盾，这点和中国人有点像。"

我像调查记者一样在佐藤家待了一下午，时而侧耳倾听，时而笑得前仰后合。最后我们从"小日本"聊到了"大日本"。当我说到安倍时，佐藤露出了一脸的不屑。

"安倍是垃圾，是坏人。"

"那他为什么在日本有较高的支持率呢？"

"可能是因为他的经济政策吧。可是我们和周围的朋友也没见谁收入增加了啊？！"佐藤有些愤愤不平。在政治上佐藤同样反对安倍推翻宪法第九条。

傍晚时分，我起身告辞。出了门才意识到刚才我们聊天时，外面下起了暴雨。网上说因为明大前站出现积水，JR 线停运了四十五分钟。我说日本地下排水系统不是做得很好吗，为什么也会有积水。平野爱的解释是，积水应该不严重，但为了保障安全，只要有一点隐患，列车就不能开。新干线那么多年没出事，也与此谨小慎微有关。佐藤夫妇将我送回东大，推着孩子继续遛弯去了。

晚上回东大把昨天学生排的戏《毒、ふわりと》（毒，轻飘飘的）

又看了一遍。演出共分若干场，连续几天，下午两点和晚上七点各一场。由于昨天未能完全看懂，我特地找了几个剧组的学生为我做讲解。当时我们就站在学校的马路上，雨越来越大，一个学生为我撑着伞，另几个负责解释。这是一部讲述人与人不能相互理解的戏剧，而我因为自己的诚心和几位学生的耐心，理解了这部戏剧。

一出戏看了两场，略记观感如下：

其一，组织者周到、礼貌。开场前有不少学生端着剧目指示牌，在学校的各个路口为观众引路。演出结束后，剧组邀请观众留言，演员、主创和其他剧组人员均在门口站成人墙，不断低头致谢，礼送观众。

其二，舞台布景颇费周章，演出流程却没有繁文缛节，甚至连报幕都没有。七点准时开场，像是看一场电影。

其三，格调过于阴郁。整个戏剧被死亡与混乱的气息所笼罩。

回别馆的路上收到王铮的微信，吓了我一跳。"日本一瞥。只觉得他们爱和平，没想到如此代价。"紧接着是一个链接。今天下午两点多，也就是当我在佐藤家吃章鱼丸子的时候，新宿 JR 站外的一座桥梁上，一位男子为抗议安倍的"集体自卫权"自焚了。现场火光熊熊的照片让我想起早上整理的有关日本人自杀的材料，心中很不是滋味。

来日本的这些天，我感觉日本像是要毁在安倍手里了。为了一个并不存在的危险，安倍却要将日本带到危险的地方去。日本经济新闻社在6月27-29日做的民意调查显示，日本民众中反对"集体自卫权"者占50%，支持者占34%。而那位穿着西服自焚的人，姓甚名谁，所为者何？他是在用生命捍卫石桥湛山意义上的"小日本"吗？

谢幕

世态炎凉——新宿自焚案报道观察

　　四时醒，窗外的天空落满铅云与晨曦。每日记录、整理五六千字的内容，让我的生活变得极其劳累，而身体也早已拉响了各种警报。原本想借着日本的好空气休养生息，谁知日日忙碌，与初衷完全背道而驰。

　　中午到图书馆查找有关昨日自焚事件的报道：

　　《每日新闻》共 32 版。没有任何与自焚事件相关的新闻与评论。头版报道了新宿周边百人抗议图文。

　　《东京新闻》共 24 版。没有任何与自焚事件相关的新闻与评论。头版报道了昨日首都圈暴雨。

　　《日本经济新闻》共 44 版。没有任何与自焚事件相关的新闻与评论。

　　《产经新闻》共 28 版。自焚新闻出现在社会版，豆腐块大小，无图。

　　《读卖新闻》共 38 版。自焚新闻出现在第 36 版，豆腐块大小，无图。

　　《朝日新闻》共 40 版。自焚新闻出现在第 38 版，豆腐块大小，无图。

　　《JAPAN TIMES》（日本时报）共 16 版。这是一份英文报纸。有自焚现场的图文，且篇幅较大。暴雨相关图文放在了第二版。

新宿自焚者

整体而言，除了一份英文报纸外，日本各大媒体没有着重报道自焚事件，《每日新闻》、《东京新闻》和《日本经济新闻》索性只字未提。据我所知，堂堂公共电视台NHK也完全忽略这一新闻，未作任何报道。没有人知道自焚者叫什么名字，为何自焚，更不知道他此刻是生是死。

为什么日本的媒体表现出一种冷漠的态度，我试图解释这个现象。也许是为了不渲染悲情，所以无一份日文报纸用了图片？而《JAPAN TIMES》面对的是英文读者，虽然在日本发行，但属于国际纽约时报的合作报纸，故不在此列？也许是因为这是一起非正常死亡事件，自焚者的抗议虽然代表了很多人的想法，但这种极端方式不为主流社会所认同，所以自焚者被视为让日本人难堪的"麻烦制造者"，其离经叛道的行为不被同情？

和传统主流媒体的心照不宣相比，网络上的信息明显呈现多元化。比如我所关注的《朝日新闻》网站上有个"叽叽喳喳"栏目，截至隔日下午两点半，评论最多的新闻就是新宿男子自焚事件。回复为6000余条，较排名第二的热点新闻多了近一倍。

日本自民党北海道道议会议员小野寺胜在网上指责自焚事件的当事人"在公共场合给大家带来很大麻烦，毫无疑问是犯罪行为"，并称此为"三岛事件"。对此，许多网民指责他"完全不去体会国民的想法"，"不懂得贴近民意的议员应该尽早辞职"。小野寺胜则反击称"一个人的行为就能代表民意是十分可笑的"，"想要抗议有的是方法"。

晚上六点半在首相官邸前有大规模抗议，我去了现场。比上次"6·17"抗议要声势浩大得多。喇叭、腰鼓、吉他、萨克斯、维持秩序的警察和见证现场的律师，将现场衬托得热闹非凡。抗议的人群喊着统一的口号，举着各种牌子，如"打倒安倍政权"、"阁议决定绝对反对"、"不安倍增"、"ABE FASCISTS, GET OUT"（安倍法西斯，滚）、"打

内阁府前的抗议者

倒独裁政权"、"我的孩子不去打仗，邻居的孩子也不去"、"我不想被杀，也不想杀别人"、"NO PASARAN"（西班牙反法西斯口号）。安倍被示威群众描述成一个十足的法西斯分子，有人喊着让他下台，有人要他滚回山口县。

站在日本的十字路口，我仍像是一个记者。和在日比谷公园不同的是，许多年轻人这次也来到了现场。他们知道自己如果现在不关心这个国家的走向，将来就有可能为这个国家当炮灰。只是游行示威并不像有些人想象的那样有力量。在一个成熟的民主国家，游行就是游行，它不会制造什么刀光剑影的悬念。而当你走出抗议的人群，回到大街上，刚才积聚的所有力量就都烟消云散了。真正的决战，是在下一次选举之时。

与此同时，我不得不说，今天首相官邸前的抗议是非常节制的——至少我没有看到一个人举出昨天自焚者的现场照片去渲染悲情。

回到住所，网上有消息说，自焚者已经脱险，不幸的是大面积烧伤，正躺在 ICU 病房里。想起昨晚平野爱给我的回复："他有点像现代版的三岛由纪夫。但是这种做法我完全反对。"在微信上智子也向我表达了相同的意思。

我当然反对这种极端行为，但又难免心生同情。是啊，多像三岛由纪夫！相同的是自杀，不同的是目的和媒体的关注度。当年三岛由纪夫自杀，保卫的是天皇制度，反对的是日本不能拥有军队的宪法，而他又是一个赫赫有名的人物。三岛由纪夫在 45 岁时已经成为"世界一百人"中唯一入选的日本人，美国人称他为"日本的海明威"，当时的日本媒体不惜版面连续多日整版地报道他。据说他切腹时，不少作家赶到现场。这个事件让川端康成很受刺激，三岛由纪夫自杀不到一年半，他也含煤气管自杀了。而在新宿自焚的这位西装男则完全不同，这个无名氏、极端分子、不爱惜生命还给别人增添麻烦的人，谁知道他呢？

今天有两个意外收获。为了对比三岛由纪夫当年（1970年）切腹时《朝日新闻》和《读卖新闻》上的报道，我在图书馆三楼无意中发现了一份名为《小日本》的报纸。该报发行于明治二十七年（1894）2月11日—7月15日，由陆羯南主持，正冈子规[1]编辑，但是因为日清战争（甲午战争）的爆发，该杂志以扰乱治安的名义被取缔，只小了五个月[2]。这似乎也是一个隐喻。从此"小日本"不再，取而代之的是"大日本"大行其道。翻这份报纸合订本时，我有一种看胡适编的《努力周刊》的感觉。

另一个意外收获是，我在查看《每日新闻》的旧报时了解到该报记者西山太吉以及"西山事件"的诸多细节。我决定多花些时间来关注这个与政府搏斗的坚韧的人。

1　正冈子规（1867-1902）只活了三十多岁。据说他原名常规，只是因为得了肺痨，经常咳血，又加上有忧国忧民之志，所以给自己更名为子规。其义自然来自中国，宋人王令曾写过一首《送春》："三月残花落更开，小檐日日燕飞来。子规夜半犹啼血，不信东风唤不回。"日本受汉文化影响之深，由此可见一斑。而体现在命名方面的更大影响，非"明治"莫属。1868年3月14日，日本的少年天皇把近500名官吏召集到京都的皇宫，宣读了被称为《五条誓文》的新国策。9月8日，上谕宣布年轻天皇的年号为"明治"，据称这个年号取自《易经》的"圣人南面而听天下，向明而治"。

2　陆羯南主持的《日本》，弘扬国民精神，但因为该杂志对日本政治多有批评，所以受到官方打压，一年有很多期不能正常出版。在不能正常出版的时候，便以《大日本》冒名顶替寄送给订户，以至于人们不知道《日本》和《大日本》究竟有何区别。与此同时，作为补充，正冈子规又办了份《小日本》，关注日常生活，刊登大量的俳句和小说等。后来，《日本》杂志被彻底取缔，《小日本》也因危害社会安全等罪名彻底停刊。

"Show my power！"

新宿自焚案第三天，日本媒体几乎没有跟进报道。我看到了日本媒体的节制，以及一场关于遗忘的合谋与心照不宣。

今天，安倍内阁通过了集体防卫法。迫于共同执政的安倍和自民党的压力，公民党没有起到刹车的作用，只是在限制条款上涂脂抹粉。假以时日，日本和平宪法这一成长于二战苦难之上的人类成就，难免功亏一篑。一个原本拒绝战争的国家，再次将战争大权交到了一群政客手里，由他们来判断国家是否受到威胁，而他们才是最有可能威胁这个国家的人。举目世界，哪场战争不是雄心勃勃却又眼高手低的政客发动的？其目的无外乎两个——掩饰在解决国内问题上的无能和觊觎他国的财富。日本民众反对日本跟着美国打仗，而日本的政客却想着依靠美国借船出海，有朝一日从"正常国家"再过渡到军事大国也未可知。

中午请智子一起吃饭。我谈到了正冈子规和他的《小日本》。"是吗？"智子抬起头，仿佛感觉到某种神奇，"我上学的时候知道正冈子规，却不知道他原来还办过这样一份杂志。"

这是东大的一家法式餐厅，环境优雅。由于讨论《小日本》花的时间较多，以至于智子这顿饭都没有吃好。

"昨天只睡了3个小时。"智子一脸倦容。

接着我们聊到昨晚的游行。我说有1万人，智子听说有4万。随后查找《朝日新闻》，上面说的也是1万人，和我现场目测的差不多。

"您觉得游行示威有用吗？"我问智子。我感觉日本正在滑落，正在告别二战以后和平宪法所赋予它的荣光，同时对昨天日本媒体就新宿自焚案表现出来的"冷漠"感到失望。那真是一个可怜人，淹没在新宿的人群里。没有人关注他，像一缕轻烟，消散了。

智子说她也注意到网上有人在责备为什么日本媒体很少报道此事。至于评论，她的解释是日本媒体不会很快跟进，也许几个星期后会有，她让我先耐心等着。说到安倍，她也很失望。

"安倍是岸信介的后代，他的偏右立场恐怕是受了家族信念的影响。"智子说道。

至于日本维新会党首、大阪市长桥下彻，智子则完全不看好。去年她所参与的"HUMAN RIGHT NOW"组织曾就桥下彻有关慰安妇的错误言论发出联署，以示抗议。

智子接着和我谈起最近在《每日新闻》上看到的一篇文章："庆应大学的一个学生对记者说，他能接受日本去海外打仗，但不希望自己去打仗。他是不是太自私了？"

我说是啊，这种心理太微妙了。他的想法和日本政客差不多吧。一方面手握雄兵脸上有光，另一方面又不需要自己做出牺牲，真是两全其美。那些发动战争的政客，有几个会派自己的孩子上战场？最后当炮灰的，到底都是些普通人家的孩子。

为了核实报道的内容，晚间在图书馆翻遍了前后数日的《每日新闻》，终于找到庆应大学学生的原话。他赞同解禁集体防卫权，前提是日本人不去打仗，派雇佣兵就可以了。然而即使这样，我认为他的这些话也是非常自私的。他将人分为三六九等，明明是借刀杀人，却要博一点君子远庖厨的心安理得。

下午去找张成，明天他要回国一趟，我托他给孩子送份材料。我们约在品川车站见面。

在外面甘苦自知，为了明天去机场方便，张成今天提前从一桥大学搬了一个大箱子存到品川车站。由于下午他还要赶回去讲课，一路上争分夺秒。

回东大时，在正门口遇到一位外形羸弱的小男生。他安安静静地站在那里，手里举着一个牌子，上面写着"解释改宪反对 紧急官邸前行动"。因为反对安倍修改宪法，他希望有同学和他一起去内阁府前抗议。我停下来和他聊了好一会儿。这是位一年级新生，还没有分专业，老家在爱媛县。

"巧了，"我说，"你知道有本杂志叫《小日本》吗？它的编辑正冈子规就是爱媛县的。"

"正冈子规？《小日本》？"小男生立刻变得面目茫然。

我说《小日本》是杂志的名字，考虑到他是新生，就没再问他有关石桥湛山的事情。我说昨晚我已经去内阁府那边了，要不是太累又感冒了，我会陪你去的。这学生说他昨天也去了，不过今天还要去，要继续"show my power！"我说有用吗？他似乎信心十足，"有用的！"

此时正好是东大的放学时间，学生们成群结队朝着车站方向走，没有人在意他举着的这个牌子，更无一人过来打招呼。我说没有人理你，你是不是有点忧伤，小男生尴尬地笑了笑。等到快七点的时候，他终于决定一个人走了。而我虽然很累，但还要硬着头皮去图书馆查智子提到的《每日新闻》上的那则报道。

此刻，我坐在食堂里敲字，不时回想起那个小男生晚饭也未吃，独自爬上车站的台阶去参加游行，这个场景突然让我觉得非常愧疚。为什么不将手头的事放一放，和他一起去呢？临走时这个学生和我说起他和另一个学生每天下午都在食堂边的十字路口举着喇叭反对安倍重新解释宪法第九条。而他们，甚至彼此不知道对方的名字。那大概就是我前几天见过的一个白人学生，他一个人撑着杆旗，拿着喇叭声讨安倍，行人匆匆而过，同样不见有人停下来。

食堂外的走廊上，许多学生在跳舞。有的是孤零零的一个人，有的是一群，放着音乐，面对玻璃，越跳越嗨。Breaking，Popping，Locking。这些戴着耳机的年轻人，我能感受到他们的朝气蓬勃，他们能听到这个国家正在变质吗？然而我这样一个异乡人，没有理由去责备他们，他们这个年纪，正是热爱生活、展示青春的年纪。如果大家都去游行示威，即使是为了一个所谓正义的事业，我敢断定这个国家同样病入膏肓。另一个问题是，即使日本保留了和平宪法，其他国家会跟着日本走吗？如果不会，那么和平宪法对于人类而言又价值几何呢？

野口下午打来电话，告诉我已经联系到了石桥湛山基金会。曾任《东洋经济新报》社长的浅野纯次先生知道我对石桥湛山感兴趣，答应和我见面聊聊。

昨日，《朝日新闻》专访平野启一郎。平野启一郎说他爷爷曾经在缅甸打过仗，当时很多人都没有回来，那是一种非常悲惨的生活，所以现在的年轻人不要美化战争。他现在有两个孩子，不希望把一个可能发生战争的世界留给自己的孩子。政客们应该看到现在的世界需要面对的不是国界上的战争，而是针对贫困与不公正的战争，这也是许多恐怖主义的来源。此观点甚得我心。

请穿过布满地雷的森林——东大授课纪要

今天给东大学生讲了四次课，涵盖本科四个年级和研究生两个年级，主要探讨了日本媒体在新宿自焚案报道方面的表现。几天来，我一直无法释怀新宿自焚者像一缕轻烟一样在这个国家消失。我想和学生们分享我的观感，同时希望通过课堂找到更多的线索。出乎智子意料的是，那些往常不太爱回答问题的学生，无论年级，今天都格外踊跃。

第一堂课（上午，本科生）

一位祖籍杭州的中国学生说，拒绝报道的确有无视弱者的倾向，但自焚者的目的是让世界关注他，所以媒体对此倾向进行了抵制。他认为这是媒体的一种平衡。当然，这个观点经不起推敲，否则像"9·11"那样的恐怖事件，全世界媒体都不应报道，因为恐怖分子一直在利用媒体放大其政治影响。但为什么媒体还是要报道呢？其一，媒体报道和恐怖行为之间可能有相关性，但并非因果关系；其二，媒体需要尊重新闻事实，尤其是那些关乎人的命运的事件。

一位女生说，报道少明显与政府压力有关，福岛核电站出事之后，后续新闻也很少。与此同时她担心如果报纸登载自焚图片，而民众举着这些报纸去游行，会招致其他人对这份报纸的反感，所以这些媒体比较谨慎。

对于主流媒体为什么没有相关评论，智子重复了昨天的解释：在日本，对相关事件的评论会比较延后，也许在一周或一个月以后会出现。

对此我并不抱信心，我能明显感觉到日本媒体整体上在有意淡化这件事情。有学生补充说后续报道可能会出现在非主流杂志如《スポーツ》（运动）上。

对于与自焚案相关的解禁集体自卫权一事，一位女生表示，目前日本很多人对于此事是麻木的，因为他们已经习惯了和平先法下的生活，即使现在政府有什么改变，他们也不会觉得真的变了，因为事情还没有落到自己头上。

没有理由说今天的日本人喜欢打仗，但对于战争的残酷，年轻一代缺少痛感也是事实，他们觉得战争是离自己非常遥远的事情。由于国民拒绝战争，日本自卫队甚至出现了很难招到人的情况。当政府试图淡化甚至美化战争所带来的痛苦，这种情形或许会有微妙变化。智子和我说起她妹妹家的孩子在看完《永远之零》时痛哭流涕的事情。读者可以说她是在为爱情流泪，但是如果孩子们没有了是非观念，那些为爱情流淌的泪水就很有可能让他们看不见地上的鲜血。

上午给我印象最深的是来自新加坡的学生陈延科，他曾经是一名军人，今年20多岁，课后我们聊了很久。

"18岁时我在新加坡读军官学校，2009年加入新加坡六百人支队赴伊拉克随美军驻防。我当时是上尉，带了100来号人。我有一个手下，被AK47击中，子弹从前面打进，在后背炸开。我亲眼看见他的肠子从后面漏出来，现在还能闻到现场的血腥味、焦煳味。

"在那里待了三个月，退役后我去加拿大读书，现在又到了日本。我经历过战争，知道战争是怎么回事。所以我说，现在的政客如果想发动战争，他们自己应该先从一个布满地雷的森林里穿过去。让他们真正面对战争的恐惧，而不是让别人家的孩子当炮灰。在他们那里，死亡只是一个数据，战士只是一个工具。而我在战场上看到的是流血，是具体的一条条生命在死去……"

接下来陈延科和我说起自己的家世，这让我大吃一惊。

"我的曾祖父是日本军官，1944 年在新加坡结婚，生了我爷爷。1945 年日本战败撤军时，爷爷被寄养在新加坡一户陈姓人家。爷爷长大后在当地和一华裔女子结婚。而这位华裔女子的父亲，也就是我的外曾祖父，是著名的抗日英雄梁后宙（NEO TIEW）。新加坡有不少以他名字命名的道路。"

陈延科讲述家史的时候，我顺便在网上查了有关梁后宙的一些资料。梁后宙生于 1884 年，福建南安人。1914 年，他率领同乡在新加坡林厝港一带进行开发，包括修公路、办学校、兴建电力厂和接生院。二战期间，梁后宙发动华侨捐款，动员青年协助英军守卫林厝港和克兰芝海口。1942 年梁家 35 口被日军屠杀，只有他和一个九岁的孩子侥幸逃脱。战后，梁后宙获得英国政府颁发的勋章。中国政府为其颁赠"一门忠义"的褒词，陈诚还为梁家蒙难者撰写了《忠烈梁氏三十五人墓志铭》，赞曰："烈烈梁氏，临难不苟。岂惑甘言，慷慨受掳。缄口无辞，毫耄如一。身膏锋刃，火炳异域。马来苍苍，海天茫茫。余徽不泯，山川同光。生忠死烈，侨士攸望。敬镂贞珉，式播芬芳。"据说梁后宙虽不是警方人员，却先后持有 12 张逮捕令，可随时拘捕不法分子，此为他生平传奇之一。梁后宙 1975 年去世，享年 91 岁。新加坡北部的梁宙路、梁宙弯和梁宙巷就是为了纪念他而命名的。

另一则资料是 1993 年 8 月 14 日至 15 日，东京举行亚太地区日治时期死难者追悼会。新加坡唯一参加追悼会的是梁家后人梁亚六。会后，东京中野区议员村守惠一安排了一个"梁亚六听证会"，由他讲述一家几十口人被日军惨杀的情况。

"我这个家族的经历，谁听到都会感慨不已！"陈延科用这句话结束了他的故事。

家史里的残酷、仇人间的联姻以及战场上的亲身经历，给了陈延科一种超乎同龄人的成熟。由于时间关系，我没有来得及问他家内部的"民族矛盾"是如何化解的。陈延科的父亲在新加坡开公司，过几天他要替父亲去美国打理两周生意。

陈延科是军事迷，最后他和我讲了 些关于超光速武器、驱逐舰方面的知识。虽然我对这些知识缺少了解，但我知道它们的唯一作用是帮助人类自相残杀。在研发者那里，它们只是材料和方程式；在军火贩子那里，则是源源不断的利润。

"我感觉现在东亚的局势有些危险，日本去年可以销售武器，今年又要重新解释宪法第九条，未来十年，日本在军事力量上将会有很大的变化。中国也会越来越强硬，中日局势堪忧，而这也会影响到新加坡……"

这是陈延科留给我的最后的话。他的发言是我今天最大的收获。

课上还和学生们一起讨论了日本的记者俱乐部制度对言论和信息自由可能带来的影响[1]。对于这一"门槛制度"，学生们并不完全悲观。有的说不加入记者俱乐部也挺好，这样他们就不必为内阁、国会等关系费心，没有关系了反倒有另外一种自由，可以按自己的意思去做新闻。一定程度上我是赞同这位学生的观点的。我想起野岛刚和我谈到的国会记者生

---

1 在日本，没有加入记者俱乐部的记者，特别是自由撰稿记者，很难进行采访。申请加入时要经过冗长及不透明的审核过程，加入后所属媒体需要负担相关费用。除了日本外国特派员外，外籍记者通常难以加入记者俱乐部，更难以在有记者俱乐部的地方进行采访工作。正如笔者在前面提到的，很多新闻与其说是记者采访出来的，不如说是整理出来的，而日本报纸在处理这些新闻时也不署记者名字。甚至在业界还流行一个潜规则，如果记者在发布新闻时违反协议，比如抢先做了独家报道，他将有可能被记者俱乐部除名，失去采访资格。一份针对《朝日新闻》、《读卖新闻》、《日经新闻》、《每日新闻》等四家全国性大型报纸的定量分析表明，在全部新闻报道中，有超过八成的消息来自记者俱乐部。正因为此，该制度被当作日本封闭、排外的象征而广受批评。有学者尖锐地指出记者俱乐部制度"与执政党、官僚、财阀的传统三角权力模式捆绑在一起，其作用是塑造一个协调的民主政治假象"。曾任《朝日周刊》总编的筑紫哲认为这种封闭、特权、专制的制度是导致日本新闻界无能的一大原因。当主流媒体借着记者俱乐部制度争当权力的喉舌，这个国家也就处在危险之中。前几年民主党执政时，这一制度有所松动，而到了现在安倍政府时期，记者俱乐部又被进一步控制。

涯，无论是天天蹲守议员家里（给他新闻材料），还是跟着美军的枪口做报道（美军负责保卫他），最后都有可能因为这种熟人关系而失去新闻记者的敏锐与公正。

第二堂课（下午，研究生）

学生们陆续补充有关日媒不报道新宿自焚案的理由，略记观点如下：

1. 这种事比较少，日本向来平和，从新闻专业主义的角度来说，媒体人一时反应不过来，不知道如何处理。

2. 日本每年有三万人自杀，媒体在有关自杀方面的报道比较克制。但因为该自杀与政治有关，所以网络上有很多讨论，这是主流媒体所不能控制的。

3. 该事件很难写出来。日本的报纸非右即左，中道者少。右派报纸说这是犯罪，容易激起民愤，左派报纸借着死人批评政府，也会被批评，都比较难做。《朝日新闻》虽然反对安倍政府，但报道这件事可能被理解为利用死者，点燃情绪。

4. 日本的抗议活动非常平和，自焚属暴力行为，此极端方式很难得到国民的同情和支持。而且报社也不知道自焚者是什么人，也可能是精神上有问题。在有些国家，因抗议而自焚的人会受到尊重，但在日本，自杀是不名誉的，所以家里人通常不希望公开姓名。

5. 媒体报道对社会舆论影响很大，过度报道可能导致社会不稳定。

6. 我们也觉得最近日本报道有问题，就说集体自卫权抗议活动，有的说抗议者是 4 万，有的说是 1 万，不知道相信报纸什么。

第三堂课（下午，一、二年级本科生）

根据现场提问，32 个学生中，27 人表示已通过电视、报纸或互联网知道了新宿自焚案，1 人表示完全不知道，4 人未明确回答。就"是否想知道自焚者的相关信息及事件的前因后果"这一问题，21人表示想知道，2人表示不想，余下9人未明确回答。从现场并不严格的随机调查来看，绝大多数日本学生知道新宿自焚案，并且有意愿了解更多内容，然而媒体并没有满足受众的这个要求。

学生们继续解剖日本媒体，择要如下：

1. 政府给了媒体无言的压力，虽然表面上可能看不到。记者俱乐部规训记者，他们甚至可能遇到美剧《纸牌屋》(House of Cards)里的危险。

2. 日本有言论自由，日本人不喜欢这种极端行为。在集体认同的背景下，冷处理该新闻的确存在着对个体价值的淹没。

3. 大部分日本人不想负责任。如果报道的话，担心会引发新的自焚案，所以多一事不如少一事。

最后一个观点有一定道理。一来"心里的敌人往往比眼里的敌人可怕"，二来人既然有模仿的天性，就有可能模仿自杀。如《少年维特之烦恼》流行的时候，德国就有不少青少年模仿维特自杀；1986年日本出现了"冈田有希子综合征"[1]；前几年中国也有富士康员工几连跳的悲剧。有鉴于此，世界卫生组织呼吁媒体不要煽动式报道自杀事件、不要反复报道自杀事件、不要传播自杀或自杀未遂的详细方式、不要美化自杀等。然而就算日本媒体遵循这些原则，索性不作报道，也解释不了为什么没有一篇相关评论。

第四堂课（傍晚，研究生）

这堂课是讲座，结合中国历史，我谈到精英对转型国家的价值与历史影响。我同时谈到，在一个积重难返的国家，人们最初总是试图合法抗争，但在统治者眼里根本就没有合法抗争，因为涉及利益重组，所有

1　1986年4月6日，日本当红歌星冈田有希子跳楼自杀身亡，一度引起日本青少年的自杀风潮。

抗争都是非法的。

交流时，有学生提到日本人不太愿意承认自己是精英，这点和韩国不一样。日本学生对学生运动同样持消极态度，因为日本历史上的学生运动差不多都以失败告终。时至今日，他们在政治发声方面越来越弱。对此，有女生补充说她在外语部学习，如果和同学谈论政治话题，同学会觉得很恶心，认为这种话题不值得讨论。在此环境下，她只好约束自己不去谈论政治。她的观点得到不少同学的附和，理想越高就越失落，现在唯一能做的事情就是管好自己。

劳累的一天。从早九点忙到晚六点，加上感冒未好，身体严重透支。

东大教室的硬件差强人意，下午的教室太闷，加上没有空调，热得出了一身汗。所幸与年轻人交流，有不少收获。临睡前仍在回味陈延科说起的地雷阵。如果政客们必须先走过一片埋有地雷的丛林才有权发动战争，人类恐怕就不会有那么多的战争了。而今日世界，让别人出本钱给自己做生意，赔了是别人的，赚了是自己的，这算盘谁不会打呢？

天皇责任与社会抵抗

昨晚咳得厉害。担心影响下午和国会议员的访谈，决定先去医院止咳。智子建议我去东大的校内诊所。中午和刘春晖在诊所前碰面，他特地过来为我做翻译。最后，医生给开了四天的药（三种），共花费640日元（约合人民币39元），包括诊疗费100日元和药费540日元。医生开出的单子细致清晰，上面印有每一种药的图片，并标明服用的时间和剂量。

"我来日本的起因是丈母娘逼着买房。有一次我眼泪都掉下来了，不是为自己，而是觉得中国人为什么活得这么可怜？为什么那么在乎结婚要买得起房？"看完病，我们来到食堂吃饭，春晖旧事重提。

"我当时的确没有能力买房，但也没准备向这种观念弯腰，最后干脆出国了，女朋友随后也跟着出来了。"

在我眼里，春晖一定是幸福的。虽然他收入不高，在东京租房读书，但有妻子的理解，而且做着他喜欢的有关石桥湛山的博士论文。这样的美好岁月，我也曾在巴黎经历过。那时候我在巴黎虽然没有属于自己的房子，却可以把整个巴黎当作书房。不同的是我孤身一人，夜夜枕着塞纳河的涛声入眠。我的内心啊，曾经多么富足！

"我从去年开始读石桥湛山的全集，现在快看完了。"春晖说这句话的时候显得踌躇满志，而我只能自愧弗如。我还没有完全掌握日文，毕竟我的日语差不多都是中国横店大学教的。另一方面，我也为石桥湛山感到惋惜。这是一个原本可以呼风唤雨，却被现实和历史遮蔽的知识分子、政治家。他在日本渐渐为人遗忘，在世界更是鲜为人知。大正民主时期，石桥湛山曾经积极推动日本的自由主义和民主主义。遗憾的是，日本后来背离了自由、民主的道路，葬送于军国主义。老子说："祸兮，福之所倚；福兮，祸之所伏。"历史真是充满了反讽。那些为日本打赢了甲午战争和日俄战争的士兵，如果能够预知日本后来的一败涂地，将做何感想？[1]

19世纪末20世纪初，先后赢了与中、俄交手的两次局部战争后，日本萌生了吞灭中国东北的念头。对此野心，坚持小日本主义的石桥湛山是坚决反对的。而且，石桥湛山通过大量统计资料从经济上证明了拥有更多的殖民地对日本并没有多少价值。有一件事可以佐证石桥湛山的判断。甲午战争后，日本占领台湾。1896年10月，日军中将乃木希典成为第三任台湾总督。但他很快发现，日军占领台湾完全是桩赔本的买卖，一来经济上没有什么收益，二来因为台湾人民的反抗，日军死伤惨重。在他看来，台湾之于日本 "就像是一位叫化子讨到一匹马，既不会骑，又会被马踢"。所以他在总督任内最想做的一件事就是把台湾卖给英国或法国。当然，由于日本议会的反对，这桩买卖没有成功。

利用中午的一点空闲，除了石桥湛山，我们还聊到丸山真男和南原繁。我曾经读过丸山真男的一些东西，在《日本的思想》一书里，他分

1　甲午战争时期日本外交大臣陆奥宗光在《蹇蹇录》一书中写过日本人在赢了"日清战争"后的狂热："平壤、黄海战役胜利之前的我国民众，私下里颇为战争的结局如何而苦心忧虑，如今却对今后的胜利不抱一点怀疑，余下的问题就是我国的旭日旗何时进入北京城门了。于是乎，整个社会气象是狂跃于壮心快意，沉溺于骄肆高慢，国民到处沉醉于喊声凯歌之中，对将来的欲望与日俱增。全国的民众都像克里米亚战争之前的一个英国人称之为'军国主义'的团体一样，除了进攻之外，任何声音都听不进去。其间若有深谋远虑之士提出稳妥中庸的意见，则被视为卑怯懦弱之辈，无爱国心之徒，几乎为社会所不齿，那些人唯有闭口不言、闭门息影了。"其时，陆奥宗光对本国人的这种狂热十分担心，一来这场胜利可能将日本置于险境，二来他赞同斯宾塞的说法，爱国精神实际上只是一种蛮族遗风，而盲目地跟着爱国精神走，有可能与这个国家的长远目标相悖。

析了 1945 年以前日本民众和天皇在责任方面的极度不平等。相较而言，民众担负的是无限责任，所以在东京大地震引发火灾时，有不少学校校长为了抢救天皇的相片而烧死了，民众甚至也认为天皇的照片比校长的生命更重要。而天皇则不担负任何责任，它不同于中国的君主。虽然同样受儒家文化的影响，但中国的君主并不享有永久的合法性。如果是暴君，民众是可以将皇帝赶下台的。而日本是报恩式的，臣民相信"天无二日，地无二皇"，主张"万世一系"，天皇由一个权力集团辅助，天皇制实际上变成了"一个不承担任何责任的国家体制"。而这一体制也在一定程度上帮助日本昭和天皇逃避了二战中的战争责任。

日本民众所谓的"无限责任"是针对天皇而言的，因此具体到战争责任，他们同样有理由将之推得一干二净。有些人会说，我们既不是天皇的女儿，也不是首相的儿子，在军部也没有位高权重的亲戚，战争更不是我发动的，那么它和我有什么关系呢。说这些话的人，忘了当年有多少日本人心甘情愿地将自己或子女送上战场。天皇不是"替罪狼"[1]，每个人都应该为自己的良心和行为负责。

关于这一点，南原繁也有独到的见解。他之所以被称为"新日本之父"，正是因为他对战后日本民众政治教养的提升起到了非常重要的作用。几十年前，南原繁曾说过这样一句话："一个人在自己承认并成为国民之前，更应该以一个人的自我的理性与良心进行判断，而自主的、自律的人格和个性才是人的根本。"[2] 这句话和梭罗的"我们首先是人，

---

1 "替罪狼"是作者在《重新发现社会》一书中提出的概念。它区别于无辜的替罪羊。实际上，替罪狼和其他诸多作恶者一样都犯下了不可饶恕的罪行。当历史翻过那一页，替罪狼因为自己身上的某些明显特征被作为罪恶符号重点清算，而其他作恶者突然穿上了隐身衣，他们假装无辜、以受害者自居或因为法不责众而纷纷逃脱了现实的惩罚。

2 在《新日本的建设》一文中，南原繁认为，无论是国家还是民族，表面上看它们都是超越人的个性的，然而真正创造和决定历史发展的却不是它们，而是人的个性的力量。或者说，每个人的个性才是社会发展的终极原动力。

然后才是公民"有异曲同工之妙。下午和日本的国会议员们聊天时我也特别谈到南源繁和梭罗的这些观点。我强调中日之间若要获得真正的和解，最紧要的是回到人的身份。在过去的讲座中，我也多次提到中国最缺的不是公民教育，而是人的教育。没有人的教育作为根基，国家就有可能将公民塑造成一群国家机器。

东京审判的时候，日本"法西斯之父"大川周明以装疯卖傻逃过一死。比如在法庭上拍打坐在前面的东条英机的秃头，或者脱光衣服等。坐牢时他总爱说外语，据说到后来说得最多的一个词是 Democrazy。这是一个英文字典里没有的词，但它很有趣。不是吗？ Democracy 是 demo（人民）+cracy（统治），即所谓的民主；而 Democrazy，则是 demo（人民）+crazy（疯了），是一种疯了的民主，有点类似 Mobocracy（暴民统治）。我以为，若让一个国家不因为公民教育或者臣民教育导致其民主发疯，说到底首先还是要回到人的教育。

从地铁国会堂前站一号口出来，便是茱萸坂。我曾经在这里见证了数以万计的日本民众示威和抗议。下午要访问的是众议院议员阿部知子和近藤昭一。阿部知子原是医生，做过社会民主党党首，现在是无所属（无党派）。前些天就是她和一些议员就日本和平宪法向诺贝尔和平奖委员会递交了申请。近藤昭一是民主党众议员，同时是日中友好议员联盟[1]的干事长。前几天在日比谷公园的抗议大会上我曾远远地望见过他。

坐在阿部知子的办公室里，按约定我们将交谈两个小时，之后一起参加"1000人阻止战争委员会"的集会。今天智子负责给我做翻译。得知我来访后，参议员小西洋之也加入了交谈，他同样是为和平宪法申请诺奖的重要参与者。这是我第一次会见日本议员，他们的名片都很有特色，

---

1 日中友好议员联盟是日本跨党派国会议员的联盟，成立于1974年，旨在促进日中友好合作，主要由各政党的国会议员组成。

上面不仅印有自己的照片，还有自己为改变这个国家所做的若干事迹。小西洋之甚至还在名片上附有自己的简历，包括兴趣爱好。

"你们的名片真像求职简历啊！"我笑着说。虽说是一句玩笑话，却也属实。在民主国家，议员们就是向无数选民求职才获得这份体面的工作的。

初次见面，我简要说了自己的旅日观感及此行的初衷。由于小西洋之一会儿还有其他事，所以先问了我一些问题："的确有一部分日本人担心来自中国和朝鲜的威胁。您觉得中国和日本的民众有打仗的愿望吗？"

"小西先生，从民众角度看我并不认为两国有谁真的希望打仗，古往今来大多数战争都是源于政治危机，是政治裹挟社会的结果。如果中日开战，想必是两国在政治层面失控，而非两国社会冲突的结果。日本和平宪法旨在剥夺政客们发动战争的权力，我想这不仅是日本的光荣，也是人类的光荣。可惜的是，我看到这种光荣正在被淹没……"

"如果我们这代人因为某种冲突再来一场战争，那么上几代人就白白牺牲了，"我接着说，"当然我不认为这样的蠢事会继续发生，毕竟那个国家至上的时代过去了。中日有很好的和解基础：长久的交往、相近的语言和文化习俗。刚才坐地铁过来，坐在我旁边的一位老人端着一张纸在写诗，纸上还标了'起、承、转、结'几个字，看得非常亲切。当然我也注意到现在的日语里有大量假名标注的外来词，和制汉语词汇有所减少。虽然有许多历史遗留问题待解，但中日社会交流从未中断，我听说现在仅早稻田大学就有几千中国留学生，日本也有很多人在学汉语。"

说到这儿，阿部知子连忙介绍说近藤昭一议员 80 年代曾在中国学习过一段汉语，并在《中日新闻》（指中部日本的新闻）做过记者，过几天他要去内蒙古参加一个会议。

"我也一直苦恼日本人到底是什么样的人，什么是这个民族的认同感，"近藤昭一开始用汉语和我交流，"我经常和中国朋友说日本人爱好和平、尊重和平宪法，但是很多日本人至今对亚洲国家有歧视，不想总被亚洲其他国家追着说要负战争责任。为什么欧洲可以和解而亚洲不能，我想主要应归咎于战后的日美关系，日本错过了最佳反省机会。"

阿部知子也认为现在的日本人是黄皮白心的"香蕉人"，他们追慕美国，看不起中国，而这主要体现在老一代日本人而非年轻人身上。

"从历史上说，美国的确帮助亚洲尽快结束了战争，"我接过话题，"但也因为紧随其后的防止共产主义东扩和冷战等原因，美国对战前的许多日本官僚加以重用，变相地保护了他们。这使得东亚不但没有完成和解，而且埋下了继续冲突的导火索。所以我总在想，中日之间的和解，应该尽可能抛开美国因素，回到两个完全独立的国家的立场上来面对历史和未来。"

出于现实考虑，阿部知子并不完全同意我的观点。她认为在促进和解方面，过去中、日、美三个国家坐在一起讨论问题的机会实在太少："二战期间，日本同样给美国人带来灾难，很多事情是美国人不能原谅的，所以当年美国给日本设计了和平宪法。如果有条件的话，我倒是希望三个国家的年轻人多一些交流和讨论，那样效果或许更好一些。今年一月我去美国交流，很多美国人也认为亚洲要和解。当然美国的国家立场是另一回事。我是日中友好协会的会员，问题是类似这样的协会现在已经青黄不接，很少有年轻人加入。"

阿部知子的意思是中日关系抛不开美国因素，此想法比较注重现实，但也让我看到日本和平宪法的根基是何其不稳。作为战败国，日本当年必须服从美国安排，并在军事上受益于美国。由此也形成了一种路径依赖：既然日本"和平建国"的前提是美国全副武装的保护，那么假如日本想在政治或军事上完全脱离美国，就必定会以自身安全为由推翻和平宪法以发展自己的军事。而这恐怕也是石桥湛山当年进退两难的原因，他赞同日本通过和平宪法，同时希望日本适度保持军力。

"当然，战后日本大大受益于美国也是显而易见的，"我说，"1945年后，美国主导的盟军的强势介入，好处是一系列的改革使日本在内政上少走了不少弯路，坏处是日本在东亚外交上埋下了诸多地雷。在内政上，日本由大日本主义走向小日本主义，经济很快发展起来。过去被压制与遗忘的石桥湛山、南原繁、丸山真男等自由主义 系也开始在观念上重塑这个国家。日本能在战后迅速转型，实则是因为明治以来的日本不只有国家主义，更有自由主义，当国家主义的石头搬走了，被压制的自由主义、个人主义自然会很快成长起来。但另一方面，在美国的庇护下，日本在外交上完全失去了政治自主性，而且为了配合美国的外交，曾经被压制的军国主义者再次被重用，而安倍政权正在将这一脉推向极端。与德国跟法西斯的完美切割相比，日本在某种程度上仍处于战后状态。"

谈到媒体对政治与社会的影响，阿部知子坦承前几年出现在中国各地的反日游行确实吓着日本人了。相关事件被日本媒体报道后，给了他们一种"恐怖"的感觉。日本人不能理解为什么中国人积聚了那么多的不满。而安倍政府和一些右翼分子也及时利用了这种不满。在此背景下，日本的亲中友好力量会受到非同寻常的挤压。

"是啊，日本有网民说我卖国，"近藤昭一为自己抱不平，"因为我主张和中国建立友好关系，要重视中国人的想法。他们说你如果重视外国人，你是哪个国家的议员！日本排外严重……"

接下来我又问了几个问题，如"NHK 为什么没有报道新宿自焚案"、"记者俱乐部制度是否限制了记者的言论自由"、"议员和记者之间是否会达成某种默契"等等。

近藤昭一回答说，他也奇怪为什么 NHK 没有报道新宿自焚事件。至于记者俱乐部的问题是有的，各大报纸之间互相竞争，时常会迎合这种制度。而且，为了不被领导批评，记者们互相帮助，但他们不是为了将稿子做深，而是为了不漏稿。如此互通有无，各大媒体登出的稿件也就难免千篇一律、平淡无奇了。

"和记者打交道，我们也没有很好的方法，有时候也会为难。记者整天守着你，你要和他们建立长久的联系，所以不能什么都不和他们说，但在没有结论之前，有些话可能有失严谨，这种平衡很难把握。我们既要学会忍耐，能不说的尽量不说，同时也要搞好和记者的关系，不希望他们写的就不要写……"

从国会出来已是傍晚，阿部知子邀我去离国会不远的一个场馆听高桥哲哉的讲座。这是以阻止解禁集体自卫权为目标的民间组织"1000 人阻止战争委员会"举行的又一次集会。由于刚才聊天耽误了些时间，我们进场时里面已经挤满了人，没有机会进现场的就在场外看电视里的"现场直播"。

高桥哲哉是东大教授，在近藤昭一上台慷慨陈词一番后，他正式开始了晚上的演讲。他措辞严厉，说安倍政府是二战以来日本最坏的政府，他们越过议会重新解释宪法第九条，解禁集体自卫权，这不仅是变相修改宪法，更是在日本发动了一场实质性的"Coup d'Etat"（政变）。

"以前不能做的，以后就可以做了，许多东西慢慢都会改变。德国当年就是这样一点点被自己摧毁的。宪法第九条是日本和平宪法的根本，没有它，整个和平宪法就失去了意义。我们不能承认这种变更，不能承认政府僭越宪法的权力。这样坏的政权，我们要把它赶走。我们要继续努力，不要放弃……"

高桥在这里批评的德国式做法，我在网上看到一则材料，据说早在一年前日本副首相兼财务大臣麻生太郎就曾公开表示："既然修改日本和平宪法会引发抗议，那不妨悄悄地修改，就像希特勒神不知鬼不觉地把魏玛宪法修改成纳粹宪法一样，我们何不效仿呢？"

日本又要学德国了，而且依旧是旧德国，历史真是反讽！

麻生的口无遮拦没少惹祸。此前他曾指责日本老人是社会的累赘，调侃老年痴呆患者，还说最理想的国家应该能吸引最富有的犹太人前来，还把在野的日本民主党比作纳粹。麻生的这番话后来遭到舆论的强烈谴责，最后不得不道歉。现在看来，这个道歉完全是个笑话。和许多国家一样，日本朝野内外并不缺极端分了。今年4月在希特勒生日那天，有右翼分子在池袋游行，他们不仅打出了旭日升天旗，还高举象征纳粹的万字旗。当然，那天的参与人数不多，只有50人。

回程的地铁上，智子和我谈到现在日本的反中、反韩情绪很高。在太久保地区，甚至经常有日本人喊口号，要韩国人滚回老家去。而对于中国，也有一些奇怪的声音，整体上感觉不是很好。在这种排斥力面前，我会不由自主地问自己：我是谁？这是一个关于身份认同的古老问题。我说我属于人类，可是人类尚未形成……

回到住处，通过微信让春晖帮我翻译了地铁老人写的诗《日常所思》。

从上往下动的是雨霰
从下往上动的是气流
从北往南动的是银潮
从南向北动的是黑潮

从左往右动，从左往右动的是风
不会上下南北左右动的是村子外的地藏菩萨

……

中国会崩溃吗？

　　田中善彦下午来东大找我。他在中国待过一些年，当过记者，后来改做生意。自从在《东洋经济周刊》上读到他的一些观点后，我便想和他聊聊他眼中的中国和日本。

　　"现在上海的开支太高了，如果我想保持和东京相同的生活水准……"刚落座，田中便和我抱怨现在生意难做，日子难过。

　　"我的公司在上海，主营丝绸、羊绒等家居用品的生产和销售。公司做了 14 年，2009 年以后，生意越来越难做。一来做的是高档商品，客户比较具体；二来 2008 年后，工资、房租和物流成本等大幅提高。现在劳动力供给也是个问题，我们招的主要是年轻人，但他们受家里的影响比较大，有点什么事就请假走了。当然真正的问题在于中国员工对企业的忠诚度不高，这和日本很不一样。我想这对中国而言也不是什么好事。换工作本无可厚非，你可以说这是灵活，然而很多人并不重视积累自己在某个行业中的能力，所以整体竞争力水平不高。"

　　田中的太太是中国人，毕业于早稻田大学。2000 年一家人离开东京，主要在中国生活。2005 年在上海买房，算是赶上了好时候，当时每平米只要 9000 元。

　　"我看了你从拆迁现象看'中国崩溃论'的观点，角度有意思。"我回想起前几天翻过的《东洋经济周刊》。

　　田中说："每个人都有自己的角度和观点。观察一个国家，我喜欢从下往上看，看老百姓的生活。虽然中国的政治有很多问题，但我注意到中国政府对国民的想法也是敏感的。他们对老百姓什么满意、什么不满意一清二楚。三十年来，老百姓的日子的确好多了，我遇到的绝大部分中国人都这样说。所以我不太相信什么'中国崩溃论'。这个说法90年代就有了，那时候我不相信，现在也不相信。"

在一定程度上我认同田中的这个说法。几年前我曾经写过一篇题为《不要活在新闻里》的文章，这两年我同样相信，研究一个国家和社会的发展，不能局限在新闻里，更不能靠几篇新闻得出任何结论。其一，大多数新闻都是小概率事件；其二，新闻背后有生意，媒体追求可读性；其三，媒体有生产意义的冲动。从这些方面说，不光是普通读者需要有好的媒介素养，研究者也需如此。他必须进入社会更深层的肌理，而不是跟着新闻事件的泡沫走。

当然，我这样说并非否认新闻的价值。所以我说："只看新闻是没法了解一个国家的。很多影响这个国家的东西，并不出现在新闻里。我自小在中国长大，见证了你说的中国社会的变化。它的确暗藏危机，有时候它朝前走，有时候又会出现猛烈的倒退。但是我不相信它会回到过去，最主要的原因是大家的观念变了。"

"我1979年开始学中文，当时相信中国在二三十年后会很开放和富裕，甚至成为世界的中心。现在看来我是对了。不过这几年我周围的朋友对中国的信心也减少了不少，感觉有点失望。对大多数人而言，赚不到钱是最大的问题，政治体制还在其次。两年前没有考虑过回东京，现在开始考虑了。"田中眼里掠过一丝惆怅。

说到中、日、美三边关系，田中认为日本一直是美国进入亚洲内陆的重要基地。

"江户末期到明治时代开始，欧美对日本和中国的态度是不一样的。美国对日本的态度似乎要好些，除了日本愿意主动学习欧美的东西，还因为他们需要以日本为基地进入中国。八国联军骑的马是从日本九州带过去的。二战后欧美国家依旧有这个想法——先帮助日本一起对抗北面的社会主义国家。二战时虽然美日打了仗，但二战之后，美国有着非常强的危机感，其主要目标是抵抗共产主义，保卫韩国、日本，防止共产主义南进。"

田中从两大阵营危机对抗的角度认为中日在战后没有立即像法德一样走向和解，是因为历史没有给中日机会。而安倍能够两次出任首相，表明"日本社会的底流有黑暗的东西"。

接下来我们将话题转向日本年轻人的生活。

"我在东大总会看到一些孩子对着玻璃跳街舞，看起来挺有活力。"我说。

"年轻时喜欢跳舞还好，说明有自己感兴趣的事情。现在的问题是年轻人有一种自闭的倾向，他们连东南亚都懒得去了。这和80年代不同，那时候我们都觉得今天和昨天不一样，明天和今天不一样，只要努力，日子会越来越好。而现在的年轻人对生活没有什么抱负，要求也不高。当然这些我也能理解，毕竟社会发展到一定阶段，大家的生活基本有了保障，而且现在去国外也没什么好兴奋的。全球化时代，地区差异越来越小。日本太成熟了，相比较而言，中国的机会的确要多很多。我有个朋友，九十年代初在日本赚了点钱，1997年回上海买了房子。当时房价每平米两千，现在三万多，十几年翻了十几倍。这种感觉和80年代的日本太像了。"

田中和我回忆起自己最早到中国时的情景："我第一次到中国，是1981年大学三年级的时候。当时早稻田大学有一个学生社团，每年暑假都会组织两周的国内徒步旅行，东京、大阪、京都、福冈……那年我和几个学中文的同学选择到中国旅行，从青岛走到济南，以前没人这样做过。当时中国比较封闭，去每个城市都要办签证，而山东正计划对外开放。我们托松村谦三[1]的儿子帮忙，他当时在东京开了家旅行社，认识山东省的旅游局局长，所以办得比较顺利。"

"原来背后还有这么曲折的故事！松村谦三当年在中日之间搞兰花外交，传为佳话。没想到他的儿子子承父业……"我说。

"是啊，我们一行九人，得到了当时青岛市长的接见，《文汇报》还做了报道。大概是九十月份吧，我在中国待了一个多月。那时候的中国，感觉一离开市区就都是农村。当地人说我们是日本败退后第一次见到的日本人。不瞒您说，我的父亲以前在中国打过仗，他的名字叫田中吉男。1944 年 9 月，我父亲在济南北面的惠民县守备队，他们的部队当时已经被国民党军队包围了。由于突围不出去，只好投降。谁知道没多久国民党和共产党又打了起来，国民党就把武器还给了我父亲，让他和共产党打。就这样又打了两年，直到 1947 年才回到日本。我父亲的这支部队投降时一人未死，后来被共产党打死了很多。历史啊，民族啊，战争啊，真没意思！"说到这儿，田中的脸色变得凝重起来。

"我父亲不是极右派，他也讨厌靖国神社。当然也不是左派。我对国家的想法有些复杂，甚至消极，应该是受了父母那一代人的影响。他们关于战争的苦难记忆太深。

"我母亲 1929 年出生，日本战败时才 16 岁，住在池袋，是女高的学生。美军空袭东京的时候，家里所有东西都被烧掉了，母亲背着她生病的父亲逃离火海。我唯一的舅舅应征入伍当了海军，战死在台湾南部。我能想象母亲接到哥哥的死讯时内心一定非常悲伤。她当然也爱日本，但为什么这个国家的领导让她的亲人去送死？

"我父亲 1925 年出生，19 岁入伍，属于最后一批被送上前线的士兵。

1　松村谦三（1883-1971），日本政治家。20 世纪五六十年代，中日之间在法律上尚未结束"战争状态"，更由于 1958 年 5 月发生了"长崎国旗事件"，中日间的交往渠道几乎全部中断。在这种严峻形势下，酷爱兰花的日本政治家松村谦三谋求以兰花为媒介，改善中日关系。

他没有死在战场上，可回国后身体一直不是太好，因为肺结核还住了几年的院。他不是职业军人，是征兵去的，没有补助，日子过得很不好。50年代我爷爷托人帮他在东京医科大学附属医院找了份工作。爷爷本来有个小公司，战后不景气，父亲也帮不上忙，因为他没上过中学，26个英文字母都认不全，那时候能读到大学的人很少。爷爷的公司后来也垮掉了……"

送走田中善彦，晚上参加了一个有关民族主义的讨论会。会上我做了简短发言。我认为今日中国所谓民族主义的提法本身是可疑的。至于大街上打人的极端民族主义，我更愿意将其部分理解为"政治穷人"的发泄，如西安反日游行中打死私家车主的乡下人。当一个人并不拥有什么"具体的东西"时，就会想象自己拥有一些"抽象的东西"。当然，我并不完全反对民族主义，我更愿意将其视为一种基于人道主义的集体主义。它不必然是狭隘的，正如个人主义不必然狭隘一样。如果从战后石桥湛山对美国的态度来看，我相信美国人也会将石桥湛山视为民族主义者，但事实上他是崇尚个体价值的自由主义者。那些为本国国民维权的人，又何尝不是以权利为本位的民族主义者？他们追求"这是我的土地，我必让它自由"，是一种自存而非自毁式的民族主义。大凡对本民族有点责任心的人，或多或少会有些民族主义倾向。前提是，它只是为了担起本民族的责任，而非消灭其他民族的自由。事实上，自古以来中国人就有着非常开放的观念。所以孔子说"有朋自远方来，不亦乐乎"，《诗经》里也有"呦呦鹿鸣，食野之苹，我有嘉宾，鼓瑟吹笙。……我有旨酒，以燕乐嘉宾之心"。只是近代以降，中国不仅失去了"天下"，更失去了自我。盲目排外的背后，是重建自我身份认同的焦虑。所以，人类需要摒弃的，不是民族主义，而是各种针对各个民族的野蛮。

来自中部大学的大泽肇谈了现代中国学校教育的政治社会史，分析了党国体制下江南地区的小学教育（1928-1958）。讲座中大泽肇对汪精卫进行了一定程度的辩护，他并不认为汪精卫在日本人手下推行的教育完全是奴化教育。他认为这种说法轻视了过去教育的连续性以及汪精卫政权在争取较大自主性方面的努力。而且，在汪精卫政权里一直存在着文化民族主义的东西。

在主讲者发放的资料中，有一份1934年2月收集到的调查表。其中一项是统计江南小学教员群体擅长的娱乐技能，在收回的570份样本中，填写"钢琴"一项的有58人。我不禁感叹，江南小学教员中会弹钢琴者的比例竟如此之高！

讲座过程中，我了解到1931年日本邦文社出了一本书，保保隆矣的《打倒日本：支那排日教材集》。我在网上读到其中有这样一段话："如果有一个人指着自己的邻居，每天都对自己年轻的子弟说，他才是强盗，恶魔，我们的仇敌，你们长大以后一定要教训他。长此以往，这个邻人肯定会被认为是最为讨厌和麻烦的人。""支那的对日情感，随着实权从老一代到年轻一代的更替，只会越来越尖锐，越来越恶化。然而日本现在却对支那人的情况连看都不看，自家酿造'日支亲善'、'共存共荣'、'同文同种'的美酒来自我陶醉。这种极具讽刺意味的对比是如何造成的？其中的根本原因就是支那当局者高声的排外教育，尤其是排日教育。"这段话的主旨是荒唐的。这就好比你要给人糖果，如果人家不接受你便要杀了人家，你怎么好意思说自己是亲善的！同样是在这本教材里，还有这样一段话："日本的老百姓，主要是中、青年一代，他们从小就受到军国主义教育的熏陶，早就认为'满、支'是他们的生命线。而现在经济恐慌，找不到工作，甚至连吃饭都为难，当然觉得政府说的'是支那人不让日本人活下去'的宣传没有错。"

按照这些人的逻辑，当年日本侵略中国，不是侵略，而是为了保家卫国。杀人者憎恶被杀者的肉身磨钝了屠刀。

下午的研讨会没有什么繁文缛节，晚饭也是讨论之余大家坐在板凳上吃个冷盒饭。我喜欢这样的简朴，思想交流就得有思想交流的风范。

国家机密与性丑闻

《朝日新闻》重点报道了女生物学家小保方晴子的丑闻。这种"让日本人脸上无光"的事情能上头版头条，让我看到《朝日新闻》对事实的足够尊重。不过这份报纸在日本的前景似乎越来越不妙了。

外面下着小雨，中午去路边的小餐馆要了份乌冬面，就在我安静地等待我的美味时，突然看到一只蟑螂在桌子上游行。我示意女店主前来镇压。不一会儿，女店主拿着条毛巾过来熟练地将这只蟑螂卷走了。

这是日本日常生活中的一幕。我待的时间不长，当我慢慢深入这里的生活，我发现日本所谓的干净并非绝对。任何一个社会都有藏污纳垢的地方，前几天我和智子去学校边上的一家面馆吃饭，面馆伙计的工作服已经脏得不成样子。

我这样说并非否定日本整体上的清洁，而是说不要过度神化一些东西。作家、记者或游客，在描述异域风情（事实）时往往难掩生产意义（也许是为了证明此行不虚）的冲动，因此文过饰非，如桑塔格所批评的摄影术一样，"掩盖多于揭露"。

我离开的时候，店内有十人在就餐，其中三人在看随身带的当天的报纸，包括《读卖新闻》、《每日新闻》和《体育报知》（スポーツほうち）。这个细节印证了野岛刚对我说的日本传统媒体虽然受到互联网冲击，但下滑速度远不如中国那么巨大。时代在变化，我已经很难想象如果是在中国的餐馆，还有几个人会看报纸。过去很少看到，将来恐怕也不会有了。如今的中国是人人一部手机。即使是我自己，每周买一份《南方周末》也是很遥远的事情了。

看到有位客人正翻阅《每日新闻》，这让我再次想起西山太吉。几天前，我在图书馆里查阅 1970 年各大报纸有关三岛由纪夫自杀的新闻时，无意中发现了两年后《每日新闻》卷入的另一桩有关新闻自由的西山事件。该事件让我对《每日新闻》和西山太吉的遭遇有了莫大的同情。正好今天不算忙，我便重回图书馆，花了大半个下午翻阅当年所有关于西山事件的报道和评论。

该案还得从 1971 年的冲绳密约说起。二战时，美军占领琉球群岛（即冲绳），维持占领状态直至 1972 年。日本一直希望美国能够返还冲绳的行政管辖权，直至 1971 年佐藤荣作内阁达成返还协议。由于冲绳境内有许多美军设施，其中一部分将在日本接管后撤去，另外大部分基地予以保留。根据美日公开的协定，返还给当地居民的土地复原费应该由美方承担。然而美日之间还有一份密约，规定这部分花费实际由日方承担。这是佐藤荣作内阁为要回冲绳向美国做出的妥协，只因脸上无光，所以没有对日本国内公布。

虽然政府的保密工作做得很好，但是没有不透风的墙。西山太吉本是《每日新闻》政治部的记者，一次偶然的机会，他从与他关系暧昧的外务省女事务官莲见喜久子那里获知了密约的核心内容，并且写成报道，但没有公布具体文件。政府的行为被曝光后，引起了冲绳居民的强烈不满，而佐藤内阁一直否认密约的存在。不过事情并没有因此结束。当时的在野党议员横路孝弘等人从西山太吉处获得了密约文件的复印件，他们违背西山的意愿，不久后在国会上对佐藤发难，将文件公布出来。意识到重要文件泄密后，佐藤内阁开始追查"真凶"，西山和莲见由此成了一双落难鸳鸯。

西山太吉的罪名是"违反国家公务员法"，政府方面的解释为"记者教唆国家公务员泄露国家机密"。然而社会舆论却站在西山和《每日新闻》一边，认为佐藤内阁是在报复新闻记者，并在"冲绳返还协定"问题上损害了公众的知情权。

不久，西山获释。但是，因为后来莲见供认西山是通过婚外情从她那里获得的密约，舆论来了个180度大转弯，原本严肃的政治讨论开始让位于花边新闻。在《新潮周刊》等媒体的攻击下，西山很快从维护公众知情权的英雄变成了性丑闻的主角。两人随后遭到起诉。1974年1月30日，一审判决结果出来：莲见被判有期徒刑六个月，缓期一年执行；西山无罪，但失去了《每日新闻》的记者职务，从此只能回老家卖菜。两年后，二审判决中，西山被判有期徒刑四个月，缓期一年执行。

同样受到沉重打击的是《每日新闻》，因为"性丑闻"，该报被民众拒买，后于1977年破产重组。西山事件像1918年的白虹贯日事件[1]一样成为日本媒体的一个转折点，其直接影响是日本的各大新闻媒体对事关国家机密的事件在处理上不得不小心翼翼。

三十年后，日本著名作家山崎丰子创作了以西山事件为蓝本的小说《命运之人》，2012年该小说被拍成同名电视剧在日本播出。

在此前后，西山事件也发生了一些转机。2000年以后，美国解密了

1　1918年1月，日本派军舰闯入海参崴，8月，日本政府发表了"出兵西伯利亚宣言"，向西伯利亚出兵七万多人。8月25日，日本新闻记者代表在大阪召开了"关西记者大会"，《大阪朝日新闻》在报道此事时，使用了"白虹贯日"一语，当局以"消息暗示革命"为由起诉该报。《大阪朝日新闻》遭受到了日本新闻史上最严厉的惩处，陷入危机。文章作者大西利夫和该报编辑兼发行人山口信雄被提起公审，后被判两个月徒刑。社长村山龙平遭暴徒袭击后引咎辞职。总编辑鸟居素川及若干骨干记者被迫退社。《东京朝日》编辑室长松山忠二郎及政治部记者多人也被迫辞职。当年12月1日，该报被迫发表了西村天囚起草的"改过宣言"，表示"我社近年之言论颇不稳健，失于片面，今后当树忠厚之风"云云。71岁的新任社长上野理一抱老病之躯赴京请罪，向首相兼法相的原放和司法次官铃木喜三郎保证"决不重犯类似过失"，从而使风波趋于平息，亦使报纸免遭被查禁之厄运。在此影响下，日本新闻界渐失自由主义锋芒。

部分外交文件，显示美日之间存在上述密约[1]。日本前外务省美洲局局长吉野文六也于 2006 年证实该密约存在。

2009 年 3 月，西山等 25 名原告向东京地方法院提起诉讼，要求日本政府公开密约文件。日本政府先前否认密约存在，民主党 2009 年上台后，成立专门委员会进行调查。调查委员会得出结论，认为存在"广义密约"，但没有明确写入书面文件。东京地方法庭一审认定存在密约，而且"这是必须高度保密、内容极为重要的文件，政府不可能不保存"。

除必须公开密约文件外，法庭还判决政府必须向每名原告支付 10 万日元的国家赔偿。转年，在东京高等法院的二审中，法院认为尽管认定国家曾持有密约文件，但外务省、大藏省对此事的调查结果显示，无法排除文件被秘密销毁的可能性，因此驳回了公开文件的请求。最后，西山等人将这个官司打到了日本最高法院，最高法院近日将会做出终审判决。

西山事件历时四十余年，至今没有画上句号。它彻底改变了西山太吉的命运，也让世人看到个体与有组织的权力博弈时的艰难。

西山太吉的遭遇让我想起家永三郎。家永三郎是日本史专家，戏剧性的是，他广为人知的不是他的历史研究，而是他为了坚持自己关于日本史的观点和政府整整打了 32 年官司。

1945 年，家永三郎受文部省嘱托，编撰历史教科书《国家历程》。1952 年独自编写高中历史教科书《新日本史》。这部教科书原稿被文部省审得面目全非，在经过大幅修改后转年才被日本高中广泛采用。此后

---

1 事实上日本政府当时与美国签订的密约并非只此一项。比如吉田敏浩在《密约——日美地位协定与驻日美军士兵犯罪》一文中揭露，早在 1953 年美日就达成密约，除重大案件外，驻日美军如果违法犯罪，日本放弃审判权。若泉敬在《欲信无他策》一书中披露，1969 年 11 月 19 日，佐藤与尼克松在白宫签署密约，承认"发生紧急事态"时，美国可向冲绳运入并储存核武器。

十年，依旧删改不断。理由是"把战争写得太阴暗"，没有突出"国民拼命支持战争的光辉形象"，"对民族爱得不够"。要求务必以不含有价值判断的"进入"替换"侵略"，务必全文删除"731 部队"相关的历史等。其后若干年间，即使是做了部分修改，家永三郎的教科书也不一定能够通过。文部省的一些说辞可谓逻辑混乱。比如 50 年代他们要求删除大量太平洋战争的内容，理由是学生们亲历了这场战争，所以可以跳过这段历史不写。而今天的学生们对于那段历史完全陌生，文部省却并不要求增加相关内容。同样，到了 80 年代，文部省要求家永三郎删除教科书中"很多日本兵在攻占南京时强奸了中国女性"时，理由是战时强奸乃普遍现象，不唯日本士兵如是。照此逻辑，历史课本上也无需有战场死伤的任何细节，因为战场上死人乃普遍现象。面对文部省的干预，家永三郎终于忍无可忍。1965 年，家永三郎状告政府"审定违反了保障学术和表现自由的宪法"，造成他巨大的精神痛苦，要求赔偿损失。1974 年，家永三郎将书稿公之于世，书名就叫作《审定不合格日本史》。家永三郎共告了三次，前两次都以败诉告终，最后一次是 1997 年。当年 8 月，日本最高法院对此案做出了终审判决，认定文部省做出的"南京大屠杀"、"731 部队"等四处审定意见违法。虽然名义上家永三郎胜诉，但是这桩历时久远的诉讼案耗费了他一生中大量的时间和精力，而日本政府始终是一副无所谓的态度。

晚上与东大林少阳教授聊天。他对一个月前来日访问的某中国学者赞美天皇的发言非常不满。"我当时批评了他，最后不欢而散。我的意思是，你反对一个'坏的东西'（批评中国政府）时，不必同时去美化另一个'坏的东西'（赞美天皇）。"

得知前几天我去现场听了高桥哲哉的讲座，林少阳立即兴奋起来。

"高桥啊，他很了不起，是日本知识界的良心。他喜欢独来独往，很少在大庭广众下发言。倒是我的老师，日本共产党的小森阳一经常组织一些全国性的运动。日本大学主要是左派的阵营，很少有人公开表示自己拥护安倍政府。

"从整体上看，现在日本政府的右翼化倾向非常明显，而社会也呈现出右翼化趋势。如今在日本很难客观公正地做中国研究，一来申请资金困难，二来市场也有问题。"

林少阳长我十岁，年轻时曾在日本待过十年，后来去香港城市大学教书，虽然拿的是高薪，但很不适应，前两年又回到东大教书。

"虽然钱少赚了很多，但东京大学还是保留了它左派的风骨，是知识分子能够待得住的地方。"这是林少阳今天让我印象最深的一句话。其实我知道，大千世界，东京大学也并非纤尘不染，这里不仅有高桥哲哉，同样有藤冈信胜[1]。

---

1 藤冈信胜（1943-），东京大学教授，主张放弃自虐史观，以淡化二战中日军的暴行而著称。

从义战到欲战

早起发现断网了，停摆了几个小时后终于恢复。

查阅有关东京大学的历史，对其校长矢内原忠雄有了更多了解。

1893 年 1 月 27 日，矢内原忠雄出生于日本爱媛县的一个医生家庭。在东京大学预备校一高（即我现在所在的东京大学教养学部）读书时，因为深受校长、基督教领袖内村鉴三的影响，他成为了一名虔诚的无教会主义的基督徒。在考入东京大学后，又受到吉野作造的民本主义以及新渡户稻造的人道主义影响。从思想脉络上看，他和石桥湛山有着相似的经历，对他们影响至深的启蒙老师（鹤崎久米一、内村鉴三、新渡户稻造和大岛正健）都曾在北海道的札幌农学校（即现在的北海道大学）接受了克拉克的自由主义。也正是这个原因，他们对当时日本兴起的国家主义、军国主义抱持一种警惕的态度。1927 年，矢内原忠雄在岩波书店出版《帝国主义下的台湾》，批评日本对台政策，该书因军部打压被禁。十年后，日军发动"卢沟桥事变"。矢内原忠雄不顾个人安危，反对日本出兵攻打中国，并在《中央公论》上发表评论——"国家的理想"，指出国家的理想是正义，是保护弱者权益不受强者侵犯。国家违背正义的时候，国民就应该批判。同时，他在个人发行的杂志《通信》上登载了他的演说词："今天，在虚伪的世道里……为了实现日本的理想，请首先把这个国家埋葬掉！"显然，他要埋掉的是大日本，他呼唤成长起来的国家，与石桥湛山的小日本不谋而合。同样，对于日本占领朝鲜，他写道："你们去朝鲜看看吧！路边的每颗石子都渴望获得自由！"因

内村鉴三

为这段"不稳言论",矢内原忠雄被迫辞去东京大学教授的职位。战后，他又回到了东京大学。1951年，作为南原繁的后任，矢内原忠雄当选东京大学校长，转年东京大学发生了"波波罗事件"[1]，矢内原忠雄和师生们一起，坚持捍卫大学自治与学术自由。

矢内原忠雄和石桥湛山的这些老师里，尤其值得一提的是内村鉴三。在甲午战争以前，内村鉴三相信日本打的是"义战"，而当日本尝到战争的甜头，整个社会开始堕落，连他撰稿的《万朝报》都公开支持日俄战争时，他意识到所谓"义战"不过是"欲战"，因此，他变成了一个绝对的和平主义者。内村鉴三认为，对战争的态度是真假知识分子的试金石。假仁假义的主战者在他眼里是一群滑稽的动物，他们"不允许奸淫，但允许流血；怜悯孤儿，但允许造成数万孤儿"。我对内村鉴三感兴趣，还因为他和我一样，是一个相信天命的人。在他看来，人各有天职，了解并履行天职，对自己和社会都是幸福的事。俗世所谓的成功不是什么了不起的大事，重要的是知道自己的天职，并为之努力。

下午，独自在教养学部里的矢内原公园走着，来了近一个月，没想到这附近竟然还有个河流般狭长的小池塘。在公园中央，有新垦之碑和

1　1951年2月20日，东大一个教室里正在举行由大学认可并批准的剧团"波波罗"的演出发布会。会场上一些学生看见了几个行动可疑的男子，经查问发现是便衣警察。于是学生们强行从便衣警察身上搜出了用于收集情报的笔记本。后来，这些学生被日本检察机关以违反《暴力行为处罚法》为由提起公诉。东京地方法院一审判决警察闯入大学违反了大学自治原则，学生有权阻止并且无罪。案子到了东京高等法院，法庭维持原判。然而，政治保守的日本最高法院最后认定学生的集会不同于学术研究活动，而是一种社会的和政治的活动，因此警察有权介入。尽管如此，法院同时着重强调宪法对大学自治与学术自由的保护。对此判决，许多日本宪法学者提出批评，认为经过大学当局认可和批准的团体在大学校园内的活动，即使不是学术活动，也应该属于大学管理者自律判断的对象，即大学自治的范围，任何警察都不应该介入。对于这个案子，笔者有些奇怪的是，为什么当时的辩论只围绕着宪法第23条的学术自由展开，而不包括第21条（"保障集会、结社、言论、出版及其他一切表现的自由，不得进行检查，不得侵犯通信秘密。"）以及第19条（"思想及良心的自由，不得侵犯。"）。

矢内原门迹，旁边是 2005 年爱尔兰总统访问东京大学时栽种的一棵树。刚找了一个椅子坐下来，林少阳就在微信上给我发来一个链接——日本防卫省要求东京大学提供协助遭拒绝。

共同社今天报道说，为查明在强度试验中发生问题的航空自卫队运输机故障原因，日本防卫省今年 5 月要求东京大学研究生院的教授提供协助，但东大方面以此命令违反了东大禁止"军事研究"的方针而予以拒绝。难怪林少阳和我感慨东京大学保留了它的风骨。这个全面禁止军事研究的方针，是 1959 年和 1967 年由东京大学最高决策机构自行设定的。东京大学自治规格之高，由此可见一斑。

晚上回到图书馆，与东大学生实谷总一郎在窗边聊法国文学。最近他总在三楼的一角写有关法国作家奈瓦尔的论文，而且能看法文原版书。看来正像林少阳说的，教养学部这边学生的语言能力的确比较强。我说，奈瓦尔说过"Je suis l'autre（我是他者）"，和兰波的"La vie est d'ailleur（生活在他处）"对照着理解，别有一番意味。

小日本主义

上午在图书馆里寻得一本梁启超的《和文汉读法》，书中部分日语字词的翻译或解释引起了我的兴趣。比如日语"火車"被译成"恶婆"，"理想"是"就现在想"。而"物心"和"世情"都被译成"色情"，"观念"是"观而想念，与思想近"。此外，"个人"译成"匹夫"（由此可见个人主义一词也是从日本进入中国的），"人格"解释为"人有自由权谓之人格，若奴隶无人格者也"，"主观的"解释为"内理应如是"，"空想"为"预想未来"，"俱乐部"为"众人集会之所"。有些完全不准确，如"共和政体"译成"民主"，而"国际法"则概括为"交涉法"，这恐怕和当年中国人的世界观有关系，大凡外国者，都是要中国人去交涉的。此外，有些词在汉语语境下难免让人笑出声来，如"卵塔场"指的是"墓地"，"姬芭蕉"则为"美人蕉"。

我问刘春晖为什么"火車"译成"恶婆"。他的解释是在日语里有个词叫"火車婆"，也称"火車"，指的就是妖婆。

中国人常说日语里有多少汉字，日语离不开汉字。其实现代汉语又何尝离得开日语，我们现在使用的许多词语就是由梁启超等人一个个从日本搬回来的。文明的交融常常会形成路径依赖，戴季陶在《日本论》里说："如果从日本史籍里面把中国的、印度的、欧美的文化统统取出来，赤裸裸地留下一个日本固有的本质，我想会和南洋土著人差不多……"同样，如果去除和制词语，现代汉语也会变得支离破碎。譬如说，中国人常挂在嘴边的"社会"和"社会主义"就是福地源一郎从英文翻译过来的。同样，自由、民权、艺术、美学、典型、象征等词来自中江兆民，权利与义务等词来自福泽谕吉，戏曲、科学等词来自中村正直[1]。

　　教养学部有一个非常大的书店，平时我总在此闲逛。今天偶然发现里面开辟了一个"现在思考这个国家"读书角。为了抵制日本出现的"厌中憎韩"情绪，一些出版商和作者联合起来，搞了这场活动。被推荐的书，大多都是对历史正本清源或者思考现实问题的，如"为什么有hate speech（仇恨言论）"等。小熊英二在其《平成史》的推荐语中说："想说别人坏话的时候，通常是自己积累了很多问题的时候。这种'厌中憎韩'的书籍现在出版得特别多，有必要重新思考日本发生了什么。"另外有两本书专门介绍了关东大地震时日本人如何虐杀朝鲜人。"一些虚假的情报杀害了很多人。在民族歧视的阴影里，一定有恶意的谣言。我想看清楚这些恶意的谣言。"平野启一郎也推荐了一本书，并坦陈自己对"厌中憎韩"这样的话题烦透了。此外，还有从佛教谋求心理和解的。因为厌中憎韩者和反厌中憎韩者都很生气，那么如何化解呢，抛开各种hate speech，到两千五百年前佛陀的教义里寻求智慧吧。除了上述图书，丸山真男的经典《日本的思想》也在推荐之列。

　　当然，这次活动同样是一桩生意，只不过是做社会进步的生意。《九月，在东京的路上》主题是关于关东大地震引发的大屠杀。出版公司负责人接受采访时谈到，他原以为这部作品第一版要卖十年，没想到很快已经重印。而其他出版社的高层也认为反"厌中憎韩"的作品可能走红。

　　晚上，在学校食堂里遇到森正稔教授。这大概是我见过的最平易近

1　中村正直（1832-1891），日本启蒙思想家，1881 年出任东京帝国大学教授，1890 年敕选为贵族院议员，被梁启超称为"维新之大儒"。

人的教授。他笑得非常腼腆，时常不自觉地挡住嘴，像动画片里小动物得意忘形地坏笑。

森正稔感慨道，日本有许多好的东西，但日本人自己习惯了，也就不觉得了。比如技术成熟，各方面安全运行。但这个社会有时候显得没有活力，而且日本不会成为亚洲的中心。说到那天晚上高桥哲哉的演讲，森正稔表示认同高桥的相关观点。另一方面，他认为安倍之所以能上台，也怪此前民主党实在是烂泥糊不上墙。但他并不认为日本大学是左派当道。"现在很多人的观点比较模糊，居中的人可能更多一些。不像几十年前，有人恨美国，有人迷恋毛泽东。"

"日本政府不太可能完全右翼化。一是自民党并非一个极端的政党，安倍政府内部也有反对派；二是社会的正常功能还在。虽然民众的抗议短期内未能奏效，长期看还是会有效果的。同样，现在的大学不会被安倍政府所左右，尽管现在教授的权力的确比以前要小一些。理事会收回了些权力，这主要是因为学校在改革。学校可能认为竞争力比民主更重要一些……"说到这儿，森教授又猛地捂着嘴笑了起来。

"您怎么看石桥湛山？"我又提了这个在我这里已变得古老的问题。

"石桥湛山是最近几年被重视起来的，他是一个被遗忘的人物。战前日本向外扩张时，他能够提出小日本主义，无疑是非常了不起的，也是勇敢的。战后的日本虽然没有明说，但走的恰恰是小日本主义，结果日本的经济发展得很好。不靠殖民地，不靠军国主义，而是靠技术，靠管理，日本富起来了。而现在，当日本又有了扩张的意图时，石桥湛山的小日本主义也因此更具有现实感。"

学者就是不一样，言简意赅。森正稔的观点正合我意。这些天，我在日本逢人就提石桥湛山，也是希望这个国家不要忘记小日本主义。大日本主义在二战时毁灭了日本自明治维新以来的成就，而战后日本正是靠着小日本主义与和平宪法重新获得了世界的尊敬。

明天要去《东洋经济新报》采访，晚上查阅了该报的历史并着重读了几则与小日本主义有关的资料。简述如下：

《东洋经济新报》创办于 1895 年。此前，该报创办者町田忠治在英国考察，认为日本也应该有类似 *The Economist*（《经济学人》）那样权威的经济类杂志。回国后便从日本银行贷款创办了这份杂志。町田忠治在创刊号上开宗明义地指出："有了健全的个人之发达，始能有健全的经济社会。"这也为《东洋经济新报》奠定了自由主义与个人主义的基调。从价值观上说，它类似于胡适对易卜生主义的推崇——若要好社会，就必须有相当数量的健全的个人。

1897 年，自由主义经济学家天野为之继任主编，为了促进甲午战争后产业资本的发展而大力主张市场经济论。在此前后，《东洋经济新报》一度坚持"在内实行立宪主义，在外实行帝国主义"的立场，支持日本派兵镇压义和团、占领朝鲜、实施"大陆政策"。

不过，这一情况并未维持多久，在植松考昭、三浦铦太郎、石桥湛山出任主编时，该报明确转向了对元老政治和帝国主义的批判。1899 年，植松考昭撰文，指出"凡是战后所倡导的虚构国家主义，均应毁灭之"。同时在《经济上的大日本主义》一文中严厉批判大日本主义者偏狭的保护贸易主义、无视国际形势和国力的浅薄扩张军备论、放荡的积极财政论之重税与依赖外债政策等。三浦铦太郎更是针锋相对。1911 年，他在《帝国主义的阴影》和《帝国主义的可怕侧面》两篇评论中直指帝国主义的弊害：其一，帝国主义贪得无厌，国民因过度军费负担疲惫不堪；其二，征服台湾已经表明，帝国主义是一种牺牲许多良民、扩张领土的利益被少数资本家掠夺的政策；其三，帝国主义倾向保守、专制与武断的政治，会破坏立宪制度的基础；其四，帝国主义是排他主义，亦是经济上的保护主义与闭锁主义。与此同时，三浦铦太郎反对日本占有满洲。他的这些观点在石桥湛山那里得到继承和发扬。

在整个大正民主时期，《东洋经济新报》积极推动普选，鼓吹个人主义和言论自由。该报相信：普选是国民的正当权利；普选是打破元老政治强有力的手段；普选会带来工人阶级的政治介入；普选的实现依靠民众的奋起；实现普选将彻底取消纳税资格制度。小日本主义正是在这一阶段得到充分的论述。

《东洋经济新报》得益于《经济学人》的启发。同样，小日本主义与英国自由党标榜的"小英国主义"（Little Englandism）可谓同气连枝，而英国保守党所肩负的则是大英国主义。当然，英国是两党轮流执政，互相调节。19世纪末期，小英国主义开始流行，其背景是英国的日不落殖民地模式日渐衰落。事实上，早在1904年，中江兆民便公开主张日本应甘于做一个小国，以做小国为日本之"国是"。他告诫日本人不要羡慕大国，而要学着做像瑞士、丹麦那样幸福的小国。同样，内村鉴三也是小日本主义者，他主张日本应以农林水产业立国，其榜样不是美国，而是丹麦、荷兰。读到这些历史，难免唏嘘。时至今日，世人仍在羡慕丹麦等北欧国家，认为他们实现了社会主义。

按照田中彰在《小国主义》（1999年，岩波书店）里的说法，大日本主义鼓吹既要防卫日本本土的"主权线"，也要保卫"利益线"，包括与日本经济利益相关的外国及其海域。但"利益线"的解释完全可以变成当权者的随心所欲，如前面提到的日本二三十年代的教科书直接认定满洲是日本的生命线。由此，大日本主义追求的是"军事立国论"，精神内核是以武力征服为前提的国家主义、军国主义和专制主义。与此相比，小日本主义追求的是"产业立国论"，其所重视的是产业主义、自由主义和个人主义。

正是继承了小日本主义这一主张，石桥湛山认为日本应该放弃满洲等一切海外殖民地，停止向外扩张。取而代之的是改善日本本国的农业，实现贸易自由化，充分发挥个人的创造力，其目的在于增进国民的福祉。

由于石桥湛山等人同时从成本上批评了日本帝国主义之不可行（比如投入到殖民地的成本高于从殖民地得到的收益），因此，他的同时代人曾批评石桥湛山等人主张的小日本主义是"算盘主义"，会让日本国民丧失"大国民的气魄"，而且"若有如此言论弥漫于我国而成为我国之立国国是的话，亡国之日亦将不远"。然而，历史却证明大日本主义将日本带上了一条绝路。而战后日本之所以迅速崛起，石桥湛山等人在几十年前埋下的小日本主义的种子功不可没。大正民主史研究专家松尾尊允也赞叹《东洋经济新报》当年对帝国主义的批判无人能出其右。

明治时期，在西乡隆盛（1828–1877）和大久保利通（1830–1878）之间，似乎也有大日本主义与小日本主义之争。明治政府内部有两派，一是以西乡隆盛为首的"征韩派"，二是以大久保利通为首的内治派。西乡隆盛着眼于当前的士族问题，想通过对外战争转移国内矛盾；大久保派则从长远考虑，希望建立英国那样的宪政体系，同时"殖产兴业"，发展资本主义——当然这并不表示他在阻止日本对外扩张，只是认为扩张的时机并未成熟。和石桥湛山的最大区别在于，大久保不是一个和平主义者。一旦时机成熟，这个假的小日本主义就会立即变成大日本主义，于是有了1874年侵略台湾、1875年侵略朝鲜的故事。因为相信暴力，明治维新三杰中的两杰最后都死于暴力。西乡隆盛在西南战争中兵败自杀，大久保利通因为得罪了西南战争中的士族阶层而被杀，两人死期只隔一年。而第三杰木户孝允（1833–1877，雅号"木户松菊"）苦于前面两杰之间的争斗，终于忧心而死。许多底层武士参与发动明治维新，又在维新中失去一切，这是他们一开始绝没有想到的。

媒体将日本拖入战争——寻访石桥湛山

抵抗仍在继续。《朝日新闻》今日发表社论《超越解禁集体自卫权这一暴行》，质问安倍政府——"战后日本花了近70年构筑起来的民主主义，能这么轻易被践踏吗？"文章指出，日本宪法第九条是出于对战争的反省而给自身军备套上的枷锁，是为了成为"不战之国"而对自己做出的誓言，也是向国际社会的宣言。即使有人认为"必须要改变"，那也绝不是多数人的意见。而面对这样庞大的壁垒，安倍政权试图攻其软肋，从旁绕行。和平主义是日本宪法的根基，一旦被一小撮政治家篡改，对日本政治来说将成为非常危险的先例。

今天的主要任务是采访《东洋经济新报》前社长浅野纯次。浅野先生对石桥湛山有非常细致的研究。此前，我曾读过他有关大日本主义和小日本主义之争的论文。

因为了解了一些《东洋经济新报》的历史以及石桥湛山的缘故，我对这次访问很有期待。虽然没有见过石桥湛山本人，但是一想到浅野先生曾经和他在一起工作，我也仿佛有了点现场感。下午三点，我如约来到《东洋经济新报》社，此时浅野纯次先生已经带着一堆书在报馆的"经济俱乐部"等我了。

一阵寒暄后，我重提前面的一些观点，如日本和平宪法的意义被低估以及石桥湛山当年应该获诺贝尔和平奖等。

"我很赞同你的说法。不过很遗憾，去世的人是没有资格拿诺贝尔奖的。但是他的思想应该为联合国教科文组织所重视。"浅野直截了当。

"我见过石桥湛山先生。我进《东洋经济新报》时他已经辞去首相一职，有时候会来经济俱乐部。尤其新年的时候，还会来讲几句话，脸上总是挂着笑容，语气也不像在其他场合那样严肃激烈。1959 年仍是日中关系的冬天，两国贸易毫无进展。石桥先生刚刚卸任，就把很多精力用在了拓展两国经济交流与合作上。这一年他去北京拜访了周恩来，还带了一个关于日中美苏和平联盟的构想。周恩来和他开玩笑说：'你来我很高兴，但现在我们这算是民间外交了，所以我也希望你们的现任首相来。'其实这也不是民间外交，石桥先生去中国，是和当时的日本首相打过招呼的。1963 年他又去了一趟中国，当时很多右翼分子骂他，说他是共产党的走狗。"

"浅野先生，石桥湛山有什么事给您特别深的印象吗？"我有些迫不及待。

"印象最深的事，我想想……他的书和文章我读后十分赞同，但生活中我们并没有什么实质性的接触。当时我只有 25 岁，他已经 80 了。和他文章里的冲击力相比，生活中的他更像是一个好爷爷。我的好友大原万平给石桥先生当过秘书，他也是编辑《石桥湛山全集》的负责人。听他说在《东洋经济新报》时大家是直呼名字的，所以大家不叫石桥湛山社长，而是直接叫'石桥桑'。这也是这份报纸从创刊开始就有的传统。我想这应该是受了札幌农学校副校长克拉克的影响吧。二战的时候，有一次大原万平陪石桥湛山去三重县的伊势神宫，石桥湛山在那里祈祷了很长时间。在回来的火车上，大原万平问石桥湛山在祈祷什么？石桥湛山说：'我在祈祷——日本快点战败吧！'他是在电车里讲这番话的，大原万平当时很担心周围有人听到。石桥湛山是一个非常大胆的人，他胸怀大志，敢作敢为，从不惧怕表达自己的主张。战时，石桥湛山在全国的经济俱乐部做了很多演讲，遗憾的是很多都没有留下来。"

浅野纯次 1962 年到《东洋经济新报》工作，做了很多年记者。接下来，我们不约而同地把话题转向了媒体审查。

　　"战前、战中，日本都有媒体审查，盟军占领期也不例外，独立之后要自由些。在日本，媒体审查和报纸的发行量也有一定关系。像《朝日新闻》、《读卖新闻》每日发行几百万、卜千万份，这么大的发行量也会让他们自我约束。一份报纸有太多读者未必是好事，为迎合读者它有可能走向民粹主义。所以我觉得一份报纸如果想保存一些真挚的东西，它就要限制自己的发行量，并在此基础上争取更多的自由，否则很难维持。客观上说，如果不是当年只有区区几千份的发行量，石桥湛山他们的文章恐怕将很难在《东洋经济新报》上发表出来。"

　　"只有几千份？"我有点不敢相信自己的耳朵。我知道它发行量不大——井上清在《日本的军国主义》里也有类似说法，但没有想到竟是这么少。我不得不承认，浅野先生说出了许多思想者的困境——当你开始有影响力的时候，可能也是你的影响力渐渐消失的时候。当有了一些影响力，有些人会因为自己把持不住而失去根本，有些人则因为树大招风受不了外力摧残而终于放弃。石桥湛山的幸运是他没有失去自己，而他的不幸也是日本的不幸。

　　"是的，只有 3000 份左右，而且只面向经济界人士。他的观点可谓远见卓识，然而在当时影响力有限。如果《东洋经济新报》有 300 万份的发行量，政府就会随时来插手干预。以当年日本右翼猖獗的氛围，群众会去报馆闹事。所以说发行量少给了他们一些自由。事实上，石桥湛山也没有在发行量上多花心思。1945 年以前的日本媒体是很不负责任的。当时的日本人可以说 99% 都支持战争，而且相信会打胜仗。正是在此风潮下，那些迎合民众的报纸发行量增幅很快。关于这些内容，昭和史专家半藤一利和保阪正康在《そして、メディアは日本を戦争に導いた》（而且，媒体将日本拖入战争）一书里做了非常深刻的剖析。在那个时代，几乎所有日本媒体都支持战争，《东洋经济新报》是个例外。"

浅野先生这番话让我想起胡适主编的《独立评论》。今天回过头看，里面有多少真知灼见啊！可是《独立评论》对那个时代的影响何其有限。

"里面有一些内容，你也许会喜欢，"说话间浅野先生送给我一本他写的《多样性》，"前面讲了，审查报纸的不只有日本政府，还有国民。你知道长野县有份叫《信浓每日新闻》的报纸，桐生悠悠在上面写了不少反对政府和军国主义的文章，最后当地老百姓和军人发起了'不买运动'。桐生悠悠在同年九月被强迫离开《信浓每日新闻》。在各种压力下，一些原本持反对意见的报纸也都慢慢地倾向军部了。"

浅野纯次谈到的桐生悠悠（1873-1941）曾做过《朝日新闻》的记者，更是一位了不起的评论家。"不买运动"的导火索是 1933 年他曾作为主笔在《信浓每日新闻》上撰写名为《嗤笑关东防空大演习》的社论，预言 10 年后日本各都市遭遇空袭的惨状，并断定日本因此输掉战争。"被投下的炸弹会引起火灾，到处失火变成哀鸿遍野的修罗地狱，呈现出的惨状与关东大震灾时一样。东京同样陷入火海，因为东京的木造房屋很多，在敌机的空袭下将遭焦土化，受害程度将和关东大地震差不多。"日本的历史真的就如桐生悠悠预言的那样准确地发生了。

离开《信浓每日新闻》后，桐生悠悠主要在名古屋主持读书会的会志《他山之石》。就是这样一份默默无闻的杂志在短短 6 年内接受过 27 次禁止发行或删除报道的命令。第一道禁令缘起于创刊第二年（1935 年）的报道《广田外相的和平保障》。内务省警保局认为这篇报道"歪曲我国对于战争的正义观，诱导人们的反战思想"。如果细数这份杂志的经历，浅野纯次所谓"发行量少可以争得更多的自由"的说法，在那个极端的年代也是可疑的。事实上，《他山之石》的订户不过区区 300 份。

1941 年 9 月 10 日，桐生悠悠因喉头癌去世。去世之前，他在《他山之石》的废刊问候辞里再次断定日本必将战败，唯一遗憾的是他预感到自己死期将至，已经等不到那一天了。在桐生悠悠葬礼举行的当天，当宪兵将当局下发的《他山之石》停刊令递给桐生的儿子时，他脱口而出父亲的一个短句——"蟋蟀は鳴きつづけたり嵐の夜"（骤雨夜渐深，蟋蟀长鸣终不息）。这句话后来被刻在桐生悠悠的墓碑上。那时候的媒体，完全成了帝国的传声筒。几个月后，太平洋战争爆发，日本媒体无不拍手称快，《报知新闻》转天发表社论《天赐良机终于到来》。而《东京朝日新闻》在晚刊社论中说："现在，已经接过了宣战的诏书，惶恐之余亦不胜感激，浑身热血沸腾，心潮澎湃。期待一亿同胞，不管是前线还是后方，每一个人都有为决死报国而献身的精神，为圣上安心，为光辉的历史谱写属于自己的壮丽篇章。"

波兰诗人斯坦尼斯洛·勒克（Stanisław Jerzy Lec）说："雪崩发生时，每一片雪花都认为自己是无辜的。"也许有人会说，二战结束后，许多日本媒体都勇于承担责任。《每日新闻》的几个高管集体辞职，表示要以最大的诚意向国民谢罪，以承担作为一家核心大报一直以来讴歌和煽动战争的责任；《朝日新闻》在 8 月 23 日公布《关于自我认罪的声明》，为自己错误地引导舆论和民意向国民道歉。而我要问的是：这些曾经为虎作伥的媒体，除了可以换取美名的一两声道歉或辞职外，又真正担负了什么战争责任？ 1937 年 12 月 20 日的《朝日新闻》刊登了南京沦陷后的照片，竟是南京居民欢迎日军到来，是刺刀之下无知小孩的满脸笑容。一支杀人无数的军队，被这份报纸美化为救苦救难的王师。

同样值得思考的是：一个国家如何能让石桥湛山、桐生悠悠、菊竹六鼓这样的清醒者伟大而且有用，而不是让他们眼睁睁看着这个国家滑向深渊？二战结束后，甲级战犯、原《朝日新闻》编辑局长绪方竹虎做过这样的反思：如果当时《朝日新闻》和《每日新闻》联手，在

"九一八"事变之前就开始思考如何抵制军部的政治干预，就有可能阻止军部将日本拖入战争。"其实军部也不是什么很了不起的东西，它只是一个赚月工资的集团。"然而他们并没有这样做，相反，不仅广告不能丢，而且要借着战争把报纸做大做强。而后起之秀《读卖新闻》也在四处煽风点火，声称"满蒙是日本的生命线，就算是运用武力，也必须保卫日本的权益"。

此时，石桥湛山在《东洋经济新报》上警告"整个国家都处在非法化中"。至于"满蒙是日本的生命线"这一国防上的主张，石桥湛山认为这与英国当年在国防上需要对岸大陆的说法一样，其实日本只需要日本海就足够了。在报纸和学者、评论家一边倒地投靠军部时，石桥湛山认为保障言论自由才是真正的爱国之道。然而他并没有将时人失去言论自由的原因完全归咎于管制，而是媒体对管制和利益的双重屈服。石桥湛山说："今日我国失去言论自由的最大原因是，我国的学者、评论家、有识之士或报纸以外的言论机关的经营者，没有人能像650年前的日莲一样，将自己相信的事物毫不隐藏地说出来，为国家尽自己最大的努力。我认为现在的人连日莲勇气的百分之一都没有。不仅这样，我看到有一些人竟然表面上迎合现在的社会舆论，说出一些根本就不是出于自己真心的言论。最近我国的非法运动面临着如果走错一步就会跌入万劫不复的深渊这一危险境地。如果说存在力挽狂澜的方法的话，那只能是言论自由的力量……"

然而，原本属于媒体光荣的时代结束了。遥想大正民主时期，《东京朝日新闻》、《东洋经济新报》、《万朝报》等报纸在护宪和推动普选方面真是功不可没。1913年1月17日，日本全国新闻记者联合大会召开，400多名代表联合发言，表示我等责在笔政者，在宪政面临危机之时，"当慨然奋起，鼓吹帝国正气，齐整步伐，为大正维新之魁，以期完成宪政、督励议院、扫荡阀族之大任"。在此压力下，内阁被迫倒阁，第一次护宪运动取得成功。

到了昭和时期，各家大报开始一门心思忙着扩大市场份额了。和人性一样，趋利避害也是媒体的天性。利者，每一次日本对外战争都给报纸发行量带来巨大的提升；害者，反对战争不仅会引来政府和军部的不满，更会惹怒发"爱国癫"的民众。此外，政府出台了《报纸法》等管制言论的法律法规，一旦发现违反禁令的文字，审查部门将禁止发行，而每一次禁止发行都将造成报社的巨大损失。政府和军部还会恐吓广告主不要刊登报纸广告，彻底断绝报社的收入来源。于是乎，像《朝日新闻》、《每日新闻》等大报纷纷选择同流合污，躲避权力伤害，大发战争财。

日本的明治宪政为何不堪一击？一则对天皇的绝对忠诚是个定时炸弹，随时可能引爆；二则那个时代民众的观念有了严重问题。鹤见俊辅曾经在《战争时期日本精神史（1931-1945）》一书中做了深刻检讨。现代日本源于明治维新，维新志士在几十年的动荡岁月中，或死于非命，或郁郁而终，新任政治领导层大多是靠日俄战争崭露头角的陆军士官，策划侵华战争的也是这一群陆军成员。在大正时期（1920年代），军国主义者透过行刺首相及国会议员控制了政府，当时的知识分子渐渐感受到政府的压力。鹤见俊辅把日本对华战争称为"十五年战争"（1931-1945），而1931年是日本的一个转折点。这一年之前，自由主义政党、左翼学生、宪政团体，甚至包括许多知识分子，一直反对军国主义，但进入战争时期，这些知识分子纷纷转向或沉默，如日本共产党前身的"东大新人会"成员纷纷支持法西斯主义。而这种转向是在政治压力与个人自愿的配合下完成的。据1942年警方统计，这些改变立场之人的动机可以分为以下几类：出于信仰的占2.21%；发现理论矛盾的占11.68%；因为被拘禁而后悔的占14.41%；因家庭因素的占26.92%；因国民自觉的占 31.90%。

　　"二战期间的日本，石桥湛山和桐生悠悠都是了不起的自由主义报人。此外还有清泽洌，他是自由主义的评论家"，浅野先生一边翻阅特别为我准备的资料一边感慨，"当时日本的许多知识分子是清醒的，但也只能在自己有限的空间里清醒。《福冈日日新闻》（现在的《西日本新闻》）把菊竹六鼓保住了，可桐生悠悠却没有被他的报纸保下来。"

　　"浅野先生如何看待西山事件？"我猛然想起了西山太吉。

　　"《每日新闻》当时是想保护西山太吉的，后来舆论发生了逆转。这和战时一样，如果社会舆论完全和报纸唱反调的话，报纸的力量是非常弱的。西山被捕后，《每日新闻》最初说要像保卫新闻自由一样保卫西山太吉。但因为涉及一场婚外恋，舆论最后跟着政府和《新潮周刊》走了。民众重视的是情绪而不是逻辑。日本报纸总是以非逻辑的方式讨论一些重要问题，这是日本不好的一面。如果当时媒体着重讨论的是冲绳密约和公众知情权，那么《每日新闻》就可以将西山保下来，社会也能进步一点点。

　　"因为《新潮周刊》等媒体揪着西山偷情一事不放，最后西山就变成了炮灰，只好离开《每日新闻》。虽然那时候《每日新闻》已经非常困难，但这件事它是有责任的。日本的媒体是不太会道歉的。错事大，道歉小。"浅野接着补充，并用食指和大拇指窝成一个很小的圈。

　　"战后日本实施小日本主义，您觉得现在会回到大日本主义吗？年轻人是否有右翼化倾向？"我问。

　　"安倍政府利用年轻人的右翼倾向是可能的。年轻人的右翼倾向比老年人强，这是事实。像东京都知事选举时，支持右翼的年轻人投票率非常高。老年人经历过战争，想保卫和平；年轻人现实压力大，种种不安可能使他们产生民族主义情绪。有些人甚至以为日本人比其他民族优秀，但在本质上说，正如我从一位学者朋友那里听到的，日本文化是凹型而非凸形。从传统来看，日本人主张顺应自然而非战胜自然。这里有地震、海啸，我们只求尽可能挨过即可。人与人之间的关系，也是以共生和不冲突为原则。江户时代一直是这样的，遗憾的是明治以后走上了富国强兵这条错误的道路。1945年后才重新回到江户时代的这个传统。然而，安倍的做法又是一次大的转折，正在背离这一传统。我认同你的观点，战后日本走的是小日本主义道路。几十年来我们发展的是经济和技术，而不再谋求领土扩张。伊斯兰国家不考虑在日本搞恐怖袭击，与日本的和平主义有关系。"

"石桥湛山很喜欢克拉克的'Boys，be ambitious'（男儿要心怀大志）。和平宪法那么好，为什么日本人不多花些精力将它推向全世界呢？"我知道这个问题有多天真。

"那些持反对意见的人，说这种想法太理想主义了，和现实太不符了。日本人不会喜欢这种理想主义，但如果没有理想，这世界也就玩完了。石桥湛山就是朝着自己的理想，一点点做事情。尽管演讲场面不大，报纸读者不多，但他总是会坚持说出心中的理想。战争结束后，他的理想还是实现了。而他能够作为政治家脱颖而出，甚至当选首相，和他在战前的积累有关。"

"我注意到，石桥湛山的思想里有一种奇妙的平衡。而这些平衡的出发点，都是为了人本身。他不是没有民族主义的东西，但在日本对外扩张的时候，他反对帝国主义，所以那时候他希望日本战败，把这个大日本主义的国家埋葬掉。而当美国占领日本本土时，他又希望日本有更多的自主权。同样，战前他在其他日本人高呼胜利的时候，充满悲观；反而是在日本战败、别人悲观的时候，他又充满了乐观。"我补充道。

"石桥湛山身上同时有民族主义、自由主义和国际和平主义的东西。问题是，为什么同时代那么多精英，很少有人像他那样目光明亮。我想，

浅野纯次先生与本书作者

这和他总能站在对方的角度思考问题有关。他会想你这样做了，对方会怎么办。当时很多精英和老百姓一样，觉得打了胜仗，领土变大了很高兴，但是并不去想随之而来的后果。"

"是啊，我想起鹤见俊辅，"我说，"鹤见俊辅年轻的时候被家里人送到美国读书，知道日本必然被打败，因为日本进行的是非正义的战争，所以当他在战争期间回到日本时，他说自己是回到了'敌人的国家'，而自己是'美英鬼畜'。战争结束后，美国占领了日本，他又觉得美国是日本的敌人。战前他是自由主义者和国际和平主义者，战后也有点民族主义的东西。这也算是价值观上的一种平衡吧。"

最后，我和浅野先生谈到新宿自焚案为什么少有报道的问题。浅野给出了自己的解释：日本媒体对于这种自焚事件不太会有很强烈的反应，因为表达抗议不必用这种牺牲方式。"可能大家都觉得没有必要这么做，所以不愿报道。"

今日会谈受益良多。本来石桥湛三的孙子石桥省三也想过来和我聊聊。他是相扑评论员，不巧这两天有事排不开。临别时浅野先生带我参观了石桥湛山曾经做演讲的经济俱乐部，并赠我几本《自由思想》杂志，这是石桥湛山财团的机关刊物。

访问结束后本想和春晖一起去樱美林大学听有关中日关系的讲座，但因实在太累，兴尽而返。回东大食堂吃饭，正好遇到林少阳，他仍对前几天有中国访客赞美天皇之事耿耿于怀。我和他聊起媒体的战争责任，并说到日本各大媒体的现状。而在我的内心，总有一种奇异的感觉挥之不去。我记得十年前我在巴黎《世界报》大楼前不舍离去的情景。在大楼正面的幕墙上，不断地重复着雨果的名言——"Sans la presse, nuit profonde"（没有新闻出版，万古如长夜）。然而20世纪的媒体，却把世界带进了人类历史上最黑的暗夜。

"《产经新闻》就不提了，你觉得《朝日新闻》怎么样？"我问。

"我不喜欢！名义上是左派报纸，其实现在都有些中间偏右了。日本的媒体在堕落。"随后，林少阳向我推荐了《东京新闻》。

很巧的是，晚上智子给我发来《东京新闻》关于新宿自焚案的分析，解释为什么媒体在报道该案时有温度差。标题为"自杀未遂男子，反对集体自卫权"、"我爱有和平的日本"、"NHK 没有相关报道，网上赞否两论"。据说这位自杀者不属于任何团体，只是一个人住在公寓里，平时也很少说话。网上有很多人说他勇敢，但是不理解他为什么这么做。而一位叫田岛泰彦的大学教授说，媒体应该深究为什么一个人连宝贵的生命都不要，却一定要反对集体自卫权，这才是最重要的。

日本的三条道路——中江兆民的预言

早上看了世界杯期间唯一一场球，索然无味。德国队 7 比 1 大胜东道主巴西队。

整理昨天的访问，桐生悠悠的遭遇和预言让我想起了董时进。两人都预言了时代的危机，却都被时代所忽略。一个只是尽着思考本分的知识分子，却被其所处的时代逼成先知，固然是那个时代的悲哀。

按昨日林少阳的推荐，在图书馆里翻了一下午的《东京新闻》，这份报纸没有让我失望。里面不仅有许多对安倍政府的批评，而且不乏对实质性问题的探讨。对于我这个异乡人而言，尤其值得一记的是刊登在 7 月 1 日的两整版议员年收入公示[1]。比如我前几天在国会见过的议员阿部知子年收入为 2451 万日元，近藤昭一 1440 万日元，小西洋之 1451 万日元。至于其他议员的收入，石原慎太郎 1368 万日元，菅直人 1997 万日元，等等。由于这是一份补充名单，因此没有看到安倍晋三的名字。根据此前的新闻报道，6 月 30 日日本参众两院公布了国会议员 2013 年的收入。其中位列第一的是鸠山由纪夫的弟弟鸠山邦夫，其年收入约为

1　日本的官员财产申报制度可以追溯到 1983 年。日本政治人物资产公开制度最早源于大阪的堺市。1983 年该市一名议员被控腐败却拒绝辞职，愤怒的市民立即发起了一场"市政净化"运动，推动该市议会通过了一部地方法律———"政治伦理条例"。这部以公务人员资产公开及问责制度为核心的地方法律，成为日本战后首部"政治伦理"法。同年，包括首相在内的日本内阁大臣首次公开财产，此后，这一制度逐渐扩及大臣的配偶和子女。

29 亿日元，而首相安倍晋三的年收入为 3377 万日元。鸠山邦夫的收入之所以较上一年翻了 10 倍，是因为他继承了母亲在普利司通公司的股票和分红。相关报告还显示了各位议员的副业收入状况，其中，前首相菅直人通过发表与"脱核电"有关的演讲等创收 557 万日元，民主党的松原仁议员靠撰写与近现代史观有关的论文获得 300 万日元奖金。一切一目了然。

傍晚，刘春晖过来帮我理发。为了省钱，他买了一个自动理发机，这下也给我派上了用场。

我们聊了康德在《论永久和平》里的观点——两个民主国家之间不会发生战争。我说我对民主国家之间不会发生战争这个说法在一定程度上持怀疑态度。我相信的是，如果两个国家都保障私有制，而且在国家权力相对弱化的情况下，战争的可能性会大大降低。关于这一点，我在《国界与自由》一文谈到瑞士那个村庄时已有说明。另一方面，我们很难推断民主国家什么时候会发动战争，但可以预测它什么时候结束战争。民主是一种刹车机制，当战争将国家拖入巨大的危险，而民众不愿支付更多成本时，民主就会让战争停下来。而这也是民主国家与专制国家关于战争的最大区别。简单说，在民主国家，生命是自己的；在专制国家，生命是国家的。

晚上在图书馆整理有关中江兆民的资料。读到松永昌三著《中江兆民の思想》，真是感慨万千。几年前，我在书里讲的"国家是一个工具"，中江兆民早在一百年前已经讲了。回别馆后重新找出他 1887 年出版的《三醉人经纶问答》，别有一番体会。

《三醉人经纶问答》虚构了洋学绅士、豪杰君、南海先生三个各具不同思想倾向的人物。洋学绅士代表西方民主思想，他高举民主共和、世界联邦的理想。在外交方面，洋学绅士坚持一种无条件的和平主义和不抵抗主义。他认为日本与列强抗衡是以卵击石，所以不如采用"磊磊落落、胸中无半点尘污"的民主制。如果能够"化舰为船，变卒为民"，"以自由为军队，为舰队，以平等为堡塞，以友爱为剑炮"，将可天下无敌。万一日本被列强占领，还可以"笑而守仁"，"宁人杀我，我勿杀人"。实在忍耐不了就去国外，"世界万国，皆我宅地"。

洋学绅士的这个设想本质上就是要让日本成为彻底废除军备、放弃战争、永久中立的和平国家。在他看来，"在人民自己当家做主没有其他主人时，国名只不过是地球某部分的名称而已"，如果"我与他人没有区域的界限，就不会发生敌对的意识"。洋学绅士还引用了康德"两个民主国家之间不会发生战争"的观点。因为民主意味着人民的身体不复为君主所有。既然命是属于自己的，就没有人会不珍惜。

当洋学绅士高蹈理想的时候，豪杰君早已经按捺不住："如果有凶暴的国家，乘我们撤除军备之机，遣兵来袭，我将如何对待呢？"

洋学绅士说："据我所知，绝无如此凶暴的国家。如万一有之，那我们只有各自为计。但是，我所希望的是，我们不持一件兵器，不带一粒子弹，从容地说：'我们对你们没有做过失礼的事情，幸而我们也没有受谴责的理由。我们国内实施共和制，没有争执。我们不愿你们干扰我们的国事。你们赶快回去吧！'若他们仍不听，荷枪实弹对准我们时，我们便大声疾呼：'你们为何如此无礼无义！'于是饮弹而亡，别无良策。"

豪杰君身着和服，他认为战争乃不可避免之事，在列强面前空谈理想更无实际效用。最好的办法是像福泽谕吉主张的那样"杀邻人之鳅，养日本之鹤"，瓜分邻国。如果能够"割取彼邦之半或三分之一作为我邦"，日本就可以和欧美列强平起平坐了。

而南海先生持中间立场，认为洋学绅士理想高远却难实现，豪杰君则属于专制时代之事。他希望实行介乎二者之间的君主立宪制，代表着注重渐进改良的现实主义。

三位时人的仓促对话，反映了中江兆民对于自己所处时代的焦虑。他看到了洋学绅士的理想主义虽可贵，却可能在现实中不堪一击。他相信人类进化过程绝不是按几何学所规定的直线前进，要达到他所期望的美好社会，至少还要几百年。同样，他明知道豪杰君的扩张主义（大日本主义）最终会让日本惹祸上身，却又无力阻止，因为那些论调太有蛊惑力。至于南海先生的折中主义，同样让他若有所失，于是在书中安排南海先生终日借酒浇愁。

历史似乎跟中江兆民开了个玩笑。日本没有单选任何一种方式，而是将上述道路都走了一遍。所谓军国主义时期，完全遵照豪杰君的做法，对外扩张。战败后的日本则着手建设民主国家，颁布和平宪法，放弃战争。至于今日之日本，则试图成为正常国家，发展军备，虽不完全如南海先生所想，却似乎也是一种折中吧。当然，也可以说这种折中从战后便已经开始了。

中江兆民曾借南海先生之口表达了他的小日本主义：

> 如像中国，无论从其风俗习惯来说，抑或从其文物风格及其地势来说，作为亚洲小国的我国，应与之友好，巩固国交，绝不可以怨相嫁。到了我国特产日益增加、货物丰富的时候，中国地大物博，人口众多，实在是我们的一大市场，是取之不尽的利益源泉。不考虑这一点，而按一时发扬国威的念头，以一言不合为借口挑起争端，我看是最坏的下策。

国家的品格

旅日 30 天，接到国内若干电话要求我帮忙。表姐说孩子要上中学补习班，妹夫说他姐夫养猪被骗了，姑父说他骑摩托车被车撞伤了腿……此前，中国有政协委员在"两会"上呼吁中国人不要求人。这可能吗？

今天去基金会听一个关于茶道和家元制度（いえもと，iemoto）的讲座，主讲人是伦敦大学的学者 Kristin。虽说是基金会的 Lunch seminar（午餐研讨会），但通知上要求与会者自带干粮。Kristin 主要从符号学的角度分析了日本人如何借助茶道寻回民族认同。她讲完后，现场讨论挺热烈，而我真正感兴趣的是家元制度本身。在日本，家元制度不仅面向传统技艺的传承，还是一套支撑社会的纵向意义系统。它所孕育出来的鲜明的等级观念，培养了日本国民对国家、政府的忠诚意识，以及在各种机构及社团中对组织或上级的从属意识和效忠精神。正是这种封闭与忠诚，使日本的传统手艺能够保存完好。中国当然也有类似的师带徒制度，但中国的师父常常苦恼于教会徒弟，饿死自己。

散会后在国际交流中心读新堀通也的《知日家の诞生》。书中提到"反日家"，如蹈海而死的陈天华。依我之见，哈日、反日都不如知日。

临走时借了藤原正彦的畅销书《国家の品格》。藤原正彦谈到媒体是第一种权力，颇值回味。有分析认为这本小书之所以能够卖掉几百万册，和贯穿全书的悲情意识及强调"品格"二字有关。在日文中，"品格"

一词包含了"正义感"、"责任感"、"伦理观"、"勇气"、"诚实"、"忍耐"、"节制"等意义。在经济低迷、大众迷惘的时代，日本读者对于国家前途怀有深刻忧虑。而藤原正彦对"西欧逻辑"和西方价值的反叛，也在一定程度上迎合了日本国民。藤原正彦认为，世界并不都是跟着逻辑走的。比如"不能杀人"就不是一个逻辑问题。此外，市场化破坏了日本的传统，自由竞争破坏了组织文化。甚至，在藤原正彦眼里，民主也是可疑的。他举例说一战前君主其实并不希望打仗，想打仗的是鸡血嗷嗷的国民。

我虽然不完全赞同作者的观点，但他讨论的这些问题的确值得思考。

晚上要和高井洁司教授会面，便早早到了涩谷。左脚底疼痛难忍，到涩谷时已经快走不动道了。脱下袜子，才发现昨天理发时有根发茬扎进了脚底的肉里。还好，拔出后立即不疼了。

大约六点来钟，我和高井在附近的居酒屋里坐了下来。今晚我们的话题主要有两个：一是媒体让这个世界变得更安全了吗；二是中日关系的走向。

针对前一个问题，我们首先讨论了《每日新闻》、《朝日新闻》和《读卖新闻》在二战时的表现，分析了它们如何因为趋利避害让日本国民纷纷当了炮灰。如果没有这些媒体的颠倒是非，是否会形成弥漫全国的极端民族主义氛围？政府操纵媒体固然是一个原因，受众的媒介素养低下也是关键。

至于中日关系的走向，在两国流行的书籍与媒体报道中都有所体现。中国书店里有许多炫耀"中国经验"的书籍，而日本书店的中国书架上则充斥着"中国威胁论"、"中国崩溃论"。高井将几十年来日本媒体的中国报道分成三个框架，从中日建交到80年代末一直是"友好框架"，其后是"普世价值框架"，而现在是"实事求是框架"。这个分析在一定程度上是成立的。据说80年代以前日本媒体很少报道中国的负面新闻。1989年后，中国是日本媒体的批评对象。而转入"实事求是框架"之后，日本媒体对中国的报道变得非常暧昧和复杂。一方面，它们不能无视中国的崛起；另一方面，为了保持制度或文化上的优越感，它们热衷寻找中国的幽暗面。这方面恐怕是道义上的快感和心理上的安慰兼而有之。

根据我在日本内阁府网站上查到的世论调查（内阁府每年公布一次），1980年，日本对中国感到亲近的人数达到了78.6%。而到了2013年，亲近感降到18.1%。下面这张图所呈现的曲线，很像是几年前从6124点跌到一千多点的中国股票走势图。据我了解，中国对日本的态度曲线也是如此。

对中国的亲近感调查

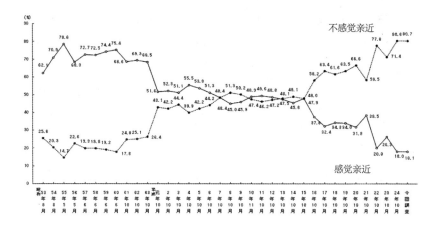

离开《读卖新闻》后，高井曾在北海道大学做过几年教授，我便和他聊起了北海道大学。我说："有个说法，从明治维新到二战结束，日本的走向可以缩略为两个大学之间的争执。东京帝国大学培养国家主义者，而北海道大学培养自由主义者。前者如加藤弘之[1]，后者如克拉克。当国家主义者占上风时，日本对外扩张。但战后日本还是回到了克拉克—内村鉴三—石桥湛山的自由主义一系。"

高井说："我知道你对北海道大学感兴趣，我正想邀请你去那里参加九月份的中日媒体研讨会。说来也奇怪，为什么克拉克当年只在札幌农学校待了几个月，却对当地有那么大的影响？"我说其实理由也简单，因为他影响了有影响力的人——从内村鉴三、新渡户稻造、大岛正雄到石桥湛山等。"如果日本没有这一脉络作铺垫，战后日本的和平宪法就会变成美国强加的意志而不会在日本生根发芽。当然，这里面也有遗憾，比如新渡户稻造赞美的'武士道'，在二战中被军国主义分子利用，堕落为军国主义的杀人工具。"

由于风暴即将来临，而且高井教授回家还要赶很远的路，我们只聊了一个多小时就匆匆散了。高井带了几本他写的书，并送给我一份须贝智郎为他庆生而刻的CD。考虑到暴雨将至，高井教授还特意多带了一把伞，留给了我。

来日本已经一个月，心中的许多疑惑渐渐打开。对我而言，选择和解与其说是选择一种价值观，不如说是选择一种生活方式。

趁着还有些时间，又回到图书馆。看到前些日子一起去山形县的Q先生在接受《朝日新闻》专访时说，中国将在15年内实现普选。我读完一笑。学者不是算命先生。

1　加藤弘之（1836-1916），日本政治学家，历任东京帝国大学校长、帝国学士院院长。加藤主张国家主义、天皇专制主义、社会达尔文主义并制造对外侵略理论。他把进化论思想应用于国家、社会，提倡社会有机体说，主张个人之间相互竞争，但对于国家则必须牺牲个人利益为之服务。

八木谷的故事——秋叶原叙往（一）

约好中午与外务省蒙古中国课课长植野笃志共进午餐。不巧我看错时间，耽误了一小时。由于下午我们都另有安排，只好取消会面。能否再约，且看各自的时间了。

去秋叶原与可越见面。整个下午，我都沉浸在她的故事里。

和可越第一次见面是几年前我来东京访问的时候。当时她到高田马场我下榻的酒店来看我，并赠给我一本关于她外祖父司马桑敦的书。今天她又带了两本司马的书——《中日关系二十五年》和《行脚人生》，以及周励、藤田梨那合著的《回望故土——寻找和解读司马桑敦》。

"1948年，我妈妈（周励）只有6岁，外公离开大陆去了台湾，没多久作为《联合报》记者派驻日本。1977年从《联合报》退休后，他定居美国。直到1981年，妈妈才收到外公寄自美国的第一封信，还没来得及回信，外公便过世了。妈妈给外公回信时里面夹了她们几姊妹的照片，但他永远看不到。这是我母亲一生中最遗憾也最痛苦的事情。当年政治高压，她不敢联系外公。后来开放了，她来日本寻找外公生前的遗迹，又没赶上回国看外婆最后一眼。

"我外公一辈子非常坎坷。'九一八'事变时他只有13岁，听妈妈说外公喜欢读书看报和打螳螂拳，随时准备为国效力，因为坚持抗日还坐过满洲政府的牢。他曾经参加华北的游击队，并被派到山东。当时康生正在山东搞肃清运动，死了不少人，对东北去的人尤其有戒心。我外公在那里活得非常苦闷，据说偶尔哼哼周璇的歌，也被认为是用黄色小调腐蚀革命队伍。最后实在受不了，他就想办法回哈尔滨了。中国革命实在是太复杂了，他理解不了，那年他22岁。后来他发现，中国的很多悲剧，都在于政治压倒了人性。"

可越本科就读于吉林大学，因为外公曾经在日本待了很多年，所以她也决定来日本留学，现在在东京开了家媒体公司。对于我批评的中日媒体与受众关系问题，她的理解是："的确，如果没有好的媒介素养，媒体在呈现事实时，可能会极端化一些事情。万分之一的人有过激行为，如果媒体集中报道，这万分之一就有可能被理解为全部。日本也有学者在反思这个问题，关键是许多媒体没有把自己当公器，他们眼里更多是商业。"

"是啊，报道负面新闻本是媒体的责任，但作为读者、观众，对于媒体所呈现的事实也不必夸大其词。比如说中国某些城市出现了反日游行，并不代表绝大多数中国人对日本不友好。事实上，每年来日本旅行的人远比在中国参与反日游行的人多。"我说。

"我觉得从媒介素养方面看，中国可能比日本要好一些。为什么呢？"可越开始自问自答，"因为中国社会充满了不信任感，大家对报纸、电视上的很多内容是怀疑的。而日本不一样，他们对自己选择的媒体有很高的忠诚度，人家说什么他们就信什么。说得极端点，中国是基本不信，而日本是基本全信。但你知道，媒体有把关人，有自己追求的经济利益。"

这个观点很有趣。我想起几年前在京都遇到的另一位中国读者。虽然她在京都读书、工作了很多年，但是每次看到太阳旗的时候，总会有些不适，心里会暗骂一声"日本鬼子"。她和我说："其实我也知道现在的太阳旗和当年入侵中国的太阳旗不是一个意思。但因为以前在抗日剧里总看到，所以形成了这种恶劣的印象。"

"我也有这种感觉，"可越猛地笑了起来，"你知道吗，我孩子在幼儿园，保育员怕太阳把孩子的脖背晒伤，特意在帽子后面缝条毛巾。我看到了就有些不自在，心想这不就是以前在电影里看到的日本鬼子吗！"

说到孩子，可越有很多话要说："日本虽然是格差社会，但整体来说是比较平等的，保姆的收入还算不错。这个社会仍然像是'村社会'，大家都讲诚信，否则在社会上就没法待了。"

"日本人口过亿，却能保持熟人社会的特征，与道德自律有很大关系。我注意到中国人喜欢交朋结友，微博、微信上都会加很多人。日本年轻人也用社交软件，但关系好像只是维持在几个熟人之间。有人甚至说日本年轻人只与五公里以内的人交流。当然这也可能和日本人的'不给别人添麻烦'有关。中国人讲四海之内皆兄弟，说不定哪天就会麻烦上人家。"我说。

可越接着说："说到'不给别人添麻烦'，日本人在这方面真的做得很好。中日之间有很多事情对比起来非常有意思。日本是小而精，中国是大而粗。当然中国有中国的厚重，二战后日本的残留孤儿能在中国活下来，就表明中国人的悲悯宏大。中国知识分子追求天命，有大的情怀，总希望能够影响几世人。日本要的是物哀，停留于审美。日本不创造，但可以将加工做到极致。相较而言，中国文化更包容和厚重，会反噬外来文化，所以石川好说日本幸亏没有征服中国，否则就没有日本了。"

我们坐在秋叶原附近的一家餐馆里，拉拉杂杂地聊了一下午，从西原春夫[1]的和平理想，聊到日本老人的精神状态。

"前几天我遇到一位日本老人，九十岁了还自己坐地铁从郊外到早稻田大学来上课。"我想起了幅馆卓哉。

"这没什么啊，现在日本八十多岁的都算年轻人呢！"可越接过话题，

1　西原春夫（1928-），日本刑法学家、教育家、社会活动家，曾任早稻田大学校长。

立即兴奋起来，"我和你说说我原来的房东八木谷妙子老人吧，她活到了100岁，去年过世了。过世前，她和我说：'要是再年轻20岁就好了，可以做很多的事情。'八木谷老人一生往返日中三四十次，死后葬在了中国。"

可越开始滔滔不绝：

"八木谷最早是小学老师，1938年被派到北京的日本小学教书。在北京的两年，她亲眼见识了日本对中国的侵略。1974年退休后，八木谷老人为留学生们成立了'21世纪留学生服务中心'，同时将自己的家改造为'国际大家之家'，以极便宜的价值租给留学生。

"八木谷的家位于东京都杉并区阿佐谷。那是一个花草茂盛的大院儿，院子中间有一个金鱼池塘，养了二十几条可爱的金鱼，院子里有三栋独立的二层楼房，八木谷老人住一栋，她的养女茅原玛丽住一栋，还有一栋用来出租。我是1996年通过朋友介绍搬到那儿去的，当时还只是个穷学生，一住就是两年。

"老太太和其他日本人不一样，说话非常直接，最初我都有点怕她。比如当我像日本人一样说'今天天气好像不太好'的时候，老太太回了一句——'好就是好，不好就是不好，没什么好像不太好的！'日本人平常不爱管闲事，但她不一样，所以最初我总躲着她。八木谷老人非常爱读书，家里有好多书，她读书时会认真做笔记，写读后感。

"这是一个非常有韧性的老人。2010年3月我邀请八木谷老人参加我的婚礼，那时她已经96岁了。没想到的是，为了参加婚礼并致辞，她每天都在练习走路和发声。她在婚礼上做了简短而精彩的发言，还坚持坐了4个多小时直到婚礼结束。我们之后去她家里感谢她时，老人拉着我的手说：'结婚是人生重要的好事。我要把最多的祝福送给你们。婚姻，要去爱，要相信对方。一定要互相信任！要信任！'老人不断重复着'信任'二字。其实她一辈子没结婚，她年轻时的恋人是诗人及川均，她一辈子都在怀念他。

"老太太经常和我讲一些过去的事情。比如1923年的关东大地震。当时她只有十来岁，曾在邻村亲眼看到一位年轻的朝鲜人被日本人绑住杀死了。所以，当日本政府对关东大地震中6000朝鲜人被杀含糊其词时，八木谷老人会作为'我亲眼目击了虐杀朝鲜人'的证人，详细讲述当年看到的情景。1996年，她还在那位朝鲜年轻人遇害的地方挖了些泥土，在一个韩国留学生的帮助下，亲手把那个朝鲜青年的'骨灰'送回了他的家乡。

"她活得很超脱，前年生病时，我去医院看她，问她怕死吗。她说不怕，花草树木都有生命，枯了会再长出新芽，人也一样，一个生命消失了，新的生命会出来。我又问她相不相信有灵魂。她说她理解的灵魂是，如果她今天说的话，我记住了，那么她的灵魂就进到我的生命里了。"

说完八木谷老人，我们又聊起了日本的政客。随手翻开可越带来的司马桑敦的书，在《中日关系二十五年》里有一篇《中日外交上的道义和技术》：

> 你们日本人不应忘记一件事，自从甲午战争以来，中国人由日本人受的那股冤枉气，一直是未得到发泄的。"以德报怨"这个政策是在中国尚未行宪时搬出来的，它若真诉诸民意，恐怕日本不容易那样占了便宜的，要知，由"九一八"到密苏里签降，中国牺牲了千万的性命，丧失了数不尽的财产，到后来落得了既往不咎，日本人只能认为这是奇迹，不要认为是侥幸……日本人心中根本没有中国人那份道义的分量。当然，像《东京新闻》那种关心自由中国的报纸，也曾著文攻击政府对中国未尽道义，但在舆论的全般情形来看，这只是浮面的一种表现而已。因此，我可以指出：假若我们

过去曾经靠某种人格道德支持外交的话，那无疑已经是错误了，今后若仍要靠这种人格道德的话，则更将是错误了。

可越不无失望地说，她爷爷的这段文字对于今天的日本，真是再合适不过。

"几年前日本航空自卫队幕僚长田母神俊雄的论文在日本地产商Apa组织的所谓'真正的近代史观'有奖征文活动中获最高奖。而这篇论文的核心观点是'日本没有侵略中国，七七事变是国民党挑衅发起，日本是被迫卷入战争的；日本应行使集体自卫权，并重整军备'等。"可越提到的这次征文风波，我在国内曾经注意到。不过那时候日本政府的反应还不算糟糕。事发当日，日本防卫大臣就下令撤换了田母神俊雄，在野党对此事也是不依不饶。如果这事发生在六年后的今天，不知道会是怎样一个结果。

司马桑敦在书里难掩心中的伤痛——

1945年，日军向盟军无条件投降，结束二战。按理中国可以清算自甲午战争以来的中日关系。不幸的是，实际上并非如此。日本投降后的五年之间，占领并处理对日关系的主角是美国，作为远东战场上重要当事国的中国因为忙于应付国内战乱，只扮演了一个配角。中国受日本帝国主义的侵辱达半个世纪之久，中国人民蒙害至深、牺牲最大，而战后当处理日本问题的时候，中国竟然未能站在舞台的正面，说来，真应算是一个历史的悲剧。

书中提到蒋介石的"以德报怨"说最早可以追溯到他在1945年8月15日发表的《抗战胜利告全国军民及世界人士书》：

我中国同胞们必知"不念旧恶"及"与人为善"为我民族传统至高至贵的德性。我们一贯声言，只认日本黩武的军阀为敌，不以日本的人民为敌。今天敌军已被我们盟邦打倒了，我们当然要严密责成他忠实执行所有的投降条款，但是我们并不要报复，更不可对敌国无辜人民加以污辱，我们只有对他们为他的纳粹军阀所愚弄所驱迫而表示怜悯，使他们能自拔于错误与罪恶。要知道如果以暴行答复敌人从前的暴行，以奴辱来答复他们从前错误的优越感，则冤冤相报，永无终止，决不是我们仁义之师的目的。

按日本前首相岸信介的说法，蒋介石的"以德报怨"包括四大内容：让200多万日本军民平安返回日本；阻止列强像瓜分德国一般瓜分日本；帮助日本保留天皇制度；放弃战争赔偿请求权。蒋介石因此博得了一些美名，有些在遣返中得到优待的日本军民回到日本后甚至为他建庙立碑以示纪念……

转眼间三个小时过去了，可越起身告辞，她还要回家带孩子。临走时她向我推荐了郭沫若的外孙女藤田梨那。藤田梨那现在在国史馆大学做研究。

时间还早，我独自在 Yodobashi（友都八喜）闲逛，时而想着给相机配个长镜头。据可越说这个电器商城的三楼差不多是给中国游客开的，那里不光有大量的中国游客，还有不少会说中文的店员。

晚上回寓所，在东大地铁站附近看到有个穿夹克的中年人站在一辆装满水果的皮卡旁边。他勾起了我的好奇心，上前一问才知道是来自山梨县的果农，最近每周四、周五晚上他都会到这里来摆摊。考虑到石桥湛山也是山梨县人，我便继续用英文问他对这位做过短命首相的老乡有什么看法。

"我对石桥湛山了解不多，但知道他反对战争，是个好人，也是个伟人……"果农用磕磕巴巴的英文回答我。

本来我还想问他卖水果时是否遇到过城管，但很快意识到问这种问题有点挑衅我的祖国的意思，遂作罢。

谁在误判民意？

　　早起，收到老家一位在上海做生意的朋友发来的微信："培云兄在东京还好吗？没什么事吧？千万要保护好自己，少出去啊！"

　　我正纳闷呢，接着他转给我一篇文章，大意是"日本已磨刀霍霍，中国却严重误判日本民意"。文章还配了几幅图，一些右翼分子打着"中日友谊完全幻想"、"支那，中国猪，不得入"的旗子。这位朋友的惊恐让我想起一个月前在成田机场遇到的华裔青年。如果他对日本的了解只是来自电视剧里"小日本，我日你祖宗"以及上述"磨刀霍霍"的文章与图片，那么，心有惊恐自在情理之中。然而，正如我前面说的，影像和新闻都只是对现实的断章取义，它只反映了部分现实，并不等于现实本身。

　　几年前我刚离开法国不久，巴黎发生了骚乱。我在 MSN 上问巴黎同学情况是否严重。同学说："不严重！我天天在市中心与郊区往返，没有看到一点骚乱的迹象。但如果你只盯着 BBC 的那几张新闻图片，会误以为巴黎在打内战呢。"

　　回到今天的日本，如果只是看到几个极右翼分子在东京的某个角落里游行，就以为所有日本人都卷入了反华风潮，那才真是"严重误判"。虽然20世纪90年代以来日本右翼势力抬头（这种转向与同时期中国民族主义上升有一定的内在联系），但日本反战的主流人群还在，和平宪法的根基还在，这个国家的品质并没有因为少数极右翼分子的鼓噪而伤筋动骨。中日有矛盾，包括历史与心理上的积怨，但现实中的两国关系绝没有走到你死我活的地步。而这些矛盾，在"善于说人性坏话"（马斯洛语）的媒体上显然被放大了。如果两国由此制定敌对政策，国民也互相仇视，岂非自讨苦吃？

遗憾的是，当争执发生时，理性的声音常常被淹没。即使有所谓好坏平衡的报道，许多人还是宁愿相信坏的一面。带着这些问题，下午我在涩谷附近的联合国大学参加了探讨舆论与社会影响的会议。与会者主要是来自日、美、中三国的专家学者和媒体人。

来自中国社科院的一个调查显示，在对日问题上，就本国媒体的客观性而言，中国普通民众的支持率为 84%，精英为 53%。而东京大学高原明生教授在批评"中国人受抗日剧影响太大了"的同时也带来了一组数据：95% 的日本人是通过媒体了解中国的，但对于本国媒体对中日关系的报道是否客观这个问题，认为公正的只占 25.4%。相反，84.5% 的中国人认为本国媒体公正。

如果这组数据是准确的，那么昨天可越说的"中国是基本不信，而日本是基本全信"就貌似想当然了。更准确的说法可能是中国受众对国内新闻"基本不信"，对国外新闻则"基本全信"。而这正好符合这个"犬儒主义＋民族主义"时代的基本特征。另一个重要原因和受众对被报道对象的了解程度有关。由于对国内情况比较熟悉，中国人对媒体报道会有自己的判断；而对国际上的事情相对陌生一些，所以倾向于相信本国媒体的报道。况且从人性的角度而言，当报道涉及领土争端、国家利益时，出于情感的原因也会选择相信本国媒体。

《朝日新闻》主写政治社论的国分高史谈到日本的纸媒正在衰落："现在 29 岁以下的人不看报纸的比例比十年前增加了一倍。过去新组建的家庭会订报，而现在大多不订了。报纸这些古老的传统媒体对舆论形成的作用正在减弱。这很遗憾！虽然社论是经集体讨论后由我撰写，但我还是会在意读者的反响。现在大部分读者来信都是年龄比较大的人。在日本，60 岁以上不看报纸的，可能只有 10%。与此同时，我注意到一个问题，那些署名并配有作者照片的评论有时候比匿名的社论更有影响力，更容易打动读者，所以我们也想多做些这方面的尝试。"

按国分高史的这个说法，虽然受到了互联网的冲击，但人口老龄化在一定程度上消解了日本纸媒的颓势。然而考虑到年轻人的用脚投票，纸媒的衰败是在所难免的。

今天给我印象最深的发言来自一位美国专家，他说美国方面"很重视"《环球时报》，想知道这份报纸在中国的影响究竟如何？我在心里一笑。社科院的一位学者点亮了麦克："《环球时报》在中国是一份非常好的报纸，它有 300 多位记者分布在世界各地，素质很高。当然他们也追求'标题经济学'，但他们的民族主义是一种真实的情感……"我承认，那一刻我有些坐不住了。

茶歇时，《东洋经济周刊》代理编集长西村豪太先生过来和我聊天。因为了解到我的一些想法，他说"如果您有时间就给我们写稿子吧"。这是今天意外的收获，前些天我还想着在日本媒体发表文章的事呢。

晚上同与会嘉宾一起去青山学院边上的咖啡馆就餐。当我和高原明生教授谈到我这次访问日本有意寻找军国主义之外的传统时，高原立即反驳说："军国主义不是日本的传统。"我觉得他说的是对的。当然，日本还需要一代代人的努力，让军国主义不死灰复燃，那才是关键。关于传统，高原明生建议我去看看日本的相扑。想来也真是神奇，日本竟然留下了那么多古老甚至异质的传统。这里虽然地方偏狭，却装得下时间。

晚饭后约好智子去涩谷参加日中学生会议。由于地方不好找，一位年轻的路人帮我寻了很久。他的热心让我很感动。

宇田川町的一个小屋子里挤了一堆人。作为社团顾问，天儿慧教授也在。可能是喝了点酒的缘故，他比我几年前在早稻田大学他的办公室里见到时还要精神。由于人声鼎沸，我们只是简单聊了聊他主张的共同主权以及如何从国家主权过渡到国民主权的问题。

"不说了，我的很多观点，中国政府和日本政府都不会接受，两边不讨好。"天儿慧的这番话，让我想起外务省退休官员高桥邦夫在下午会议上的最后一个提问——"在座的诸位，大家如何做到不受限制地表达自己的观点？"而在此前，高井洁司教授也表达了类似"两边不讨好"的看法。但我想这也没什么，知识分子的价值往往就在于他们"两边不讨好"甚至"多边不讨好"，他们的前瞻性和独立性也往往与此相关。

《道德经》有"三生万物"，《尚书》有"允执厥中"（言行不偏不倚，符合中正之道），《逸周书》更有"人有中曰参（通叁），无中曰两。两争曰弱，参（通叁）和曰强"。如果要建立一个多元的、包容的、可和解的社会，我相信最重要的是培育中间阶层。唯有这样，才可能向左或向右发展出更多的东西，并且可以逐步扩大中间阶层这一母体，使左右得以留存。在这里，左右是作为一种平衡机制而非互殴机制存在的。如果只有极端的东西，任凭两强相抗、相抵，最后的结果恐怕只有一毁俱毁了。

中国自古崇尚中道，却时常苦于各种极端主义，此可谓中国文化基因里的一大谜团。然而细究起来，恐怕还是因为中国在"暴君—暴民"两极之间求中道而不得。而且，在左右夹击之下，中间阶层也是最难生长的。如两军对垒，互相射杀之时，如果你非要站到两道战壕之间去大谈和平，难免腹背受敌。小说《约翰·克利斯朵夫》里的奥里维便是在那种混乱的情势下死去的，尽管游行者并没有伤害到他，只是将慈悲的他带到了镇压者布好的死亡地带。

现场的嘈杂将我早早逐回别馆。在路过一家便利店买明天的早餐时，我瞟见最新的《富士晚报》上有篇关于中国人的封面文章，大意是"不良中国人"使池袋地区治安恶化。我承认，当看到"不良中国人"几个字的时候，我还是感到了某种不适。它隐隐约约激起了我对自己身份认同的追问：我是谁？我从哪里来？我背负了什么？

　　身份，真是一个神奇的东西。

　　与此相关的新闻是，7月6日晚，池袋发生了一起枪击事件，被害者被认为是一名30岁左右的中国女性。了解东京的人知道，池袋乃是非之地，但这并非中国人的功劳。日本的极右分子偶尔也会到这里游行，有一次甚至打出了象征纳粹的万字旗。

　　《富士晚报》是《产经新闻》旗下的一份报纸，据说同日发行量有一百多万份。说起《产经新闻》，我刚到东京时许多了解中国的人和我说："哦，这份报纸，就是中国的《环球时报》。"

　　我说："这两家报纸互赠子弹与靶子，真是哥俩好啊！"

关东大屠杀

我初到日本时，常常会觉得日本像是中国失落的宋朝。晨起读到研原哉接受《知日》杂志专访时的一段话：

> 说到中国，很容易让人想象到复杂且稠密的图案，这跟统治者的爱好有关，明和清的统治者应该都喜欢比较浓烈的图案吧。但宋朝并非如此，宋朝的普通百姓品位都非常高，知识分子们从平直的汉字、简洁的物品中找到了价值。从前的道教、老子，以及禅的思想里都有简洁的思维方式。所以我想，中国人之所以会喜欢无印良品的风格，是因为感觉的基因里有欣赏简洁事物的审美观念。日本一直受到中国的影响。每当我发现了日本文化的基因都会很激动，同样，我在中国的博物馆里看到中国的文物时也非常激动。

有关日本对中国文化的学习与传承，有不少说法，如明治维新前的日本在制度上承袭唐宋，社会风俗也多承自中国。一些主张"宋后无华夏"、"明后无中国"观点的日本人甚至以中华文明的正宗传人自居。

日本有个记者叫高野孟，他在《如何阅读世界地图》中将欧亚大陆的地图右转 90 度，将日本置于世界的底部，就像是一个弹珠游戏箱的球井，罗马、波斯、俄罗斯、印度、中亚、中国等地的文明就都流到了日本。日本瞬间变成了世界文明的容器。

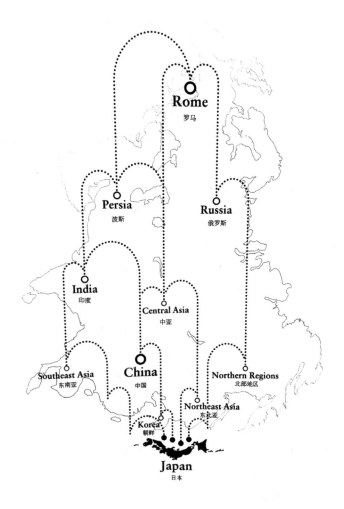

整个下午都在图书馆翻阅《东京新闻》。这的确是份好报纸，几十万份的发行量难免让我想起《东洋经济新报》当年的尴尬。直到偶然发现在报纸的左上角标明了该报的历史——"明治二十五年（1892）3月12日第三种邮便物认可"，我陷入了另一种沉思。事实上，据我随后在网上找到的资料，该报最早发行是在1884年。19世纪晚期，中国也有不少报纸，然而有哪份真正留下来了呢？

《东京新闻》最吸引我的是"特报部"做的专版，多是一些我关注的话题。这些话题不仅有现实关怀，而且有历史深度。前不久，该版做了一期有关关东大地震时日本人虐杀朝鲜人的调查，并将这一事件定性为"ジェノサイド"（种族屠杀）。

1923年关东大地震发生后，有谣言说在日朝鲜人不仅趁火打劫、投毒、藏有炸弹，而且"地震就是朝鲜人在伊豆大岛装了炸弹才引起的"。谣言加剧了地震后日本人的混乱与恐慌，一时间许多人组成"自卫团"，仅仅根据日语"10元50钱"等几个词的发音——因为朝鲜语中没有浊音，朝鲜人讲这几个词有困难——便四处"猎捕朝鲜人"，最终导致大约6600名朝鲜人死于非命。受到牵连的还有不少中国人和琉球人，据日本学者仁木富美子查证：1923年9月间，旅日华人被害总人数为758人，其中90%是温州人。

对异族大开杀戒的背后，是日本本土危机意识的加重。关东大地震后，许多人担心这个岛国有朝一日会沉入海底。而这种危机感为军国主义上台后开疆拓土、寻找海外生命线提供了可乘之机。在此意义上，关东大地震为日本提前结束大正民主提供了一臂之力。1927年夏，日本内阁在东京召开"东方会议"，制定了《对华政策纲领》，声称中国东北"在（日本）国防和国民的生存上有着重大的利害关系"，中国大陆在一定程度上成了他们的救命船。

以上历史背景，我想也是石桥湛山的"小日本主义"当年难以"服众"的原因之一。对于当年的日本人来说，更不幸的是这种危机感将他们引向了一场更大的危机。战争在很多时候只是政客的游戏，当战争启动，国家进入紧急状态，全体国民率先成为国家的战利品。时至今日，安倍解禁集体自卫权也是为了应付某种"想象的危机"，之后的结果又会如何呢？

我无法预知将来，只知道人类是地球上最荒谬的物种。上帝不仅赐

关东大地震以及随之而来的关东大屠杀

予人类以智慧，同样给了人类最多的恐惧和贪婪。因为恐惧，人类发明了大屠杀，因为贪婪，人类甘于失去一切。

我越来越想见见《东京新闻》的人了。在这份报纸上，我仿佛看到了石桥湛山一代人办《东洋经济新报》时的坚持与艰苦。下午，智子在微信里和我聊到她的朋友清水美和。清水美和曾经是《东京新闻》的评论主笔，两年前死于心脏病，年仅六十岁。

"清水去世对中日两国都是很大的损失。"智子说。

随后我在网上查了些清水美和的观点与相关评价，我相信智子说的是对的。清水美和的死法很像胡适。当时他正与另一位研究中国的专家矢吹晋先生讨论重庆事件，为中国的前途深感忧虑，越说越激动，以致当场晕倒，送到医院后，最终仍告不治。这个世界上总有一些人，超越人群和国界，以内心真实的苦痛，关照人类普遍的命运。

思想者如何学会与自己相处，既照顾好自己的灵魂，又照顾好自己的身体，对我而言也是一个难题。如果眼睁睁地看着世界沉下去，一个人救起自己又有多大意义？但如果连自己都救不起，又如何救得了世界？是抱着一点善念，相信走了弯路的人类终会逢凶化吉，还是像善良的茨威格一样对自己的故土失去耐心，最终服毒自尽？

西山太吉的微笑

终于在凌晨看了世界杯决赛。德国夺冠，默克尔表情迷人。世界杯的可爱，就在于随处可见的人性的自然流露。

中午突然想起昨晚在《东京新闻》上看到的一则消息：西山太吉的案子今日下午即将宣判。于是忙不迭地坐地铁赶到永田町，并在两点半左右来到了最高裁判所——我要旁听西山太吉的案子。

我保持着以前当记者时的作风，去哪儿都像是一个热情的观察者而不是陌生人。虽然举目无亲，但很快熟络上几个人，了解了参与旁听的相关细节。我们排着队，几位戴着"最高裁判所"袖标的人礼貌地站在院子里，他们预先给每人发了一张整理票。三点刚到，我们被允许拿着新换的旁听票上楼。在二楼过安检时，我才知道所有入场者都只许携带笔和纸。平时采访我都是用电脑现场速记，这下它完全派不上用场了。

进入法庭前，我开启了自己近乎无聊的观察模式：我的电脑放在寄存处的第112号箱子，钥匙牌子是ALPHA。在法庭外候场约5分钟，旁听者陆续进入第二小法庭。我找到旁听票上标明的是一7号座椅。坐下来，开始数屋顶上的电灯，38只灯泡只亮了34只。台下正好坐着34个来旁听的人，包括左右两边坐着的16位文字记者，他们都戴着印有"报道"二字的袖标。不过这种同为34的默契很快被打破，快开庭时又先后进来了三位。就在我幻想法庭再进来一个人凑足屋顶上的38只灯泡时，在我身后"呼啦啦"出现了十个戴着袖标的摄影、摄像记者。他们默不作声，很快在提前摆好的机位前各就各位。

西山太吉是最后一个进来的。我以前看过他的照片，瘦高的个子，满头银发。现在就坐在中间第二排最左边的位子上。

没过一会儿，包括审判长千叶胜美在内的三男一女四位法官从审判席边上的小门进来，全体起立。在法官们正襟危坐后，有人示意法庭现在允许拍照。接下来的两分钟，全场只听见"咔咔咔咔"的声音。晚上在NHK的视频中，我看到了自己的后脑勺。没想到我人生第一次旁听，是在遥远的东京。几年前，我的朋友何平教授在天津吃了官司，开庭那天我本想进去旁听，谁知和许多记者一样被挡在门外。这个国家的无力感无处不在。那天下午回到家，我重重地倒在床上。

由于出门没带本子，我找旁边的人要了一张纸。一张就够，我说。结果他撕了四页给我。我赶忙谢谢他，心想来旁听西山太吉这个案子的，恐怕也都是好人吧。环顾四周，旁听席除了记者外，只有两个年轻人，其他人目测都在四十岁以上。

没过几分钟，法官站起来宣判：最高裁判所第二法庭驳回西山太吉等要求政府公开关于1972年归还冲绳的日美密约文件的上诉，维持东京高等法院的二审判决。俄顷，法官、记者和旁听者作鸟兽散。

西山太吉在座位上多坐了一会儿。我过去和他打招呼，本想问他几个问题，但是工作人员催促我们必须马上离开。

"一会儿再说吧！"说完，西山太吉站起身，和等在边上的一位同伴走了。

本以为从此就见不着西山太吉了，没想到在我取回电脑走出法院时，他正被四五个记者围着，笑容满面。我于是走了过去。记者们简单问了几个问题后陆续离开，最后只剩下我和西山太吉。他还要去另一个地方等几位朋友，我正好可以陪他边走边聊。大概走了两三里路，我没有问他是否感到失落，因为我们心中对这个案子都已给出了自己的判决。一路上西山太吉和我有说有笑，似乎完全没有受到下午宣判的影响。

西山太吉的怒与笑

我在心里问了自己一个问题：虽然心怀不满，但为什么西山太吉完全没有给人一种苦大仇深的印象？我可以找到很多理由。比如他输在法庭，但没有输给道义。作为一个被时代推上风口浪尖的与政府对抗的人，此次败诉并不影响全局，因为四年前他已经告赢了日本政府，为自己卸下了背负近40年之久的沉重罪名，而这次他起诉政府要求公开密约，算是乘胜追击。当然还有一个理由，这位已经82岁的老人，因为生活中的一场阴差阳错，在今天打完了折腾他几十年的官司，终于解脱了。

西山太吉给我留了电话，他不住在东京，平时也不太用电子邮件，说如果有问题可以打电话找他。

下午在法庭外结识了两位记者，一是《冲绳时报》的比屋根麻里乃，由于事关冲绳保密文件，该报格外关注这个事件。二是《读卖新闻》的田中浩司，在去地铁站的路上，我再次遇到了他。我问他这个判决对西山太吉是否公平，他开始似乎不愿回答，不过最后还是说了句"不公平"。

回到住所，已近十点。林少阳邀我去吃夜宵。他的住处离我不过几百米。

"我已经连续工作了21个小时，为了赶交一篇关于章太炎的论文，过几天我要去台湾参加一个学术研讨会。"林少阳叫苦不迭。

我说我好羡慕你啊，可以做章太炎的研究。我最欣赏章太炎的是他的"俱分进化论"，可惜20世纪的中国，没有几个人能听得进他的意见。

说到日中关系，林少阳提到学者的两难。日本有些学者一味地批评中国，批评当然可以，但一边倒的批评也可能是在给极右翼送子弹。"现在日本能像沟口雄三那样研究中国的人实在太少了。这是一个非常了不起的人物，他有一些非常好的观点，比如让日本重回亚洲，以及对日本道歉问题的反思等。"

说到沟口雄三，我以前只读过他的《中国的冲击》，但印象深刻。

可惜和清水美和一样，几年前他已经过世，在日本的这几个月我没法向他请教了。

下午回东大时，遇到三位从本乡赶到驹场听讲座的中国女学生。当她们知道我一个人在驹场校区生活时，问我会不会感到寂寞。我说找哪有什么寂寞啊，每天背着相机和电脑早出晚归，想寂寞都没有时间啊。

靖国神社的真正问题

早上有两个人来检查房间里的火警设施。其中一人进到屋内，用竿子举着一个圆罩，依次压在嵌在天花板上的几个感应器上。这个动作让我想起小时候用竹竿挂塑料袋抓知了的情景。

许多媒体报道了西山太吉案，称最高裁判所判政府不公开冲绳密约是民主的崩溃，并对西山太吉表示了普通的同情。

新宿自焚案在经过两周的沉寂之后，今天终于有了不同的声音。据《朝日新闻》报道，就在安倍政权急于解禁集体自卫权的同时，一首题为《明天战争就要开始》的诗在推特上流传，并被谱成歌曲。这首诗写于七年前，作者是宫尾节子。据说当宫尾看到网络留言板上互相谩骂的文字，满员电车中面无表情的人们，以及层出不穷的自杀、虐待致死等新闻时，她感到心痛，写下了这首诗，并在今年1月发到了网上。新宿自焚案发生后，有推特用户将这首诗再次顶了起来，以抗议这个对他人命运无动于衷的世界。没有谁会赞扬类似自杀行为，只是这种对他人之死漠不关心、对政治动向反应迟钝的现状，引起了感时忧世者的普遍担心。

约好中午请智子在文学馆"笨蛋"咖啡馆吃饭。半路上遇到一个非洲裔的女子，她也住在别馆，我们时而英文时而法文地交流着。得知她主要研究明治以来的日本史，我便问她是否知道石桥湛山，她说知道。

而当我谈起石桥湛山的小日本主义时，她似乎又十分茫然。不过看得出，她对我提到的这个人物很感兴趣，所以拿出手机，停在路边看了好一会儿维基百科上的词条。因为还要赶时间，我便先走了。这个细节再次表明，石桥湛山在日本史里是一个不被着重介绍的人物。

我先到了二号馆，智子正好骑着车子下课回来，车筐里放着　罐麦片。她知道我找遍附近商店买不着麦片，于是帮我从网上订了一份。来到"笨蛋"咖啡馆，我们各点了一份套餐，她还在为昨天的一点小事生我的气。有几分钟我们兀自吃着饭，谁也不理谁。虽然我偶尔觉得她总有点想要把控全局的意思，但更多时候还是对她充满感激与歉意。来东京一个多月，总是她在帮我忙前忙后。

熬过片刻僵持，我们开始讨论问题。当我说起《东京新闻》和几所日本大学的优点时，智子立即加以"纠正"。

"其实《东京新闻》并不总那么好，报纸坏的时候也挺坏。关键看谁在那里主持了。

"除了东京大学和北海道大学，京都大学也许更值得你去了解。"

我说几年前我去过一趟京都大学，但那次只是走马观花，而这次来日本恐怕也没有时间去了。当然，我对"京都学派"早有耳闻，那里是科学家的摇篮。

由于时间关系，我们没有多聊。在她起身回二号馆时，我从她手里接过麦片，特地拥抱了她。这是我从欧洲沾染的与朋友分手时的常用礼节。她很高兴的样子，立即与我和好如初。其实我们之间本没有什么矛盾，昨日的一点不愉快起因也是我为她着想。两个人交流都会有误解，何况有着亿万人口的两个国家。

下午去丰岛区大塚地铁站附近的青年法律家协会参加活动。这是一次有关安倍参拜靖国神社违宪诉讼的宣讲会。TOKYO 大树法律事务所的井堀哲向与会者讲解了他们将如何状告安倍。早在今年4月21日，井堀哲和木村庸五、千叶惠子等13位律师组成律师团，将靖国神社和安倍同时告上东京地方法院。本次原告共有273人，包括关千枝子等二战死者遗属及市民。法院将于9月22日开始第一轮法庭辩论。

"首先声明，我是在新宿区法律事务所工作，我们的法律事务所没有任何政党背景，比较独立，做事全凭良心自由。打这个官司不独为反对安倍，而是为了预防战争。"作为律师团事务局长，井堀哲有言在先。接下来他开始解释为什么律师团将靖国神社、安倍和日本政府同时告上法庭。早先，律师团团长木村庸五在一份声明中指出，安倍去年正式参拜靖国神社的行为违反了日本宪法规定的政教分离原则，同时侵害了民众的和平生存权等宪法保障的各种权利，所以诉状将安倍晋三、靖国神社、日本政府三者并列为被告，要求法院勒令安倍停止参拜，同时要求靖国神社停止接受安倍参拜，并向每名原告赔偿1万日元。

律师团声明强调，安倍参拜靖国神社是在美化和鼓励"靖国史观"，安倍企图复活靖国神社作为军国主义精神支柱的作用。结合安倍上台后强化军事体制的一系列举动看，参拜靖国神社相当于一种"战争准备"，威胁到了日本民众的"和平生存权"。至于为什么每人索赔1万日元，是因为日本现行法律规定，只有提出损害赔偿，法院才能受理违宪审查的案子。

"我们需要借助的法律，包括针对国家的《国家赔偿法》第1条，针对安倍首相个人的《民法》第709条，针对靖国神社的《民法》第719条。对比以往中曾根康弘和小泉纯一郎的参拜，安倍的参拜性质更恶劣，动机更危险，后果更严重。"

紧接着，井堀哲强调了安倍参拜靖国神社不同以往的几个特征：

首先，以首相身份正式参拜的要素强烈，如安倍反复在国会答辩中对自己第一次出任首相期间未能参拜"痛恨至极"；这次参拜时间选在第二次上台一周年之际；前往靖国神社时动用公务车，且让公务人员随行；以总理大臣名义献花。这些均具有强烈的正式参拜的特点。国家与靖国神社在精神上逐渐一体化。

其次，安倍参拜的宗教色彩浓重。安倍遵循神道礼仪，在供奉战犯的正殿行"二拜二拍一拜"礼，参拜后发表的谈话中使用"御英灵"、"御灵"、"魂"等特定宗教用语。作为首相，安倍强调靖国信仰，构成了对信教自由的侵害。

其三，安倍第二次上台后的国际环境与以往不同，参拜招致了包括美国在内的国际社会的批评。尤其是在日本与中、韩关系恶化之际，安倍的参拜行为进一步助长了紧张的局势，加剧了与邻国的冲突，增加了本国国民的不安。

其四，在日本一些地方法院和高等法院对小泉参拜做出违宪裁决后，安倍的参拜更有明知故犯的一面。

……

井堀哲讲完后，时间有点晚了，组织者端出提前订好的晚餐，大家边吃边聊。我对自己此次访日的初衷做了简单介绍，并分别对两国过于迎合政治或市场的媒体环境表示了担心。如果媒体不能真正担起责任，而受众偏听偏信、没有警觉，两国关系只可能越走越远，甚至引发再次敌对。至于状告安倍参拜靖国神社的诉讼，我提了一个在井堀哲看来十分尖锐的问题。我说首先我很欣赏日本社会为捍卫和平宪法所做的一点一滴的努力。问题是，既然针对中曾根和小泉的违宪判决对安倍继续参拜没有任何实质性影响，那么接下来的这次违宪诉讼又有何意义！我知道根据日本法律，违宪审查不能从法理上抽象地进行，而需要有具体的受害者主张具体的权利才能提起诉讼，这意味着违宪审查在预防犯罪、侵权等方面的作用非常有限。我讲完后，也有其他律师表达了类似看法。

对此，井堀哲回答说："以前，中曾根和小泉虽参拜多次，但他们会尽量避开公共身份，有时甚至还会有心理上的不安。而现在的安倍不但心安理得，更有咄咄逼人之势。安倍想干什么就干什么，这种状态是危险的。我们提起诉讼，就在于号召大家一起来保护我们的宪法，让那些政客遵守宪法。至于以前的胜诉案例，我们会把它们当作武器继续战斗。"

接下来的聊天让我对井堀哲有了更多的了解。2003年齐齐哈尔发生了侵华日军遗弃化学毒剂泄漏事件，受害者要求日本政府谢罪并赔偿。井堀哲曾经是"中国受害人索赔要求日本律师团"的律师，并到齐齐哈尔取证，不过最后他们还是输了官司。

座谈会共有十几人参加。除了律师，还有两位刚刚从早稻田大学毕业的学生。其中一位的父亲据说是日本的著名律师，而她也打算做律师，目前正在等待第二次司法考试的成绩。

"我开始对法律和政治感兴趣是在2000年左右，"这位学生说，"那时我还在读小学。当时学校开始有了升旗仪式，要求我们向国旗效忠，这让我非常反感。所以，当有同学问我将来有什么梦想时，我说我一定不会成为像校长先生那样的人，因为他强迫我们效忠国旗。"

这位学生谈到的事情与1999年日本国会审议通过"国旗国歌法案"有关。法案要求全国的小学生必须唱国歌《君之代》，挂国旗"日之丸"。不过，法案受到了来自社会的强烈抵制，反对者认为此种做法和日本在战败前要求中小学师生背诵《教育敕语》、对天皇和皇后的照片鞠躬行礼、齐唱"君之代"等礼仪殊无二致，是政府借助国旗、国歌给国民洗脑。二战结束后，日本国民一直在尽量回避与国家主义相关的东西。所以我从来没有在日本的大学校园里看到过日本国旗，因为大学是自治的公共机构，不必由国家沾染。就算现在，你跑到东京街头找个年轻人问日本的国庆节是哪一天，恐怕绝大多数人都会说不知道。国家主义的东西，在这个国家已经是很遥远的事情了。

说到日本国旗，让我很不理解的是，同样作为法西斯国家，为什么德国能够永远废除万字旗，卸下历史包袱，而日本却将这面引导日军杀戮的具有军国主义象征意味的旗帜继续定为国旗。和德国几十年来对纳粹的深沉反思相比，战后日本除了用东条英机等几个战犯的脑袋切割掉了战争责任，还切割了什么呢？那些让国民憎恶的国家主义的东西，又要卷土重来了吗？

借着今天这个场合，我问大家是否了解石桥湛山。十几个人里只有井堀哲表示知道，而且他给我抛出了一个鲜为人知的隐情——"石桥湛山那次生病，是被美国人下了毒。"理由是美国人不希望日本执行他主张的那种比较独立的内外政策。不过信息来源他并没有说。

石桥湛山被美国人下了毒？这样的历史谜团让我觉得匪夷所思。的确，二战后日本的战犯和右翼势力没有得到清算，甚至后来被重新扶持，少不了美国的功劳。而石桥湛山因为和美国保持着若即若离的关系，也难免被美国轻视。

我不知道井堀哲所言是否有根据，但有一点可能是对的：如果石桥湛山不是因为身体原因只做了几个月的首相，而将权柄拱手让给了岸信介，日本的内政外交可能会比现在好看一些，中日和解也不至于如此一波三折。

大家在东京

天很热。坐错了站，只好从日比谷公园的一侧步行到另一侧的外国新闻中心。腾讯下午在这里举行《中日之间：误解与错位》新书发布会。如此大费周章，给我更多的是感动。作为民间外交，我在日本看到了中国社会的成长，也看到中国精英阶层的焦灼。就言论平台论，中国媒体显然比日本媒体有着更开放的心态。

按照议程，腾讯负责人杨瑞春首先发言，她强调媒体人和知识分子不是政客，而腾讯大家栏目请许多人写日本，就是为了让中国读者能够接触到更丰满的、有血有肉的日本，不因政治而被丑化或修饰。之后是日中协会的白西绅一郎发言，满头银发的他在主席台上显得格外耀眼。

"都立大学的某位教授认为，中日关系主要是误解造成的，我称之为'误解教授'。我觉得问题不在于误解，而在于彼此不学习。有的人甚至将误解当作一种谋略。其实，中日间的领土纷争都是相对的。如果把领土主权当作绝对权来看的话，这个世界的战争永远不会消亡。比如黑瞎子岛最后解决的方式，是中俄一人一半。做此决策，并非国家无能为力，而是出于大局考虑。领土主权的目标，是为了人，而不是为了主权本身……说到学习，我希望能够将'躾'[1] 字输入中国……"

白西讲完，《中文导报》主编杨文凯开始分析中日误解的根源在于"以己度人，不会换位思考"。我翻开会议附赠的《中文导报》，这是

---

1 躾是一个和制汉字。名词时意思为教养，动词时意思为教育、管教。

一份大开的报纸。当我打开它并准备翻页的时候，沙沙的纸声和张开的手臂让我尴尬不已。和手机之便捷相比，传统媒体的式微只是早晚问题。

下午发言的嘉宾主要是腾讯大家写日本专题的作者，包括日本人和知日派华人。李长声、姜建强、张石、刘柠……野岛刚也来了，他谈到了加藤嘉一："几年前加藤嘉一在中国非常活跃，虽然褒贬不一，但是其发挥的作用还是非常大的。我想他是战后第一个对中国言论界产生重要影响的日本人。因此我认为我必须比他更专业更慎重，希望我的写作能够部分消解误解与错位。"

鸠山由纪夫在新书序言中写到，虽然中日"同文同种"，但有着不同的风土和历史以及不同的本质。从语言上说，汉语属于汉藏语系，而日语属于阿尔泰语系。语法上，汉语是孤立语，而日语是黏着语。中国的佛教不许结婚，日本却可以。日本新娘结婚穿一身白，称为"白无瑕"，而中国从头到脚一身白，是用于葬礼。讲了一堆区别，为了表示友好，他特意将这篇序言的署名改为鸠山友纪夫。

鸠山由纪夫身材高挺，涂了头油，人看着倒是非常谦卑的样子。他中途到场，在场者对这位在野党政要仍保持着极高的热情，不断有人拍照。在边上站了几分钟，待台上的嘉宾匆忙结束讲话后，鸠山由纪夫开始上台发言。

"中日之间虽有不同，但要为不同而欣喜……北京能够重见蓝天，对日本来说也是一种幸福……我执政的时候，中日关系非常好。后来的这些事情，包括钓鱼岛国有化问题，都是日本引起的，这些事实我是承认的……其实中日的民间交流已经恢复得非常好了，比如最近来日的中国游客增长了30%，这是个好兆头……"

鸠山由纪夫作了几分钟的简短发言，匆匆走了。整个会场像是刚刚经历完一次高潮，立即变得空洞乏味。曾经沧海难为水，虽然接下来还有几位嘉宾发言，但都像是自说自话，引不起大家的兴趣。台下听众纷纷就近开起了小会，整个会场变成了人声鼎沸的闹市。

下午在会场与老朋友蔡孟翰不期而遇。因为读了我的几篇散文，几年前他托《联合早报》的驻京记者叶鹏飞找到我。我们在北京喝过几次酒，真正的以文会友，没想到这次和孟翰重逢却是在东京。

孟翰是台湾人，曾经在剑桥读书，娶了日本太太后便一直在日本生活，现在是千叶大学的"特任准教授"。散会后我们站在大楼的门口聊了起来。谈到新宿自焚案，他对日本媒体的表现也颇为不满："日本的报纸现在其实都差不多，舆论作用非常有限。一个有意思的现象是，当时只有日本电视台做了现场报道（日本电视台是读卖集团旗下的电视台）。被称为中左的《朝日新闻》，旗下却有一家偏右的电视台。据说《朝日新闻》有时候看不惯该台的极右作风，甚至派人专门盯着。"

孟翰接着说："日本目前的政体，是非常容易出问题的。表面上三权分立，其实完全可能变成三权合一。一是议会与政府可能同构，二是法院与政府的人情，三是媒体自身的问题。"

我点头称是。这种隐性的三权合一，的确是日本的一个病灶。比如形同虚设的违宪审查、无所不在的"集团大气压"、一党独大的力排众议、无论是非的一团和气，这些都使三权之间充满了默契。至于媒体，作为"第四种权力"的独立性也饱受质疑。比如西山太吉这样的案子发生后，很多记者出于自保而不敢越雷池一步。诸多潜规则与显规则（如记者俱乐部制度）也让许多新闻记者丧失了新闻理想。当跑国会、法院以及政府部门的记者每天跟着议员、法官和官员早出晚归，他们之间建立起来的更有可能是私人关系，而非舆论监督关系。当下中国的新闻环境诚然不如日本宽松，且困厄重重，但中国记者的新闻理想尚在自己的土地上，热情并未磨灭，而日本记者的新闻理想恐怕只能放在日本以外。这也是一种隐性的新闻不自由。

我们同样聊到了石桥湛山。在了解到我对日本近现代思想史感兴趣后，孟翰向我推荐了立教大学的松田宏一郎，他研究明治时代思想史，写过与陆羯南有关的书籍。

散会后，我和孟翰打车到品川对面的一家餐馆参加腾讯的晚宴。没想到遇见了唐辛子，她在《朝日新闻》中文网上的专栏给我留下了很深的印象。唐辛子是腾讯大家的作者，今天从大阪专程过来开会。她也喜欢我的文字，说正在人群中找我呢。不巧我晚上还要去成田机场接孩子，所以未能多聊。虽是第一次见面，唐辛子挽着我的胳膊将我送到楼下。她一见如故的热情，让我心生温暖。这是两个写作者之间久违的友情。

晚上十点左右，我在成田机场接到了女儿。由于坐上了最慢的一趟车，从日暮里转到成田机场竟然花了两个多小时。我赶到时，女儿扶着新买的浅绿色箱子，正和机场的两位工作人员站在一起。她已经在机场等了我十几分钟。

劳碌的一天，带女儿回到别馆时，已经十二点半了。

身边的"右翼"

越来越热。中午带孩子在东大食堂吃完饭后去智子办公室聊天，感谢她为孩子提供了部分证明文件。正巧今天ビジネス（BUSINESS）出版社的编辑大森勇辉（Yuki Omori）也在。大森今天来找智子约稿。此前智子曾经告诉我，"右翼分子"石平的几本书便是在这间出版社出的。

"最新一本《世界征服を梦见る嫌われ者国家 中国の狂気》（梦想征服世界令人讨厌的国家 中国的疯狂）还不错，刚上市就卖了1万册。"大森说这话的时候，我想起野岛刚的抱怨——他出版一本关于蒋介石与日本军人关系的书，半年只销了4000册，而"厌中憎韩"类书籍如《呆韩论》同一时间却卖了20万册。由于出版业萧条，能够卖出1万册以上的排韩反华类图书对出版商还是颇具吸引力的。

此前，BUSINESS出版社还出过黄文雄、石平和吴善花[1]合著的《卖国奴》，该书分别从中国大陆、台湾地区和韩国的角度批评反日和抗日，声称"成为日本人是何等的骄傲"。

我问了大森一些问题，同时强调出版社不能一味迎合市场而忽略其应有的文化立场。

"现在出版不是很景气，出版社生存下去才是第一位的，"大森不无诚恳地说，同时打出一个手势，"我自己的定位是高的，但读者的定

---

1 吴善花是日籍韩裔作家，因为坚持"创氏改名是自愿的"、"不存在被强行抓走的从军慰安妇"、"参拜靖国神社和侵略战争无关"、"日本殖民统治促进了韩国发展"等主张成为安倍政府的座上宾。网上对她的评价褒贬不一。

位偏低。那要把书卖出去，就得有一定的妥协。现在日本偏右的民众越来越多，我们没有办法，只能考虑市场。"

"Oh，BUSINESS is business."我说完，大家都乐了。

说起右翼图书，我想到德间书店创始人德间康快曾经被右翼打掉牙的事情。现在德间书店也"为生活所迫"出了不少右翼图书。

大森说："德间书店也出了不少宫崎骏的书。"言下之意，宫崎骏是反右翼的[1]，德间书店并非只为右翼出书。

"说到底，一切还是生意。"我淡淡地说。

接下来大森和我聊起了中国的小说。当时我在想，人类真是一个奇异的物种！人性又是多么复杂！一个人真的可以分出几个人来。一个大森在出版社忙着给右翼分子出"厌中憎韩"的书，另一个大森坐在办公室里和我一起赞美余华的《活着》和《第七日》，而且他们都说是为了活着。

由于要带孩子出去玩，我和大森约好择日再聊。虽然大森的有些做法我并不认同，但我相信他是一个诚恳的人。

晚上读《朝鲜日报》上朴正薰的两篇评论，其中提到了若干细节。一是日本人吉田清治1972年撰写的口述手记《朝鲜慰安妇和日本人》。吉田清治曾在下关担任日本劳务报国会的动员部长，任职三年多时间。他曾强行抓走大批朝鲜人送往战场。吉田说，猎捕朝鲜男性没有负罪感。他觉得当时是战争时期，只能那样做。但是，征集女性做随军慰安妇的事情让他感到"厌恶"，觉得"丢人、肮脏"。他非常清楚战场上的慰安妇会遭到何种蹂躏。他写道："如果（日军）一个连队排队等候，每

---

1 2013年"吉卜力工作室"宣布，宫崎骏即将退休。有韩国媒体猜测称，宫崎骏突然引退有可能是对安倍政权的右倾化感到失望而采取的举动。据报道，宫崎骏此前曾撰文批评"政府乘机随意修改宪法，简直岂有此理"。

名慰安妇要面对二三十个人。"

二是美国麻省理工学院（MIT）名誉教授约翰·道尔的《拥抱失败》一书。此书描绘了 1945 年 8 月 15 日日本战败日的景象。"日本全境到处烧毁文件，烧毁文件的军官和政府官员层出不穷。甚至有人开玩笑说，尽管美军已经结束空袭，但烧毁文件的篝火到处燃烧，东京上空仍被黑烟所笼罩，代替了美军燃烧弹引发的地狱之火。"烧毁文件的黑烟从 8 月 14 日下午一直持续到 16 日。

当时的日本《刑法》规定，以送往海外为目的的掳掠或诱拐，处以两年以上有期徒刑（第 226 条）。根据这一条款，强征慰安妇属于犯罪行为。再卑劣的日本军国主义者，也不可能堂而皇之地将这种犯罪行为写进公文，告之天下。即便有这样的记录，也很有可能在战败后被全部销毁。一些日本人还亲口讲述了日本烧毁大量公文的事实。

历史不是历史本身，历史只是一堆能拼凑在一起的人工材料。每个人都在谋求利益最大化，却又不知道何为利益最大化，而最后拼在一起的却可能是一出最大化的悲剧。

失意的记者

脸被蚊子咬肿了，牙疼了一天。老天如此加倍疼我。

昨晚知道马航一架飞机在乌克兰上空被导弹击落，机上人员全部罹难。人类发明了火器，好让自己早日归于尘土。荒诞而不幸的人类，在成为尘土之前，却时刻沉迷于无谓的相争。每个人都将死去，本应成为和解的基础，然而在许多人那里，死亡只为制造事端。

前几天请野口帮我约了《东京新闻》的记者渡部圭。渡部圭曾在中国做记者，参加过对敦化化学武器遗留的报道，回国后在名古屋《中日新闻》做地方新闻编辑。《中日新闻》主要面向以爱知县名古屋为核心的日本中部地区，其前身是发行于明治时期的《名古屋新闻》和《新爱知新闻》。二战时日本政府为了达到控制舆论的目的，出台了一项强制政策，要求一个地区只能有一份报纸。就这样，两份报纸在1942年合而为一，成为现在的《中日新闻》（当时叫《中部日本新闻》）。

由于是从名古屋赶到东京，渡部约好下午四点在东京站附近的一个酒吧里和我见面。为便于交谈，渡部还特别背来了他在中国做记者时的大厚本新闻剪报。这是一个性格爽朗的人，时常哈哈大笑。我们喝着啤酒，待聊得深了，我听到的更多是他无奈的叹息：

"我在中国做了五年半的记者，采访越来越不好做。你说让我写书，哪有那么容易？至于日本的媒体环境，我完全是失望。这边的情况是，如果你写中国好的内容，无论报社老板还是读者都不买账。他们最需要的是中国的坏新闻。比如温州高铁出事，当时媒体就做得非常大，还有不少人叫好呢！他们大概以为中国的高铁学的是新干线，所以觉得'活该'吧。同样，中国反日游行的时候我在现场，情况还算正常，但报上那些照片呈现出来的好像整个中国都在游行。我做了25年的新闻，现在真是苦闷呢！不知道做的有什么意义。"

"这是2014年7月8日共同社的稿子，发表在《中日新闻》上，上面写的是'日本又要打仗了'。"渡部边说边翻开剪报，除了他自己的作品，也附了一些他认为有收藏意义的内容。

那一刻，我有一种《环球时报》兄弟遍天下的感觉。

接下来我们聊了些轻松的话题。从苍井空在中国酒吧里的出场费达到60万元说到"鬼子专业户"矢野浩二。

"日本人会觉得矢野浩二是出卖日本的日奸、非国民吗？"我问。

"据我所知，在中国的日本人并不觉得他是日奸，反倒认为他人挺好的。2012年中国反日，他已经签了合同的戏被取消了，说是不能和中国人抢戏。至于日本国内，知道他的人并不多。日本政府有一年还为他评了奖，大概是说他在海外文化交流方面为日本人争了光。我听说他在演抗日剧时也为维护日本人的尊严做过努力，但可能没怎么成功过。在这方面，我对他其实是有些'同情'的。"

大约聊了两个小时，已经六点多了。按计划晚上要和野岛刚一起去岩波书店参加抵制"厌中憎韩"书籍讨论会。下午野岛刚临时来电，说对方要求只限内部人士参加，所以现在我只好改道和渡部一起去《朝日新闻》社听马立诚的讲座了。

渡部在前面带路，由于搭错了地铁，我们赶到筑地市场时已经有些晚了。《朝日新闻》社就在地铁站边上，好气派的楼宇！在此间穿行，我心里油然升起了一种奇异的感觉——在如此家大业大的地方，能不考虑经济利益和社会压力而一味践行新闻自由吗？孟子讲"有恒产者有恒心"，可人一旦有了恒产，也可能因为害怕失去这份恒产而变得怯懦，丢掉内心。这世上为了肉身可寄的房屋而变卖心灵之庙宇者，何其多也！早在1918年，受到"白虹贯日"事件的影响，《朝日新闻》一度还是热爱自由的。在1936年的"二二六"事件中，因其自由主义观点被日本右翼皇道派兵变士兵攻击，60名士兵冲进东京朝日新闻社进行打砸，损失金额3万日元。士兵指挥官粟原中尉撤退时高喊："国贼《朝日新闻》多年来标榜自由主义，拥护重臣集团，此次行动乃天诛。"现在，《朝日新闻》又因为反对日本修改和平宪法及在慰安妇等历史问题上的态度引起日本右翼的强烈不满。然而，当各种"拒买"运动扑面而来，《朝日新闻》还能坚守心中的道义吗？

上到《朝日新闻》本部新楼15层，急匆匆吃了几个冷盘，演讲会正式开始。今晚的演讲，由法政大学的及川淳子做翻译。陪同马立诚一起坐在台上的是五十川伦义和智子。

"钓鱼岛争端很难解决，最好的解决方式还是搁置。对于钓鱼岛，中日两国政府都说是自己的。世界各国都知道这种争议。日本政府必须承认钓鱼岛是有争议的，不承认这种争议，等于把头埋了起来。有德国人说，将钓鱼岛冻结起来，谁也不去。或者中日每周一三五和二四六分别去一次，大家不见面，免得有冲突。这些提议，我都是赞成的。

"我个人赞成日本走向正常国家。日本将安全完全托付给美国，是正常的。日本拥有自己的自卫能力，解禁集体自卫权，也是正常的，是走向正常国家的第一步。

"日本民族主义抬头，原因有很多。其一，伴随着冷战的结束，民族主义自然在全世界抬头。其二，东亚国家民族主义上升，将主权抬高到无以复加的地步，好像一个岛礁如果妥协了，整个国家就都失败了，这是不正常的。其三，中国民族主义崛起给日本造成了巨大压力。

"有的中国人说，将日本当成中国导弹的靶场，把日本打成一片火海。有的中国媒体说，中国最需要一场战争，让中国一洗百年之耻。前天我在静冈大学演讲，一位二十岁的女生，没有去过中国，她以为中国现在就要侵略日本了……她的恐惧和日本一些媒体的煽动是有关系的。2012年中国一百八十多个城市举行反日游行，有些媒体便借机反复地播放，给日本民众带来了无穷的困惑和压力。一些周刊则猛烈批评中国，骂中国的书好卖，而不骂中国的书不好卖，这也是现实。中国的官员都是贪污的，中国的食品都是不安全的，中国平均每年判死刑的人数是世界其他国家判死刑总人数的10倍还多，这就是日本媒体对中国的描述。

"来日本之前，我在中国某地演讲，有人说来中国旅行的日本人减少了，而去日本旅行的中国人增加了，这说明日本没钱了。那位先生说的完全不符合现实，日本人均GDP 4万多美元，而中国仅为7000美元。

"北京的大学里有一个706空间。学生们自己租房子搞讲座，请我讲了两次中日关系。学生们都是支持我的。我讲的这些道理，在只有小学文化程度的人或农民工那里，是讲不通的。他们因为贫穷而信息封闭。他们脑子里的日本，是300部抗日神剧中的日本，是二战时期的日本。怎么办？有人说，中国每年去世700万人，而每年大学毕业800万人。但如果以每年毕业的800万替代去世的很少念过大学的700万，换掉3亿人恐怕还要30年。一个好的趋势是中国的留学生大量增加。我的朋友中，几乎所有人的孩子都在国外。当然他们都会回来……"

马立诚在台上滔滔不绝，我在台下静静地听着。他讲的有些话是中肯的，但通篇听下来，总觉得哪里不对劲。有时候感觉他在将自己描绘成力挽狂澜的孤胆英雄，事实上我接触到的许多中国知识界及媒体界的人士在中日关系方面的看法已经非常理性。同样，以国民是否念过大学来背书中日关系，也失之武断。素质论的危险就在于它有可能淹没是非（须知素质差的人也有正义感）。一来中日关系出现波折，并非只是中国单方面的原因，既有现实利益的操纵，也有历史问题的积累。二来这个素质论也解释不了为什么今天中国上过大学的人虽然远多于80年代，但80年代中日双方的亲近感却超过80%，而现在是憎恶感超过80%。同样，韩国国民也有反日情绪，我想这也不是因为韩国大学生的比例太低吧。中日关系恶化，是相互作用的结果，将日本右翼力量的上升归咎于中国民族主义的压力，是不符合实际的。

我在前面谈到过，20世纪20年代日本有两股潮流，当国家主义压倒自由主义，日本就滑向了军国主义。虽然二战后日本重新回到了自由主义，但从50年代开始，日本右翼又沉渣泛起，两股潮流的斗争并未结束。90年代初，一些日本国会议员公开宣称日本当年的战争是正义的，他们坚决反对任何形式的道歉，并在1994年底成立了"终战五十周年国会议员联盟"。与此同时，东京大学的藤冈信胜还建立了所谓的"自由主义史观研究会"和"新历史教科书编撰会"，与小林善纪、西尾干二等人试图重新评价历史。有意思的是，藤冈信胜竟然说自己的思想来源于石桥湛山和司马辽太郎。他全然不顾石桥湛山和司马辽太郎既不赞成也不同情20世纪的帝国主义及日本对中国的战争。

日本的部分学者也在极力否认慰安妇问题。比如秦郁彦，他和藤冈信胜一样认为慰安妇只是职业妓女，她们挣的钱比日本帝国陆军将军还多，薪水是光顾她们的士兵的100倍。而慰安妇现在要求赔偿，实在是想把诉讼当作中彩。如此说来，那些苦难深重的慰安妇还要对当年的日军感恩戴德了。而秦郁彦经济上的考虑是，如果慰安妇得到赔偿，以强奸一次需要支付300万日元计算，日本这点家底将赔个精光。

我希望当代中国人能够理性地对待中日关系，但我同样能够理解几代中国人的怨恨。不能简单说这是中国的民族主义或政府洗脑的结果，它同样有着人们对朴素的历史正义的追求。

藤冈信胜所谓的"自由主义史观",认为不能以"好人"和"坏人"这种善恶二元论来评价历史人物。在我看来,这同样是可疑的。一个日本兵在自己家里可能是个好人,但当他对中国孕妇举起屠刀时,就是个十足的坏人了。我们不能因为这个士兵在日本孝敬父母而模糊他在中国杀人的罪行。换句话说,虽然我们无法笼统地说一个人是"好人"或"坏人",但这并不意味着在具体事件中我们失去了判断是非的能力。而当我们从自由人的角度痛惜他甘当刽子手时,也不等于我们宽恕了他的罪行。

散会时,遇到岩波书店的马场公彦,我们约定过几天见面一叙。

会后,我和刘春晖、渡部圭坐车离开。我说我对今晚的讲座多少有点失望,相较而言,天儿慧提出的"共同主权"和山里贤一提到的"国民主权"等概念,在我看来显然更有现实穿透力。

赶回别馆时,已经十点半,女儿还在安静地读她喜欢的穿越小说。

一去不回的逃兵

早起读《朝日新闻》，前NHK新闻节目主持人和播音员等172名退休人员已向NHK经营委员会提交联名书信，要求经营委员会对籾井胜人会长采取罢免或劝告辞职等措施。NHK退休人员在联名书信中指出，籾井胜人在就职记者会上所做的有关慰安妇问题的不妥当、不慎重的发言引起了国内外的争议，这种偏向于政府保守派路线和思想的人不宜担任NHK会长职务。籾井胜人在就职记者会上曾为日军开脱，说不管哪个国家都存在从军慰安妇问题，引起了广泛争议。此外，他针对《特定秘密保护法》、领土纠纷、参拜靖国神社等问题所做出的偏向日本政府的发言也在国内外激起了轩然大波。

中午带孩子参观位于四谷三丁目的东京消防博物馆，除了吸引孩子的陈列，馆内还有些关东大地震的内容。历史无法假设，但足以令人沉思。我继续问自己，如果没有关东大地震，军国主义会上台吗？石桥湛山倡导的小日本主义，只是给当年的日本民众一种理论上的利益，却不能提供现实中的好处；而对外扩张却给他们编织了一个美好的日本梦。占领大东亚甚至更远的地方，可以驱赶他们有关日本本土的所有恐惧，而正在开发的"王道乐土"又会给他们带来唾手可得的利益，至少报纸上是这样说的。

大约五点钟，我和孩子赶到附近的一个社区参加纳凉节。第一次看到那么多穿和服的妇女和小女孩。虽然中途下起了雨，大家依旧热情不减地观看身着传统服装的表演者在雨里跳舞。野口今天本来要带女儿与我们一起游园，不巧临时有事，未能参加。

晚上读《战争——日本人记忆中的二战》（基伯尼著）。书中各色人等的回忆让我感慨不已。如果日本的年轻人多读一些这样的回忆录，想必今天的日本也不是这样的民情。2013 年《朝日新闻》的一项民调显示，20-29 岁的日本年轻人中有三分之一认为当年日本发动的战争"不是侵略战争"。

从书中摘录了几则回忆文字：

甲："为"立即回家"而备感羞辱

我们这些应征入伍的职员，由局长率领，在办公室一角的神龛前做了最后的参拜，然后到讲堂在全体职员面前宣誓"此去必如盛开的樱花之飘逝"，郑重告别。第二天早晨，同事和亲友们在名古屋车站为我们送行，乘军用列车到金泽的步兵队入伍，这是昭和二十年四月二日。

可是体检时，军医对我说"明天回家去"。我大吃一惊，"身体哪不好了，现在就让我回家，太见不得人了。""这是命令！"真是比把我脑袋割了还难受。

被命令回家的一共两个人，我们上了火车，心想火车晚上十点才到名古屋，那时天色已晚，可以趁人看不见悄悄地溜回家去。我接受的教育告诉我，不能参军的男子，不是日本男儿。我达到了士兵体检第二类乙种标准，终于如愿以偿地当了兵，欢欢喜喜地应召入伍了。可是现在却被命令回家，太可耻了，无论如何也不能回家。我几次来到车厢后门外面的踏板，心想不如心一横跳下去死了算了。

我根本睡不着，睁着双眼到了静冈，坐一号列车在这里掉头。早上八点左右进了家门。虽然我难过得想哭。母亲却说"太好了"，正要去上班的同事在名古屋车站看到我，劝我尽快回去工作，可是我怎么也摆脱不了羞耻的感觉，整整在家待了一个星期，一步不出门，家里来人我就躲到壁柜里，后来同事Ｔ君百般劝说，我才心不甘情不愿地上班去了。

乙：一去不回的逃兵

我们这些新兵，怀着"为国献身"的理想参军。当了兵才知道，在军队，吃的是猪狗食，干的是牛马活，这还不算，还要挨打，最初的悲壮情怀消失了，只想逃出这个地方。只是想到如果自己逃跑，家里的弟兄就会当作国贼对待，才压下了逃跑的念头。

这时真有一个士兵逃跑了，那家伙是没什么地方可去的。我们接到命令，全体停止一切工作，分头去追捕这个逃兵。我和同年入伍的Ａ一组，在四国晓字1942部队附近的烟田里搜查，偶然之间，发现那个逃兵藏在烟叶荫里。逃兵拔出刺刀对着自己，哭喊着："让我死吧，现在让我死就是对我最大的恩惠。"我怒吼："要死要活随你便。可是靠死来解脱，也死得太不值了。还不如被敌人一枪打死。"这时，一边的Ａ把刺刀放回鞘里，就算不哀求自杀，在这个战争笼罩全部生活的年头，死亡也是紧紧跟随在身边，沉默中，那个逃兵把刺刀往前一扔说："我要再想一想。所以请你们别把我抓起来。"我看到了他值得同情的一面。

逃走、自杀、归队，他必须一一做出判断。我劝他："还是尽快归队吧。三天不归队宪兵就要来搜查了。那时就是严重禁闭也完不了事。大家都还等着你呢！"他什么也没说，紧绷的身体松弛下来，低下头，擦去一滴眼泪。我高兴起来，一时间几乎有种幸福的感觉。

我挥手向他告别。三天过去了，他还是没有回来。

丙：厌战心理封杀术

终战前的昭和二十八年八月十三日，我从名古屋到东京市谷的教育总监部去，他们带我到仓库中心，说是看看有什么想要的书籍可以拿走。仓库是幢到处漏雨的木结构平房，房间里被雨水打湿的各国军用书籍堆积如山。

我翻到一本宪兵队本部发行的《厌战心理封杀术》的小册子，这是一本心理战指导手册，把心理战的妙用讲得天花乱坠。据说此战术利用集团心理，让国民全体自杀简直就是小菜一碟。书上印有"军事机密"的连续号码，不知怎么混到这里来了。如果我把书拿回去，大概我就得进局子，因为害怕，只好放弃。

战后膨胀起来的宗教团体招诱信徒的方法，和这小册子的战术如出一辙，听说这些团体里确有战争期间搞心理战的人。

如果谁有这个小册子，发表出来，就可以揭开国民何以明知战争必败还要苦苦支撑的谜团了。

丁："思想犯"成了老兵体罚的靶子

我要说的这个人是小学教师。他因为抵抗军国主义教育，挺身反对战争，呼吁和平，被判"违反治安维持法"而遭逮捕。他被取消只服短期兵役的权利，又被剥夺了参加干部候补生考试的资格，间隔还不到五年时间，就作为现役兵，又一次被扔进了军队。老兵和下士官好奇地看着这个比自己年龄还大的高个子新兵，眼神中带着对知识分子的反感。这个施暴欺辱的好对象，毫无防备地落到这里来了，更何况他还是思想犯、非国民。老兵们肯定估计到，军队会默许对这样一个人的半公开的暴力行为。于是，他就不得不忍受老兵们日复一日的折磨。

老兵折磨新兵，在军队里叫作课目，他们先喊一声"摘下眼镜"、"站稳了"。接着铁拳飞来，打得他鼻青脸肿。连第二天早上喝酱汤都钻心地疼，满嘴的牙齿早已东倒西歪。

钉着三十六颗大头钉的军鞋改成的拖鞋、棍棒、木枪等都成了打人的工具。这不是课目而是纯粹的殴打了。还有被罚双手举着枪哈着腰站在杂物柜下面。而他作为新兵中与众不同的靶子，背负着非国民这个沉重的十字架，还要被迫接受超出别人两三倍程度的体罚。永远都能找到施暴的理由——"动作太慢"、"态度蛮横"、"眼神不对"、"第二次入伍更得掌握条令"等。总之，只要想打人，什么理由都可以。

用棍棒殴打臀部，老兵让新兵"间隔一步排开"，然后从头开始，挨个打来。打过一轮，一年军龄的新兵解散，照旧把他一个人单独留下，再打第二遍。连两年军龄的新兵也会发疯似的对他挥舞棍棒……

有些士兵自杀了，有些士兵逃跑了，这里是国境线，卫兵实弹上岗。他抱着枪站岗时，曾经好几次把枪口塞进嘴里，但是战争终究会结束，无论如何，也要活着看到和平和民主降临这个国家。这个顽强的信念阻止了他去死。

这个人就是我。时间是1938年，离战争结束还有很长的时间。

从横滨到久里滨

7 月 20 日
晴

早早起来，带上孩子和智子母子一起去横滨和久里滨旅行。由于在新宿会面时出了差错，我们耽误了半小时，最后只能去品川倒车，到横滨时已经十点一刻了。

路上聊到马立诚的演讲，智子说前天晚上散会后聚餐，马立诚讲了不少有关中日关系的悲观的话，只是那些话不适合在台面上讲。那天有右翼杂志《WILL》想采访马立诚，因为担心马立诚被右翼利用，所以提醒他拒绝了。

到了横滨，我们先去了日本新闻博物馆。据介绍，该馆之所以选址横滨，是因为横滨在 1871 年发行了日本最早的日刊报纸《横滨每日新闻》。

走进展厅，首先看到的是日本新闻协会 2000 年 6 月 21 日制定的"新闻伦理纲领"。我感兴趣的主要是从明治到二战结束时期的日本新闻史。虽然展厅只有浮光掠影的记录，但也可以看出一个脉络，即日本的法西斯化是一连串事件，而不是一个人甚至一代人突发奇想的罪孽，它有着一个长期发酵与搏杀的过程。当一种思想俘获了一群人，而这群人信奉暴力，时刻想着以暴力为此思想开路，那么这个国家也就随时可能被这群"有思想的人"带进悬崖。

在新闻博物馆我特别留意了两个人的命运，一是犬养毅，二是幸德秋水。一个居庙堂之高，一个处江湖之远。相同的是他们过去都做过记者，而且都死于谋杀。

犬养毅曾作为《邮便报知新闻》的从军记者采访西南战争[1]。1931年12月，犬养毅出任日本第29任内阁总理大臣。时值全球范围的经济大萧条，日本军队侵占了中国东北。他任命高桥是清为大藏大臣（即财政部长），禁止黄金输出，试图以积极的财政政策对抗经济危机。因为削减军费并拒绝军部要求承认"满洲国"的指示，犬养毅得罪了军部。转年5月15日，海军激进军人经密谋后袭击首相官邸，将犬养毅乱枪打死。"五一五"事件的凶手后虽经军法会议审判，却仅以轻微的刑罚敷衍了事。数年后，全员获释，并分别在满洲和华北任要职。犬养毅之死是日本政治史上的一个重要分水岭，它意味暴力开始统治这个国家。此后，日本的政治家对恐怖行径十分恐惧，出现了一阵不批评、不反对军方的风潮。

另一位被杀者是幸德秋水（1871–1911）。幸德秋水本名幸德传次郎，"秋水"这个名字是其师父中江兆民根据《庄子·秋水篇》起的。幸德秋水曾是东京发行量最大的报纸《万朝报》的记者。1903年日俄战争前夕，日本新闻界的论调以反对战争为主流，但迫于明治政府的压力，《万朝报》等报纸后来纷纷转向支持开战，为此，幸德秋水与堺利彦、内村鉴三、石川三四郎退出该报，并与堺利彦一起创立了反战的《平民新闻》。

1910年，幸德秋水因"密谋谋杀天皇"被捕，翌年与其他12人一起被处决，史称"幸德大逆事件"。研究表明，这完全是一起被捏造的冤案，幕后主谋据说正是山县有朋[2]。在山县有朋看来，幸德秋水是一个

1　西南战争发生于日本明治十年（1877）2月至9月间，是明治维新期间平定鹿儿岛士族反政府叛乱的一次著名战役。因为鹿儿岛地处日本西南，故称"西南战争"。战争的结束也代表着明治维新以来倒幕派的正式终结。

2　山县有朋（1838–1922），日本幕府末期和明治、大正时期的军事家、政治家，两次出任首相。当政期间，对内搞《保安条例》镇压民主运动，对外抛出所谓"主权线"与"利益线"的侵略扩张理论，并强调以军刀作后盾，大力推行军国主义路线，主张出兵侵略中国和朝鲜。他不仅被称为"皇军之父"，同样是日本军国主义的奠基人。

不折不扣的"非国民"。这个词和中文里的"汉奸"意思相近。

日本当年先有针对国内反对派的暴力，再有遗祸国外的暴力。暴力不仅摧毁了新生的民主运动，也摧毁了政党政治。而那个时代首屈一指的暴力实施者，除了动辄冲击报馆的暴民，更有让人毛骨悚然的暗杀团。

按照血盟团菱沼五郎的说法，在那个大时代里，杀人者与被杀者无所谓对错，只不过是逆缘。当他觉得对不起被杀的人时，他会这样劝解自己："一切都是前世因缘。我自己不是为了杀人而杀他，团（被他杀害的团琢磨[1]）也不是为了死而死。杀人是为了国家着想，被人杀害也是为了国家……自己的暗杀行为是神秘的暗杀。目的实现时我才承认我这个自己，承认团这个人。在此之前，团就是我，我就是团。这种心理靠客观观察或者别人的解释无法体验。"所有暗杀团体里，最有戏剧性的当属 1930 年由桥本欣五郎[2]建立的樱花会。这是一个有着百余名平民和军官的组织，他们试图像明治维新的先贤一样来一场"昭和维新"，政治目标可谓堂而皇之：

> 审视当前社会形势，我们发现高层领导人道德败坏，政党贪污腐化，资本家和贵族对人民大众漠不关心，农村家庭正在忍饥挨饿，失业和经济萧条愈演愈烈。与此同时，我们观察日本的对外关系，发现统治者们为了博取外国势力的欢心，置国家的长远利益于不顾，而且对向外扩张毫无兴趣，这说明明治维新后那个时代积极进取的精神已经荡然无存。我们渴望一个真正基于民众利益，以天皇为中

1　团琢磨（1858-1932）曾出任三井财团最高领导人。1932 年 3 月在三井正楼门前被血盟团团员菱沼五郎刺杀。

2　桥本欣五郎（1890-1957），日本陆军炮兵科军人，法西斯主义的宣传者。1936 年 8 月，效仿纳粹德国"一国一党"的法西斯理论创建了"大日本青年党"。曾率部参与南京大屠杀。1948 年作为甲级战犯被判处终身监禁，1955 年出狱。

心的强有力的廉洁政府的出现。我们虽是军人，不应直接参与政治，但我们为国家牺牲的决心会随着时势的发展和时代的要求而愈益彰显。我们将会为了改造统治机构、扩充国家实力而奋斗终生。[1]

个中说辞，与我推荐过的德国电影《浪潮》如出一辙。

至于手段，就是暗杀。比如以一万人的游行队伍包围国会，派敢死队员袭击主要政党的办公地点和首相官邸，以空袭的办法彻底消灭日本内阁。不过，这些计划没有得到皇道派领袖荒木贞夫的认可，他把密谋起义的头目叫到一个艺伎馆，严厉地训了一顿。翌日，桥本欣五郎被捕，这个樱花会也就解散了。

这事看起来像是个黑色幽默。

明治初期的日本报纸是奢侈品，政府的管制令不过《诽谤律》和《新闻纸条例》等区区几条。到了十五年战争时期（1931-1945），为配合彻底法西斯化，政府对媒体的管制可谓密密麻麻：《战时刑事特别法》、《言论、出版、集会、结社等临时取缔法》、《新闻事业令》、《保安法》、《军用资源秘密保护法》、《国家总动员法》、《不稳文书临时取缔法》、《新闻纸法》、《治安警察法》、《军机保护法》、《戒严令》、《要塞地带法》、《电信法》、《无线电信法》、《临时邮便取缔令》，此外还有陆军省令第 24 号、海军省令第 22 号、外务省令第 21 号……

虽然这些并不能成为媒体参与作恶的理由，然而媒体同样尊崇人性，有着趋利避害的本能。从明治时期开始，日本的媒体就尝到了战争的甜头。这个甜头还得从岸田吟香（1833-1905）说起。年轻时，他因为抨击时政遭到通缉，最艰难的时候只好在江户妓院里打下手伺候嫖客。

1　詹姆斯·麦克莱恩：《日本史（1600-2000）》，海南出版社，2015 年第二版，第 392 页。

但到了 1874 年日军侵略台湾时，岸田获军方谅解成为日本首位随军记者。他的战地报道深受军方和读者欢迎，令《东京日日新闻》（今《每日新闻》）发行量大增。此公后来发了横财，在上海办了乐善堂，据说是效仿孟尝君的做法。岸田收留了大量到中国来的日本浪人和学生，将乐善堂逐渐发展为日本在华谍报的大本营。

那时候的日本人大多对开疆拓土充满激情。甲午战争爆发后，《国民新闻》的德富苏峰派出 30 余名随军记者，为日军助威。

在日本战败前的十几年间，《朝日新闻》、《每日新闻》、《读卖新闻》等几家大报社顺从军方的策略，竞相从战地发回报道，鼓吹"保卫权益"、"维护生命线"，制造了异常的狂热，使得侵略战争一路挺进。1932 年，日本媒体甚至发表共同宣言支持"满洲国"独立。而就在这一年，不支持"满洲国"独立的犬养毅被暴力分子刺杀。博物馆里有一张 1937 年日军攻占德州时《读卖新闻》配发的图片，压图文字是"德州城陷落！皇军の凯歌"。在这些报纸上，哪里看得出一点有关侵略的暴行！至 1945 年，日本三大报纸的发行量分别为：《朝日新闻》340 万份，《每日新闻》305 万份，《读卖新闻》175 万份。其他小报如《东京新闻》50 万份，《日本产业经济新闻》25 万份。

前面提到的德富苏峰，我本不想再提。不过他和弟弟德富芦花却是分析近代大、小日本主义的两把钥匙。

德富苏峰（1863-1957）本名德富猪一郎，是日本著名的作家、记者、历史学家和评论家，被称为继福泽谕吉之后日本近代第二大思想家。他经历了幕末、明治、大正、昭和时期，在舆论界呼风唤雨。他一生著述无数，足以拼凑出一段日本右翼的精神史。

德富苏峰年轻时声名鹊起是因为他宣扬自由民主的政论。1886 年举家迁往东京后，他先后创办了《国民之友》和《国民新闻》。最初，他

二战期间的日本媒体

以改良派自居，宣扬的也是平民主义。比如在《将来之日本》一文中，德富苏峰如此断言："没有'居住于茅屋之中'的劳动人民的幸福，则'绚烂之军备、辽阔之殖民地与强大之帝国'均无任何价值。"然而到了甲午战争前后，德富苏峰很快变成了一个狂热鼓吹对外扩张的帝国主义者，在舆论上推动日本不断对外开战。说他是大日本主义者，最典型的是1893年他发表了《大日本》一文，强调寻找"扩张日本的途径"，稍后又在《海国人民的思想》一文中提出了"国民扩张"的设想。《大日本膨胀论》是德富苏峰对外扩张及侵华理论的代表作。到日俄战争时期，他提出"国家第一，办报第二"的方针，彻底堕落成政府的喉舌。1942年，他出任日本新闻界协力侵略战争的最大团体组织"大日本言论报国会"会长。

与德富苏峰的大日本主义比起来，他的弟弟德富芦花（1868-1927）信奉的可谓是小日本主义。两人思想的分水岭同样是在甲午战争前后。德富芦花不赞成哥哥的国家主义思想，他反对战争，主张和平，是一个不折不扣的人道主义者。因为立场不同，日俄战争时期兄弟俩彻底分道扬镳。有段时间，德富芦花甚至断绝了与日本文坛的联系，在东京郊外当起了农民。他在《蚯蚓的戏言》里赞美农村的生活："到了世界末日，农民的锄头还是闪闪发光，大地的生命是永生不死的。"同样，德富芦花在《我家的财富》一文中写道：

> 房子不过三十三平方，庭院也只有十平方。人说，这里既偏狭，又简陋。屋陋，尚得容膝。院落小，亦能仰望碧空，信步遐想，可以想得很远，很远。日月之神长照。一年四季，风雨霜雪，轮番光顾，兴味不浅。蝶儿来这里欢舞，蝉儿来这里鸣叫，小鸟来这里玩耍，秋蛩来这里低吟。静观宇宙之大，其财富大多包容在这座十平方的庭院里。

这是一个心怀善愿的人，不仅主张废除死刑，而且希望无条件废止海陆空军。就其思想格局而言，德富芦花的小日本主义，首先是他所信奉的人道主义的产物。

1927年的一天，早已绝交了的哥哥德富苏峰在德富芦花临终前来和他诀别。弟弟握着哥哥的手离开了这个世界，而哥哥带着日本膨胀论越走越远，直到二战后作为甲级战犯被逮捕。

德富苏峰和德富芦花两兄弟，像是两个隐喻，哥哥为大日本，弟弟为小日本。大日本有《日本国民的膨胀性》，小日本有《我家的财富》。我不知道当德富芦花和兄长握着手死去的时候，两人心里各自想着什么。那一年，日本刚刚结束大正时代，小日本主义岌岌可危，而大日本主义继续发展，直到将这个国家拖进万丈深渊。

这样的例子太多了。现在日本政坛上也有这样一双兄弟——鸠山由纪夫和鸠山邦夫。前者是人类主义者，被日本右翼骂为"卖国贼"，后者公开声明支持安倍，在他当法务部长的时候，日本一年执行了好几例死刑。

今天比较遗憾的是，我在新闻博物馆里没看到有关《东洋经济新报》和石桥湛山的任何介绍。是因为这家报纸当年的确没有多大影响力，还是因为日本不经意间忽略了石桥湛山的存在？

值得欣慰的是，我在一份明治时期因言获罪的名单上发现了植木枝盛（1857–1892）的名字。以下是那份名单：

> 明治8年8月7日，《东京曙新闻》，末广重恭，监禁两个月，罚金20元。
>
> 明治8年8月12日，《朝野新闻》，成岛柳北，监禁28日。

明治 9 年 3 月 2 日，《评论新闻》，西河通彻，监禁 3 个月，罚金 50 元。

明治 9 年 3 月 15 日，《报知新闻》，植木枝盛，监禁 2 个月。

明治 9 年 3 月 15 日，《邮便报知新闻》，冈敬孝，监禁一年半，罚金 300 元。

明治 11 年 11 月 3 日，《草莽事情》，杉田定一，监禁 10 个月。

明治 13 年 11 月 8 日，《近事评论》，井上敬次郎，监禁 2 个月，罚金 500 元。

在明治国家主义渐渐成形之时，植木枝盛是一颗划过天空的耀眼的流星。他之所以被监禁，是因为写了篇《猿人政府》的文字，批评政府限制国民自由，实为将国民当猿对待。植木枝盛对国家的理解和梭罗颇为神似，他认为政府是"必要之恶"，只有纳入民众的监督之下，恶政府方有可能变成善政府。"人民不是政府的奴隶，而是国家的主人，自己的利益哪怕微乎其微也要争取，没有考虑国家利益的义务。"

梭罗以"公民不服从"的主张闻名于世，而植木枝盛在 1881 年以立志社委员的身份起草宪法草案时，提出"当政府违背国宪时，日本人民可以不服从政府"（第七十条）；"当政府恣意违背国宪，擅自残害人民的自由权利，妨碍建国宗旨时，日本人民可以推翻它，建立新政府"（第七十二条）。

如果说区别，梭罗崇尚的是非暴力不合作，而植木枝盛则有暴力革命的倾向。

和福泽谕吉比，植木枝盛更强调个人主义。福泽谕吉在《劝学篇》中说："先有个人之独立，乃有国家之独立。"《坂上之云》开篇就写到了秋山好古如何激动地回味福泽谕吉的这句话，但在当时的历史情境下这句话却是可疑的。在福泽谕吉那里，一国之独立是目的，一身之独立是手段，这便决定了福泽谕吉信奉的是国家主义，而绝非个人主义或自由主义。换言之，其所谓个人独立不过是把个人从家庭和各藩的桎梏中解放出来，然后一起送到皇家监狱里去。也正是这个原因，每当我看到万元日币上福泽谕吉的头像时，心里总会有一种异样的感觉。

参观完横滨，我们一行四人又去了横须贺港。按原计划接下来将参观美军基地。由于我们到的时间有些晚，四个人只能买到三张票，智子交涉无用，最后只好将机会让给了我和孩子，她带小青在岸上等我们。这让我心里多少有些不安，毕竟我们是一起来的，而且一直是智子在忙前忙后地张罗。好在参观美军基地的时间不长，考虑到旅行不能如此虎头蛇尾，我建议智子一起去附近的久里滨，那里有海，而且有佩里博物馆。事实证明，这才是我们最需要来的地方。

久里滨站是东日本横须贺线的终点站。坐了几站公交车，我们来到了临海而建的佩里公园。公园的中央是一个开阔的广场，里面立着一块巨大的黑色纪念碑，上面写着"北米合众国水师提督伯理（即佩里）上陆纪念碑"，落款为"大勋位侯爵伊藤博文书"，时间是 1853 年 7 月 14 日。从造型来看，想必它还寓意着当年日本"黑船开国"的风帆吧。

再往里走，是一间两层楼的佩里纪念馆。据说佩里公园每年都有由民间组织的开国纪念活动，人称"黑船祭"。在相关纪念活动中，曾经的"入侵者"变成了从外面打开日本国门的英雄。尽管佩里仗着船坚炮利迫使日本签订了第一份不平等条约，但后世日本人并未将此视为永远洗刷不掉的耻辱。相反，他们更愿意从宏阔的世界史和日本史的角度来评价这一事件以及后来的历史进程。常言道，"落后就会挨打"，同样是面对本国的开国史，日本人记住了"落后"，故而发奋；中国人记住了"挨打"，故而悲愤。在历史意义的生产方面，可谓一个重理性，一个重感性。这是东方在面对西方入侵时的两个经典侧面，它们在一定程

日本黑船开国纪念碑（正面）

日本黑船开国纪念碑（背面）

度上决定了这两个东方国家近现代的历史走向。

因为白天参观了新闻博物馆，又想起雨果的话："若无新闻出版，万古如长夜。"临睡前发了条微信："这世界有没有新闻出版的黑暗，也有有新闻出版的黑暗。"如果没有新闻媒体的发展，世界大战会打起来吗？当大众媒体和权力合谋传播一种错误的观念时，足以摧毁一代甚至几代人。

罗尔夫·多贝里在《明智生活的艺术》中分析了为什么不该读新闻："我们的信息很灵通，但知道的很少。为什么呢？因为我们在 200 年前发明了一种有毒的知识类型：新闻，即世界各地的消息报道。新闻对于我们精神的影响，就像糖对于身体的影响一样：新闻是可口的，容易消化的，但长期来看却是有害的。"

多贝里列出拒绝新闻的若干理由，其中一条是：

我们的大脑对于骇人听闻的、与人物相关的、喧闹的和变换快的刺激会有极为强烈的反应——而对于抽象的、复杂的、需要解释的信息则有着极为微弱的反应。新闻制作者便利用了这一点。吸引人的故事、显眼的图片和耸人听闻的"事实"会牢牢吸引着我们的注意力，结果就是所有构思缜密的、复杂的、抽象的和不易看透的内容都会自动隐去，尽管这些内容与我们的生活和与对世界的理解更加相关。所以说为新闻消费的结果就是凭借一张错误的危机入场券在大脑中闲逛。花钱去看新闻的人会把大多数话题的重要性完全估计错误，他们在报纸上读到的那些危机不是真正的危机。

这段话的意思是，人们有足够的热情去接受坏消息，却没有起码的理性去消化它。的确，新闻迎合了人性中的一些东西，比如恐惧。人们需要新闻，很多时候是需要坏消息。当坏消息过量，就会产生毒素。喝下它的人，自身必须有足够的解毒剂。20世纪的世界，坏消息满天飞，慌张的人们四处寻找救世主，并请求救世主带着他们去杀死报纸和电台里的敌人。他们不但自己逃避自由，还要剥夺他人的自由。

生死风土

可越帮我约了郭沫若的外孙女藤田梨那，今天我们一起在新宿聚餐。

藤田梨那原名林丛，1958 年出生在天津，"文革"时曾随父母下放劳动。1979 年，林丛考入天津外国语学院日本语专科，一年后移居日本并更名为藤田梨那，现就职于国士馆大学。

下午三点半，我从小田急线赶到新宿附近的一个喫茶店，藤田已经在那里等我了。不一会儿，可越带着两个月大的小儿子也来了。

我们的话题就从郭沫若开始。藤田梨那说："'卢沟桥事变'时，他和我姥姥住在千叶县，转天他就偷偷回国了。当时都没敢告诉我姥姥，只是写了几个字藏在抽屉里。他穿了个木屐，像平常散步一样走。他是匿名逃到日本的，每天被人盯着……"

"我刚来时，对于日本当年发动的侵略战争非常痛恨。不过后来读了和辻哲郎的《风土》后，对日本多了些了解。"藤田梨那接着说，"20 年代日本曾有三个哲学家去德国找海德格尔学习存在主义，包括三木清、九鬼周造与和辻哲郎。这些人的著作中写得最好的是和辻哲郎的《风土》，我最初读到时真是眼前一亮。时刻面对自然灾害，包括台风、地震、火山，造成了日本人容易热也容易冷、容易亲切也容易残忍的所谓菊与刀的双重性格。我一直问自己，为什么亚洲国家只有日本是这样？读完他们的著作，才抓住了一点根据。看来，要在一个地方住很长时间，才能理解这个地方。"

藤田梨那说的《风土》出版于 1931 年。和辻哲郎受到海德格尔《存在与时间》的启发后，开始从空间而非只是时间上对人类进行考察。他认为人的存在性结构包括时间性和空间性，也就是历史性和风土性的统一。该书将风土划分为季风、沙漠和牧场三大类。中日虽然都属于季风型国家，但日本四面环海，地质灾难频发，对大自然的敏感度比中国人高。

中国人的"无感动性"同样体现在政治层面。和辻哲郎通过对香港和上海的考察发现这种政治上的"无感动性"源于另一种绝望，即对政府不抱希望。中国人依靠血缘和乡土生活，这是他们保全自己的生存之道。比如1927年军阀混战时，外国人都惊慌失措地寻求本国政府的保护，而中国人仍然"从容不迫，慢悠悠地走在街上，或继续做着自己的买卖"。和辻哲郎将之归结为一种生存智慧——原本就没指望国家保护，自顾自活着就好。中国虽然在表面上是统一的，但民众处于无政府状态。

和辻哲郎认为中国是伟大的，但它的品质在近代被淹没了。"从先秦一直到唐宋，日本人都吸收中国文化并对其进行改良，中国人可以通过日本文化，对自己已经消失了的高贵文化的伟大力量进行再认识，从此开辟一条出路。"

藤田梨那继续她的风土说：

"前几年看司马辽太郎的《坂上之云》，作为一个媒体人，他的看法更宏观一些。欧洲也不懂日本人的思维。这是一个小小的孤岛，因为小，所以要寻求出路。岛上的人和生活在大陆上的人不一样，台湾与大陆很不一样。你知道，陶晶孙是郭沫若的连襟兄弟[1]，同在日本留学，1946年受国民党委托去台湾参与接收台湾大学的工作，他经历过'二二八'事件。当他意识到处境非常危险后，在1950年借到日本参加学术会议之机移居日本。他说自己并不想在井里掀起台风，只想朝着井口爬出去。

1　陶晶孙在日本帝国大学跟郭沫若一起学医，娶了郭沫若的妻子佐藤富子的妹妹佐藤操。

大陆和台湾对他来说都很危险，他说当时是'台风从井里起，洪水从沙漠中来'。我研究过他的小说。其中有一篇是用日文写的《淡水河心中》，'心中'在日语里是'殉情'的意思。台湾提防外来者，对大陆和日本人其实都不相信。

"陶晶孙九岁到日本留学，1950 年又开始流亡日本，两年后去世。他很痛心日本与中国开战，在文章里批评日本明治以后向西方一边倒，说富国强兵政策是日本战败的根本原因。他批评一味地学习西方让日本丧失了主体性。这和竹内好的批评有点像。竹内好讲日本人自以为做了欧美的优等生，便可以指导中国这样的劣等生了。两人都用了'奴隶'一词来形容战后的日本。借鲁迅的话说是'做主子时以一切别人为奴才，则有了主子，一定以奴才自命'。"

西风吹过东土，日本是向西方学坏了吗？我在心里问自己。

藤田梨那说："中国人对日本人的沉着有时不太理解。日本人有一句话，'很多事没有办法（仕方がない）'。这话听着有点像法国人说的'C'est la vie（这就是生活）'。他们有向死而生的愿望，很尊重死，也尽量避免死。武士道背后不仅有军国主义，还有对自己的国家和主人的忠诚。剖腹也是想说'你看看我的内脏，里面没有黑的，我是忠诚的'。当然这里有一种自虐的倾向。这个民族对人世是悲观的，但他们能从悲观中汲取美，所以有了'物哀'。一千年前的平安时代，日本喜欢的是梅花，后来改喜欢樱花了。梅花是枯萎在枝头，而樱花是在最新鲜时落下，很干净地接受死亡。有人说中国的樱花是从日本来的，这样的研究也是自己打脸。其实樱花最早是从中国传到日本的。樱花将日本的'物哀'文化发挥到了极致。在日本有个中国作家，写樱花，第一句就说樱花是泼妇，哗地开了，哗地落了……"

说到这里，藤田梨那流露出一种半是鄙夷半是痛心的神情。

时间过得真快，转眼到了晚餐时间，我们边吃边聊。

"我在日本待了二十年，感觉日本离死亡太近了。"藤田梨那感叹道，"'三一一'大地震的时候，跑得最快的是中国人，法国人跑得也快，这让有的日本人看不起，说有点灾难就跑，那当初为什么来日本！他们希望有命运共同体的感觉。日本人排外，有时候也是因为这种质问——为什么只能同享受，不能共患难？"

可越接过话茬："地震发生后，这里有的中国人也不请假，几个月不回来。百度在日本的老总采访过我，地震第二天就跑到福冈、九州一带去了。而地震发生后，东航也借机涨价。日本人可能会认为，死是命该如此，所以没有难民的感觉，他们的确是向死而生。相较而言，中国人有很强烈的难民意识，只要有一线希望就活下去，给人四处逃窜的印象。地震引发核辐射后，很多日本人要回国。有一个爷爷当场撕了护照，因为他的孩子护照过期了，走不了，他说'要死死一块'，非常悲壮。当时我还在医院，老大刚出生两天，我说我不会走的。我妈妈当时很从容，从四楼跑到一楼，一直在拍照。"

"当时我可害怕了，"藤田梨那心有余悸，"我正在我们大学开教授会，发现地震我就赶紧钻到桌子底下了。我年轻时在国内接受过在地震中如何求生的训练，可是我很快发现就我一个人这么慌慌张张，其他教授都继续开会，没有受到什么影响。那天的会议从下午一点一直开到五点。地震发生在两点二十六。"

可越说："我因为刚生孩子，人还躺在医院里。地震发生后，护士过来和我说，孩子不会有事的，我们会照顾好，表情和平时没什么两样。当时有人要生孩子，结果没有一个护士迟到，我都不知道他们怎么赶来的，也可能根本就没有回去。医院的一楼变成了避难厅，每个人可以免费领个饭团。看到这样淡定的有秩序的场面真的非常感动。而中国当时离地震很远，却发生了抢盐的事情……我想起外公写他在日本西南旅行的经历，他当时到了西乡隆盛的故乡鹿儿岛。你知道，西南战争兵败后西乡隆盛自杀了。赛珍珠的小说《爱国者》里的日本女主人公是九州人，看见房子倒了泰然自若，这和她们长期生活在那种环境下有关。"

"在这种环境下生活的人，内心会有一种决绝，所以容易选择自杀？"我若有所思。

"也许吧！"

可越说的这篇文章前几天我正好看过，司马桑敦在《叛将西乡的世界》里这样写道：

> 我是一个大陆人，我无由理解在这么一块经常地震、地鸣与火山口喷烟的火山岛上，居民的历史意识如何，但是，至少我想到，在任何权力、制度、伦理都无从控制的自然恐怖之下，人们唯一的现实态度只是生存的虚无主义而已。在这种空间生长出来的人，"偶然"以压倒的优势占领了他们观念中的任何"必然"，他们无所追求，也无可追求。

藤田梨那读博士时做的是鲁迅与夏目漱石的比较研究，可惜我们今天完全没有时间谈论这个话题，最后仓促地回到了现实中的政治：

"说到安倍，我并不看好他。前些天我丈夫也去抗议了。要是在60年代，日本非得乱了。"

突然想起可越上次和我谈起安倍在第一任时躲在病房里不出来撂挑子的事情。我说他可真像一个公子哥，国家如玩具，不好玩了，就跑了。

"不过，我们国士馆大学算是比较右的，我们还被组织去定期打扫皇宫呢！"藤田补充说。

聊了五六个小时，若不是可越还要回家照顾孩子，我们恐怕会一直聊到饭馆打烊吧。由于要用电脑做笔记，很多时候我一言不发，却又沉入了思考。我在一定程度上认同和辻哲郎的风土论，但觉得由此便总结出一个国家的民族性未免过于武断。至少对地域辽阔、富于多样性的中国并不完全适用。有人或许会说日本人是对死无动于衷，中国人是对活无动于衷。我想就个体而言，无论是说日本人不怕死，还是说中国人不怕活，两者其实无所谓高下，只是对人生意义的取舍而已。

至于群体，事情远非"不怕死"那么简单。关东大地震在日本所引发的种族大屠杀、"满蒙生命线"的提出、石原莞尔所谓的"终战论"，在它们背后我看不到这个族群向死而生的从容，有的反倒是一片混乱的"求生的意志"——更准确地说是强者向弱者转嫁死亡的意志。我不知道这和美有什么关系。而一个人光有美是不够的，还要有善，有对自己和他人的慈悲。当一个民族可以将残忍和忠诚视为一种美，当二者合而为一，他们离恶也就只有一纸之隔了。

现在的日本人在地震之时能够做到"视死如归"，除了文明本身的教化之外，我相信还有一个重要的原因，即对危险的预判。如果日本建筑质量和地震前的汶川一样经不起考验，而且一次次重复这样的负面生活经验，想必他们面对地震时也不会这般从容了。

意犹未尽。睡前翻看司马桑敦的《人生行脚》，其中一篇《胡适之东京一席谈》让我唏嘘不已。一为胡适这样谈到鲁迅——"他活到今天难免会落个杀头的下场"；二为胡适不主张作家加入政党，否则就"酱"在里面了；三为胡适谈到自己所受的"两面夹击"。"五四"时，胡适被指为左派，后来变成中间偏左，而后中间偏右，现在变成了右派。"我们现在是左右挨打，站在夹击的中间了。"该文写于1955年抗战纪念日（7月7日），当时胡适去夏威夷大学开一个哲学会议，路过东京，司马桑敦作为《联合报》的记者去胡适下榻的宾馆采访。这也是他第一次见到胡适，仰慕与爱戴之情，流淌于笔端：

归途上，我想到风雨飘摇中的祖国，想到短时间难得澄清的未来的日子，我突然意识到我该去羽田机场为胡先生道一声珍重，因为未来的中国是少不了他这样勇敢的人的，于是，我赶忙招手拦住一部计程车，时间距离泛美飞机起飞已不远了。

说到胡适，我曾写过《错过胡适一百年》来怀念他，并分别在安徽绩溪上庄、台北胡适公园和美国纽约寻找他的足迹。我无法知晓当年胡适在日本过境时是怎样一种心情，当他回想起自己对中日关系的种种预言时，脸上恐怕会有一丝苦涩的微笑吧。早在1935年，胡适在写给王世杰的信里谈到中日之间的战争，必先有三四年的苦战，"必须虽步步败而仍步步战；必须虽处处败而处处战"，再寄望于太平洋战争的爆发——"我们必须咬定牙根，认定在这三年之中我们不能期望他国加入战争。我们只能期望在我们打得稀烂而敌人也打得疲于奔命的时候才可以有国际的参加与援助。"这是怎样精准的预言啊！

更准确的事实是，胡适不仅预言了太平洋战争，而且一手促成了太平洋战争。有一个说法，正是胡适在美国的斡旋，才使美国没有在珍珠港事件后选择与日本和谈。然而历史是那么荒诞，胡适这样一个远见卓识的人，在1949年后的中国，竟被大陆一度封为"战犯"。

除了预言太平洋战争的爆发，胡适还预言日本侵略中国是带领全日本走上了切腹之路。日本武士切腹时，必须请最好的朋友在背后斫其头，名曰"介错"，而中国正是他们请来的介错者，虽然目前的条件还不够成熟。据说胡适预测"日本切腹，而中国介错"的观点给日本学者造成很大的冲击，后来日本历史学家探讨日本为何走向战争及战败时，常引用胡适的这句话。

"100% 的日本立场" ——与 "右翼" 交谈（一）

下午三点，冒着酷暑赶到日比谷公园附近的日本外国特派员俱乐部（FCCJ）。今天阿部知子等国会议员将在此举行联合记者招待会，回答为和平宪法第九条申请诺奖的相关事宜。几天前，阿部知子给我发来邀请函，里面特别提到了安倍违宪以及新宿自焚案。

走出日比谷车站，我竟然在目的地附近迷了路。找人一打听，知道俱乐部就在旁边大楼的第 20 层。而地图上标的稻荷神社，起初我以为是个很大的地方，没想到只是大楼边上的一个小龛。高楼大厦底下还能保留一座毫不起眼的小"土地庙"，也算是东京的一大特色了。

20 楼的走廊里，挂着不少人的肖像，金大中、索罗斯、马英九、达赖喇嘛、阿罗约、王毅等。FCCJ 因为面向世界各地的记者，难免成为政客显要与各界名流发表演讲的重要场所。

今天来的除了阿部知子、近藤昭夫和小西洋之外，还有民主党议员田城郁（其父田城弘也是议员，已过世）和共产党议员吉良佳子。据网上资料显示，吉良佳子生于 1982 年，去年 7 月当选为日本最年轻的参议员。她之所以选择从政，首先来自于刚踏入社会时的挫败感。从早稻田大学毕业后，吉良佳子简历投了 60 家公司，最终只拿到一个 offer。而有的公司甚至要经过 12 轮面试。现在的学生不少是靠助学贷款才能读到毕业，一毕业就有差不多 700 万日元的债务要还。如果还不起债，工作又没找到……就这样，带着沮丧和忧虑，吉良佳子决定从政。在她递给我的名片上，写着日本共产党参议院议员、总务委员、宪法审查会委员、伦理选举特别委员等名头。

会议准时开始，先是小西洋之作了主旨发言，然后和各位议员一起回答记者提问。主席台右侧放着一个立式麦克风，供记者前来使用。

今天第一次知道，早在今年一月份，在阿部知子等60位议员决定发起申请诺贝尔和平奖之前，有位叫Michio Hamaji的日本商人给著名学者乔姆斯基写过一封信。Michio说他在伊朗、美国和法国等地长期生活，不满安倍政府的右翼做法，深信靠硬实力（hard power）是不可能改变一种文化的。与此同时，鉴于2012年的诺贝尔和平奖颁给了欧盟，他认为接下来有必要将这个奖颁给日本和平宪法。据说乔姆斯基在回信中肯定了Michio的想法——"I will try to spread the information. It's a wonderful idea."（我将尽力传播这个信息。这是一个非常棒的主意。）

会议持续时间并不长，散会后我在楼下再次遇到阿部知子。她扶着我的胳膊，问我今天感觉怎样，我说希望你们能够成功。

由于阿部女士还要赶去参加一个有关冲绳的会议，我们没有多聊。"现在冲绳闹得很厉害，自从美国交还冲绳后，冲绳人希望将美军基地赶到其他地方去。有时间你可以去那里看看……"

晚上去六本木，前些天约好和石平聚餐。

此前，我在网上读过石平的一些"事迹"和观点，也在几家书店里简单翻过他的书。他算是典型的"右翼"。不过，我今晚更想了解的是他这样一个华裔"著名右翼"的观点是如何形成的，他为什么会有那样的立场，背后有着怎样的心路历程。基于我在美国旅行时对抽样失真的一点醒悟，我时刻提醒自己要在与我不同的言论面前抱着一种试图了解的态度。

这些年，日本右翼言论越来越多，因为声音刺耳，所以传播效果很好。

而且其中不乏华人，除了石平，还有黄文雄、林建良。林建良写过一本《中国癌》，除了批评中国以外，同时对日本赞美有加："笔者在日本生活了二十多年，从来不曾看过日本人在街头对骂的光景，而这种不文明的场面，在华人社会却是日常生活中的一部分。除此，日本也不存在骂人祖宗八代的脏话。日本人骂人最重的话就是'马鹿野郎'，'马鹿'的意思是'傻瓜'，'野郎'的意思是'莽汉'，不过如此。"

林建良认为这和日本社会的原型是"村社会"有关。人与人的交往不是"一时"的邂逅，而是以"一生"为单位的关系，所以日本人不会轻易破坏他们的人际关系。林建良还为日本人鸣不平："日本愈让步，中国的需索愈多。中国甚至篡改历史，编造各种荒唐的谎言来向日本要挟更多的经济援助。最明显的例子就是捏造所谓'南京大屠杀'的事件，在中国各地建造'南京大屠杀纪念馆'，展示一些伪造的史料与相片，来加深中国人对日本人的仇恨。"

我早早到了六本木，智子还没有来。我站在街道上等她。一位大概是来自印度的中年人在给路人分发餐馆的小广告，没有一个人理睬他。过了一会儿，另一位印度人走了过来，教他如何热情地弯腰和满面微笑。那人走后，刚学会的那位印度人就依样画葫芦地做了。要说也巧，真的有个人从他手里接过一份小广告。不过接下来的十多分钟，无论他怎样毕恭毕敬，都不再有人理会他。

就在我考虑是否从他手里拿一份小广告时，智子出现在我面前。她连连道歉，我也顾不上那个印度人了。我们一起来到附近的沙香餐馆，石平和他的朋友福岛香织女士已早早到了。没有想到的是，在我们进来之前，石平已经给每位客人都点了一份鲸鱼肉。阿弥陀佛！

"来日本后，有什么书对你的观点产生了颠覆性的影响吗？"我开门见山，很快进入正题。

"我不认为有什么书影响了我，而且我是写书的。"石平不假思索地回答，我没有听出这两句话有什么逻辑关联。

"如果非得说有的话，韦伯和迪尔凯姆算吧。"

"为什么选择在日本生活？"

"我选择在日本生活，有两件事影响了我：一是 1989 年的事情，二是在日本的经历。1988 年我刚到大阪，去见我的担保人，一位日本妇女。她当时跪在地上欢迎我，让我好感动。后来我去京都，在那里看到不计其数的寺庙，我感觉到了杜牧写在《江南春》里的意境——'千里莺啼绿映红，水村山郭酒旗风。南朝四百八十寺，多少楼台烟雨中。'当时我真的想哭。我在中国没有看到的东西，在日本看到了。就这样，我慢慢爱上了日本。"

我承认，虽然我不喜欢石平的一些观点，但是他的这段叙往打动了我。而我最想和右翼接触的，是他们最人性的层面。不过，他很快给我浇了盆冷水。

"我可以明确说，我现在的立场就是 100% 日本的立场。我的夫人是日本人，孩子也是日本人，我几年前也入了日本籍。日本整体上还是开放的，只要生活五年以上，没有犯罪记录，有自己的职业，通常是接受移民的。"

对于石平接近国家主义的表白，我心里并不认同。我首先是人，然后才是国民。在我看来，人最应该忠诚于自己的良知和理性，而不是一个国家，更无所谓 100% 的国家立场。二战前的日本人不正是抱着 100% 的国家立场，和这个国家一起滑向深渊吗？与此同时，我相信中日如果能够和解，就需要两国国民从各自的国民身份回到人的身份，接受彼此生而为人的基本价值。

主张人的价值优先于国民的价值，并不代表我对自己的出生地和所属国没有情感。所以当石平问我是否会考虑移民时，我说我自知天命在身，将在中国终老。当然，这不是一种道德上的选择，而是情感上的选择。无论出生在哪个国家，理论上每个人都应该有用脚投票的权利。

"你真的认为日本没有侵略中国吗？"我想起维基百科里有关他的介绍。

"我没有说过这句话，网上有些话不是我说的，我也懒得辩解。但有一点我说过，当年南京大屠杀三十万人是假的。谁当年数过啊？"石平回答道。显然他没有读过沟口雄三有关南京大屠杀情感记忆的相关解释。

"中日间几乎没有和解的可能，最好的状态就是不发生战争，最大的障碍还是历史问题。日本不会按中国的意思去承认历史问题，那样日本的大和魂就丢了。"

考虑到这句话中的"按中国的意思"会产生歧义，我没有继续追问，心想如果认为日本承认历史问题就意味着日本的大和魂丢了，那就真是个天大的笑话。德国与纳粹完美切割，完成政治废墟上的自新，不但没有丢掉日耳曼人的魂魄，反倒因为重新赋予它生命而获得了世人的尊敬。

"出国这么多年，脱离了中国的现场，你觉得你关于中国的写作有问题吗？"我继续问。

"以前我也经常回中国的。我的研究资料主要来自新闻，我在《产经新闻》上的专栏，两周一次，主要说中国负面的东西。当然你说得对，如果我能够经常回中国，我会写得好一些。但我写的不是学术文章，我不像阿古教授。将来我也想写点历史、哲学之类的东西。六十岁以后归隐田园，再写点老庄的养生之道，这在日本也挺有市场的。"

紧接着石平话锋一转："感谢中国政府，让我在日本的生意越来越大了，让我一直有机会批评下去。中国政府有一点做得还可以，没有因为我在日本批评中国而找我老家的麻烦。虽然我批评中国政府，但是对于中国人，还是会说好话的，比如艾未未。"

"其实你和《产经新闻》一样，都应该感谢《环球时报》和它的支持者。不过看来你和《环球时报》还不太一样。"我说。众人大笑。

说到《环球时报》，一直在旁边默不作声的福岛香织补充道："从市场角度看，《环球时报》办得非常成功。我 2002-2008 年在中国的时候就很喜欢看。"

对于中日关系，福岛香织认为现在虽然不像 80 年代那么好，但也不是很坏，内阁府的民意调查结果和她自己的感受不一样：

"我问周围的人，他们对中国人都挺好的。现在只是政治上的问题，日本社会并没有真正抵制中国，东京的便利店每三个职员里就有一个是中国人。"

由于福岛香织曾是《产经新闻》驻华记者，我们的话题自然转到了西山太吉和新闻自由等问题。

"日本在法律层面没有言论自由的问题，但是记者个人考虑到职位、升迁以及公司内部的规定和读者的反响等，也会有较严格的自律。对于不确定、不能预测到后果的新闻，我们一般不敢写，所以这种言论自由是打折扣的。日本不如美国、台湾，现在和香港可能差不多了……至于西山太吉，如果当时他只是把莲见给他的密件写成新闻稿，我相信他不会输了这场官司的。但是他把材料给了议员，而不是写成新闻稿，所以是有问题的。"

大约十点左右，喝完杯中酒，我们结束聊天，走出餐馆。沙香饭店的老板亲自出来送石平，说了一番恭维的话。据说这位老板是石平的粉丝，经常在《产经新闻》上读他的专栏。

回东大的地铁上，我想起索雷尔写在《进步的幻象》中的观点：很多人选择保守或激进，只是想在原有的秩序中为自己占据一个位置。就石平而言，几十年前从中国只身来到日本，得了当地的恩情，也有自己需要肩负的命运。无论他选择做什么，包括变成一个著名的"华裔右翼"，对他自己而言，大概也是想在新的秩序中占据一个位置吧。

"中国一无是处"——与"右翼"交谈（二）

7月23日
晴

在东大食堂连吃了一个多月的生洋葱，身体状况似乎有所好转，牙病却又犯了。

今天要和另一位著名"华裔右翼"吃饭。他的名字叫黄文雄。最初我是在东京书店那些"厌中憎韩"的书堆里发现他的。

饭由我请，福岛香织和智子继续作陪。昨天冷落了女儿，今天特别带上了她。我们和智子到达中野站附近的 SUNPLAZA 餐馆时，黄文雄和福岛香织已经坐在电梯口等我们了。由于餐馆要到十一点半才开门，我和黄文雄在外面简单聊了会儿。

"我已经在日本待了 51 年，中文讲得不太好了。"黄文雄说。他一头花白的卷发，若非留了一把胡子，我会误以为此刻坐在我面前的是经济学家张五常。

在外面聊了几分钟，餐馆门开了，选一个靠窗的桌子坐下。

黄文雄祖籍台湾高雄，他的很多观点不为中国人所接受，在日本却不乏市场。"我现在每个月都要出三四本书，一共出了 200 多本了，书销得还不错。上一本《患韩国》销了七万多。现在'憎韩热'，出版社稿子要得急。我现在很忙，每天要工作 20 个小时。几年前更忙，每天只睡两个小时。后来医生警告我，再这样下去你就完蛋了。"

午餐持续了两个小时，坐在我面前的是一个精力充沛、自以为是的老头。鉴于单一身份与暴力的关系，我不想简单粗暴地给他贴上一个"右翼"的标签。从一开始，我就调整好了心态——我今天来和黄文雄见面，只想听他说什么，而不是争论。在我眼里，他和石平一样，尽管我不会同意他们在公共场合表达的许多观点，但当我们坐下来面对面聊天的时候，我发现我们是可以交流的。另一方面我也知道，为了使他们的观点得到更好的传播，他们乐意被人称作"右翼"，这是他们的金字招牌。所以昨晚石平说，即使有人在网上传播那些他没有说过的右翼言论，他也不觉得有什么好去辩解的。毕竟，他可以靠着这些免费的吆喝行走江湖，而到关键时候，又可矢口否认，全身而退。

"我老家在高雄，小时候姑姑开书店，看了不少书店里的书，它们和教材不一样。不过当我按照那些书而不是教材回答问题时，往往会得零分或被同学嘲笑。所以从那时候开始，我便有一种想法，最后还是要听老师的。来日本后，最早读西洋经济史和西洋哲学，做韦伯和马克思的比较研究，还在东大给卫藤沈吉（1923-2007）做过几年助手，研究《人民日报》。那时候正是日本搞学运的时候，他的一些书被人抄了，我们帮他转移到了外面一些，也从外面把他的一些失散的书买了回来。"

黄文雄滔滔不绝地讲着自己的故事。智子听到一半走了，因为托儿所打来电话，说小青发烧，需要接回家。我和女儿早吃完了，黄文雄才开始狼吞虎咽起来，好像完全忘了还有顿午餐在等着他。接下来，他开始带着鄙夷的口吻谈起自己对中国文化的理解：

"中国先秦诸子百家的水平是非常低的，只停留在目的论和方法论层面，如《孙子兵法》。和西洋、印度的哲学相比，先秦诸子缺少对人的思考。阳明学和日本的阳明学也是不一样的，王阳明讲'天杀'，其实是大屠杀学。空海和尚的《十住心论》也讲到，人类的心的发展，构成十个阶段，而儒家学说只是处在人由动物变成人的第一阶段，所以海德格尔、韦伯、萨特等对诸子学说不感兴趣……中国不可能实现民主化，它会和罗马一样，越发展越独裁。这是体制的原因，不是个人努力能做到的。而且，中国对自身的反思是远远不够的。30年代中国西北大饥荒，日本还派了两个调查队去调查原因……日本决定于法，中国决定于力，但我建议日本要增强魅力，而不是军力。日本人讨厌中国人和韩国人，因为他们不诚实。日本人有心和魂，而中国人和韩国人像稻草人。中国希望统一，朝鲜需要统一，但为什么非要统一？这种全体主义的中华思想是最大的问题。"

"在你看来，中国有好的东西吗？"我试探性地问道。

"我几十年来一直在找中国的好东西，但是……我认为中国人应该向日本人道歉……"说话间，他又起一块牛肉，放进嘴里。黄文雄没有解释中国人因何要道歉，我也没有问他是不是因为中国人脖子太硬了，磕坏了日本刀。

大概是批判太久了，黄文雄话锋一转，变得温和起来：

"其实我对江户时代的历史民俗学更感兴趣一些。那时候，几百年没有死刑，政治体制像合众国——德川联邦，在结构上和美国有些像，也有点像满洲的五族共和……"

我不能说黄文雄说的话都没有道理，但很多话过于武断也是显而易见的。比如说中国的统一问题，它更多是基于现实的考量而非中国独有的某种"中华思想"，否则又怎么解释美国的南北战争和东德、西德的统一。而冲绳或北海道如果有独立运动，相信日本本土也会有很多人要借用这古老的"中华思想"了。

此外，他对王阳明的批评也有些为了反对而反对的意味。不能因为王阳明在劝降信《告谕浰头巢贼》里用了"天杀"二字，便将之简化为"大屠杀理论"。事实上这封劝降信的目的正是为了放生而不是杀人。

同样糟糕的是举例证明。黄文雄因为中国境内曾经出现过人吃人的事情，就断定中国人是一个吃人的人种。这种观点，像鲁迅那样写在小说里或许可以，但要由此得出人种学的结论，则未免太过轻佻了。

至于先秦诸子"缺少对人的思考"这个论断，更是视先秦诸子为无物了。庄周梦蝶，追问的正是人的本质。诸子百家同样有关于人性论的丰富思考。世界上没有哪一种文明像古代中国的先贤那样集中思考人的现世。这个世界一直存在着一种偏见，这种偏见认为只有提供一个来世与彼岸，才有所谓的终极意义，才配得上是对人的思考。

这方面，作家赫尔曼·黑塞显然要公允得多。在他看来，读记录先秦诸子思想的《吕氏春秋》，就像是从城里的沥青地面回到一片生命饱满的森林。区别于西方文化的印度文化和中国文化都是世界文化的另一极，任何单方面的否定都是愚蠢的。西方不必用耶稣取代老子，印度文明也不比中华文明技高一筹。在黑塞看来，追求彼岸的印度式苦行是对人的思考，安于现世的中国式世俗生活也是对人的思考。黑塞在其《黑塞之中国》一书中这样写道：

> 如果说印度在苦修和僧侣式的避世中达到至高境界并能触动人心，那么古老中国在精神心灵的培育上所达到的境界足可与之匹配。在中国人的精神世界中，自然与精神、宗教与世俗生活并非敌对的双方，而是意味着友善的对立，二者都能得到自身存在的权利。如果说印度苦修的智慧在其要求上的极端性是青年式的、清教徒式的，那么中国的智慧则是经历丰富因而变得聪明机智者的智慧，懂得幽默，并不因为阅尽沧桑而灰心丧气，也不因聪敏而变得轻浮。

下午带孩子和野口母女一起去最高裁判所附近的国立剧场看歌舞伎《倾城反魂香》。早稻田大学的博士生吴爽给我做现场翻译。这是国立剧场搞的歌舞伎鉴赏，有亲子活动的意味，所以在正剧开始前，主持人花了半个小时介绍旁白以及太鼓、三味线等乐器的使用，并对比了现代剧和传统歌舞伎在表现一个人迷路山林时的区别。但毕竟是传统歌舞伎，当正剧开始后，我发现周围有些人睡着了。

晚间，小吴给我发来信息，我才知道《倾城反魂香》取材自白居易的《李夫人》——"人非木石皆有情，不如不遇倾城色。"

抗议声浪中的岩波书店

十二点半左右，带女儿去神保町，今天要去岩波书店找马场公彦聊天。刚走出 A6 地铁口，我就看到一群人在街边举旗抗议。出于好奇，我凑了过去，原来他们是在抗议岩波书店。见到我在拍照，一位扎着头巾的年轻人兴高采烈地摆了几个 POSE。

这就是中文媒体上经常出现的日本右翼团体。他们打着不同的标语，如"子供たちに嘘の歴史を教えないで"（不要教给孩子历史谎言）、"子供の未来を守るため 今こそ河野谈话の见直しを"（为了孩子的未来，是时候重新评价河野谈话[1]了）、"広辞苑は嘘だらけ"（广辞苑[2]满纸谎言）、"岩波书店は责任をとれ"（岩波书店得担起责任）、"河野谈话，完全撤回"等等。

两年前，日本一些极右分子在美国新泽西的报纸上刊登付费广告，不仅否认慰安妇的存在，甚至宣称慰安妇是"卖春女"，收入超过日本军官。而今天这个团体正是要展出一些证据，如当时一等兵的月收入为 9 日元，内阁总理大臣东条英机的月收入为 800 日元，而一位朝鲜慰安妇的月平均收入为 1500 日元。另一个宣传册则说慰安妇月收入为 1000-2000 日元，而兵士的月收入为 15-25 日元。

1　1993 年，时任日本政府内阁官房长官的河野洋平代表日本政府发表了"河野谈话"，承认日军强征慰安妇的历史事实。

2　《广辞苑》与三省堂《大辞林》并列为日本的两大辞典，其对"慰安妇"一词的解释为"随军到战地部队，安慰过官兵的女人"。

组织今天这场活动的是"花时计"（Hanadokei）。这是一个自称爱国的女性组织，它和另一个团体"轻呼吸"（Soyokaze）一起积极支持安倍推动修宪并重塑日本历史，声称"日本宪法比核电还危险，不能保障我们孩子的未来"。眼下两个组织的主要目标就是发起废除"河野谈话"的运动。他们希望安倍定期参拜靖国神社，甚至认为日本主流媒体偏向左派，政客不是亲美就是亲中，唯独不亲日。

大约 20 分钟后，当我与马场公彦在岩波书店大厅会面时，"花时计"的人也已经赶到了书店楼下录像、演讲、喊口号。因为有人进出，每当大厅的自动门打开时，外面的声浪便会潮水般涌进来。今天的抗议者不到 20 人，其中多位戴着口罩和墨镜。虽说"花时计"是一个妇女组织，可参加抗议的有一半是男性。

"他们跑这里来是为了抗议最近岩波书店出的一套课外书，其中一册涉及慰安妇的内容。"马场公彦边说边将我和孩子带进一间空闲的会议室。

"马立诚那天的讲座非常好，中日需要有更多这样的人。他的观点日本左派和右派基本上都能接受。"马场公彦接着说。

"现在有两种'中国威胁论'，一是冷战以来美国地缘政治的产物，二是日本本土以冈田英弘、石原慎太郎、黄文雄、小林善纪等为代表的'中国威胁论'，我叫它'日本型中国威胁论'。说到黄文雄和石平，我个人并不爱看他们的'嫌中论'与'嫌韩论'，但他们的书籍迎合了目前排外性的民族情绪。石平的主张相似于中国的民运派人士，他们流亡国外后，对中国进行尖锐的批评，有些是对的。黄文雄是'台湾独立派'，格外强调台湾和中国大陆的区别。至于冈田英弘，则是站在中华文明的不同角度来看问题。我对他用长时间的角度来分析问题的方法是有些赞同的。他现在生病了，脑子有点问题。他的太太宫胁淳子也是历史学家，写了很多书……"

在我印象中，冈田英弘算得上是一个严谨的学者。因为重新检视日本古史神话，在一定程度上削弱了天皇的根基，他被日本保守派视为让民族精神降格的"蔑视派"。冈田英弘对"良史"与"恶史"的区分虽不全面但也深得我心[1]。我没想到马场公彦将冈田英弘与其他几位放在一起相提并论。那一刻我也在想，每个人的思想与经历都那么丰富，怎么可能以一两个标签概括？而当我意识到冈田英弘将中华文明定义为日本之外的异域文明时，难免会想到冈仓天心。[2]国与国的关系，如恋爱，两个人想在一起的时候，找相同的地方；想分开了，看到的就只有不同的地方。冈田英弘自诩能不被个人情感、神话信仰、道德价值以及意识形态等左右来写历史，然而谁又能真正做到？

"我推荐你了解一下中岛岭雄的东西，他去年刚刚过世……"马场公彦向我介绍了另一位"右翼"学者。我没有读过此人的东西，于是在网上搜了一点他的资料。中岛岭雄早先坚持"中国崩溃论"，认为中国很快要解体，分成七块地方。待失算后他又开始坚持"中国威胁论"，主张日本要与台湾和韩国联手，共同对付中华帝国的扩张。

"您是否赞同解禁集体自卫权？"我问。

"我个人对解禁集体自卫权是支持的，但如果站在岩波书店的立场，当然是反对的，是要遵守和平宪法第九条的。日本和平主义的根源

1　冈田英弘认为，越摆脱主观价值的史学，越接近"良史"；反之，受到特定意识形态影响的史学，则为"恶史"。

2　冈仓天心是日本近代文明启蒙期最重要的人物之一，当福泽谕吉坚持日本应该"脱亚入欧"时，冈仓天心则提倡"现在正是东方的精神观念深入西方的时候"。冈仓天心提出，"为了恢复和复兴亚洲价值观，亚洲人必须合力而行"。他认为需要克服西方近代解放欲望的弊病，应该以佛教的东方宗教价值观为重，例如慈悲、宽容、尊重、道义。冈仓天心有句名言："西洋人把日本人沉溺于和平艺术之时期视为野蛮国。当日本人开始在满洲战场上大规模杀戮时，却视之为文明国。"

是二战的被害经验，日本不能再有这种经历了。日本在战后几十年为什么可以保持和平，日本自卫队为什么没有杀害一个外国人，一是因为宪法第九条，二是因为日美安保条约。但大家越来越感觉到像日本这种国力强大的国家长期驻守外国军队是很不自然的事情。"

我不想去评价马场公彦的个人立场，他上面有句话十分耐人寻味，即"日本和平主义的根源是二战的被害经验"。言下之意，这种和平主义在很多人那里并不是一种价值观上的悔悟与坚持，而是出于"一朝被蛇咬，十年怕草绳"的恐惧。

"为什么在日本新闻博物馆里没有关于石桥湛山和《东洋经济新报》的介绍？"最后我把话题转到了石桥湛山。

马场公彦解释可能是因为《东洋经济新报》是杂志而非报纸——我想他或许是对的。他接着说："日本有关于石桥湛山的纪念财团，有一份纪念他的小杂志《自由思想》，而且出了《石桥湛山全集》。此外，岩波书店也出了他的评论集和回忆录。我想日本人并没有完全遗忘他，会重新发现他的价值。"

女儿今年11岁，一直安安静静地坐在我旁边敲字。按计划，她每天在网上为她新开始的小说连载更新一千字。看我聊的时间长，她下午索性更新了两千字，"这样明天就不用更了！"

我和马场公彦聊了大概两个小时，完后他将我们父女送到楼下，刚才在门外抗议的"喇叭党"已经散去。

接下来要去国会，阿部知子和她的朋友猿田佐世女士在等我。智子因为孩子生病尚未痊愈，今天不能陪我去了。

猿田较我年轻几岁，毕业于早稻田大学和哥伦比亚大学法学院，现在是律师兼 NGO 组织 New Diplomacy Initiative 的执行董事。我们三个简单地聊了聊中、日、美三国如何通过民间交流促进中日和解的事宜。因为主题设置大而无当，没什么实质性的内容，聊天因此显得有些乏味。很快我将目光转向了办公室墙上挂着的一幅风景画，阿部知子告诉我这是她的老家藤泽市。

藤泽市？我脑海中又一个念头被点燃。聂耳当年就是在藤泽附近的海边溺水身亡，也有说被鲨鱼吃掉的，还有说被日本机关暗杀的。如果有时间，我一定要去看看。

时间总是那么不够用，或者不够巧。比如这位猿田佐世女士，在我们一起告别阿部知子离开国会后，她意犹未尽，请我和孩子进了楼下的一间咖啡馆继续聊天。过了好一会儿，她说突然记起一件事，便心急火燎地冲向地铁站，尽管外面正下着大雨。原来，她一岁半的孩子还在保育园等着她呢。

告别军国主义的几个条件

在食堂吃完饭，中午带孩子到图书馆。这已经是第三次带她来了，头两次图书馆的人没让进，第一次说是周日不安排参观，第二次说是过了下午五点，管理员不会讲英文，满脸苦楚和难堪，逼得我也无话可说。今天顺利，只是办了个阅览证便进去了。

孩子很高兴，在图书馆里找到了《一个村庄里的中国》。而我也另有收获，翻到一本影像志，里面收录了昭和驾崩当日的日本众生相。有人哀悼，有人抗议，有人欣喜若狂，有人无动于衷。

下午与智子聊天，聊到远藤誉、刘燕子、金美龄、段跃中和石平等在日文化名人。

"那天晚上我们一起和石平聊天，我真觉得他好可怜。他怎么会那么说？"

我会心一笑，知道智子说的是石平说自己现在是日本人，所以"站在100%的日本立场"来考虑中国问题。

"他毕竟是在中国出生，在中国长大，怎么会对中国有那样一种态度？换成我是绝对不会那样说的！"智子说。

我说如果他不背井离乡，能够在中国正常生活，他也不至于要吃"右翼"这碗饭吧。当然，不必将自己的生活想得那么艰难。如果说过去是为生活所迫，现在可能是为生活所诱吧！

吃完晚饭，和刘春晖一起聊天，他刚上完森正稔的课。

"马立诚那天晚上在《朝日新闻》社演讲时说赞同日本解禁集体自卫权，你怎么看？"在聊完又一架飞机失事后，我问春晖。

"我接触的日本这边研究外交的，基本上都赞同安倍解禁集体自卫权。包括东大的有些老师如细谷雄一、北冈伸一[1]以及苅部直等人。"春晖说。

打开电脑，我在网上找到了 2013 年 9 月 22 日北冈伸一发表在《读卖新闻》上的文章，他认为目前的日本缺乏重返军国主义道路所必须具备的五个条件。

第一个条件是"地理扩张有利于确保国家安全与繁荣"的观念。

面对从俄国革命混乱时期走出来逐渐成为军事大国的苏联，当时的日本国内普遍存在必须确保控制满洲的观点。满洲事变发生后，为确保满洲稳定就必须进一步控制华北的观念可以说深入人心。日本资源匮乏，市场狭小，很多人考虑到海外寻求资源和市场。由于日本人口过剩，向海外转移人口的观念也是根深蒂固的，将扩大地理版图看作国家荣耀的观念更是强烈。这些观点不仅在军队，甚至在全国范围内都深入人心。

当然，也有人不这么认为。例如，战后就任首相的石桥湛山从 20 年代初期就提出小日本主义。其主张是，与其占有殖民地，不如在世界范围内寻求资源和市场；移民会引发较大摩擦，与其移民不如培养出口产业。这种卓识当时并没有太大影响力。1929 年的大危机发生后，世界范围内的区域化加强，日本国内要求地理扩张的声音日益高涨，这种声音促使日本将势力范围扩张到满洲、华北甚至东南亚地区。

---

1 北冈伸一是东京大学法学部教授，曾任日本驻联合国副大使，主要研究方向为日本政治史、外交史、政军关系和联合国问题等。他同时是"中日共同历史研究委员会"日方召集人。中日共同历史研究，从 2006 年启动到 2010 年发布初期报告，对于中日关系的改善并没有起到什么实际性的推动作用。

相比之下，日本国内现在没有要求扩大版图的声音。从历史上看，日本遭受的威胁多来自朝鲜半岛，现在有美韩同盟保障日本的安全，日本不可能产生需要越过海洋扩充版图才能确保安全的想法。日本战后进口物美价廉的资源，向世界出口成品，经济上获得了很大发展。作为自由贸易体制的受益者，日本不再认为地理扩张能直接促成繁荣，也不再有人把军事扩张看作国家荣耀。

第二个条件是认为"对方很弱"。

二战前的中国，军阀的军队基本由雇佣兵组成，战斗力低下，"中华民国"的军队除少数骨干外也基本都很脆弱。因此，在日本看来，中国"很弱"。而现在的日本没有人会这样认为。

第三个条件是认为"国际社会力量欠缺，没有制裁能力"。

满洲事变发生时，日本没有受到来自国际社会的严厉制裁。如今联合国领导下的国际社会可以采取严厉的制裁。

第四个条件是政治对军队的统治薄弱。

战前，关东军开始自作主张，军队日益膨胀，话语权不断增强，政治无法阻止军队。但现在，日本政治对自卫队的统治可以说是十二分有效。

第五个条件是言论不自由。

直至满洲事变发生，吉野作造[1]对满洲事变进行批判的言论以及清泽洌批评日本退出国联的评论还刊登在了《中央公论》上。然而，日中战争初期，持自由主义论调的人被拉入黑名单，无法发表文章。到了1937年秋天，由于日中战争造成了庞大的死伤人数，指责的声音日益高涨，甚至发生了士兵家属闯入连队长家的事件。日本当局进一步加强了言论统治。如果没有言论统治，战争实现起来还是很困难的。而现在，日本

1　吉野作造（1878-1933），日本大正年间活跃的思想家、明治文化研究家。曾在东京帝国大学任教。作为大正民主运动的发起人，吉野主张民本主义，提倡建立在言论自由和普选基础上的政党政治，在外交方面对日本的帝国主义侵略政策持批评态度。

国内的言论自由得到了切实保护。

总之，北冈伸一断定以往促成日本走上军事扩张的五个重要条件如今都不存在。日本之所以是和平国家，不是因为宪法第九条，更根本的原因在于支撑日本当今繁荣的基础条件。接着他话锋一转，"现在的中国更具备这五个条件"。

的确，以日本当前的民意，日本重新走上军国主义道路的可能性微乎其微。即使现在部分政客有野心，日本也没有二战前走向军国主义的社会基础。有一份"世界价值观调查"显示，在问及"假如战争爆发，为了国家你会积极参战吗"这个问题时，日本回答会的人只占15.1%，而中国大陆、韩国、美国、俄罗斯分别为75.7%、71.7%、63.2%和60.6%。同样，在对权力的服从与尊重以及是否为自己的国家感到自豪方面，日本回答"会"的比例也大大低于世界上的其他国家。如果没有国民支持，当年日本的军国主义者就不会上台，希特勒也将是一个对着空气说话的光杆司令。

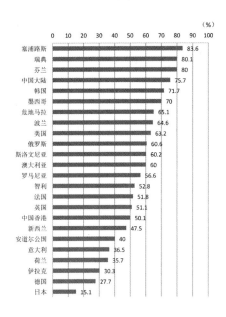

调查一 你会为了国家积极地参加战争吗？右图为回答"会"的人的比例

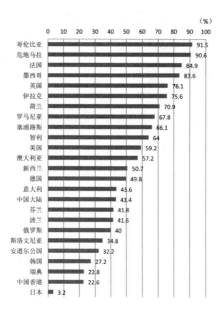

调查二 你对身为某国或者某地区人感到自豪吗？右图为回答"感到非常自豪"和"感到相当自豪"的人的比例

调查三 你认为权威或者权力应受到极大的尊重吗？右图为回答"尊重权威或者权力是一件好事"的人的比例

（以上调查数据摘自橘玲著《括号里的日本人》，中信出版社，2013 年）

我和春晖说，我在一定程度上能理解日本回到所谓"正常国家"的愿望，也不相信日本会因为解禁集体自卫权而重新走上军国主义道路，但对于日本政权的右转和国家主义的上升，我将始终如一地抱以惋惜之情。如果日本有朝一日彻底废弃和平宪法，其所谓回到"正常国家"就不过是"凤凰涅槃变成鸡"。而这个国家，也一定不会因为废弃和平宪法而变得更加安全。

温故而知新。睡前偶然读到辜鸿铭写在《中国人的精神》里的两个观点。二十年前读过，现在差不多全忘了。

其一，美国的爱默生在很久以前说过："我能够轻易地看到步枪崇拜的破灭，尽管伟大人物是步枪崇拜者；而且确实如此，就像上帝证明一样，武器需要另一个武器，唯有爱和正义的法则能够产生一劳永逸的革命。"如今，如果欧洲人真的想要扑灭军国主义的话，只有一条出路，就是用爱默生所说的不需要另一种武器的武器，即正义和爱的法则，实际上也就是道德力量。

其二，在这个世界上，还有一种比自然中的物质力量更为可怕的力量，那就是人心中的激情。自然的物质力量能够给人带来的伤害，远远比不上人类的激情给人带来的伤害。

可叹百年之后，辜鸿铭在中国能被人记起的只有茶壶和茶杯的风月故事了。

女儿想家了

　　昨日是甲午战争开战 120 周年。在一场由中日交流协会主办的题为《日本近代国家的形成——甲午战争 120 周年》的讲座上，北京大学历史系教授王新生多次提到实现民权与日本赢得甲午战争的密切关系。在王新生看来，日本打赢甲午战争，与日本近代国家的形成有很大关系。明治维新后日本确立了宪政体制，实现了国权与民权的统一。所以，当国难发生时，国民能够全力支持政府打赢战争，以维护国权。

　　我并不这样认为。没有人会誓死保卫并不存在的东西。当年的日本，既然连孩子都不属于母亲，而属于国家和天皇，何来真正的民权？依我之见，当年中国之所以兵败如山倒，在很大程度上归咎于它是以一个无政府主义的社会面对一个吞噬了社会的军国。日本所谓近代国家的形成，首先是先于中国建立起了民族国家，而中国一旦有了民族国家的概念，并且在此基础上建立了国家，对日本的入侵，就不像几百年前清兵入关那样等闲视之。过去是"皇帝轮流做，明朝到我家"，现在变成了"亡国灭种"的民族性危机了。

　　女儿闹着要早点回中国，说是有同学从美国回去了。今日一事无成，血压又上来了。

善良人的生意经——与"右翼"交谈（三）

7 月 27 日
中雨

　　中日关系并不像有些人担心的那样坠入了深谷。据日本政府观光局前几日发布的统计数据，今年上半年，来自中国大陆的访日人数首次半年突破百万，同比猛增 88.2%。

　　今天拜访大森勇辉。中午十二点，我和女儿准时来到位于神乐坂附近的 BUSINESS 出版社，大森已经在楼下等我们了。

　　坐上电梯，大森客气地将我们带到五楼。这是一家很小的出版社，只有一间八十平米左右的屋子。几个柜子将办公室隔成三个区间，包括一个会客间，老板的桌子挤在靠窗处的一角，加上几个书架和杂志架，整个房间显得非常局促。相比岩波书店，BUSINESS 出版社更像是一个小作坊。

　　给我倒了杯水，在我的要求下，大森开始介绍自己的工作与生活：

　　"熊先生，我和您同龄，不是东京本地人。1996 年从明治大学政治学专业毕业后，因为工作不好找，就回我父亲的寿司店里打杂。后来，在 ALC 出版社工作了三年左右，这是一家主要出版英语学习类图书的出版社。2001 年，我辞职去冲绳，在那儿读了两年书，拿了一个硕士。之后又去十象舍编杂志，没做多久我又去了牧野出版社。在牧野干了一年半，因为那里越来越不景气，收入不高也没有什么前途，我又辞职了……我的经历说复杂其实也简单。两个月前，我进到现在这家出版社，这算是我最好的一份工作了，薪水还可以，也有较高的自由度。石平最新这本与副岛隆彦合著的《中国崩壊か 繁栄か !? 殴り合い激論》（中国会崩

308

溃还是会繁荣！？互殴型激辩）便是我策划的。当时我请石平和副岛隆彦在宾馆里聊了五六个小时，将内容整理出来，便是一本书了。这本书首印 9000 册。此前策划出版的《世界征服を夢見る嫌われ者国家 中国の狂気》现在已经加印一次。"

据大森介绍，BUSINESS 给石平一共出过五本书，另外三本分别是《自壊する中国 反撃する日本 日米中激突時代始まる！》（自毁的中国 反击的日本 日美中激烈冲突时代开始，古森义久／石平）、《売国奴【新装版】なぜ中韓は反日を国是とするのか》（"卖国贼"：为何中韩以反日为国是，黄文雄／吴善花／石平）、《なぜ中国人はこんなに残酷になれるのか》（为什么中国人变得如此残酷，石平）。

此外，黄文雄还在该社出版了《真実の中国史（1949-2013）》[真实的中国史（1949-2013）]、《日本人よ！「強欲国家」中国の野望を砕け》（日本人啊！来粉碎"强欲国家"中国的野心）、《朝鮮・台湾・満州学校では絶対に教えない植民地の真実》（朝鲜・台湾・满洲的学校绝对不会教的殖民地之真实）。

相较中国，在日本出书似乎容易不少。首先，出版社考虑出什么书完全取决于市场，不受书号的限制。其次，日本人均读书量大。关于这一点，看看《读卖新闻》和《朝日新闻》每天有多少图书广告就可略知一二。此外，出版社和读者对字数要求不高，从形式上看也比较灵活。从流程上看，有不少书都是由出版社牵线，让两三位作者坐下来聊上几次，剩下的整理录音及出版事宜就都交给编辑了。在中国，一本书通常都有二十万字以上，而在日本有个五六万字就可以了。译成中文有的甚至只有两三万字。也是这个原因，黄文雄才有机会自夸已经出了 300 本书。

大森接着说："我们公司规模很小，除了老板外，只有六位员工，外加三位兼职者。这已经不错了，人数比我的上一家公司多了一倍。

BUSINESS 一年出 50 本书左右，总码洋在 3.5 亿日元（约合人民币 2000 多万元），主要产品包括书籍及相关数字产品。如果除掉成本，平均到员工手里的收入其实并不高。"

当我说起早稻田大学教授的收入时，大森近乎哀叹："我们的收入肯定是没法和他们比的⋯⋯"

"我了解到你们出版社是从河出书房新社拆分而来的。前不久河出书房新社等组织的'现在思考这个国家'活动，抵制的就包括你们社出版的一些书。"我说。

"我们公司成立于 1968 年，到现在也算是一家老公司了。由于'三一一'大地震、长期的通货紧缩以及互联网及手机阅读的影响，三年前差点倒闭。好在后来做了些畅销书，才得以起死回生。BUSINESS 以前出的是一些经管类图书，最近这些年才渐渐将热点转移到时政与趋势。现在卖得最好的一本书是竹田恒泰的《また「竹田チャンネル」を本にしてみた！笑えるほどたちが悪い韓国の話》（又一册"竹田频道"汇总集之越笑越可笑的韩国论），已经突破 17 万册了⋯⋯"

大森提到的竹田恒泰在日本属于没落的皇亲国戚，他的曾祖母是明治天皇的女儿。就血统而言，他与日本皇室有一定的渊源，但是 1947 年在美国占领军的压力下，竹田一家连同另外十家旁系皇族被剥夺皇籍，成为一介平民。竹田恒泰在 BUSINESS 一共出了三本书，除了上面一本，还有《「竹田恒泰チャンネル」を本にしてみた！面白いけど笑えない中国の話》（"竹田恒泰频道"汇总集之笑不起来的中国论）和《日本人て、なんですか?》（日本人是什么? 与吴善花合著）。

聊了大概两个小时，大森请我和孩子在附近的小餐馆吃饭。考虑到他的生活可能有些拮据，我想请他吃饭，但大森执意不肯，说是"公司可以报销，算是谈工作"，这更让我有些不安。我和孩子都点了 700 日元的饭，而他却只给自己点了个 300 多日元的最便宜的面。

"熊先生，其实我自己也不是很想出右翼的书，我不喜欢他们的 hate speech（仇恨言论）。我去过中国几次，丝毫没有感到普通中国人对日本人有什么恶意。而且，我相信那些极端主义的书籍不会有长久的市场。可是就目前而言，生存毕竟是第一位的。我同意您说的要做社会进步的生意，但我并不认为自己现在做的都是错的。右翼图书在一定程度上受到欢迎，也反映了日本社会的某种心理诉求。当然，我希望自己在策划图书的时候，能够做一些平衡，不只出右翼的书，还要出左派的书。所以我前些天去找阿古教授，希望她有书给我们来出。不过这会有些困难，我们出版社本来规模就小，而且左派知道我们出了很多右翼的书，就很不愿意把书拿给我们，这也让我有些被动。"

大森的这番话，让我突然明白了那些"右翼出版社"是如何在市场竞争与用脚投票中形成的。

大森为人诚恳，有问必答，必要时也会为自己做一下辩解。看到他做着自己并不十分喜欢的工作，又不得不假装爱这份工作时，我心里难免会涌出一些同情。这是一个不修边幅的文化人，人生多不如意。今天大森是穿着拖鞋来见我的，不知道为何累得满头大汗。如果没猜错，恐怕他现在还没有结婚吧。

接下来我们聊了些轻松的话题，比如"如何看'鬼子专业户'矢野浩二"，大森和我前些天遇到的渡部圭的回答是一样的，他没有觉得矢野浩二是"卖国贼"。

吃完饭，就在我们准备离开的时候，外面突然下起了瓢泼大雨。大森赶紧跑回办公室，给我和孩子各拿了把伞。"我们这伞有富余，拿去吧，保持联系。"

"你觉得大森叔叔怎么样？"睡前我问孩子。

"很好啊，我看他非常善良，不是吗？"

我说是啊。然而在我内心，一种同情的感觉总是挥之不去。我想起大森握着一把长伞在雨水中离去的背影，这是另一种意义上的小日本，一个为生活奔波而埋藏了理想的小日本。是的，在言论自由的条件下，每种思潮都有一定的市场，而出版社似乎也有合法堕落的权利。问题是，究竟是他们在开发市场，还是市场在开发他们？究竟是作者在引领读者，还是读者在引领作者？

下午带孩子去涩谷转了转，然后回东大附近的驹铁面馆吃面。她已经迷上这家面馆了。

"日语真好玩啊，鸡蛋叫'玉子'。"

我说是啊，日语还把粉丝叫"春雨"呢！

先记到这儿吧。一直晚睡，最近更晚。孩子每天跟着我，除了偶尔帮我拍几张采访时的照片，大多数时候她都在用我的苹果 AIR 写她的小说连载。由于很多内容未能在现场记录，每晚整理材料时难免会辛苦些。尽管如此，看着女儿专注地构思她的文字世界，我总是乐见其成，内心暖洋洋的。

从涩谷到明治

在食堂吃了碗洋葱，去图书馆还了几本到期的书，急匆匆和孩子赶到涩谷车站。下了车，《东洋经济周刊》的执行主编西村豪太先生正在站口等我们。

西村将我们带到了 Excel Tokyu Hotel 的 25 层。这是一家高档的日式餐厅，透过玻璃幕墙，可以俯瞰东京。

甫一落座，西村便掏出纸笔，并把握在手上的最新一期《东洋经济周刊》（7 月 26 日）递给我。

"前不久，前首相野田佳彦在《东洋经济新报》的经济俱乐部做了一次演讲。他谈到现在中国和美国都有非常严重的贫富分化问题。中国的贫富分化导致国内矛盾向国外转移，而美国的国内矛盾使它们减少了对国际问题的关注。在安倍经济学的带动下，日本经济会有好转，但就政治尤其是外交层面，我很不满意。至于中国，我担心政治上会出问题，但经济不会崩溃，因为中国人太聪明了。"

接下来西村向我解释这期的专题《中間層への警告》（绘中间阶层的警告），这组文章着重探讨了日本的格差社会以及法国经济学家托马斯·皮凯蒂（Thomas Piketty）的《21 世纪资本论》。

我说法国人喜欢讲公正，皮凯蒂的观点我大体是认同的。资本主义并不必然带来自由。我热爱自由的资本主义，但拒绝野蛮的资本主义。

"哦，对了，我翻过几期你们的杂志，风格很像我在法国时常读的 *Alternatives Economiques*。" 我接着说。

"我不太熟悉您说的那份杂志，《纽约时报》驻东京记者站站长Martin Fackler 同样是个中国通，他认为《东洋经济周刊》有点类似于中国的《财经》。不过我们杂志不左不右，算是中间派吧。"

"怎么看日本现在很流行的具有极右倾向的图书？"我向西村简要回顾了昨天在 BUSINESS 出版社了解到的一些情况。

"其实石平的书，销一万多册并不算多……"西村提醒我。

"是啊！我未认真思考过这个问题。"我突然想起前些天智子说她的书在日本能卖一万多册是相当不错的，其实她说的是学术类书籍。如果作为一本纯为走市场的书，在人口过亿的日本一两万册的销量的确谈不上流行。否则，大森所在的出版社，也不至于给我一种风雨飘摇的感觉。在日本真正流行的还是像养老孟司[1]那种与个人有关的"小日本主义"的畅销书。在涩谷的书店里，我看到他薄薄一本书竟已销到了 436 万册。至于石平式"大日本主义"之类的书籍，毕竟屈指可数，绝非主流。在一个言论自由的国家，石平这类作品只代表一种声音，更不意味着作者必然引领民意。

接下来我们聊到了石桥湛山以及朱舜水[2]。遗憾的是，朱舜水一代流亡者，尚有优良文化传诸日本，而明治以后的中国流亡者，则多在日本寻求救国良方，甚至引狼入室。同样，朱舜水的时代，日本尚存"小中华"思想，明治以后，当中华降格为区区"支那"，福泽谕吉等人便直接举着大日本的旗帜主张"脱亚入欧"了。真所谓此一时也，彼一时也。

西村和我一样保持着记者的作风，随时在小本子上记下他认为有价值的观点。过了一会儿，他从包里取出一份打印稿："你认为刘亚洲的

1　养老孟司（1937- ），日本畅销书作家，东京大学医学部教授。

2　明朝灭亡后的 1659 年，朱舜水到长崎后，水户黄门得知他学识渊博，善理儒政，于 1665 年请他至水户，协助管理藩政，重振藩学，使朱子学在水户藩确立起主导地位，世称"水户学派"。

这篇文章写得怎么样？”

西村 1992 年毕业于早稻田大学的政治学专业，曾经往返中国三十多次，2004 年开始他还在中国社科院进修一年，算是个中国通了。

由于聊得太久，西村后面还有一个重要的采访要做，最后急急忙忙地下了楼。

“熊先生，保持联系！有时间就给我们杂志写稿吧！”西村和我握手再见。不一会儿，就跑过人行道，消失在涩谷这世界上最繁忙的路口。他心急火燎的样子，让我想起几天前在大雨中奔跑的猿田。

晚上去明治大学的 GLOBAL FRONT 楼听张千帆的讲座。张千帆正在北海道大学做客座研究员，几年前我们曾经一起在《新京报》上写专栏。

我和孩子早早到了会场，参加会议者除了智子，还有麻生晴一郎、上柳敏郎、东泽靖和铃木贤等。单说这位铃木贤，据说早已出柜，同性男友是一位台湾男子。所以，当我夸他的中文讲得非常好时，他开玩笑说，是不是还有点中国南方的口音。今天他依旧特立独行，只穿了短袖和短裤坐在主席台上，白腿晃晃的，我以为只有我尊敬的秦晖老师才会那样偶尔不拘小节，没想到在西装革履的日本，有时候情况也差不多。而且今天有两位嘉宾也穿着短裤上台。在日本待久了，也许就什么都能见着了。

张千帆在讲座中主要分析了中国的三类维权主体以及外部压力与内部压力对中国的改造。整个讲座没有回避中国的问题，也没有因为在日本而审时度势讨好谁。这是我理想中的知识分子的风度，因独立而饱满，因节制而坚定，因温和而有力。

夜深人静，整理完上面的笔记，我该记录一下我的生活了。几年前买的一只股票今天终于翻红。我是通过手机上的股票软件知道这一变化的，当时我正在涩谷的一家书店里翻书。我投的钱虽然不多，平时也很少打理，但也足以让我看到中国股市曲线是如何一个坟头接着一个坟头，一将功成万骨枯。

而就在这时，突然收到一条短信，这回是真的看到一个坟头接着一个坟头了——我大学时的同乡兼好友王志兄早在两年前就已经因车祸去世了。据说同车殒命者还有他的外甥以及赶回老家结婚的弟弟。由于汽车爆炸，火势凶猛，唯有妹妹一人侥幸生还。

一个人，躲在书店的一角面墙而泣。人生无常，你不知道什么时候在世间哪个角落死去；也不知道什么时候，在世间哪个角落为另一个亡魂哀伤。这朝不保夕的人生啊，哪有什么后会有期、来日方长？除了把酒言欢，相亲相爱，什么不是虚妄？

两个"一郎"的一天

早起给法国的胡艺瀚发短信，告诉她我在网上看了她对皮凯蒂的采访。她很高兴地说："找时间我也采访你啊。"

想起回国教书后的状态，我对自己的生活并不满意。我更适合游学，像这次在日本以及过去在法国。我喜欢在路上，不只为生命中有浪迹天涯的底色，还有寻访世界时满怀的热情与谦卑。

按照前几天的约定，今天要向两位"一郎"学习，一位是丹羽宇一郎，另一位是白西绅一郎。

先说丹羽宇一郎。我是 14 点 20 分在丹羽事务所见着他的。今天由野口裕子给我做翻译。由于野口和我说错了碰面的地铁出口，而我和女儿又在山王病院周围迷了路，所以耽误了二十几分钟。幸好有一位老太太给我带路，赶巧她就住在丹羽事务所隔壁。

这是一排矮房子，事务所就在一楼。丹羽宇一郎从房间里走出来，将我们迎进了屋。野口为我们的迟到连连道歉。丹羽先生外表儒雅，性情温和。虽然和他只交谈了不到一个小时，还是有不少收获。

我问了丹羽一些问题，比如中日关系是否真的很差。前几天和福岛香织聊天时，她也就此提出了质疑。

丹羽先生说："现在还不至于吧！和二战后两国尚未建交那些年比，现在可是强多了。虽然有些棘手问题，包括习近平和安倍两年没有互访，这在中日历史上也是很少见的。的确像您说的那样有'抽象敌对，具体交往'的情况。中日两国领导人像幼儿园小孩吵架后的赌气。目前民间交往没有什么大的障碍，但从政治层面来说除非他们见面，两国关系才有可能真正好转。为此，两国民众与媒体都应该多做一些努力。"

"您如何看待书店或大街上的 hate speech（仇恨言论）？"

丹羽先生的回答是："我们为什么要关心那些说坏话的坏人呢？我们应该把更多的精力用在关注好人和他们说的好话上。"

当头一棒。我说是啊！从传播效果来说，无论日本还是中国，很多极端言论就是因为我们的过度关注而对社会产生影响的。当这些极端言论被贴上一个群体的标签后，就相当于提供极端言论的人在为这个群体代言了。这让我想起赫拉克勒斯发怒的故事。

大力神赫拉克勒斯经过一条窄路时，见到地上有一个很像苹果的东西。他用脚踩它，那东西立即大了两倍。于是他更加用力去踩，后来又用大木棒去打，结果那东西越胀越大，把路都堵塞了。他扔下木棒，不知所措地站在那里。这时雅典娜来到他面前，说："兄弟，住手吧，如果你不去理那东西，它就会平平安安地停放在那里，只有苹果一样大。你若与它缠斗，它就会膨胀得巨大。"

对各种仇恨言论和极右言论，采取一种防微杜渐、警惕社会恶质化的态度固然重要，但过于在意也可能正中那些人的下怀。多少撕裂族群的恶言恶语不就是在大家过度关注时传播开来的？好事不出门，坏事传千里。热衷于传播坏话，也真是人的天性呢。

试举一例，同样是在日本，一位右翼学者否认日本曾经侵略中国，十位有良知的学者承认日本不仅侵略了中国而且犯下了滔天罪行，对比二者，为什么前者的言论更有传播效果？在中国，有几个人知道石田米子[1]和她的"查明会"？

丹羽宇一郎著述颇丰，其中《新·日本开国论》是本写给年轻人的书，字里行间语重心长、娓娓道来。他认为，美国是依靠规定和契约维持的"他律他省"社会，日本是靠当事人的自律来保持社会自净的"自律自省"社会，而支持这自律自省的重要条件，就是来自家庭、学校和企业内部的教育。

显然，丹羽先生深受儒家文化的影响，他在书中时常引用孔孟的观点，断定雷曼兄弟破产引发的经济危机尽显强者和有钱人的丑态，此后，世界将转向追求高品质社会。在这种社会里，有钱不是一件值得炫耀的事情，人们将更注重内在的品格和对弱者的同情。

丹羽宇一郎原是日本商界的风云人物，不过他一直保持着俭朴克制的作风。他说："人掌权三年就会变成傻瓜。"为了不让自己变成傻瓜，他做伊藤忠商社社长的时候一直坚持坐电车上下班。"如果每天舒舒服服地来上班，就理解不了带着一肚子委屈来上班的员工的心情。"

中国人知道丹羽宇一郎多半是在 2010 年，当时他出任日本驻华大使。两年后由于公开反对石原慎太郎"购买钓鱼岛"的计划而在日本国内引发强烈反弹，最终被急召回国[2]。而他在中国任大使期间，最为轰动的一件事就是他乘坐的汽车遇袭，插在车上的日本国旗被夺走。历史往往就是这样进行着，遇到危机和冲突时，那些中间意见人士与和平主义者，往往会受到来自左右两边的攻击。因为他们站在中间地带。

对于坐车遇袭之事，丹羽先生说自己当时并不十分介意。这种抗议在世界各地都有可能遇到，而中国的人口远比其他国家多，有些抗议看

1　石田米子（1934-），日本冈山大学名誉教授。近二十年来，她为了调查日军当年在中国的性暴力，不断深入中国城市和乡村，寻访慰安妇幸存者，帮助她们与日本政府打官司，并给予精神和物质上的救援。

2　2015 年 6 月 18 日，丹羽宇一郎接替前会长加藤纮一正式就任日本中国友好协会第六任会长。

起来比较有声势也属正常。

"我喜爱的法国作家罗曼·罗兰，当年因为反对欧洲的战争，也一样里外不讨好。"我说。

来找丹羽宇一郎之前，我无意中发现他和罗曼·罗兰是同一天生日，与我的生日也只差一天，这种巧合让我们的谈话变得更加融洽而愉悦。生活充满了出其不意的戏剧性，几年前，我带着两岁的女儿在克莱蒙特寻访罗兰的故居和墓地，而现在我又带着她在东京与一个和罗兰同一天生日的人聊世界和平。

最后一个常规问题是关于石桥湛山的。丹羽先生的回答是："虽然没有和他见过面，但对他的小日本主义有一些了解。"

临走前，我们合了几张影。我本想在书架那儿拍照，可丹羽宇一郎选在了墙角，正好可以拍到毛泽东的书法——"不破不立"。虽然我极不情愿站在这几个字下拍照，但也理解主人的心情。也许他只是要找一点有中国元素的东西吧。像他这个岁数的人，年轻时或多或少受过毛泽东的影响；而对于我这个中国后生来说，这几个字实在是太过沉重了。

接下来的会见由刘春晖做翻译。15点40分，我们赶到饭田桥附近的日中协会，白西绅一郎已经等在那里了。几天前，他希望将"躾"字介绍到中国的想法，给我留下了深刻的印象，这让我对今天的会面多了份期待。我一直认为，在中国，比公民教育更急切的是人的教育和美的教育。

资料显示，白西绅一郎第一次到中国是在1967年进入以石桥湛山为会长的日本国际贸易促进协会之后，当时参加的是在天津举办的日本科学仪器展。

"先说说您眼中的石桥湛山吧，我知道您和他共过事。"我开门见山，有点迫不及待。

"我是在大学毕业后才有幸认识石桥湛山的，当时我在贸易促进协会的一份杂志做编辑。我记得是在过年的时候，我去他家里取稿件，见过一次。他身体不是太好，正在家中疗养。1967 年我去中国，也是在他的帮助下才有那次宝贵的机会。参加完会议后，我跟着来自各地的红卫兵跑了中国很多地方，包括延安。搞串连的红卫兵那时都很单纯。

　　"石桥湛山是小国主义者，反对日本对外扩张。不过我既不是大国主义者，也不是小国主义者，我是'中国主义者'——因为我是'中国人'。"

　　白西一语双关，接着解释道："我小时候在广岛长大，对'中国'这个词很有亲近感。广岛位于日本本州的'中国地方'[1]，所以你可以随时看到一些招牌，如'中国电力'、'中国新闻'。我大学读的是东洋史，因为参加学生运动，耽误了两年。那时候对中国的热爱，主要来自于两个人的熏陶：先是藤井千之助，我从他那里知道了三国志、唐诗和有关中国革命的一些历史；后来又受教于岛田虔次，帮他整理有关中国学的文稿……"

　　回想几十年来和中国的交往，白西没想到的是，当年那位曾在他家寄住（homestay）的年轻人，有朝一日会成为中国的总理。

　　"80 年代初，李克强作为北京大学学生会主席到日本访问。我发现他对国际经济了解较多，后来知道他不仅学习了马克思主义经济学，对近代经济学也很了解。"

　　"网上说您先后访华 600 多次，最近 25 年每年都到南京植树'赎罪'，

1　"中国地方"是日本本州岛西部的山阳道、山阴道两个地区的合称。据称"中国"一词为日本平安时代的延喜式最先采用。当时日本仿照唐朝方法，将日本全国分为五畿七道共六十八国，除了按人口多少分为"大国"、"上国"、"中国"和"下国"四等级外，还依照驿站和京畿的远近，分为"近国"、"中国"和"远国"。据日本方面的说法，1912 年"中华民国"成立前，中国大陆的政权是依朝代命名的，直至"中华民国"的出现才开始固定"中国"在大陆的官方用法；而在此之前的日本已经用"中国"来形容本州西端了。早先日本称中国为**シナ**（支那）"是取自英文"China"的译音，该词在日军侵华后逐渐有了贬义。上述说法中国方面并不认同，因为早在西周时期中国便有了"中国"一词。

您的父辈亲朋当中有参与侵华战争的吗？"我问。

白西不慌不忙地答道："有不少吧，但是后来都死掉了。600次没有，我到中国500多次应该是有的。而且，我出国只去中国。当年香港回归，我就立即去了香港。如果台湾和大陆统一了，我也会第一时间去台湾。我最感兴趣的国家是中国和美国，但是美国因为在广岛投下了原子弹，所以我这辈子都不会去。"

白西说他有点像中国"最牛海归"唐僧。唐僧"不东"（不回东土大唐）是为了取得真经，而自己"不东"（不去位于日本东边的美国）是因为心结难解。"如果有朝一日我必须去美国，我也一定是从欧洲去美国。"白西补充道，"去不了美国没什么，都是报应……"

"我出生在广岛，美国人投原子弹的时候，我只有5岁。很幸运的是，8月1日我家搬到了离广岛5公里以外的地方，后来又搬到了10公里以外的地方，所以躲过了那场劫难。"说到这儿，白西一声苦笑，"也许是家里提前截获了美国的情报吧！不过，广岛从日清战争（甲午战争）开始就是一个'军之都'。作为侵略亚洲的支点，美国把它炸了，也算是因果报应吧。你打别人自己也会挨别人打。"

说到日本右翼与反日游行，白西认为中日两国都反应过度了。"中日关系紧张，问题主要出在政府。日本方面，自民党不是没有问题，但民主党问题更大，完全没有处理好撞船事件和钓鱼岛事件。日本右翼团体成员加起来不过几千人，而日本仅在中国的企业就有几万家，两国交流的人数每年都超过百万，只要把这几个数字对比一下就会知道日本的右翼势力实在太渺小了。当然日本警方应该加强对右翼团体的管理，但不要指望日本右翼团体会消失。"

最后我们谈到了价值观，白西开始像个哲学家一样滔滔不绝："这个世界不只有正圆，还有椭圆。正圆只有一个中心，而椭圆有两个中心，一个不必覆盖另一个。承认多样性的价值观是重要的，世界上不只有一种价值观。中国和日本，各有不同。"

所以，当我提到冈仓天心在 20 世纪初的亚洲理想时，白西在一定程度上表示了反对。他不喜欢"一衣带水"或者"亚洲整体论"这些词。"一衣带水"把中日之间的差异弱化了。虽然两国都有汉字，有儒家思想，甚至有相似的思维方式，但就好像 1 月 1 日和 12 月 31 日，看起来只差了一天，实际上可能隔了一年。

从毛泽东的"政治革命"，邓小平的"经济改革"，到胡锦涛的"社会改革"，白西认为每个时代都在完成自己时代的任务。或许是出于"友好"的考虑，白西绅一郎似乎没打算和我讲任何有关中国的负面评价，不过最后还是有所流露："哪个国家都不可能是直线发展，有挫折也是难免的。中国存在的问题是显而易见的，现在中国虽然国家强大了，但是民众还是贫穷的。"

漫长的一天。回到别馆，周永康被调查的消息正式发布，网民热情不减，有关他的刷屏在这一天终于"合法化"了。

论语与算盘——从涩泽荣一到石桥湛山

早起闲翻涩泽荣一[1]的《论语与算盘》，多好的书名！

有人说石桥湛山在设计日本未来时有功利主义色彩，其实这有什么不可呢？当我们堂而皇之地说为全人类谋福利时，不也浸透着一种功利主义的东西吗？重要的是，这种功利主义是否符合正义。而"论语与算盘"这两个词汇组合在一起，也算是一种解答吧。在这里，论语是指符合公平正义的道统，算盘是对利益的斤斤计较。

涩泽荣一在书中记录了他第一次到美国和中国的经历：

1902年，涩泽荣一到了向往已久的美国，在旧金山公园的游泳池边发现了一个"禁止日本人游泳"的牌子，一问方知因为有些日本人下池游泳时会钻到水底调戏白人妇女。这件事让他觉得很羞耻。

12年后，他来到中国，又有另一种梦碎的感觉。过去有关中国的美好印象顷刻烟消云散。那时在中国，不但很少有人和他谈论《论语》，而且两极分化非常严重。"这里有上流社会群体、底层生活的人民，却很少见到人格卓越的中流社会人士。这个国家的人利己主义和个人意识太过强烈，他们没有集体观念，甚至家国意识也非常淡薄。"

读涩泽荣一，我能从他身上看到丹羽宇一郎的影子。关于中国和日本的关系，他们也抱相同的立场。那就是日本要和中国保持友好关系，

1　涩泽荣一（1840-1931），被称为日本"企业之父"、"资本主义之父"。他是日本现代企业制度——株式会社的创始人，一生参与创办的企业组织超过500家，包括东京证券交易所。在《论语与算盘》一书中，他说自己没有什么宗教观念，但是信仰儒教，相信"获罪于天，无所祷也"。

促进产业发展，不断扩大双边的通商利益。

"我希望政界和军界少一些争权夺利和飞扬跋扈，而实业界再多努力一点，多为我们的国家创造财富，只有民富了，国家才能富。"这段话可以说是对战前日本甚嚣尘上的"大日本主义"的忠告，同样与战后石桥湛山的施政方针不谋而合。

从涩泽荣一到石桥湛山，再到丹羽宇一郎，为什么经营商业的人，比起那些坐在书斋或军部指挥台前的人想得更长远？因为商业的本义是完成价值的交换，而不是为了征服。商人和普通百姓一样关心柴米油盐，同时知道并允许讨价还价。为了生意长久，他们不仅考虑自己的利益，也考虑对方的利益。

而这一思想脉络，石桥湛山在他1915年的文章《首先做功利主义者》中表达得很清楚："唯一可行的是强调功利，以我们的利益为出发点来筹谋一切、计划一切。但是，既然以我们的利益为出发点，自然也要为对方的利益有所考虑，必须尊重对方的感情。商人在筹谋自己的利益时，是不能损害对方的感情也不希望使对方贫穷的。"

在此意义上，石桥湛山的功利主义是双向的。这种功利主义不是目光短浅的唯利是图，而是一种共利主义，其原则是不能将自己的幸福建立在他人的痛苦之上。

下午整理白西绅一郎昨日给我的有关日中协会的资料。日中协会属于内阁府，成立于1975年9月29日，现有个人会员475人，法人会员97人。前两任会长分别是东京大学的校长茅诚司和向坊隆。

而就在我查找有关野田毅的资料时，发现两个同名同姓的人。一个野田毅是原日中协会会长、自治大臣、众议院议员，另一个是战犯。

野田毅（1912-1948）是二战时日本的少尉军官，曾经参与南京大屠杀，并与另一少尉军官向井敏明展开"百人斩"杀人竞赛，以先斩杀一百人者为胜。《朝日新闻》和《东京日日新闻》对此事进行了报道。日本战败后，两人均被引渡到南京，作为乙级战犯处决。

让我不解的是两人遗书中的部分内容。他们在抗议不公时竟然都喊出了"中国万岁"的口号。一个说："我们不会因在行死刑的雨花台凋零而憎恨贵国。我们的死能成为中国与日本的楔子、两国合作的开始、东亚和平的祭品，进而世界和平，为这些的到来感到喜悦。这样，我们像狗一样的死，也不会白费，为这个而祈祷。"接着是"中国万岁！日本万岁！天皇陛下万岁！"另一个说："如果以我之死，可以消除中国抗战八年之痛苦经历的仇恨，可以成为日华亲善、东洋和平之因缘，把我像弃石一样丢弃，我也感到荣幸。"紧接着同样是"为中国的奋斗而祈祷！为日本的奋起而祈祷！中国万岁！日本万岁！死后变作护国之鬼！天皇陛下万岁！"

如果这一切都是真的，两位"皇军"恐怕至死都不知道自己出生入死究竟为谁而战。或者，就像《三体》所说的那样——"我消灭你，和你无关"。希特勒当年演讲时说得最多的也是"为德国人的自由而战"，而实际上却是把整个世界推进深渊。人类可恶又可怜的是，即使在做恶事，也会为自己寻找意义。

正如本尼迪克特在《菊与刀》里写的，那一代日本人崇尚天皇的神性，即使是厌战者，也相信天皇爱好和平，始终是一位自由主义者，只是被东条英机那头猛兽给骗了。

事情并没有因此结束。2003 年 4 月，两位战犯的遗属起诉至东京地方法院，控告《朝日新闻》、《每日新闻》、本多胜一[1]、柏书房等当年的相关报道是毁谤名誉行为，企图为野田毅和向井敏明翻案。理由是：一把日本军刀砍一个人或几个人就会卷刃，不可能连续砍一百多人。而且原报道是根据战地上的"玩笑"杜撰的，从原报道来看，只是在进行白刃战，并无杀害无武装人员的记述。

2004 年 8 月 23 日，东京地方法院宣判不支持原告的诉讼请求。一年后，东京高等法院和最高裁判所均维持原判，确定原告败诉。

人啊，小心你今日的荣耀，成为明日的罪证。从人道的角度来说，我能理解几位战犯遗属的心情。而在今天的日本，本多胜一等人能够成为被告，也颇为耐人寻味。

我在日本亚马逊网站上找到了本多胜一的《中国之旅》。读者留言多认为这是一本迎合中国的书，是"自虐史观"。12 人评价为五星，35人评价为一星。我特别想对那些打一星的读者说：每一代人负起每一代人的责任，每个人都要为自己的行为负责。在此意义上，所谓"自虐史观"其实是无意义的。

今天没有出去采访。中午做了顿饭，晚上去食堂。和女儿慢悠悠地度过了快乐的一天。

1　本多胜一，《朝日新闻》记者，在越战采访中提出了著名的"站在被杀戮者一侧"的观点。1971年 6 月，本多胜一来到中国，从南往北，采访了旧"住友"工厂、人体细菌试验与活人解剖、抚顺万人坑、百人斩、南京大屠杀等惨无人道的事件。当年 11 月 4 日到 11 月 16 日之间的 10 篇报道涉及南京大屠杀。本多胜一的采访结束后，报道集以《中国之旅》为书名发行。这部单行本在此后 10 年中重印了 26 次，成为罕见的长期畅销书。本多胜一是第一个主动站出来全面采访、揭露日本侵华罪行的日本记者，为了让日本国民了解过去的侵略罪行而屡遭恐吓。"我对现在的记者是绝望的。越南战争期间，记者很活跃，都是个人行动。那时流行做实录，很有意思。而今天，比起正义，人们更关心的是个人利益。电视的影响很大，新闻记者再也不去冒险，再也不亲身去现场。……而人们都习惯于似乎是真相的新闻。"

没有宽恕就没有未来

7月31日
晴

今日为"理想国译丛"撰写图图大主教《没有宽恕就没有未来》一书的中文版序言。

几年前我在台湾旅行，在书店里偶然读到图图大主教的《没有宽恕就没有未来》（*No Future Without Forgiveness*），一时感慨万千。该书着重探讨了"真相与和解委员会"（Truth and Reconciliation Commission）的历史使命。

南非民主化与种族隔离政策的废除让被压迫的黑人实现了政治上的"南非梦"。图图大主教的忧心忡忡是真实的，他担心新生的南非因为受害者对加害者的清算而重新倒在废墟里。如果仇恨和清算注定只能将新南非变成新废墟，那么宽恕就不仅不是软弱，而且另有广阔前途。

"人们只记得恨是爱的邻居，却忘记了爱也是恨的邻居。"转型期的南非黑人精英厌倦了冤冤相报，选择了爱与和解。在这个已然千疮百孔的国家，他们试图以事实上的明辨是非取代生活中的你死我活。经过漫长的讨论，南非最终没有选择纽伦堡审判的模式，也没有选择全民遗忘，而是走了第三条道路。依据1995年《促进民族团结与和解法案》，南非成立了真相与和解委员会。

这同时是一本悲欣交集的书，很多细节让我读后难以释怀。我一直认为，中国最缺的不是公民教育，而是人的教育——它包括生命意义、自我价值、爱与同情、信仰，当然也包括如何在宽恕他人的基础上保全自己。人的教育面对的不是几个简单的"群己权界"之类的概念，它是所有权利观念的起点。所以，去年我将此书推荐到我和梁文道、许知远、刘瑜四人共同主编的"理想国译丛"。如果可能，我也想将日本在黑暗年代的一些光亮介绍到中国。

时常想起大森勇辉满头大汗的样子。为了讨生活，他在做着一定程度上自己并不认同的事情。相较而言，我是幸运的。我很想找个时间再和他聊聊。

《东洋经济周刊》的主编西村豪太来信邀我聚餐，商量为该刊撰稿一事。

拓殖与报国

整理有关电影《强行归国》和作家角田光代的小说《树屋》的资料。

藤代泰造和田川八重是《树屋》里的主要人物。中日战争全面爆发前一年，日本关东军制定了一个"满洲农业移民百万户移住计划"，将大量日本本土的贫苦农民招募到东北垦荒，美其名曰"开拓团"。泰造本是个靠养蚕生活的农民，在政府的鼓动下，他加入了满洲移民大军。他盼着能像政府宣传的那样，在满洲获得大片肥沃的土地，进而开始新的生活[1]。然而现实并非想象的那样：

> 保田对八重说："八重，我并不相信那些报纸之类的报道。这个国家也是这样不值得信任。哪儿有什么五族协和？全都是骗人的鬼话。在食堂里，给我们端出来的是白米饭，给中国人的却是红高粱饭。公园那里还写着'支那人和狗不得入内'。像泰造参加的移民团，住的是从中国人手里抢来的家园，耕种的是从中国人手里抢来的土地，任意驱使中国人。这些如何能谈得上日满友好？完全不考虑什么日满友好的，就是移民团这样的。"

1　随着日本开拓团的发展，日本兴起了描绘满蒙开拓的"大陆开拓文学"热。东宫铁男更写了一首名为《大陆的新娘》的歌曲，激励国民参与开拓。战争后期，开拓团曾起到一定的抵抗作用，但面对苏联的正规军，始终不是其敌手。不少开拓团成员基于效忠天皇的理由在苏军到来前切腹，甚至全团集体自杀。随着日本战败后的混乱，以开拓移民团为中心的从中国大陆归国的"引扬者"在归国后没有栖身之所，战后无可奈何地过着苦难的生活。

由于条件艰苦，泰造不堪重负，从北满逃了出来。而曾在东京夜总会陪酒的八重原本打算和心爱的男人一同去满洲，但那个男人骗了她，迷惘中她不知所往，最终被卷入移民大潮。八重和泰造在满洲相识并生活在一起，不是因为爱情，而是为了生存。两人在当地的生活苦不堪言，幸好得到了一对开餐馆的中国夫妇的照顾。日本战败后，他们逃回日本，却没有回各自的家乡，因为家人已经不需要他们——他们是我在《一个村庄里的中国》里说的为了天堂而丢掉故乡的那种人。通过多年打拼，他们在那些移民后没能回来的人家的土地上慢慢建起自己的餐馆，生儿育女，过上了还算稳定幸福的日子。可是他们内心并不安宁，总是担心脚下的土地被曾经的主人要回。

这是一部关于逃跑的小说。"如果觉得在那里太辛苦就逃吧，逃不见得就是坏事。如果自己清楚逃的意义，那就不是坏事。并不是只有战斗才了不起。" 我被书里的这段话打动了。不跟着国家与时代跑，而是跟着自己跑，这也一种"小日本主义"吧。他们爱自己的国家，同时又是没有祖国的人。

人生其实是无处可逃的。角田光代借人物之口说，服从最轻松，逃跑需要勇气。这句话和弗洛姆的《逃避自由》一样道出了人类的困境。大日本（国家）提供了唯一的解决方案，而小日本（个体）必须面对各种选择。今天的世界让人备感空虚，不是时代本身出了问题，而是个人还没有准备好迎接这样一个时代的到来。当赋予人生意义的权力下放到个人，许多人并不具有这种能力。

角田光代说她尽可能对战争不做道德上的评价，或许是出于对祖父和外祖父的情感考虑。整体而言，指望今天的日本民众反思二战时的对华侵略，几乎是不可能的。随着世代的推移，这些日本人的后代，于公他们没有参与战争，于私他们会倒向亲人一边，有所谓"亲情之理解"。于是乎就有了战犯野田毅的后代将本多胜一和《每日新闻》等告上法庭的事情。在此意义上，由于错过了反思和清算侵略战争的黄金时期，在这几代内解决这个问题，恐怕已经难上加难。我们能期待的或许只是更远的将来。

夜读有关井上清一夫妇报国的一则资料：

1931 年冬天，日军占领了中国东北。此时，第四师团大阪步兵第 37 联队的井上清一中尉正在大阪家中休假度蜜月，眼看又要上前线了。在蜜月的最后两天，他郁郁寡欢，突然产生了厌战思想。要不是战争，他就能与娇妻永远厮守在一起，就不会再有生离死别……这一切，新娘千代子都默默地看在眼里。就在井上清一即将出征中国的前夜，21 岁的井上千代子躺在丈夫身边悄悄地用小刀切开了自己的喉管。她始终一声不吭，直到黎明前才默默地死去，鲜血淌满了榻榻米。而在神龛前，千代子留下了一封题为"军人妻子之鉴"的遗书。遗书洋洋万言，大意是说为了大日本帝国圣战的胜利，为了激励丈夫英勇征战，为了不拖累丈夫以绝其后顾之忧，她只有一死尽责了。

"我心中充满了无限的喜悦。如果让我说为什么而喜悦，那就是能在明天丈夫出征前先怀着喜悦的心情离开这个世界，让他从此不要对我有一丝的牵挂。"

次日清晨，井上清一发现妻子仍有余温的尸体，阅毕遗书，他没掉一滴眼泪，默默地收拾起行装，将妻子的后事托付家人，头也不回地走出家门，在大阪港乘上驶往中国的军舰。无数的人到车站为这位不寻常的中尉送别。后来，井上清一果真不负妻子的厚望，斗志更加昂扬，成为中国战场上最凶残的日军指挥官与刽子手[1]。

1　1932 年 9 月，日军制造了震惊中外的"平顶山惨案"，井上清一是罪魁祸首。他在惨案后升为大佐，在日本战败后平安地回到日本，1946 年 6 月 12 日，作为战犯被捕时自杀于日本宫城县的隐身之地。

现实中的千代子很像新渡户稻造《武士道》一书中为武士自杀的妻子。这是武士们所遵从的"主从契约"的牺牲品。"她从小就被教育要否定自己。她的一生不是独立的一生，而是附属性的。作为男子的附属，如果她的出现对他有所帮助，她就陪他留在舞台上；如果她妨碍了他的工作，她就退居幕后。""为什么我——一个活着已经不能给你希望或欢乐的人，还要苟且偷生，成为你的羁绊？为什么我不能在所有凡人终将踏上的黄泉路上等你？"

按照新渡户稻造的理解，武士道精神就是一种彻头彻尾的牺牲精神——女子为男子牺牲自己，男子为君主牺牲自己，君主服从于天命，而且这一切都是心甘情愿的。

千代子之死让军国主义进一步深入人心。一夜之间，她成为"发扬日本妇德的光辉典范"，有两家公司甚至以惊人的速度竞相将其事迹拍成电影，皇后陛下还驾临"昭和烈女"井上千代子的"遗德显彰会"。井上清一和千代子的媒人安田夫人以此"御国之行为"为契机，成立"大日本国防妇人会"，并将其迅速发展为全国性妇女组织。短短十年内，其成员由 40 人猛增至 1000 万人。成千上万已为人母、为人妻的日本妇女成为当时日本所称的"军国之母"、"军国之妻"和"靖国之妻"。他们都是战死军人的未亡人。

与此"励志故事"相关的是"肉弹三勇士"。1932 年 1 月 28 日，日军大规模进攻中国上海。2 月 20 日，日本海军陆战队进攻庙行，三个日军士兵抱着炸弹扑向铁丝网，用身体炸开了铁丝网，打开了突破口。消息传到日本，日本国民的战争狂热又被煽动起来，三天之内，四家电影公司争先恐后地拍摄了有关电影，一星期之后就开始在日本全国上映。其后很短时间内，又有近百部歌颂"炸弹三勇士"的电影杀青。

据说靖国神社合祀的两百多万个亡灵中，有近六万名女性，她们大多都是"大东亚圣战"中志愿为天皇捐躯的"昭和烈女"。

"肉弹三勇士"

不能说新渡户稻造当年没有意识到武士道精神的危险，他在指出"揭开一个最具进步思想的日本人的外表，他骨子里显示的是一个武士的影子"的同时，还相信"柔和的人将继承大地"的预言。然而他并没有节制自己对武士道精神的赞美，所以才会写出下面这样的句子："天国的种子在日本人心中得到验证并受到认可，在武士道中开出花朵。"

这一切又让我想起了辜鸿铭的那句话："在这个世界上，还有一种比自然中可恐怖的物质力量更为可怕的力量，那就是人心中的激情。"

闲翻绞缬厚的《何谓中日战争？》，应该说这是一部来自日本知识分子的良心之作。同样让我感兴趣的是书中有某课题组对中日两国大学生做的一个调查：在回答日本当年是否对中国构成侵略时，日本大学生认为构成侵略的为 66.5%，而中国大学生持相同态度的为 90.6%。有一点我不太明白，为什么有 9.4% 的中国大学生会持相反意见？

朗费罗的慈悲

或许是因为读了有关《树屋》与寻根的故事，昨夜没有休息好。我梦见以前住过的老房子，那是一个顶楼，我要上楼，却怎么也上不去，困在楼中间。因为水泥楼梯坏了，东倒西歪，晃晃悠悠，甚至掉了不少台阶。我是在梦见自己迷失的家园吗？

早起读到亨利·朗费罗的一句话："If we could read the secret history of our enemies, we should find in each man's life sorrow and suffering enough to disarm all hostility."（如果我们能读懂每个人秘藏的历史，在每个人的生命里发现他的哀伤和痛苦，所有的仇视也就放下了。）

为了查原句出处，我费了近一个小时，终于在美国的 DPLA 数字图书馆里找着了。原文出自朗费罗 *Driftwood*（1857）中的《Table Talk》（桌边谈话）第 452 页。阅读者还在这句话前打了个叉。说来也巧，就在这节开篇，朗费罗强调不希望自己借出去的书被别人打上记号，因为可能搞不清楚到底是自己打的还是别人干的。

世界上第一首译为中文的英语诗是朗费罗的《人生颂》。时任大清总理各国事务衙门全权大臣的董恂曾将《人生颂》书于扇面，并转交给远在波士顿的朗费罗。

人生不过是一场幻梦！

灵魂睡着了，就等于死了……

世界是一片辽阔的战场，

人生是到处扎寨安营……

哦，人生是到处扎寨安营，也要拔营而逃……女儿又闹着要回中国了。我本意是让她在东京开阔眼界，可是她更想念远在中国的小伙伴。我也很抱歉，在全球化时代，城市之间的差异越来越小，已经很难找到令人怦然心动的新意了。

风雨中抱紧自由

今日继续为"理想国译丛"写《漫漫自由路：曼德拉自传》中文版序言。

想起 2013 年初，我在美国开始第二次旅行。为更好地了解这个国家的非暴力抗争史，我横穿大陆，多次搭乘夜间巴士赶往下一座小城。在那次孤独的旅程中，伴我最多的歌声是黄家驹为曼德拉出狱而写的《光辉岁月》。有个晚上，当大巴穿行至一片雪地山林时，耳畔正好传来"今天只有残留的躯壳，迎接光辉岁月，风雨中抱紧自由"，一时竟至热泪盈眶。

一个来自东方的游子，在美国的风雪中怀想远在非洲的曼德拉，这是怎样一幅穿透黑夜的人类精神交流图景！我们总是盼着自由来临的时候将迎来光辉岁月，其实光辉岁月并非只在将来，更在我们承受并拒绝苦难之时。

收到一封信。人一旦信奉了上帝，做好事坏事，都可以算到上帝的头上。让上帝担负人类的罪过，这对上帝很不公平。

想起一些旧事。世界虽小，却装得下无尽的阴差阳错。

需要光明才是真正的不幸

　　谈到教育，我一直觉得中国最糟糕的不是学校教育，而是欺骗与暴力通行无阻，是无底线媒体日复一日地败坏大众的理智和法的精神。

　　网上流传一个帖子——《云南6.5级地震，日本网民竟然这样说》，除了人道主义的呼吁外，也在关注中国的建筑质量。编译者将Yahoo日本上的网友留言做了整理，其中回复和支持率最高的是这一条："虽然绝对不能以'隔岸观火'的心态来看待中国地震，但（仅仅只是）6.5级的地震就造成如此多的伤亡和房屋倒塌，只能说中国房子的耐震性存在很多问题。想进军海洋、争夺海洋权益之前，以'世界第二经济大国'自诩的中国，将国内关系到民生的基础设施做好才是当务之急。"

　　晚上和女儿聊天，她平时爱看书和动漫。女儿说她喜欢老庄的思想，无法理解为什么自己喜欢的有些日本动漫在中国会被禁播。这让我想起十年前我在《南风窗》写的为《死亡笔记》鸣不平的文章。

　　"就算里面有个骷髅也没有什么啊！重要的是有收获。我看过一部日本动漫，好像是《东京食尸鬼》，里面有几句话印象比较深，比如'来到这个世界上，即使是天使都会做坏事！''只要是正义的一方，无论手段多么卑鄙，都可以被原谅！'"

　　"那你认同这些话吗？"我问孩子。

　　"当然不认同。我忘了在哪里看过一句话，大意是说一个人的生命和一万个人的生命没有什么不一样。"

我欣慰地笑了。我借机和女儿说了几句有关程序正义和结果正义的话。

而当我要求女儿给我推荐几部好看的动漫时,她挑了三部国产片,并且引用了一些她朗朗上口的"好词佳句":

"第一部是《超兽武装》,'爱能创造一切,也能毁灭一切'。里面有一则关于羊和狼的故事,当你用爱来保护羊群不受狼的伤害时,对于狼来说,这种爱心就等于毁灭,因为这些狼会因此被活活饿死。这是食物链的事情,宇宙的最高法则不是正义,而是保持一种平衡。或者说平衡才是最终的正义。

"第二部是《钢铁飞龙》,讲的是人类与未来。我同意里面的一句话:'人类因智慧而发展,也因智慧而灭亡。'

"第三部是《纳米核心》,讲的是战争与意义。第一句话就是'这个世界生病了,那些被掩盖的真相,那些高傲和所谓的不朽就是病毒,而我们寻求的解药又在哪里?抗争、牺牲,却不知为何而战,为谁而战!'"

女儿十一岁了,对文字比较敏感,我难得停下来细听她关于这个世界的看法。这些年来,我对她几乎完全是放养。我既不想约束她,也不想在她身上实现我的人生理想。每代人有每代人的生活和责任,她也将有她自己的生活和责任。回想过去,我父母给我的最大的恩情就是让我由着自己的天性走。我不会因为自己比农民父母"看得更远"而对女儿的未来颐指气使。只是考虑到身体原因,比如在用眼方面,我才会要求女儿适当节制读书。

女儿喜欢喝"十六茶"饮料,我说以后叫你"小熊十六子"吧!这个玩笑逗得她趴在床上大笑不止。

我越来越喜欢我可爱的女儿，她总是笑得那样迷人。与她在东京相处的这些日子必定让我终生难忘。

　　夜渐深，女儿睡着了。我继续整理日记，循着她在微信上给出的链接，我读到了《东京食尸鬼》里的另一句话——"没有光明是不幸的吗？需要光明才是真正的不幸。"我想这句话既是对的，又是错的。我该如何向女儿解释呢？我因追求光明尝尽艰辛，而我若因其艰辛而放弃追求，就不是光明不在了，而是我不在了。

错过胡适，错过石桥湛山

中午采访姜克实教授，他是研究石桥湛山的专家。

10 点 45 分赶到中野站附近的唐菜餐馆，不一会儿姜先生进来，我一眼认出了他。昨晚查找资料知道他还是我的南开校友。1953 年出生于天津，1969 年毕业于北京市 101 中学。之后下乡到黑龙江生产建设兵团，复员后回天津纺织配件厂当了三年工人。1979 年考上南开日语系，毕业后去复旦继续深造，转年赴日留学，于早稻田大学专修日本近代史，主要研究石桥湛山。

选在一个靠窗的桌子坐下来，姜先生拿出一个信封，小心翼翼地从里面取出一本书送给我。这是他最近出版的《石桥湛山》。

"我听阿古教授说你去了山梨县。石桥湛山纪念馆的那块地是浅川保自己的。其实日本这边并非完全遗忘了石桥湛山，我知道有四五个学生正在做有关他的博士论文。想要处理好中日关系，尤其需要了解石桥湛山。日本这边的博士学位不好拿，我 1991 年拿到博士学位后还需要接受一年的审查。"

说到这儿，姜克实对 NHK 等媒体过于重收视率有点不满。"NHK有一次请人谈石桥湛山，只是因为那个人有点名气，其实他对石桥湛山并不了解。媒体有时候就是这样，他们很少花心思去找有真才实学的人，而只愿找有知名度的人。"

接着我们聊到了《东洋经济新报》当年的发行量。"《东洋经济新报》的发行量，在大正时期是 4000 份，到了昭和时期一度达到过 2 万份。

因为那时候石桥湛山和财界的一些人有联系，办了一个经济俱乐部。其中最知名的是武藤山治[1]，他的公司就是现在的钟纺株式会社。大恐慌[2]之前，日本有个'金解禁'的争论，石桥湛山作为少数派领袖，主张小国主义，认为日本没有什么资源，最需要做的是让每个人都有工作，最需要开发的是人的劳力和智力。人人都工作，这也是凯恩斯的观点。在别人要求降低金价时，石桥湛山希望实行积极通货膨胀的经济政策，以提高日本产品的国际竞争力。起初，武藤山治反对石桥的这个观点，后来发现石桥是对的，他们便成了朋友。

"二战时日本虽说为军国主义所左右，但宪政体制并没有完全被抛弃，一样有议会民主和对私有财产的保护。如果没有财界的支持，军部也没法打仗。正是因为有财界部分人士的支持，《东洋经济新报》在昭和年代反而有所扩张。当然，其影响力和发行量远不如《朝日新闻》和《读卖新闻》等报纸。

"说到师承，石桥湛山虽然可以从大岛正健上接到克拉克，但是克拉克对他的影响并不深，如果说有影响，也只是人格而非思想上的。甚至，他最初学到的都不是什么自由主义，而只是有关民族主义的词汇。真正

1　武藤山治（1867-1934），日本纺织大王，大正—昭和时期的实业家、政治家。他经营的钟纺公司，是依靠向中国市场倾销布匹而获得成功的。早在义和团事件前后，钟纺的棉布已经大量销入中国，到日俄战争以后几乎垄断了中国东北和华北的市场，并且南下上海。1934年3月9日被一个工人行刺，翌日死于家中。

2　大恐慌即昭和恐慌。一战后，日本经济曾一度发展迅猛，但很快就发生了结构性衰退，经济长期萎靡不振。1929年经济危机前夕，日本政局发生了一次大变动，田中义一内阁辞职，新上任的滨口内阁试图解决财政危机，政策的核心就是"金解禁"。但"金解禁"带来了更大的危机，黄金外流超乎大藏省的预料，大量投机者在解禁之前用外币换购日元，解禁后日元升值，再抛售获利。仅半年时间，日本黄金外流2.2亿日元，超出预计2-3倍，引发了新一轮物价下跌。日本经济由萎靡不振，转入"昭和恐慌"。不久，美国股市崩盘，日本经济在世界金融危机中更是七零八落。大量失业人员需要安置，经济的崩溃更是刺激了人们对财富的疯狂，"扩疆"、"经营满蒙"成了很好的解决办法，日本的既定国策"币原外交"被抛诸脑后，然后就有了"九一八"、"大东亚圣战"、昭和天皇的"终战诏书"。日本侵占东三省之举，成了通过战争转嫁经济危机的失败样板。

对他有影响的是他的老师田中王堂（1867-1932）。田中王堂是杜威的学生，但只比杜威小七岁。田中王堂是第一个将实用主义带到日本的人，不拘泥主义，实用优先，在哲学上持中正主义立场，不希望走极端。这些思路对石桥湛山有很深的影响。昭和时期国家强大，他便主张个人的发展，反对像吉野作造那样全盘否定资本主义；等到战后国家凋敝，强调个人权利的时候，他主张要恢复信心，重拾国家理想。他强调'欲望同整'，对内是统整，发掘自己；对外是统制，不搞侵略。石桥湛山反对极端的民族主义，认为那种民族主义是战争的根源，而他因为对个人主义的坚持，也很自然地走向了世界主义和世界联邦。"

姜克实侃侃而谈，其间我也得到不少灵感。石桥湛山的小国主义，以国家和个人发展的两端而论，其倡导的小国即小政府，所谓"夜警国家"是也。由于小国主义所对应的是对人的自我价值的发掘，故而亦可称之为"大人主义"。

说到田中王堂，我不由得想起胡适，他们都是杜威的学生。田中王堂热爱民主，但强调必须以个人主义为基础，胡适也说一个好社会必须有健全的个人主义。感谢历史给了我这样的因缘，让我先后找到了他们。极端的年代，中国错过了胡适，日本错过了石桥湛山。

"像有些人批评的那样，石桥湛山纯讲道义的东西并不多（不像吉野作造），但他在经济上有很深的造诣。在出任首相后，石桥湛山曾让工商产业大臣高碕达之助做了一份'让所有人都有工作'的计划，算算日本的 GNP 是多少。岸信介上台后没有理会这个计划，但之后池田勇人的高增长理论，其实是来自石桥湛山。"姜克实接着说。

"我给日本学生讲，战争观有两种，一种是'悲惨的战争观'，一种是'自豪的战争观'。前者有反思，后者没有。两种战争观合在一起，就是日本的战争观。'悲惨的战争观'是政府推动'和平教育'的产物。几乎所有受过教育的日本年轻人都会说'战争是一种罪恶'，'绝对不能重演战争的悲剧'。这种悲惨的认识只不过是来自于自己国家在战争中的'被害'体验，题材也千篇一律，比如广岛、长崎遭原子弹袭击，冲绳血战以及东京大轰炸。而发生在中国的悲惨并不是他们讨论的主题。至于'自豪的战争观'，日本的大多数民众在面对战争的悲惨时，同时又对某些战争的胜利感到自豪，比如甲午战争和日俄战争，因为日本打了胜仗。第一仗打败了大清帝国，改变了东亚几千年来的华夷秩序，使日本一跃成为亚洲霸主；另一仗打败了拥有世界最强陆军的俄国，使日本在战后跻身于强国之列。

"日本现在流行的是'司马辽太郎史观'。司马辽太郎很懂得怎样去适应国民的口味。几年前被搬上电视荧屏的长篇小说《坂上之云》，司马辽太郎在里面通过对几个青年主人公的描写，刻画出一个欣欣向荣、蒸蒸日上的大日本的时代形象。而甲午战争、日俄战争的胜利则是这光明时代的顶点。司马认为此后日本开始走下坡路，逐渐走向了黑暗的昭和时代。中国人现在纪念甲午战争 120 周年，很多人想的不是反思战争，而是想着我们终于强大了，力量转换了，形成世界新秩序了。其实我们更应该思考的是'为什么甲午战争以后日本走向了军国主义'，而不是'如果再打一仗的话，我们一定会赢'。事实上日本现在没有什么军国主义土壤。你问年轻人，他们谁也不想去打仗。大国主义必将导致个人的贫穷，中国人现在富了，很大程度上是依赖于过去几十年的小国主义。"

我说："这点我注意到了。另外，邓小平当年所谓'韬光养晦'和永不争霸，客观上也是一种小国主义。考虑到大国主义可能引起的问题，中国其实要找到一种平衡，既要防止外部的大国主义冲进来，也要防止内部的大国主义冲出去。大国主义造成的悲剧太多了。就近而论，日本在十五年战争中不仅把在明治以后的积累输了个精光，而且也给亚洲国家带来了不可饶恕的灾难。"

"是这样的。毛泽东时代的中国走的是大国主义道路，而改革开放后的经济发展和复兴也可以说是小国主义的成功。"姜克实继续说，"我把依靠资源、领土等外部要素以及国家权力、军事实力等要素进行发展的模式，称之为大国主义；相反，依靠个人的智慧和劳动等内在要素以及经济、贸易等方式进行发展的模式，称之为小国主义。前者在近代表现为军事、政治方面的外向型的扩张和膨胀；后者则表现为以产业、经济为中心的内向型的发展。权力和资金集中的政府为大政府，其政治倾向为大国主义；相反，分权自治、低税收的政府为小政府，其政治倾向为小国主义。权力和资金的集中有利于福利、教育和国防等国家事业的发展，但高税收和国家权力的增长会窒息个人的生产积极性，导致社会全体的贫困（如毛泽东时代的中国），且积极的军备扩张亦能造成国际局势的紧张，带来战争的危险。相反，资金和权力分散的低税收的小国主义模式，优点在于能刺激民间与社会的活力，促使经济增长；缺点是会降低社会保障，容易产生贫富分化的现象。"

　　"可惜的是，现在东亚又在比拼大国主义了。所以我希望中国梦是一个小国主义的梦想，而不是大国主义的梦想。今天的中国非常复杂，有的人做大国主义梦，有的人做小国主义梦。国进民退、民进国退的争论，说到底也是大国主义和小国主义之争。"我补充道。

　　"这种争执我算是亲历了，"姜克实接着说，"有一次我在山西大学做讲座，就弄得很尴尬。当时从洛阳赶到太原，火车晚点了。接待我的学校领导利用我迟到的那点时间给学生们讲大国梦，而我到了之后也不知道那位领导讲了什么，就直接讲起了小国主义，结果完全和那位领导唱了反调。"

　　至于石桥湛山是否像传言中那样被美国人下了毒，姜克实给出了否定的回答："石桥湛山并非美国人毒害致死，真的是身体出了问题。那时候他已经73岁了。大选胜利后，早稻田大学开庆功会，他要做演讲。

当时天很冷，他坚持穿了身燕尾服，结果冻感冒了，进而引起脑炎，并发脑溢血。因害怕政局动荡，对外界只说是严重感冒。岸信介是他的对手，竞选时石桥湛山排第二，他与排名第三的人联手击败了岸信介。他不同意岸信介的观点，但是作为自民党又不得不屈从党是。当时的自民党一定程度上赞同改宪论，认为和平宪法不能改，但是可以冻结第九条。因为第九条和日本要担起的国际责任相冲突。"

长期旅居日本，姜克实对自己在做中日研究方面的便利非常满意。"日本研究资料公开，也很方便找。既然国民纳了税，就有权利知道这个国家发生了什么。村山时期，政府投资4000亿日元建了一个亚洲历史研究中心，对日本有利没利的资料里面都有。关于平型关大捷，根据我查到的日本军方留下来的一些资料，当时日军死亡不过200人，最多可上浮50，而当年中国方面称是4000人。台儿庄战役，临沂与台儿庄两地的日军伤亡也不过是5600至5800人。日军当年的确做过很多屠城的事情，比如在滕县。据记录有3100具中方尸体，但只找到700条枪，可以猜想，其中大部分是平民。有民间学者沿着日军在当地的行军路线调查，有名有姓被杀的人就找到了几百个。即使除去误差并考虑其他因素，当时至少有1000平民被屠杀。中国的数字很多方面不准确，南京大屠杀的事实不可掩盖，但是30万的数据的确是不严谨的，应该有些感情化的东西在里面……"

我说关于南京大屠杀我比较认同孙歌和沟口雄三的观点。对中国的几代人来讲，南京大屠杀不仅是1937年11月发生在南京的那场惨剧，更代表了中国人对日本侵略者感情上的痛恨。它是情感记忆，并非一定要在数字上准确。它不是一场标准的矿难，没有人能统计出一个完全准确的数字，因此讨论它是20万人还是30万人其实没有什么意义。而日本右翼以此数字"不准确"来否定南京大屠杀甚至整个侵华史，则完全是偷梁换柱、胡搅蛮缠了。

内容非常丰富的一次交谈。结束后我和女儿一起去国际交流中心，野口与我谈起《朝日新闻》就慰安妇报道道歉的事。《朝日新闻》今日刊登报道，宣布撤销1991年至1992年的一系列文章。该系列文章引用日本军人的证词，证明日军在济州岛暴力强掳女性，强迫她们成为慰安妇。对于许多日本右翼而言，撤销这一系列文章就意味着抹去了慰安妇大量存在的事实，没有了这些事实，"河野谈话"就失去了基础。

站在四谷三丁目的地铁口，看到入口处标有"海拔34.5米"。这让我突然有种莫名其妙的同情，仿佛直接感受到了日本所具有的危机感。带女儿坐地铁，更像是进了迷魂阵。因为脑子在想事情，接连坐反了三次。这是我生命中的奇迹吗？

当然也不是完全没有收获。比如在第一次调整方向时，我便在地道里发现了一份有关"过激派"的通缉令。上面有两个头像，分别是桐岛聪和大坂正明[1]。我很快找到了与他们相关的一些资料。

前者是"东亚反日武装阵线"的唯一在逃者。几十年前，日本社会正值左翼学生运动风起云涌之际，赤军的成员多半是学生运动中的激进派，由于当局的压制，后来一些人走上了过激的武装化道路，由此诞生了赤军派组织和"东亚反日武装阵线"。

至于大坂正明，他在日本国内策划和实施了一系列爆炸案，包括爆破"兴亚观音像"（由南京大屠杀时指挥日本军队占领南京的指挥官松井石根所建）和"殉国七士之碑"（东条英机等甲级战犯的慰灵碑），实施"三菱重工爆炸案"（认为大企业是实施帝国主义掠夺的先头兵），甚至策划爆破列车暗杀昭和天皇。

1　大坂正明，1971年11月14日在"涩谷暴动"事件中参与殴打一名当事警察并致其死亡，至今未能归案。

与"殉国七士之碑"相关的事件更像是一部悬疑电影。

事情要从 1948 年 12 月 24 日深夜说起。当时，驻扎在横滨的美军正沉浸在圣诞前夜的欢乐之中，而横滨市内的久保山火葬场发生了一起偷窃案。三个黑衣人潜入火葬场，盗走了东条英机等战犯的骨灰。

11 年后，在距离东京约 100 公里的热海市伊豆山上竖起了一座纪念碑，名为"殉国七士之碑"。碑下埋葬的正是当年被盗的七位甲级战犯的骨灰。

1971 年 12 月，日本赤军"东亚反日武装阵线"派人在石碑下安放炸弹，一声巨响，石碑断为三截。日本赤军为此发表声明，大意是："殉国七士之碑"是 1948 年由帝国主义头子吉田茂书写碑铭，为甲级战犯招魂而建造的。这是彻头彻尾的美化旧日本帝国主义侵略、反革命意识形态的产物，是日本帝国主义推行新殖民侵略的精神象征。

石碑被炸后，立碑者不惜代价从德国进口专用黏合剂，把石碑黏合修复，重新立在原处。

"遥望大洋彼岸，探求太平洋战争的真相，为实现永久和平而努力。"碑文末尾这句令人费解的话，让我想起此前看到的战犯向井敏明和野田毅在遗书里高喊"世界和平"与"中国万岁"的口号。回想人类历史上这些黑暗记忆中的"美好愿望"，我百思不得其解。

但无论如何，类似内村鉴三那样的及时醒悟是有意义的。他曾经盲目支持过日清战争（甲午战争），但当他发现自己被蒙蔽后很快变成了一个反战主义者。在他看来，以国家安全的名义对他国发动战争是不义的。"以恶的手段不能达到善的目的；以杀人来谋求东方的永久和平可谓荒谬绝伦。"

回到涩谷车站，远远望见报摊上有几个巨大的字——"笹井芳树自杀"。日本理化学研究所发生与再生科学综合研究中心副主任笹井芳树今天在位于神户市的该中心内自缢。笹井是最近闹得沸沸扬扬的论文造假案主角小保方晴子的导师。

断臂上的花朵

8月6日
晴

　　早起方知半夜京都附近发生了地震。

　　翻阅坂本太郎的《日本史》，从头到尾未见到有关大日本与小日本之争的论述，也没有关于石桥湛山的任何史料，正悻悻时在结尾处读到两段还算有意思的话。

　　战后，日本迅速在废墟上建立了一个经济大国，坂本太郎认为这是"日本人民忍受苦难，勤奋劳动，充分发挥创造性和钻研精神而努力争取复兴的结果"。紧接着他补充道："在战时，日本人民一再期待的天佑，始终没有出现；但到了战后，却出现了意想不到的天佑。当今社会的规律是：只有那些不抱有过分的奢望，而各自忠实于自己本分的人，才能得到上天授予的幸运。"这也算是大日本主义和小日本主义的一个注解吧。

　　今天为"理想国译丛"撰写萨克斯《断臂上的花朵》中文版序言。至此，"南非三部曲"的序言全部完成。三本书里，最得我心者莫过于萨克斯的"温柔的复仇"。萨克斯年轻时被南非当局派出的杀手炸伤，但他没有选择以牙还牙。他曾在书中谈及自己的理想追求："但若民主能在南非落地生根，那么代表纯洁和殉道的玫瑰与百合花将从我的断臂上开出。"在个人恩怨与理想南非之间，萨克斯选择了后者。这就是他"温柔的复仇"。

　　因为学生放假，东大食堂最近只在中午开放。多数时候我和女儿在别馆做饭吃，有时候也在驹场东大站前的驹铁面馆吃面。

西风吹过东土（一）

　　带上孩子，中午和王铮及其女友一起到黄少光家做客。黄少光是厦门大学日语系教授，曾留学日本，有时候会回到东京西日暮里附近的家中。黄教授是个非常会生活的人，我们敲门进屋时，他已经在厨房准备好了丰盛的午餐。

　　刚刚落座没一会儿，主人就打开了话匣子：

　　"我的朋友井手启二是井上清的学生，在福州大学做客座教授。日中友好协会在'文革'时分为两派，他是'在野派'一支，对中国很热爱。因为上课时在钓鱼岛问题上倾向日本，被学生告到了公安局。回国时他在飞机上给我写了封信，感叹中国的大学还没有进入近代。我们大学公共课上，有老师说'百年之内中日必有一战'。学生质疑，问有什么证据，老师说不需要证据，两人于是发生争吵。后来这位老师找到学院副院长，告了学生的状。那位副院长说，你的确是没有什么证据……"

　　听后我们一乐。

　　井上清是日本当代著名的历史学家、明治史权威，曾因揭露昭和天皇的战争责任，并在书中公开宣称钓鱼岛是中国的领土，而被称为"勇敢的日本人"。我曾问智子井上清声称"钓鱼岛是中国的"在日本是否会受到来自右翼人士的威胁。智子说不会，前者在日本属于言论自由的范畴，而后者则属于刑事犯罪。

　　这本书叫《'尖閣'列島—釣魚諸島の史的解明》，由日本现代评论社1972年正式出版。我了解到井上清和他的这本书时，第一个反应是"言论自由是如此迷人"。正是言论自由保障了井上清能冒日本之大不韪，以历史学家的严谨站到自己国家的对立面。

井上清在书中指出了有关钓鱼岛的一个重要的逻辑上的荒谬——16至18世纪属于中国的土地，却要适应20世纪帝国主义的国际法则，以主要条件不足为由，将它重新划为"无主地"，这是何等荒唐。

黄少光在日本先后待了二十多年，他认为日本其实非常国际化，虽然不是日本人，但他在日本享受的待遇和日本人差不多。我说除了不参与投票吧，他说是，我开玩笑说这和你在国内也差不多吧。

论及日本的个人主义传统，黄少光讲起了自己擅长的奈良时代的文学研究：

"那时候有一些并不明朗的个人主义和自由主义。平安时代许多知识分子隐居，而且人越来越多。不像中国，魏晋时候多，但后来越来越少。日本的文学传统并不排斥情爱，国家编修的敕传里有非常多的男欢女爱，可能高达80%（中国当然也有《玉台新咏》等）。此外，那时候的日本有成批的女作家出现，如《源氏物语》的作者紫式部就是女性。江户时代有很多私塾，在东京，女先生占了60%。由于日本妇女比欧美妇女地位要高很多，所以女权运动出现在欧美而不是日本。在欧美，直到近代，女人还有可能被当作没有灵魂的动物。"

这是一个阳光明媚的下午，我们几个"有灵魂的动物"，一边吃着牛肉，喝着红酒，一边漫无边际地交谈。从白桦的《苦恋》到永井荷风的《地狱之花》，从奈良时代的文学到乃木希典的汉文诗，从梅原猛的"森林思想"到柄谷行人的历史，最后我们聊到了井上厦[1]和松原久子。

1　井上厦（1934-2010），日本著名剧作家，和平主义者，2004年和大江健三郎、小森洋一等一起成立了"九条之会"。

黄少光说："井上厦的'梦之三部曲'(《梦之裂痕》、《梦之泪》、《梦之痴》)里面有对战争的反省,它同样适合中国人反思'文革'。"

这些年,我总是听到人们谈论要反思"文革",我说这个起点可能是有问题的——因为"文革"只是 20 世纪革命的结果,而不是原因。所以,最有价值的反思是 20 世纪中国革命中不断"除害"的逻辑。在我看来,人间果真有天堂,这固然是美好的。但是,如果为了所谓的美好而不断地除害,善也会所剩无几。这世界有善有恶,人能做的是日行一善。至于除恶,大自然其实已经安排好了一切,着什么急呢!如果我们相信"完美意味着美的终结",而追求完美意味着追求一个一成不变的世界,那么所有完美冲动,从本质上说都是一种死亡冲动。

谈话间,黄少光提到了松原久子的一个观点:

"松原久子在德国待了二十余年,写了《驕れる白人と闘うための日本近代史》(与傲慢白人抗争的日本近代史)和《言挙げせよ日本——欧米追従は敗者への道》(宣言吧,日本——追随欧美是败者之路)等几本书。他一方面为日本发动战争谢罪,另一方面指出日本人之所以发动战争是因为在向欧洲学习的过程中学坏了。19 世纪,欧洲人来到东方,东方人在他们眼里就像些阿猫阿狗,毫无尊严。川岛芳子的养父川岛浪速得知中国发生了辛亥革命时非常高兴,认为亚洲有救了,可以摆脱欧美的瓜分了……"

"川岛浪速?恐怕他也没有那么纯洁吧!"我接过话茬,"他当时想的或许只是与其让欧美列强瓜分中国,不如让日本独占算了,别瓜分了。"

日本是不是"向欧洲学坏了",我在前面已经做过零星的思考。我不认为东方原本是一片完整、和谐的土地,只是被一阵西风吹来,就天崩地裂了。推动人类文明进程的,不是东方与西方,而是人性中的贪婪与恐惧,是人类对物质与意义的追求。事实上,日本文化里并非没有侵略性的东西，早在 1609 年，琉球王国就受到日本萨摩藩的侵扰，这岂是向西方学习的结果？

福泽谕吉在《文明论之概略》一书中这样分析日本的武士阶层："西洋人民的权力如钢铁，既难以使之膨胀，亦难以使之收缩。日本武人的权力如橡胶，伸张因所接触之物而异，其性若接下则大为膨胀，若接上则顿时收缩。"它解释了当年日本人战时在亚洲的傲慢猖狂和战后对美国的俯首帖耳。这便是丸山真男后来提到的"压力转移"体系。丸山真男说日本的问题可能在于它缺乏一条贯穿始终的主线。也就是说，在日本思想史的发展历程中，缺乏一个精准的坐标轴体系。相较而言，中国有自己的主线，不仅古老，而且厚重。

日本最早提出"和魂洋才"的是佐久间象山，他之所以有"象山"这个名字，是因为崇拜陆象山，而"以夷制夷"也是从魏源的《海国图志》中学来的。明治以后，日本"求知识于世界"，大举学习西方，说到底想学的都是一些技艺式的东西，即所谓的"洋才"；而深藏于人性中的贪婪与恐惧，都混杂在"和魂"之中，并不需要向外界学习。

冈仓天心在《东洋的理想》中曾经写道："亚洲虽然没有尝试过由争分夺秒的交通工具带来的强烈喜悦，但是拥有巡礼、游方僧等更具有深意的旅行文化。"不幸的是，日本一旦拥有了西方那些争分夺秒的工具，昔日的旅行者就迅速转变为在亚洲腹地开疆拓土的远征军。

借西洋器物富国强兵，以大日本思想侵略他国，也算是里应外合。从词义上说，"社会达尔文主义"固然是欧洲人的发明，但它却是人类共有之天性。一个人强奸另一个人，无外乎三个原因：他有性欲，他没有控制住自己的性欲，他认为自己有力量让被强奸者屈服。

松本三之介曾经将明治精神概括为三点，即国家精神、进取精神和武士精神，谁能说这是欧洲文明之所赐？如果说日本当年富国强兵是因为恐惧，那么之后的对外侵略则是因为贪婪。看到欧洲国家都搞帝国主义了，日本也觉得自己要搞帝国主义，这也是人性使然。此所谓"身怀利刃，杀心自起"，与学习欧美何干？又好比一辆货车在半路上翻了，车上的苹果掉了一地，引起路人哄抢。先到的先抢，后到的后抢。最后警察追问下来，你不能说你是后来的，问题出在跟先抢的人学坏了。其实先抢也罢，后抢也罢，都不过是觊觎他人财物，其所反映的都是人性中最幽暗的一面。

明治时期，当日本大张旗鼓地向西方"学坏"的时候，日本也有主张回归国粹的。比如志贺重昂和三宅雪岭。1888 年，他们以政论家的身份组建日本政教社，创办《日本人》杂志，掀起了一场轰轰烈烈的"国粹主义"运动。志贺重昂写过《日本风景论》，从风景、地理的角度宣扬国粹，反对过度欧化。而三宅雪岭也特别写了两本书，一本颂扬传统日本人的真善美，一本揭露鹿鸣馆时代[1]日本人的伪恶丑。即便是这两位主张不学欧美的国粹主义者，也一直希望日本对外伸张国权，甚至做亚洲的盟主。

更别说教过木户孝允、伊藤博文、山县有朋、井上馨等精英人物的吉田松阴[2]了。作为讨幕英雄，早在 1855 年 4 月致兄长的信里他就提出日本面对西方的入侵，要从东方把损失补回来，"在土地上以朝鲜和满

1　鹿鸣馆建成于 1883 年，是由英国人设计建造的一座砖式二层洋楼。馆名出自《诗经·小雅》中的"鹿鸣"篇。鹿鸣馆落成后，外务卿井上馨不仅携妻子主持了盛大的开业典礼，还把以前成立的与外国人交际的机构挪到馆内，命名为"东京俱乐部"。该俱乐部实行会员制，只有日本皇族、高官及民间有势力的人才能加入，而且交谈只限于英语，以彰显俱乐部的国际性。为招待好欧美高级官员，鹿鸣馆经常举行有首相、大臣和他们的夫人小姐们参加的晚会、舞会。为了便于住在横滨的外国官员参加，日方还在舞会召开当日晚 8 点半，开通从横滨到东京的专列，客人到达终点站新桥后，再由人力车拉到鹿鸣馆。在井上馨等人的努力和影响下，日本上层社会吃西餐、穿西服、留分头、跳交谊舞、盖洋楼等欧化风潮风靡一时。更有甚者提倡日欧通婚，以提高日本国的地位和国民素质。有一个说法是，日本当年如此费心劳力还有个原因是想借机修改不平等条约。这种对西洋人的投怀送抱引起了当时许多日本人的不满，近代教育家岩本善治指责这种模仿"制造了荒淫的空气"。

2　吉田松阴（1830-1859），日本江户幕府末期的政治家、教育家、改革家，明治维新的精神领袖及理论奠基者。因为涉嫌参与倒幕和暗杀，死于安政大狱。

洲来作为补偿"。几十年后，他的学生、时任内阁总理大臣的山县有朋在国会上发表施政演说，提出"主权线"和"利益线"的概念，就是要将朝鲜纳入日本版图。而这一切，岂是跟着欧洲人才学坏的？

同样拿欧洲文明说事的还有陆奥宗光，甲午战争时他是日本的外交大臣，在《蹇蹇录》一书中，他回忆说日本和中国的冲突就是欧洲新文明与东方旧文明之间的冲突。

当然，这不是说那时候的日本没有一个良善之辈，中村正直就是其中一位。他不仅向日本人译介过密尔的《自由论》，而且还在 1875 年 4 月的《明六杂志》上发表《论支那不可侮、不该侮》，论述不应蔑视中国的理由。他认为"倘若支那学欧美，其见识或将超过欧美"，而那些学了一点欧美皮毛便蔑视中国的日本人，犹如"身穿他人之华美服饰而蔑视衣着简陋之人也"，故主张要靠本国的努力获得进步。在此意义上，我认为这不是学西方变坏了的问题，而是当年日本人把人性中好的东西丢掉了的问题[1]。今日日本，人人皆知福泽谕吉，有几人知道与其对立的中村正直？

---

1 回想明治以来的丑态百出，日本外交上最成功者恐怕还是战后的吉田茂。1946 年，吉田茂出任日本首相。他审时度势，认为战后日本最主要的是发展经济，打仗的事交给美国就好了。冷战开始时，美国要求吉田茂重建日军，吉田茂搬出麦克阿瑟为日本制定的"和平宪法"，称建军违宪，且东亚诸国也会反对。这和安倍今日急于走"正常国家"的道路，真是此一时彼一时。战后日本在某种意义上说处于一种"亡国"状态。然而，吉田茂以其深谋远虑，顺势而为，走的也是小日本主义路线。和石桥湛山比，其功利主义色彩更浓。故有人称"吉田路线"为"弱者的诡诈"，即以牺牲部分主权为代价，让美国人为日本的利益打仗，而日本坐享其成。当年通商产业省的副相、"吉田路线"最为有力的鼓吹者天古直弘把战后的世界比作江户时代的日本。在江户时代，社会有武士、农民、工匠和商人四个等级。最初武士是统治者，其他三个阶层是被统治者，其中商人地位最低。但到了江户末期，武士阶层没落而商人阶层崛起，武士统治实质上被商人社会取而代之。天古直弘说，二战后的武士是美国和苏联，日本是商人，而第三世界国家是农民和工匠。按这样的格局发展，日本最后将拥有世界。而在事成之前，要学会隐忍，"商人见了武士，该下跪就下跪，别抱着尊严不放！"吉田茂也说："当年美国是英国的殖民地，如今美国强于英国。如果日本现在甘当美国的殖民地，将来日本必定强于美国。"这种功利主义外交也的确奏效，当中国不断革命以至于陷入文革的漩涡时，1968 年，日本成为仅次于美国的资本主义世界第二经济大国。

漫长的午后，我们聊了太多话题：为什么南京大屠杀中军民不分？为什么山口县的萩市出了那么多影响日本近现代的人物？国土大面积沦陷后，汪精卫在沦陷区的"曲线救国"究竟是卖国还是"买国"？金默玉与川岛芳子为何有着不同的命运？此外，我们还讨论了英、日两个岛国为什么注重保护本国的传统以及日、德两国的相似性。

黄少光说，有日本学者讲到日本人有点像古希腊人，乐于寻找一种有意义的死。他们认为毫无意义的死对人生是没有意义的。接着他引用某位"师叔"的话说，德国和日本都非常精细，德国在真、善、美方面，没有学到东方的美。而王铮也想起一个说法：日本人是把美变成了忍，形成"春秋人格"（坚忍、执着、忠贞），却没有学到中国的善。

我说近代日本未必没有善，只是被制度性地毁掉了。明治政府为了完成政教合一的改造，在 1868 年出台神佛分离令（《神佛判然之令》），它一方面进一步确立了天皇作为天照大神后代的神威，使日本以神道为国教，成为神道国家；另一方面也严厉打击了有着千年民间信仰基础的佛教。几年后，明治政府又颁布了《肉食带妻的解禁》，并且开始禁用具有僧侣特色的名字，从源头上摧毁佛教。如今日本虽然还有 1 万多间寺庙，但很少有人知道日本佛教早在明治维新时已经遭受了灭顶之灾。而佛教那时候是包容的。小泉八云曾在书里写到，他在日本寺院的墓地里发现过一块刻着英国人名字的墓碑，上面还雕着一个十字架。

说到春秋人格，明治以前日本的封建制其实很像中国的春秋时代。中国历史是由春秋入战国，至秦灭六国，可谓"秦败春秋"。而对比近代日本与中国，则有另外一番观感：日本在春秋（封建制）的基础上崛起，而中国在秦国（大一统）后彻底衰弱，此亦可谓"春秋败秦"。

至于春秋人格是好是坏，我很难做出一个非黑即白的评价。首先我佩服武士和君子身上的那种刚毅不屈、慷慨悲壮、光明磊落的人格。这种舍生取义的精神，在古中国是广泛存在的。比如说秦王嬴政与"二十八星宿"[1]、"在齐太史简，在晋董狐笔"[2]、豫让"士为知己者死"[3]等。与此同时，我也不赞成所有那些针对自己以及他人生命的残酷。

最后的时间，完全留给了王铮。他和我们谈起自己有一年寻访原国民党九十三师的经历：

"我曾经去泰国北部寻访过他们。这支部队原属于国民党云南地区的第八军，国军败退台湾后他们就在金三角一带留了下来。他们既不能回大陆，也不能去台湾，蒋介石希望他们留守在那里配合国民党光复大陆。结果可想而知，他们没有机会反攻大陆，就只能在金三角种罂粟。柬埔寨和泰国都派军队围剿过他们，但都失败了。他们为自己争取到一块居留地，曾经有几千人，现在已经凋零成一个小村子，不会讲汉语的不让进。当时接待我的一位老人，是从云南抓壮丁去的，被抓的时候还和妈妈说很快就回来。八十年代他曾经回过一趟中国，回到村子，抱着井口和母亲的坟头哭泣。老人和我讲，这支部队已经没剩多少人了，墓碑一个接着一个，都朝着故乡的方向修。"

"一支没有祖国的军队……"听到这里，我站起身，阳台上的风好大。

---

1 《东周列国志》记载，秦始皇亲政后，幽禁了其风流成性的母亲。为此，先后有 27 人进谏被杀。齐人茅焦继续冒死为太后事请谏。秦始皇问："你不怕死？"茅焦说，天上有 28 星宿，现在才死了 27 人，愿凑足 28 人数，并力陈秦王为了得天下人心，不可冒不慈不孝之罪名。秦始皇终于为茅焦所感动，厚葬被杀的 27 人，并迎太后回归咸阳。

2 文天祥在《正气歌》里将"在齐太史简，在晋董狐笔"作为天地间正气的表现之一。这两位古代史官，都高扬了一种誓死捍卫史官直书实录传统的精神。

3 豫让是春秋晋国智氏的家臣。公元前 453 年，智氏宗主智伯瑶被杀，头颅被敌主赵襄子做成酒器使用。豫让为报答智伯瑶知遇之恩，不惜以吞碳毁容等方式试图接近赵襄子复仇。因多次行刺未果，最后自刎而死，留下了"士为知己者死"的千古绝唱。

Le Petit Journal

Le Petit Journal 5 Centimes **SUPPLÉMENT ILLUSTRÉ** 5 Centimes **ABONNEMENTS**

CHAQUE JOUR — SIX PAGES — 5 CENTIMES   **Le Petit Journal** QUOTIDIEN, 5 cent.   Le Petit Journal militaire, maritime, colonial, 10 c.

Le Supplément illustré   **L'AGRICULTURE MODERNE,** 5 cent.   **La Mode** du Petit Journal, 10 cent.

CHAQUE SEMAINE 5 CENTIMES   On s'abonne sans frais dans tous les bureaux de poste

SEINE ET SEINE-ET-OISE   2 fr.   3 fr. 50
DÉPARTEMENTS   2 fr.   4 fr.
ÉTRANGER   2 50   5 fr.

Quinzième année   **DIMANCHE 6 MARS 1904**   Numéro 694

LES ÉVÉNEMENTS D'EXTRÊME-ORIENT
L'Empereur du Japon remettant les drapeaux à ses troupes

NOUVEAUX MASSACRES EN CHINE
L'Impératrice douairière présente à l'Empereur les têtes des mandarins accusés d'avoir favorisé les intérêts russes

1904 年 3 月 6 日，法国 *Le petit journal*（小日报）封面和封底分别报道了日本和中国的两起事件。封面是日本天皇给军队授旗，封底是慈禧给皇帝看那些因"偏袒"俄国而被杀官员的头颅。

聊到晚上六点钟，准备离开。黄少光陪我们下楼，然后站在楼外的空地上一直目送我们走远。大约两分钟后，我回头发现他还站在原地向我们挥手。在日本生活了这么多年，他早已入乡随俗。

"日本就是这样，送人一定要送到看不见客人为止。"王铮向我解释。

看到这样的场景，难免让我心生感慨。我想起幅馆卓哉老人在新宿车站脱帽弯腰为我送别，想起自己平时不敢往地上扔一片纸屑。在一个地方待久了，就会不自觉地沾染当地的氛围，直至影响自己的言行。

在夕阳的柔光里，我们一行四人，坐上无人驾驶的有轨电车，一起去了日暮里。

连日劳累，昨夜赶写"理想国译丛"的序言，只睡了三小时，白天又聊了六个小时的天，且吃了些咸牛肉和红酒，回到住处后身体严重不适，待整理完这篇笔记，我感觉自己快要死掉了。我天天说社会和解、历史和解，却唯独不与自己和解。许多事情还没有做完，也做不完，该停下来时得停下来了。

"踏破支那四百州"——乃木希典的春秋

　　晨起凝视篆体的"忍"字,感觉真是神奇——我仿佛看到一个人举着刀在杀另一个人。而对于这上下两个人来说,也因此具有了双重含义。上面的人暴虐残忍,下面的人挣扎忍受。日本的忍文化,不就是这幅双人图吗?而忍者不仅对他人残忍,对自己也同样残忍。大阪少妇为鼓励丈夫出征不惜自杀,已属骇人听闻。而比大阪少妇更疯狂者,乃木希典是也。昨日我与黄少光、王铮讨论日本人具有春秋人格,乃木希典堪为表率。其愚忠愚勇,当不输豫让。

　　乃木希典(1849-1912)是日本著名陆军大将,也是日本对外侵略扩张政策的忠实推行者。他擅长写汉诗,我初次读到下面这首时,免不了在心里赞叹此公的才情:

　　　　山月草木转荒凉,十里血腥新战场。

　　　　征马不前人不语,金州城外立斜阳。

　　这首诗的背后,恰恰是战争的残酷。1904年日俄战争爆发,一度归隐田园的乃木希典重返军界，出任侵华日军第三军司令官。为了表明报效帝国的决心，他还为自己和两个儿子自备三口棺材。他的这首汉诗就是在同年6月长子战死后写的。他的妻子在儿子死后，竟给乃木发电报说"我为胜典壮烈战死感到很欣慰"。由于旅顺口工事坚固无比，从6月下旬开始，乃木希典采用了空前的"肉弹自杀战术"，向旅顺的俄军发起三次总攻。就这样，日军战死5万余人，连他的次子乃木保典也战死了，旅顺仍在俄军手中。

虽然日军最终赢得了这场战争，但其愚勇却广为世人诟病。痛恨他的将士家属朝他东京的家里扔满了石块。从这个细节可以看出，这个时期许多日本的父母心智还算正常，他们不甘心自己的孩子上前线充当帝国的炮灰。

日俄战争结束之后，乃木希典抛下数万日军的白骨和两个儿子的尸体回国。在回国的船上，他洒泪赋诗："皇师百万征强虏，野战攻城尸做山。愧我何颜见父老，凯歌今日几人还。"在天皇组织的凯旋祝捷大会上，乃木希典第一句话就是："吾乃杀乃兄乃父之乃木是也！"现场人群哭成一片，无不思念战死的亲人。在复命明治天皇时，他愿为攻打旅顺而付出的惨重代价以死谢罪。明治天皇不但赦免了他，还为他封官晋爵。为感谢皇恩浩荡，1912年明治天皇病死时乃木希典一直为其守灵，至殡葬之日，和妻子一起剖腹自杀。

乃木希典因其忠勇在死后被日本军国主义者奉为"军神"。按照土居健郎的说法，他之所以自杀，是因为年轻时在西南战争中负伤而被敌方夺了军旗，这一羞耻一直未解，此后又几经战败，饱尝耻辱，却不得引退，直到能为天皇殉死，才算了却了多年之怨。

乃木希典写过不少汉诗，另一首有名的诗表达了其入侵中国的野心：

肥马大刀尚未酬，皇恩空浴几春秋。

斗瓢倾尽醉余梦，踏破支那四百州。

　　我该怎么评价乃木希典呢？就算文采再好，当他提刀踏上他国的土地，这些文字也大打折扣了。在我看来，他属于既带领不好千军万马，也带领不好自己人生的那种人。当然，如果有人说忠君是他心甘情愿的选择，对此我也无话可说。如果愚蠢是一种权利，人就有权利愚蠢至死，前提是你别跑到他人的土地上杀人放火，让别人死于你的愚蠢。

星座与国民性

　　今日不外出，歇息一日。孩子着迷于看网上的穿越小说，我坐在床上闲翻本尼迪克特的《菊与刀》、蒋百里的《日本人》和戴季陶的《日本论》。据说讨论日本人性格的书早已超过了700种，不过从本心上说，我并不喜欢有关国民性的话题。就像星座，消遣可以，只是不要太当真（星座按时间来区分，国民性以地理来划分）。毕竟，即使生活在同一国家，人人还是会有千差万别，更别说到了近现代代际之间的变化已经越来越明显。

　　回想当年内藤湖南在《支那论》（1914年）一书中把中国人描述为"没有灵魂的腔肠类动物"，一棍子打死了多少人！内藤湖南批评中国人的世界复杂而散乱，各个部分可以发出美妙的音乐，而整体却没有和谐的旋律。在他看来，日本人敏锐如常山之蛇，打头而尾来扫，打尾而头来咬，打中间两头围过来；而中国人愚钝如蚯蚓，一段身子给切断了，其他部分却没有感觉，仍能继续活着。这也算得上是一本探讨国民性的书了。我不能说内藤湖南没有观察力。据说，1920年石原莞尔扮成乞丐，用一年多的时间走遍半个中国，得出了中国"官乃贪官，民乃刁民，兵乃兵痞；政府欺压民众，官民对立；若外国入侵，民众不会支持政府"的结论。

同样的例子还有胜海舟[1]，这位明治维新时期的重要人物，在甲午战争之前就曾公开反对这场战争。和内藤湖南一样，他也意识到中国人的国家观念不强。日本战胜后，胜海舟在《冰川清话》中认为：日清战争的胜利，并不是战胜清国的胜利，因为那里原本并不是国家，那里有的只是民众。司马辽太郎在《坂上之云》中也认为日本胜利的"最大要因不在日军。而是那个时候的中国人，为国家而死的观念基本没有"。

　　由此可以上升为"国民性"吗？我承认那个时代的中国人对政治的热心程度不高，但我并不认为中国人具有所谓麻木不仁的国民性，他们只不过是对国家利益一时不敏感而已，否则很难解释1919年的中国何以出现反日风潮，以及蒋介石国民政府的"一寸山河一寸血，十万青年十万军"。

　　社会发展并非齐头并进，民族国家的观念也是近代才形成的。事实上，幕府末年的日本和中国一样被笼统地理解为"天下"，而胜海舟的国家观念也是在长崎和欧洲人接触时形成的。据说当时有位荷兰军官问一位日本商人："长崎如果遭到外国人的侵略，你能保卫自己的城市吗？"商人答道："非我所知，那是幕府的事。"中尉认为如果这样，那么荷兰军舰的舰长带领一名军官、四十五名陆战队员登陆，就可轻而易举地占领长崎的所有要害。

　　大概是意识到着重于政治一维的腔调有问题，十年后，内藤湖南出版《新支那论》，指出文化才是人类生活的最高等级，相反，政治是最低劣的。正因为中国是文化先进国，所以说中国热衷于低劣政治的幼稚阶段早就过去了。其实中国也挺不幸，最开始是关心政治的人太少，所以国弱民穷；到了大革命时期，所有人都来关心政治，包括自愿与不自

1　胜海舟（1823-1899），日本幕末的开明政治家，江户幕府海军负责人。幕府崩溃前夕，任陆军总裁，主张同讨幕军议和，使江户和平开城。

愿的，中国人又一度为了政治的天堂而堕入生活的地狱。那么，以国民性而论，中国人到底是关心还是不关心政治呢，可谓"此一时也，彼一时也"。

相较于国民性一词，我更喜欢用社会文化和人性来分析人可能具有的某种倾向。人会受一定社会文化的影响，但社会文化并不是人本身，而且社会文化是流动的，不是一成不变的。

日本之所以侵华，原因错综复杂。我想其中一个重要因素便是日本错判了中国的"国民性"。按内藤湖南等人的观点，中国人没有公共精神，在被侵略时只会忍气吞声。然而这些人太低估了人性中抗恶的潜能。面对中国人的顽强抵抗，1940年10月12日，日本昭和天皇在日记中表达了贸然入侵中国的悔意："支那的强硬出乎意料，对事变的预测完全是错误的，特别是连专长的陆军竟也观察有误。"几个月后，他继续在日记中写道："日本轻视了支那，应该尽快结束战争，奋发十年增强国力。"

"国民性"是一个似是而非的试图将所有国民装进闷罐车的暴力词汇。这也是我反感中根千枝《日本社会》一书写作风格的原因。在我看来，那些"日本人这样想，日本人那样想"式的论述未免过于武断。当然，中根千枝的有些观点还是能够让我眼前一亮。从结构上看，日本是由一个个集团组成的纵向社会，而美国人超越个人所属集团，是以职业类别等横向关联为基础的个人主义。遗憾的是，这种眼前一亮也没有维持很久。中根千枝在书里借用的只是本尼迪克特和有贺喜左卫门的一些东西，尤其是有贺喜左卫门早中根千枝二十年便已经表达了类似的观点，而且是我喜欢的论理风格。

　　我在这里虽然不说无阶级，但我认为无法用西洋的阶级意识来衡量日本的阶级观念。西洋的社会组织以个性为根基，比如由各个阶级的代表组成的议会制度，就是以横向组织为中心发展而成的社会结构。相反，我们国家的社会组织是以上下结合为根基的，犹如父子关系（父辈子辈）所体现的同族团体，主要依靠纵向组织的紧密结合。可以说这种差异是由两者性格倾向的不同造成的。因此，西洋社会阶级斗争理论的诞生并不是无根无源的，而我国繁盛一时的左翼运动所宣扬的这个口号却无法生根发芽，直至最终被遗弃，无非也是源于日本人的性格和社会关系的特质对这些方面的要求甚少之故。（有贺喜左卫门：《日本的家族和佃农制度》）

哎，每次读到类似的文句时我的心里总免不了"咯噔"一下。当年的中国，梁漱溟也讲过中国是"有阶级而无阶级斗争"。自周以来，中国便没有统治者与被统治者的阶级对立。"耕与读之两事，士与农之两种人，其间气脉浑然相通而不隔。士农工商之四民原为组成此广大社会之不同职业，彼此相需，彼此配合，俨然构成一统一的有机社会。"（《中国文化要义》）在梁漱溟看来，中国的统治者只有作为权力符号的皇帝一人，其他四民能上能下，并无完全对立之实。所谓有职业分途而无阶级斗争。

以我之见，有贺喜左卫门的纵向社会论，同样可以用来分析中国社会。如果说日本的纵向社会是基于集团，那么中国的纵向社会则是基于无数个以血缘为单位的家族。遗憾的是，在"没有阶级斗争，那就发明阶级斗争"的年代里，夫妻反目，父子成仇，以致原本利益一体的同一个家族也被分出两个阶级而争斗起来。

回头说我早上翻过的三本书。虽然我并不认同本尼迪克特将罪与耻截然两分，但若要说《日本人》和《日本论》好过《菊与刀》，我只能一笑置之。当然《日本论》也是一部优秀的作品。而《菊与刀》的魅力更多在于其构成了一种悖论性的美学张力：日本人一方面举止优雅，心境平和，爱菊赏菊；另一方面喜爱武力，冷酷残暴。力量与美，既相辅相成，也相反相成。至于《日本人》，我记住的不过是下面这段话：

> 日本有许多爱国者，究竟是否是国家的幸福，不能不请命运之神来判断了。而日本有力量的政治家的不幸，若非遭遇意外的不幸（包括自杀），便是被人暗杀。这个名单实在是太长了。西乡隆盛（兵败自杀）、大久保利通（暗杀）、森有礼[1]（暗杀）、犬养毅（暗杀）、星亨（暗杀）、原敬（暗杀）、高桥是清（暗杀）、佐分利贞男（暗杀）。与前面这些人不同的是，伊藤博文是死于朝鲜独立运动人士之手。

当然，这个名单很长，比如提出"和魂洋才"的佐久间象山[2]便未列入其中。而上述名单中尤其值得一提的是原敬（1856-1921）。

原敬是日本历史上首位正式以政党组阁的"平民宰相"。他从新闻记者、报社主笔渐渐进入政坛。正是因为他有着渐进主义的政治理念，大正民主运动才可能在其任内有所发展。原敬虽然信奉国家主义，但是并不极端，他反对大隈内阁对华提出的"二十一条"，主张在不干涉内政的方针下，以日中友好作为对华基本政策。1921 年 11 月 4 日下午 7 点多，原敬在东京车站前被山手线大塚站扳道员中冈艮一暗杀。中冈艮一很快被捕，当时只有 19 岁。法院草草了结此案，留下诸多谜团。虽然被判无期，不过在经过几次减刑后，中冈艮一于 1934 年获释，其后参军去了满洲。

1　森有礼（1847-1889），日本明治初期的外交官、启蒙思想家和教育家，主张日本以基督教立国，1889 年 2 月 11 日（宪法公布日）被西野文太郎暗杀。

2　佐久间象山（1811-1864），日本江户末期思想家、兵法家。日本近代史上接受八方文化的著名代表。

中冈艮一来自栃木县，他的父亲在足尾铜矿做事，在当地居民抵制污染的运动中失去工作，后来老婆也跟人跑了。由于家里穷，中冈艮一小学没有读完便外出打工，先做印刷工，后来又到东京的车站做扳道工。

有一个说法是，原敬被杀和中冈艮一听错一句话有关。某日，大塚站热衷时事的副站长桥本荣五郎对中冈艮一说："现在政治家已经没什么武士道精神了，犯了错说要'切腹'，结果却从来没人切！"中冈艮一说："那我就把'原'切了给你们看！"（日语中"原"与"腹"同音）。不过，这里所谓的"听错音"在我看来充其量是一种相关性而非因果关系。对于中冈艮一为何行凶，还有其他一些细节。比如，此前他在车站和原敬打过一个照面，原敬问过他的年龄，"不到 20 吧"，中冈艮一回答说"19"。但他觉得原敬在问他年龄时有看不起他的意思，故而怀恨在心。这种看似无来由的憎恨还可能与足尾铜矿有关。经营足尾铜矿的古河矿业第二代老板名叫古河润吉，他实际上是外务大臣陆奥宗光的次子，而原敬在出任首相前曾经当过陆奥宗光的秘书。在中冈艮一看来，这是官商勾结的腐败典型。

据升味准之辅《日本政治史》记载，判决书上标明中冈艮一的动机是"如能拼死杀害首相，即可推翻原内阁，从恶政中拯救国民"。有人怀疑中冈艮一加入了右翼组织玄洋社，却查无实据。鉴于我在网上找到的中冈艮一的自白书，我宁愿将这一刺杀事件看成蝴蝶效应——一个底层年轻人的绝望影响了一个时代。

当然，就蝴蝶效应而言，不能没有气流。而这里的气流，就是时势的鼓舞。中冈艮一在自白书里写到，对几十天前发生的朝日平吾刺杀财阀安田善次郎一事，他的上司桥本荣五郎对凶手赞不绝口，而媒体也是同情凶手不同情安田善次郎。由此，中冈艮一觉得杀死原敬是自己建功立业的机会。值得一提的是，朝日平吾行凶是受了北一辉[1]《日本改造法案大纲》的影响，而中冈艮一同样是犹存社[2]机关报《雄吼》的热心读者。

所有试图改变政局的暴力团，似乎都在做着"昭和维新"的梦。近十年后，首相滨口雄幸在东京站遇刺，翌年去世。而他之所以被杀，一个重要原因是他着手削减日本的军费。反对派认为在伦敦裁军会议上日本是被英美两国逼迫签署了条约，华盛顿、伦敦两个裁军会议都是英美两国削弱日本实力的阴谋，因此叫喊国防危机论的声音渐高。

这种政治暗杀活动的顶点是 1936 年由少壮派军人发动的"二二六"兵变，时任首相的冈田启介虽然幸免于难，却杀死了两位前任内阁总理大臣和若干高官。"二二六"兵变虽然被镇压，但从结果上看却是日本军国主义彻底走上前台的标志性事件。

这些天，心里总在想着一个人——宋教仁，我想找到他的一些蛛丝马迹。这次出行，我竟然忘了将他的传记带在身上。几年前我读到他的传记时，心痛之烈竟远甚于当年初读胡适，信手在日记本里写下两首诗，一首为《哭桃源君子》[3]：

1　北一辉（1883-1937），日本思想家，社会活动家，政治哲学家，国家主义和超国家主义的提倡者，日本法西斯主义理论的创立者。早年参加中国革命，五四运动后在上海炮制出《日本改造法案大纲》，提出了一套日本法西斯化的设想。1919 年与大川周明成立法西斯团体犹存社。1936 年与西田税策划"二二六"兵变，失败后于次年被日本政府处以死刑。

2　1919 年 8 月 1 日，大川周明、满川龟太郎等人组织"犹存社"及其机关报《雄吼》，宣传"日本主义"。犹存社是日本第一个法西斯组织，其名称取自中国晋代诗人陶渊明《归去来兮辞》中"三径就荒，松菊犹存"句。犹存社的活动与北一辉的思想在一部分军人和学生中得到热烈回应。东京帝国大学的"日之会"、北海道帝国大学的"烽之会"、早稻田大学的"潮之会"、拓殖大学的"魂之会"，以及第五高等学校的"东光会"、佐贺高等学校的"太阳会"、京都帝国大学的"犹兴学会"等法西斯主义团体纷纷出笼。到 1933 年时，日本的各类法西斯社团数量已达 500 余个。大川周明后因与北一辉等人意见不合，另创其他右翼团体。大川周明是二战后东京审判的 28 个甲级战犯之一，因为在法庭上装疯逃脱审判而名噪一时。

3　宋教仁的出生地为湖南桃源。

头颅无价哭无声，谁悲故国失故人？

死有余恨成仁事，来者何由负平生。

另一首在日记中开始写得较长，后来只剩下十六个字：

悠悠苍天，世之君子。

隔世以望，我心永殇。

历史的因缘际会实在让人无法参透。北一辉曾经作为宋教仁的追随者来到中国，参与中国革命。宋教仁被暗杀后，他还特别组织了一个调查组对宋案进行调查。鉴于北一辉全力追查元凶，孙、袁为避免事机泄露，因而强求日本政府勒令北一辉回国，且三年之内不得到中国，而日本政府因为策划谋杀宋教仁的人里有一个日本人，也希望早点息事宁人。根据北一辉的调查，宋教仁被暗杀是孙中山与袁世凯合谋的结果，其中陈其美是主谋，孙与袁是从犯。陈其美先斩后奏，派人暗杀宋教仁后再逼迫孙中山、袁世凯默认既成事实。（参考黄自进《北一辉的革命情结》）

北一辉有着浓郁的中国情结，希望中日能够结成军事同盟。为求中日两国和平相处，他主张推翻日本现行政治体制，彻底放弃以侵略中国为国是的传统对华政策。他喜欢宋教仁而不喜欢孙中山，据说是因为他看到孙中山信的完全是西方的一套，理想高于现实，为了达到目的会不择手段，牺牲民族利益也在所不惜；相反，宋教仁更了解也更能稳住中国的局面。

北一辉的很多重要工作是在中国完成的，比如《日本改造法案大纲》1916年在上海完成，同年拿回东京出版。书中的思想，在一定程度上促成了日本的"二二六"兵变。虽然不能说宋教仁之死直接导致了日本走

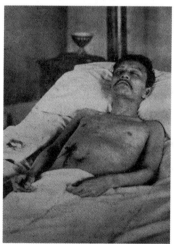

生死宋教仁

向法西斯，但是沿着北一辉这条漫长的线索来看，历史却是别有一番耐人寻味。

如果宋教仁不死，北一辉也将另有一种人生。而如果北一辉继续留在中国，日本还会有"二二六"兵变吗？如果没有"二二六"兵变，日本法西斯上台及其侵华的时间会不会大大延后？好了，我不多想了。都说"原因的原因不是原因，结果的结果不是结果"，我不去想了。

宋教仁曾就读早稻田大学，住丰多摩群户冢村大字下户冢 268 番地，据说是现在的新宿区西早稻田 1–16–20 号。找个时间去那里凭吊一下吧。

小中华与日本边境论

上午带孩子去品川的一个水族馆，同行者有智子母子以及秋山珠子和她的两个儿子，一个初一，喜欢画画，另一个小学四年级。

秋山珠子是立教大学的讲师，自称是"梁从诫的干女儿"，主要研究中国的独立电影，比如《铁西区》。上大学时教她汉语的老师正是郭沫若的儿子郭志鸿，另一位老师是伊藤虎丸[1]。

今日水族馆里的各种生物，给我印象最深的是章鱼（忍者），以及为适应环境可以调整色调的鱼类。出来等车时，又赶上了很大的雨。虽然乏善可陈，但因为是带孩子出去玩，终究是愉快的一天。

晚上读内田树的《日本边境论》。作者认为，日本人不在文明的中心，而在边境上，事事"迟到于人"，所以有了"边境人心理"。当然，美国并非一开始就处于文明的中心，但美国一开始就将自己定格在一堆观念上。这是一个建立在观念上的国家，如果哪天运转不良，回到最初的设定就好了。而日本并没有这样的设定，没有一个起点和原型。幕府末年之后，以自己的预言描述社会未来并将其实现的，只有坂本龙马的

---

1 伊藤虎丸是研究鲁迅的专家，针对《狂人日记》里随时担心被人吃掉的狂人，伊藤虎丸认为狂人意识到"我也吃过人"是"加害者有罪意识"的自觉。和竹内好一样，伊藤虎丸将鲁迅的文学视为赎罪文学。

"船中八策"[1]。日本从来没能制定一个政策来教化世界，二战前日本想在东亚一展抱负，却因为念错了经将明治以来积累的老本赔了个精光。日本一直在向强者学习，向文明的中心靠拢，以前是中国，后来是西方。如丸山真男所说的，日本"不断地东张西望，向外面的世界寻求新的东西"。作为"边境国民"，内田树觉得自己时常有一种无力感，比如日语，他抱怨自己写这本书时还在想，怎样才能让它更好地在英语或法语世界传播。"我们能做的，只是参加游戏而已。"

回想中华文明最繁华时，朝鲜和日本都争做"小中华"，实际上也是向华夷秩序靠拢。正因为日本处于边缘地带，圣德太子派遣小野妹子给隋炀帝送的试图与中华"平起平坐"的国书才被视为笑话。据说当年圣德太子这封信的开头是"日出处天子致书日没处天子无恙"。由于在古代东亚地区的朝贡体系中，只有中国的皇帝才能称为"天子"，因此，日方书信把本国最高统治者称为"天子"令隋炀帝大为不快，吩咐以后这种无礼的国书就不要接了。还有一种说法是圣德太子根本没有写过这封信。但不管怎样，那时的日本已经决定向中华文明靠拢。按历史学家井上清的说法，从此以后，日本像婴儿追求母乳般贪婪地吸收了朝鲜和中国的先进文明，慢慢从野蛮阶段进入文明阶段。

---

1 1867年6月9日，坂本龙马与土佐藩参政后藤象二郎一同乘坐藩船夕颜号从长崎出发前往兵库，在船上，坂本龙马向后藤象二郎娓娓道出日后成为新日本政治纲领的"船中八策"，包括"大政奉还"、"议会开设"、"官制改革"、"条约改正"、"宪法制定"、"海军"、"御亲兵"、"通货政策"八项原则。后藤象二郎将坂本龙马的"船中八策"与藩主山内容堂交涉，并作为白皮书交于幕府将军德川庆喜手中，促成1867年10月的大政奉还。

意义的激情

以前那个谦逊的智子仿佛不见了，她似乎更愿意让我接受她的观点。智子约我中午去食堂吃饭，有点不欢而散。她经常和我强调一个观点，说如果她生活在中国，一定会变成一个坏人。我说中国也有好人，我周围也有很多好人，包括我自己也没有因为生活在这个国家而变坏。她说你太理想主义了，你是个例外。

有时候，我感觉我知道她在说什么，而她却不知道我在说什么。我承认她采访中国底层社会时的感悟是真实的，但那种采访可能只是几天或几个月，而我陪着来自中国底层的父母生活了几十年，我对他们的了解同样是真实的。我说你虽然到过中国很多趟，做过不少调查，但我觉得这种调查性质的东西，因为样本选择的目的性太强，得出一个结论尤其需要小心翼翼。而这也是我考察日本时尤其需要克服的。当然这很难，因为我们一旦拿到一点材料（事实），就会迫不及待地下结论（生产意义）。中国也罢，日本也罢，在数以亿万计的人口中随心所欲地抽样，我们可以得出关于这个时代的任何结论。

下午去图书馆还了两本到期的书，然后和孩子一起步行至代官山茑屋书店。我终于把日思夜想的 Nipper 小狗杯子买回来了。人有时候会想念一些东西，是因为能在那些东西上感受到自己的命运。

自昨天和孩子讲了子非鱼的故事后，今天又跟她聊起《娱乐至死》和《童年的消逝》两本书。在去茑屋的路上，我和她开玩笑说你就是

听音乐的 Nipper

著名的"紫蝶婆婆"（她写的小说中的人物）啊，没想到她竟然哭了。起初我不明就里，后来才知道她有了成年女性的那种在意——"哪个女孩子希望别人说自己是婆婆啊，我有那么老吗？"

这可真是我没有想到的回答啊。和孩子待得久了，我越发觉得我们的问题不在于有代沟，而在于没有代沟。童年真的消逝了。

回来时坐地铁。离我们住处最近的一站是驹场东大前，我很早便注意到该站两端的出站通道比进站通道要宽一倍，今天正好可以考考女儿。女儿没有让我失望，她给出了正确的解释——平时进站的人稀稀拉拉，所以进站通道不必太宽，而出站多是人员密集，所以出口一定要宽。我说我不得不佩服日本的类似具体入微的设计，同时强调这只是一个过路站，不涉及任何中转，否则设计时还是会考虑设置相同的宽度。

中学好友去某县做挂职副县长，这些天我一直在鼓励他做挂职笔记，不知他是否会坚持。中国基层官场的酒席，让我望而生畏。

"村八分"与和解疲劳

　　早起读到唐辛子发表在腾讯大家上的专栏《日本人喜欢欺负谁？》。文章说，尽管日本社会并非强者通吃，弱势群体也能得到关怀，但依旧存在凌辱与歧视。他们不一定是弱者，而更多的可能是"异己"。在某一个群体中，如果一个人总是与他人格格不入，会比较容易遭到冷遇或排斥。这样的人被称为"KY"，也就是日本人常说的"空気が読めない奴"（不会阅读空气的家伙）。比如说加藤嘉一，他绝不是弱者，几年前遭到日本媒体和前辈的群殴，就是因为"不会阅读空气"。虽然日本的教科书用金子美铃[1]的童谣试图告诉孩子们"大家都不同，大家都很棒"，但现实生活并不乐意接受与众不同，因为一个总是刻意强调自己不同的人，通常会被认为是"自我中心"的人。在均质主义的日本，最受欢迎的是"饭团志向"。"饭团志向"是日本著名漫画家弘兼宪史制造的一个词，意指日本人的集团主义，就像一个结实的饭团一样，有很强的黏着性。那些散落在饭团之外不懂规矩的米粒们，会被视作读不懂

1　金子美铃（1903-1930），活跃于20世纪20年代的日本童谣诗人。去世时年仅27岁。其作品一度被世人遗忘。1984年，金子美铃生前留下的三本手抄童谣诗集共512首作品陆续出版，即刻受到瞩目，并广为流传。她善于在诗中以儿童的视角感知这个世界。

空气的家伙。情节严重的，甚至会遭到"村八分"[1]般的噩运。

我在石田雄的《日本的政治文化》里也读到过有关"村八分"的内容。虽然讲的是一场政治选举中出现的事情，但可以肯定"村八分"本身就是平常人的政治。故事是这样的：

1952年参议员选举时，上野村的一位少女揭发了村民中的不正当行为。违法村民被警察带走后，少女讲了一家人在村子里遇到的"村八分"。

"你也是学生，该懂得陷害他人为乐是好还是坏吧？这岂不是让你自己住的村子丢丑吗？"

"正因为住在这个村子里，我才抗议的。自己住的村子干这种不正当的勾当，不应该感到可悲吗？"

"话虽这么说，但是发生不正当勾当的，也不限于上野村呀！"

女孩说，这样的对话反复几次之后，人们的态度突然冷漠起来，连搭讪的人也没有了。"村八分"制裁开始了。母亲有事拜访人家时，被人挡了回来："暂时请别来我家！"母亲只得尴尬地回来。……五六月份正是插秧的季节，无论如何也必须与附近的邻居们合作，但别说是交往，连交谈都很难。最后这家人不得不搬出村子。

村民的是非标准，既不是遵不遵守国家的法律，也不是凭不凭自己的良心。他们的逻辑是：全村人都做的事就是好事；其他村也做的事就不是坏事。如果谁违背了村子的这些规则，就应该受到村民的制裁。

"村八分"是一个用来描绘日本社会的词，但我并不认为这种现象

1　"村八分"是日本农村传统的惩罚制度。生活在农村，有十件大事：成人式、结婚式、照顾产妇、照顾病人、建新房或房屋翻修、水灾抢险、火灾灭火、年忌法事、葬礼、旅行。通常，这十件大事是全村人共同分担、互相帮助的。但对于破坏村落规矩和秩序的人，村民们会团结起来与其绝交，对其进行"村八分"的制裁：上述十件大事中，除葬礼和火灾，余下八件事，全村人都对破坏规矩者不闻不问，实行集体抵制。当然，遇葬礼和火灾时出手相助，并非出于同情心，而是迫不得已：因为火灾会蔓延，去世的人放置过久怕带来疾病，不帮忙不行。

为日本独有。2011 年广西玉林发生过类似的案子。一位当时年仅 11 岁的留守女童，在长达两年的时间里被 18 名中老年人性侵。愤怒的父亲发现真相后报警，司法介入，最终 10 人被判刑。但是事情发生后，这个家庭却成了整个村子的公敌，村民纷纷指责女孩是卖淫害人。

这种兼具隔离和报复的冷暴力，深藏于人性的幽暗之中。而人类，几时能去掉"寻找替罪羊"的本性？既有"村八分"，又何尝没有"国八分"？当一个社会讲究"以和为贵"而不是"以人为贵"时，也难免出现这种"村八分"、"国八分"的现象。早在公元 604 年，为了建设和谐社会，日本颁布的《十七条宪法》第一条即为"以和为贵"。以和为贵本质并不坏，然而多数人的暴力一旦成形，等待异己的命运就是要么被驱逐，要么被原地放逐。

智子发来东京大学三谷博[1]教授的一篇文章。三谷博对日本教科书颇有研究，他在这篇文章中谈到中日之间何以出现"和解疲劳"，并且澄清了几个对中日和解不利的问题。

一是战争结束后出现的代沟问题。二战过去很多年了，就算是 1945 年出生的日本人，现在也已经 69 岁。而现在的年轻一代，他们最真实的想法是："我既没有在中国杀人，也没有参与在中国的殖民统治，为什么要我为当年日军的罪行负责，而且现在的中国人，也多是战后出生的，并非直接受害人，有什么理由指责我？"而且法律并不承认父债子还，否则就是侵犯儿子的人权。对此，三谷博认为国家责任的继承与家族间的责任继承没有可比性，因为祖父杀人通常并不认为是为了这个家族的发展，只是个人行为。但是一个国家侵略另一个国家，却被认为是这个国家发展的需要。所以，只要这个国家继续存在，那么生活在这里的人

1　2015 年 7 月 17 日，三谷博等日本学者发表公开信，要求安倍在战后 70 周年谈话中担起责任。

们就应该继续承担相应的责任。如果谁想放弃这一责任，那他只能先放弃自己在这个国家的国籍和公民身份。

二是许多日本人常问的一个问题：为什么在日本的邻国只有外来的大屠杀被追究，而该国内部的大屠杀却不是问题？比如在中国，因为军阀混战、国共战争、大跃进以及后来的"文化大革命"等死了很多人，该如何清算？为什么只有日本人在中国杀人被提及，而那些两败俱伤的暴力却未被讨论？三谷博认为这是一个国家的内部选择。由于每个人都有可能既是加害者又是受害者，为了避免内部再度被撕裂，政治家们通常都会采取这种办法。从人道主义的角度来说，这种只清算外部侵略的机会主义当然会让人诟病，但作为日本人（包括他自己），如果就此提出质疑显然是不合时宜的。

关于第二条，我虽然也认为中国应该同时清算国内与国际的历史问题，但我并不认为前者是后者的条件。这就好像两笔债务，债主想先清偿哪笔，完全是债主的权利。如果欠债人以其他人还欠着债为由不还债，那这种清偿就永远也无法启动了。

第三点是"殖民责任"的问题。三谷博在文章中指出，虽然国际法中没有"殖民责任"一说，而且英、法、美等国也没有正式承认当年对印度、越南以及菲律宾等国的殖民行为，但这并不意味着日本在东亚也应该那样做。日本不必跟在西方后面，而应该率先承认这种"殖民责任"，以此为世界贡献一套新的国际法准则，这将有益于增进东亚各国安全，并促进东亚和解。

三谷博对日本担起"殖民责任"抱以厚望——"日本不也会因为为世界提供了一种新的典范而为世人称道吗？"三谷博的这个愿望，与我希望日本能够高举和平宪法引领世界政治文明何其相似！

不过，对于"和解疲劳"何以出现的解释，我并不完全认同。如果日本政府能够认识到侵华给中国带来的灾难，理应保持永久的悔意。我认同哈贝马斯的观点，如果不坚持追究纳粹的罪责，就是允许纳粹再次复活。而且绝大部分德国人也认同哈贝马斯的这个观点，与过去完美切割，是德国重返欧洲的基础。而日本至今仍有相当一部分人并不认为十五年战争是对中国的侵略行为。

晚上和孩子在驹铁吃面。面馆里播放着 20 世纪 60 年代的老歌《离家五百里》（*500 Miles*），我听出了一些淡淡的忧伤。

If you miss the train I'm on, you will know that I am gone
You can hear the whistle blow a hundred miles
A hundred miles, a hundred miles, a hundred miles, a hundred miles
You can hear the whistle blow a hundred miles……

如果你错过我坐的火车，你将知道我已离开
你会听见汽笛在响，一百里以外
一百里，一百里，一百里，一百里
你将听见汽笛在响，一百里以外……

今天和往日没有什么不同，只是 Robin Williams 因抑郁而自杀了。这则不幸的消息勾起了我对遥远的《死亡诗社》的回忆，也在催促我尽快结束这次游学，重新回到我有关人生意义一书的写作。我愿意穷尽自己的思考能力关心那些精神忧郁的人。尽管我自己也时常觉得生活是如此无趣且毫无意义，可我毕竟靠着内心的那点光明，死里逃生了几十年。

东京自由女神

背痛、头晕、胆疼，身体不适，一夜没休息好。今天一早要出门，带孩子去看几个景点。

王铮要给我们做向导，前天特别给我发了封邮件，里面列了非常细致的行程。王铮大概是我见过的最细心的中国人。

【时间】8 月 13 日 10 点至 15 点

【地点】台场、日比谷公园（松本楼）、皇居

【行程】

10 点"東京テレポート"站检票口（就一个）集合

第一站：参观丰田车站中心→维纳斯城堡→丰田老爷车展厅→高达模型→路过富士电视台、日航宾馆→水城购物中心→自由女神像→午餐

第二站：在台场海滨公园乘坐百合鸥线到达新桥站，步行赶往日比谷公园的松本楼

Tea Time

第三站：皇居。步行回到东京站。15 点解散

今天还是很有收获，我没想到会在台场看到自由之火和自由女神像。为了纪念"日本的法国年"，巴黎的自由女神像（即法国大革命一百周年时美国回赠给法国的那尊自由女神像）于 1998 年 4 月运到御

东京的自由女神像

台场海滨公园将近一年时间。如今设置在台场的自由女神像，是原物归还后，在回应一片惋惜声中制作的复制品。

来日本走马观花的中国人，知道东京有自由女神像的恐怕不多。这些年，我看过巴黎塞纳河上的自由女神像，也不远万里去过纽约的哈德逊河口，没想到在东京也有这样一个自由的象征。我有一种奇异的感觉，同时在想，如果有朝一日中国也能在世界各地流转类似的雕塑，输出的是价值观而不只是几只白加黑的熊猫，中国在文化与价值观上才可以说有了世界性的成就。

天气溽热异常。中午时分，我们乘坐地铁来到日比谷公园。公园的周围就是皇宫和日本的政府机构。这是一座有着西洋风格的公园，建园至今已有百年，既见证了大正民主的普选活动，也见证了狂热分子的打砸抢烧。

松本楼一共三层，2008 年变成了日式餐厅。现任社长夫人的祖父就是梅屋庄吉。孙中山当年流亡日本，曾经寄住在梅屋庄吉家中。1915 年，由梅屋庄吉为媒，孙中山与宋庆龄在此举行婚礼。一楼入口还摆着一架据说是宋庆龄亲手弹过的钢琴。

1923 年关东大地震的时候，松本楼和日比谷公园里的小音乐堂被大火焚毁。战后，GHQ（盟军司令部）接收日比谷公园，已获重建的松本楼被改为美军宿舍。1971 年，松本楼在冲绳返还运动中再一次被烧毁，两年后重建。按说我对于这样一幢多灾多难的建筑应该有些同情，然而我没有。

我知道我有些恨屋及乌了。我之所以对松本楼谈不上有多少好感，源于我对 20 世纪中国革命的暴力逻辑持怀疑态度。我喜欢陈炯明的地方自治与宋教仁的议会政治，倘使当年孙中山能够多给他们一些时间，而不是过度迷信暴力，中国革命的情形将是另一番样子吧。

王铮请我和孩子在松本楼吃了饭，离开的时候，我在公园里看到一座罗马母狼乳婴[1]的雕塑，这让我想起在巴黎大学边上同比例的铜像。

　　今日主要在路上奔波，思索寥寥。日本的蚊子真厉害，手指被咬一下，会肿上好几天。

1　罗马的缔造者罗慕洛和勒莫斯是对孪生子，婴儿时被仇敌追杀。一只狼将他们从台伯河中救出喂养，后兄弟俩又被一牧羊人收为义子，并授其武功，杀死仇敌，开创了罗马帝国。公元前 6 世纪，罗马艺术家用青铜雕塑了一尊母狼像。到了公元 16 世纪，人们又做了两个正在吮奶的婴儿的雕像放在母狼腹下。

假如日本征服中国——中野夜谈

8月14日
阴雨

晨读浮田和民[1]《伦理的帝国主义》。对比《东洋经济新报》一度坚持的"在内实行立宪主义，在外实行帝国主义"，其立场与浮田和民无异。浮田和民当年曾寄希望于日本的帝国主义者"良心发现"，在对外实行帝国主义时能够遵守国际法、建立国际道德，养成"大国国民"的品格。这实在是过于天真。晚年的浮田和民近乎忏悔地承认自己以为可以通过理性和道义管理国家欲望的想法完全被残酷的现实推翻了。

关于政治，我从来不相信"良心发现"，唯一靠得住的是力量的制衡。如果"良心发现"管用，中国古代帝制靠罪己诏就可以包治百病了，而希特勒不也自称要为德国人的自由奋斗终生吗？

天下着雨。在食堂吃完午餐，让孩子先回住处歇息。我去离品川不远处的东京入国管理局询问回国相关事宜，过段时间我要送孩子回国，她快开学了。由于从品川南口出站后走错了路，没有发现专线公交（其实有指路招牌），只好撑伞冒雨走了几十分钟，到入国管理局时下身已湿透。

白跑了一趟，工作人员告诉我自今年七月起，只需在机场填写一个需要返回的单子即可。回涩谷，等女儿和我一起去智子家做客，我靠着广告灯箱取暖，等孩子赶到涩谷时，衣服已经差不多干了。

1　浮田和民（1859-1946），日本著名政论家、历史学家。

出中野站，走了一段路，正发愁不知道往哪儿走时，被人叫住了。回头一看是王铮和他的女友。铁牛原本也要过来，因为有朋友要一起去东京塔，所以爽了约。张千帆的女儿及其挪威男友也不在。我和孩子、王铮情侣、智子母子六人一起共进晚餐。

和往常一样，小青学动画片里的打斗情节，对着我"噼噼啪啪"地练起了"武术"，待大家笑累了，孩子也累了，我们继续聊天。

"是不是学历越低越'爱国'啊？"我想起我的QQ群里一些没有上过大学的同学。他们经常转一些"抵制日货"、"是中国人就转"之类的帖子。

智子说："好像是这样。我小时候的一位女同学，没读大学，有次见着我，说你现在不错啊！可后来聊起安倍政府，她就表现得非常爱国……"

说到中华文明反噬征服者文明一事，王铮引用其老师刘杰的观点说："日本不像蒙元，作为高级文明，如果征服中国，不会出现被中华文明反噬的情况。"

这话我并不完全认同。我想起赫尔曼·黑塞在《中国人》（1913年）一文中引用过的一个中国人的观点。

日本人或者其他国家要侵略我们、统治我们，要我们割让土地，尽管来吧！事情明摆着，我们是弱者，人家能侵略我们，能把我们吞食。如果这是中国的命运，那就顺其自然吧！不过，当他们吞食了我们之后，还得看他们是否能够把我们消化掉。事情大概会是这样：政府、军队、行政、财政可能掌握在日本人、美国人、英国人手中，然而侵略者无法改变中国，更可能的是，他们将被中国思想征服而改变自己，逐渐变成中国人。在武器制造和政治上，中国是弱者，但中国有丰富的生活、丰富的精神、古老的思想。

在黑塞看来，中国落后于欧洲和日本的，是文明外在的完善，但不能拿枪炮等来衡量文化本身。虽然中国现在落后了，但其文化根源并未被列强超越，更没有伤筋动骨。黑塞对中华文明充满了温柔的同情，一直视中国文学、中国人的人性观与人类精神为其精神上的避难所和第二故乡。作为1946年的诺贝尔文学奖得主，他能够如此评价中华文化，足见中华文化的魅力。

席间大家聊到了两年前李小牧写公开信批评加藤嘉一"在中国批评日本，在日本批评中国"的事情。对于这场笔墨官司，我竟然毫不知晓。

靖国问题——感恩还是谢罪？

今天是日本的"败战日"，为了面子上好看，日本人称之为"终战日"。每逢这一天，我就会想起《大公报》。这份曾经被日军追赶得颠沛流离的报纸，在隔日的社论中没有急于渲染两国的仇恨，而是试图从此埋下和平的种子。那时候的中国知识分子和报人，有着怎样开阔的心胸与眼光啊！

> 日本投降了！抗战结束了！在八年苦战之余，得见这胜利的伟大日子到来，我们真是欢欣，真是感激，在笑脸上淌下泪来。……老实说，我们除了深恶痛绝日本军阀的严重错误及万恶罪行外，却从不鄙视日本人民。看昨天昭和宣布投降诏书时的东京景象，以及内外军民一致奉诏的忠诚，实在令人悲悯，甚至值得尊敬。日本这民族是不平常的，只要放弃了穷兵黩武的思想，打开了狭隘骄矜的情抱，在民主世界的广野上，日本民族是可以改造，可以复兴的。

不幸的是，历史给中国人开了一个残酷的玩笑。当年日本的确是战败了，但这个战败了的国家从此励精图治，很快就重新站了起来。而中国，号称打赢了两次世界大战，却再一次滑向内战的深渊。而且两次都是打完世界大战再打内战，好像为下一次世界大战练兵。

《大公报》当年有许多社论让我敬佩有加，也时常让我为自己在《新京报》供职时所写的社论自惭形秽。

《大公报》另一篇让我常念于心且与日本侵略有关的社论是《我们在割稻子》。1941年8月19日,在日机对重庆进行"疲劳轰炸"的时候,《大公报》通过这篇社论鼓舞军心民意——虽然下雨天可以阻挡日军前来空袭,但重庆市民并不盼着下雨,因为田里还有许多稻子等待收割呢。

> 重庆市民的理智是:宁自己忍受防空洞里的避难生活,而不希望老天下雨。因为雨天虽能阻止敌机来袭,而田中待割之稻却不免因霉湿而发芽。就在最近的十天晴明而敌机连连来袭之际,我们的农人,在万里田畴间,割下了黄金之稻!

> 在这一段空袭期间,东京各报大肆宣传,以为是了不起的战绩。然事实证明,敌机尽管卖大力气,也只能威胁我少数城市,并不能奈何我广大农村;况且我少数城市所受的物质损害,较之广大农村的割稻收获,数字的悬殊何啻霄壤?由福建两广赣湘黔滇以至四川,这广大区域的早稻收获,敌机能奈之何?所以我们还是希望天气晴朗,敌机尽管来吧,请你来看我们割稻子!抗战至于今日,割稻子实是我们的第一等大事。有了粮食,就能战斗!

上午带孩子去九段下附近的靖国神社。刚出地铁,就看见一路上赶集一般地摆满了各式小摊,一些右翼积极分子在向行人推销他们的主张。哎,我只是想像记者一样观察靖国神社里面会是怎样的状况,不料遭到了女儿的强烈反对。她说你进去了不就成了"汉奸"!这是一顶在中国随时可见的帽子,女儿未能真正理解其中的意思,但已经会用了。这让我有些懊恼,我说孩子,我怎么可能喜欢这个鬼地方,我站在门口便已经感受到了一种阴森之气,但观察和参拜真的是两回事。

想起有一次路过靖国神社时,智子说她从来没有进去过,她说的是参拜。我问为什么,她说因为她家包括祖父母和父母在内都没有人参加过侵华战争，更没有人在中国战死。如果只是回到普通民众的角度，倒不是不可理解，我也不相信那些祭奠亲人者是在为军国主义招魂，但政治家参拜，难免让人警惕他们居心叵测。而今天稻田朋美和其他几位内阁要员也去了。稻田朋美在日本网络右翼中有非常高的支持率。她不仅反对东京审判，支持参拜靖国神社，否认存在南京大屠杀，而且否认日本应该承担二战期间的战争责任。在其任律师期间，曾作为"关于百人斩竞赛损害（向井敏明、野田毅及其遗属）名誉诉讼案"原告方的辩护律师而积极奔走。败诉后，她出版了《从百人斩审判到南京》(2007年)，继续为制造"杀人比赛游戏"的两名旧日本军军官及其遗属辩解。由于这一历史态度与安倍意气相投，有舆论认为她已经超越野田圣子，最有希望接替安倍，成为日本首位女首相的人选。

战后作为自民党总裁和首相的石桥湛山曾经主张废除靖国神社，尽管他的次子是在二战中战死的。我不理解的是：既然石桥湛山希望日本早点战败，又为什么让儿子上了战场？是因为征兵制让这个家庭别无选择吗？抑或就像胡适不能左右次子胡思杜的选择一样，石桥湛山的次子也有着和其父完全相反的价值观？

若干天前，蒋丰和我说起他对石川好的采访，其中有段谈到靖国神社问题。石川好认为，日中两国在认识上存在一定差异。在中国看来，那里祭祀着一批给日中两国人民带来巨大伤害的战争指导者，去参拜会伤害到中国民众的感情。但按照日本人的习惯，无论这个人生前是好是坏，死后都应该被祭拜。此外，不巧的是，日本的"终战纪念日"正好在盂兰盆节期间，那些平日没有宗教信仰的日本人，也会在此期间去扫墓、去参拜神社。至于为什么日本的政客只去靖国神社而不去长野县的善光寺（那里也有一个忠灵塔，祭祀着240万英灵），则是因为在二战期间流行过这样一句话——"如果我死了，就在靖国神社相会。"那些特工队队员在上战场前，都会对自己的父母说："不管我在哪里战死都没关系，我的灵魂一定会回到靖国神社。请爸爸妈妈到靖国神社来看我。"这并不是什么政治性的对话，而是日本民间的普通父子、母子间的对话。

从普通百姓的角度而言，石川好的辩解虽然有些道理，但不能解释安倍政府为何参拜靖国神社，毕竟他的出场代表的是国家行为。而游就馆[1]里的大东亚战争展，更是对"七生报国"时代的怀旧，而非对战争的反思。当然，如果安倍以政府首脑的身份进入靖国神社，我也不完全反对，前提是他只是来替当年的军国主义政府谢罪，承认国家的罪行，而非感恩所有在场的炮灰们的付出——因为当时的日本政府带领国民走上了一条错误乃至罪恶的道路，使东亚生灵涂炭，使日本在无穷尽的天灾人祸之外，又多了两颗原子弹。

简而言之，靖国神社问题，若将参拜的主题由"感恩"改为政府向炮灰"谢罪"，日本与中韩等国在外交上的许多争议或可迎刃而解。

新闻里说，今天日本政府在位于千代田区的武道馆主办了"全国战殁者追悼仪式"。首相安倍晋三对约310万名战殁者表示哀悼，并提到"今天是重新宣誓和平的日子"。但另一方面，安倍首相和去年一样并未提及对亚洲各国的加害责任。纪念仪式于正午之前举行，除了来自全国约4600名战殁者遗属之外，天皇、皇后也参加了仪式。安倍首相在致辞中说："崇高的牺牲带来了和平与繁荣。这点我一刻都未曾忘记。"国民当了炮灰，却被美化为"崇高的牺牲"，我只能说日本政府不仅卸去了当年对他国的责任，也卸去了对本国国民的责任。

而现实是什么呢？高桥哲哉在《靖国问题》里说，靖国神社的最大

1　游就馆是靖国神社内的一个战争博物馆，取名于荀子《劝学篇》中"故君子居必择乡，游必就士，所以防邪僻而近中正也"。馆内主要陈列了日本在近代战争中所使用的武器、军人遗品和战时资料等。

"终战日"游魂

问题，是许多日本人没有意识到靖国神社是个问题。此前和姜克实聊天，他也提到靖国神社最大的问题根本不是甲级战犯的问题，而是比甲级战犯更严重的那些问题。这里的"英灵"是为国家战死的人，所以说，它是对过去政治的悼念，而不是对死者的悼念。靖国神社附近有个鸟渊，那是悼念死者的。冈山有个护国神社，虽然也叫"英灵"，但在说明中强调战争中所有死者皆为"英灵"。

为众人成功，为自己成仁

带着孩子，与刘春晖一起去箱根旅行。下北泽碰面，转了几趟车，终于到了箱根的缆车前。可惜天公不作美，蒙蒙烟雨让我们既没有坐上海贼船，也没有望见富士山。

原本想和女儿讲有关富士山的故事，可惜没有机缘。如今说起日本，大家都会想到富士山白扇倒悬的美感。在极端的年代，它温柔的外表同样会成为军国主义者构建日本神国的致命武器。明治时期，志贺重昂的《日本风景论》只是以风景民族主义建构一种日本人的身份认同，而到了昭和年代，在"八纮一宇"[1]的思想统治下，随着军国主义、神国主义的兴起与合流，富士山成了证明日本是神国的重要证据。

"遥远的往昔……白云缭绕的富士山，洗涤过千百万国民心灵的仙山。"在当时的教科书里，富士山不仅被神格化，而且逐渐演化为一种日本至上的价值观。

曾经看过藤原新也的摄影集《俗界富士》，里面收录了 66 幅他在静冈县和山梨县从不同角度拍摄的富士山形象。在藤原新也的镜头里，富士山不再是那种不食人间烟火的清冷形象，他在近景中掺杂了许多人世

1　"八纮"语出中国古籍《列子·汤问》。为树立天皇的宗教权威，日本神武天皇曾颁布"八纮一宇"的诏书神话，扬言日本要完成"征服世间的四面八方，置于一个屋顶之下"的使命。日本自称"神国"，有着"世界上最优秀的民族"，所以有义务将全世界合并成一个大民族，成立一个大国家，即天下一家，而日本天皇是天下最高的君主。1869 年，明治天皇也曾发布御笔信"开拓万里波涛，宣布国威于四方"，实为日本对外扩张进行动员与正名。

间的东西——商店、铁路、加油站、冒烟的烟囱、住家后院、电线杆、墓地等,让风景回归风景。在这些照片里,富士山虽然变成生活中的远景,但也有重新回到人间的意味。

我不知道藤原新也是否赞同我的想法。他是日本著名的摄影家,曾经在印度生活很多年。"每一次踏上旅途,我总是更加清楚地看见自己,以及多年来自己所熟悉的世界之虚伪。"(《放浪印度》)我没在旅途中看到自己熟悉的世界之虚伪,我看到的是什么最重要。一个人远走他乡,最想带走的东西,才是他生命中最重要的东西。

傍晚时分,在小田急吃晚饭。我们喝着清酒,先聊了些轻松的话题,比如丢钱包。春晖说整体而言日本这边民风较好,他丢了几次钱包都找回来了。而且有一次在钱包里没有任何证件的情况下竟然也寄到了他手上,这让他非常费解。

日本的确是个拾金不昧的大国[1],我听不少日本人和在日本生活的华人跟我说过类似的经历。唯一的反对意见来自加藤嘉一,他说他在日本丢过一次钱包,并没有找回来。"遗憾"的是,我在日本至今没有丢过钱包,没有体会到那种失而复得的喜悦,也没有加藤那种"唯独老子的钱包找不回来"的惆怅。

遥想当年日本人在中国杀人放火、抢猪牵羊,而现在却以拾金不昧的美德为世人所知。为何有如此大的差别?我并不认为这是日本人的人性有何变化,而是与生存际遇和观念、制度有关。在中国的日本兵崇尚的是野蛮,他们手持兵刃,面对的是手无寸铁的民众,当欲望激发时,可以有恃无恐,而他们需要担负的责任,只是为日本帝国当炮灰。而今

1　根据警察厅的统计数据,2014 年日本全国捡到现金上交给警察的总额达到 189 亿日元,其中东京达到 30 亿日元。

天的日本，物阜民丰，生活井然有序，若是觊觎他人财物，不仅审美上为自己所不齿，道德上为世人所不容，而且会受到法律上的制裁。日本刑法第 254 条规定，如果捡拾者一周内不把相关财物上交警察或物归原主，将会以"横领の罪"判处一年以下的惩役或十万日元罚金。对于捡拾者而言，更糟糕的是一旦留下案底，他就不得不在以后的工作生活中为自己的不诚信付出代价。法律不仅惩恶，同样赏善。《遗失物法》第 28 条规定，失主找到失物后，必须向拾得者支付相当于遗失物实际价值百分之五到百分之二十的"报劳金"。

我和春晖的话题总是离不开石桥湛山。石桥湛山是个有远大志向的人，如果战前条件允许，他会成为一个很好的政治家。在大正民主运动期间，他也的确表现不凡。然而时运不济，在十五年战争期间，他只能以《东洋经济新报》为阵地表达自己的主张。但他的确是一粒美好社会的种子，一旦时机到来，就能破土而出，甚至独木成林，而这也是战后他能够出任首相的原因。大凡有公心的知识分子，总是在改变观念和改变制度之间游荡，而最终能做成什么，也只能尽人事、听天命了。

"如果回国，你会考虑从政吗？"我问春晖。我相信他既然研究石桥湛山，或多或少会受到他的一点影响。

春晖说如果回国，他会考虑从政。当他反问我时，我说我当然不会，我知道自己的人生志趣在哪里，我能参与的最大政治仍是思考本身。至于别人的选择，我对世事的看法也在变化，以前我并不鼓励我的学生考公务员，后来也能够理解了。

"你对国内一些维权律师的遭遇如何看呢？"春晖问。

"我对他们许多人的努力是支持与同情的，但更多时候我却只能选择孤零零地做事。对我而言，独立思考的意义大于集体行动本身。人这一辈子，能不违初衷坚持做完一件事，就谢天谢地了。我承认，为了能够持久地做我最想做的事情，我也时刻在抵制正义的冲动和快言快语的诱惑。人是意义动物，我们不是为了追求真理而来到这个世界的，但没有谁不追求意义。这不是说我不追求正义，因为正义也是意义的一种，我只是在选择一种最适合我自己的方式做事。

"我愿为众人之事成功，也愿为自己之事成仁。我们走在通往善的路上，但我们不能同时走完两条路。善在山顶，有很多条道路可以抵达，然而一个人能够走的只可能是其中的一条道路。如果我因选择了走善路A而不得不放弃善路B，那么善路B就是我选择善路A的成本。我若视走完善路A为自己的天命，那么放弃善路B就是我必须承受的代价。如果有人因此说这种放弃是我的原罪，我也乐意接受这一道德成本。人不能全知全能，也不能全善。有时候我觉得自己是幸运的，我至少知道让我生死以之的事情是什么。人的痛苦在于，不知何为天命何为善，虽有满腔激情，却无栖息之地。"

这样的话题有些沉重，最后我们聊到了加藤阳子。几年前，加藤阳子写过一本畅销书《即使如此，日本人还是选择了战争》，分析为什么日本没有阻止战争。书中透露，1931年7月，日本发动"九一八"事变之前的两个月，东京帝国大学（即东京大学）针对该校的学生做了一次民意调查。结果显示，就日本"对满蒙行使武力是否正当"这一问题，支持率高达88%。其中认为"应当马上动武"的占52%，认为"在用尽外交手段之后应当动武"的占36%。

加藤阳子还特别研究过胡适的"日本切腹中国介错论"，对胡适的外交能力与远见卓识情有独钟。

由于聊得太久，回到驹场已近十一点。

幸治的故事

　　原计划去千叶县蔡孟翰家，因为昨日劳累不堪，晚上取消了行程，今天就近去佐藤充则家里做客。

　　中午阳光正好，佐藤夫妇和上次一样推着孩子来接我和女儿。路上遇到一位用"婴儿车"推着两只小狗的妇女，我对平野爱说："嘿，我知道日本少子化的原因了。"

　　平野爱说："是啊！现在的许多日本妇女都不喜欢生小孩。"

　　大约走了十几分钟，我们来到了佐藤家。佐藤现在是小区委员会的会长了。新官上任，他遇到的第一件麻烦事是楼下花园里的树枝长到了路边，给行人增添了麻烦。

　　"我们打算尽快修剪树枝，找了几家绿化公司，还没有定下来。交给绿化公司的费用，一年大概 30 万日元左右。"平野爱说。

　　由于前几天刚做了会长，佐藤手里有了一大堆当初集资盖房时的资料和样本。说话间，他从楼上取出了好几箱子的小玻璃瓶。

　　"这是动工的时候工人从 35 米深的深土层取出来的土样。"

　　看着几十个玻璃瓶子里装的各种沙土，我深深地叹了口气。我又一次想起我农村老家盖的一些房子，和日本的自建房比起来，在安全考虑方面真的是天壤之别。

　　中午依旧吃了佐藤夫妇做的章鱼丸子，然后聊天。

　　"熊先生，你知道日本最古老的企业有多少年吗？"佐藤问。

　　我说不知道，心想至少应该有两三百年吧。

"日本最古老的公司叫金刚组，这是一家专门造神社的公司，在平安时代以前就成立了。"

"在中国，'百年老店'就已经很了不起了，没想到日本还有'千年老店'呢！"我又吃了一惊。随即用手机在网上查找相关资料。日本创建时间超过100年的长寿企业已经超过2万家。在这些百年老店中，历史最悠久的是飞鸟时代（中国隋唐时期）创立的金刚组公司。这是一家建筑公司，创办于公元578年，也是世上现存的最古老的家族企业。

我不得不暗自佩服日本对企业和私有财产的保护。江户中叶以后，日本国力大增，和资本主义得到发展和保护密不可分。即使是在残酷的二战时期，这个国家也没有真正摧毁市场经济和私有制。

"日本这边很少有没收财产的事情发生，政府要做什么都是根据法律而不能根据某个人的意志直接抄家。在法律制定之前，人们也有足够的时间妥善处理自己的财产。"佐藤说。

我又一次陷入了浮想，如果20世纪中国的民营企业没有被摧毁，中国将少走多少弯路，少发生多少悲剧。记得在一次聊天时，王石曾经和我说到，今天中国对企业的保护，甚至不如日本的江户时期。

平野爱耐心地做着章鱼丸子，不时和我讲起岩崎弥太郎、白洲正子、曹其镛等人的故事。最后，佐藤突然将话题转向了"神赐其子"的日本风俗。

"日本历史上也有些好玩的事情呢。司马辽太郎在书里提到日野市（其他地方也一样）有关灯杂交的节日。男男女女在一个屋子里睡上一晚，最后孩子生下来也不知道谁是父亲，只当是神赐的。这是老百姓的节日，贵族并不参与。西方人来了之后，认为这是不文明的，而日本人很在意他们的看法，所以慢慢改掉了。"

我哈哈大笑。井原西鹤在《好色一代男》里写到过一种名叫"杂鱼寝"的风俗。不过那是发生在京都附近的乡村神社。据说每年有那么一天，这个乡村的男男女女都要集中到神社的大殿来睡觉，直到鸡叫以后才能回家。回家之前，发生什么都可以。主人公世之介赶巧到这里来寻花问柳，在天快亮时看到有个弓腰驼背、手拄拐杖的老太婆从神社里出来，于是跟了上去，最后发现那是个妙龄少女——因为害怕被人在大殿里轮奸，所以才打扮成老太婆。而就在两人情投意合，正要在树底下你情我愿时，不巧来了几个壮汉，他们正在寻找村里这位"最漂亮的女人"。可以想象，这些盼着昨晚浑水摸鱼的男人们，当时心里得有多沮丧。

"江户时代也是一个神奇的时代呢！"平野爱补充道，"GDP 300年未变。那时候很冷，据说贵族要穿 12 层的衣服。因闭关锁国，日本人还发明了电。平安时代日本废除了死刑，可能和人们信佛有关系吧。"

日本发明了电？真是闻所未闻。我没有来得及深究，只当是奇谈怪论。但说起那时候的日本佛教，倒真是人性的全面发展。

"我小时候特别喜欢看《聪明的一休》。后来才知道一休和道镜和尚一样，一生风流无数。中国老和尚弘一法师临死前写下了'悲欣交集'，而一休临死前写的是一首艳诗。"

关于一休的话题，我点到为止。晚上在网上查到那首诗："十年花下理芳盟，一段风流无限情。惜别枕头儿女膝，夜深云雨约三生。"敢约三生云雨而不厌倦，真乃高僧也。我曾看过有关一休的另一个故事。话说某日有位美貌的女施主来访，两人对谈甚欢。女施主打算回家时，一休留她过夜。女施主遂以身为有夫之妇再三推脱，待回到家里，将事情一五一十告诉了丈夫，丈夫说："和一休和尚同寝，必有福报，你去与他风流一夜我不妒忌。"于是这位女人便回到庙里找一休"开光"，一休打开门又关上了，说我开始有兴致，但现在没了。回到家，她丈夫又将一休赞美一番，说这位"天下老和尚"心动时则动心，心不动时则不动心，诚如行云流水，清洁非凡人也。

"我看到一个数据，日本现在全年交通事故死亡 3000 人左右，中国是 10 万人，WTO 调查认为是 22 万，中国差不多每天就有 600 人死于交通事故。"我换了一个话题。如果说美国是"汽车上的国家"，日本则是"轨道上的国家"。东京的街上，汽车远非北京那样密密麻麻。每个街角的派出所外面，都会挂出东京交通安全事故的通报，我看到的基本是零事故。

"其实 60 年代的日本也有过'交通战争'。由于道路不规范，甚至没有红绿灯，拿驾照也简单。平野的父亲没有驾照就开车，后来办驾照也就花了一天时间。我的父亲拿了个普通驾照，却什么车都可以开。那时候日本有许多孩子被撞死，最多的一年死了 2 万人。后来大家重视起来，情况开始扭转，到我们这一代非常严格。我 20 岁考的驾照，当时花了 20 万日元，一直没怎么开车，后来驾照过期了也不知道，又考了一次，没过，价格也比原来贵多了。"佐藤告诉我。

今日聊天，让我对佐藤夫妇的生活有了更多了解。比如他们以前住在下北泽，经常会到附近买二手衣服。"都是别人穿过的，很便宜，卖的时候都洗得很干净。有的衣服也很贵，比如二手牛仔裤，有的要卖到 50 万日元，这被当作时尚，算是一种 subculture（亚文化）吧。"

而今日最让我有所触动的，是佐藤和我解释他儿子佐藤幸这个名字的由来：

"我们俩结婚十年，一直没有要上孩子，以为不会有了。这个孩子出生前两年，她还流产过一次。等我们终于有了自己的孩子，便给他起了佐藤幸这个名字。这主要是我的主意，为了纪念我高中最好的同学加纳幸治。幸治的父亲加纳安治是房地产公司的普通职员，母亲加纳美治子从事教育工作。幸治很有才华，喜欢绘画和音乐，也练习柔道，在大阪的一所普通大学学金融。20 岁的时候，幸治突然死了。他的父母不愿意说死因，但是我父亲和我说幸治的脖子上有勒痕，大家就揣测他是自

东京随处可见的交通事故提示牌

杀了。幸治是独子，他的死给了这个家庭极大的打击。幸治最后被安葬在北部箕面山泷安寺的灵园里。那里风景非常好，有很多红叶，墓碑上刻了一句话——'下次再见吧。'我们一家回大阪时，会去墓地看幸治。平时也经常和幸治的母亲美治子通信。"

在我的请求下，平野爱给我和孩子翻译了今年夏天美治子给他们夫妇俩写的信。这是几张四方形的信纸，上面的字迹工整优美。

美治子在信中提到，幸治死了之后，她觉得心里的表停了下来，但听说佐藤给自己的孩子取名叫"幸"，她突然觉得心里的那块表又开始走了。

此外，美治子还提到，她不久前去墓地，发现有人在那里放了一束满天星，这是幸治生前最喜欢的花。"我想一定是你们去看他了吧？"美治子在信中说。

"其实并不是我们，"佐藤向我解释道，"我每次去幸治的墓地时带的都是烟和啤酒，而不是满天星。我想应该是他生前的女朋友送的吧。"

"他们办的是永代，要不少钱的。"平野爱补充说。今年母亲节的时候，她还以佐藤幸的名义，给美治子寄了一束花。

听着佐藤夫妇讲这个重情重义的故事，加上喝了点啤酒，我险些流下眼泪。日本作家高村薰曾经说："战后，日本人靠消费填补内心，但是从今以后，扪心自问自己喜欢什么，自己是谁，将成为一切的根本……"这种转变，我在佐藤夫妇身上看到了。

一次久违的感动。我们下午的聊天是以如何促进中日和解这个话题结束的。平野爱和我不约而同地想到法德共办的 ARTE 电视台，她想自己做个类似的有纪录片的网站。我们还对比了 NIPPON.com 和 PROpublica。这些天，我突然非常想重建我的网站了。这些年我做过不少网站，最后都半途而废。

晚上在网上查了一下，加纳幸治这块墓地的永代价格为105万日元。同时了解到，现在日本很多老人正忙于"终活"。所谓"终活"，就是从六七十岁甚至更早便开始为自己的"身后事"做各种准备，包括参观火葬场和墓地，拍摄遗照，躺在棺材中感悟生死，同时还会有专业律师在现场解答遗书与遗产继承等问题。近年来，"终活"在日本甚至发展为一种产业——难怪我在东京的地铁里总是会看到有关墓地和"终活"的广告。

这种变化让我看到日本人了然生死的豁达，也看到了一种辛酸。现在日本的高龄化与少子化现象越来越严重，邻里之间本来就不熟，加上许多人不愿麻烦别人，当老之将至，他们宁愿自己将一切提前安排好。有的人甚至干脆选择"直葬"，即取消葬礼，将遗体直接从医院运到火葬场，再由殡葬公司安排"散骨"（海葬）和"树葬"（把骨灰埋在树下）。这样无论有没有后代，扫墓的事情就都省了。

除了"终活"，日语中还有些流行词汇如"就活"、"婚活"。前者指忙着就业，大学三年级的学生就开始"就活"了，而后者自然与结婚有关。这是日本社会学家山田昌弘造出的新词。

相较于中国，日本的血缘关系明显要淡漠一些。中国自秦以后实行诸子均分制，而日本是长子继承制。这在一定程度上造成了父辈对其他子女的"残酷"，或者说血缘关系上的不平等。而时至今日，长子继承制似乎也难以维持。早在1991年，日本邮政省做过一项调查，有超过四成的日本父母不打算给子女留下遗产，所谓"不为儿孙留美田"。虽说想留遗产的仍占多数（经过二十多年的发展，今天未必还占多数），但这个数据还是会吓倒许多中国人。中国其实也是一个"纵向社会"，每代人的双重使命是：既为祖宗活着，更为儿孙活着。

临睡前看DVD《正义之裁》（I just didn't do it）。这是智子前几天推荐给我的一部电影，讲述的是一桩"色狼"冤案。在东京的地铁里，色狼猥亵女性的事件时有发生。为了保护女性，同时迫于民意的压力，日本司法机构对这种轻度性侵犯行为通常都会严惩。然而"色狼"行为很容易被误认，而且很难取证，由此也出现了一些冤案。导演周防正行曾经看到过一组有关"色狼冤案"的专题报道，这组报道让他看到了蒙冤者为洗刷冤屈所做的努力以及如何徒劳无功。日本法庭针对"色狼"的无罪宣判率几乎为零。《正义之裁》所呈现的就是整个冤案形成的过程。

这是一部耐人寻味的影片。当金子最后被宣判有罪时，他陈述说，法庭只是核对证据的场所，而不是抓住罪犯的场所。影片结尾的字幕说出了金子的心声："请按审判你们自己的方式审判我吧！"如果我是导演，我会加上这样一句话："你们审判我，我也将作为唯一的知情者审判你们。"

的确，在道义的天平上，每个人都有自己的审判权。而所谓正义，很多时候无外乎是"多数人的暴政"。

困在两个祖国之间——与"右翼"交谈（四）

和孩子一起去食堂吃午饭。像往日一样，一群群学生在一楼的落地玻璃前跳舞，他们伸展手臂、扭动腰肢，轻盈如树影摇窗。这样的场景，让我对生命充满了流连。每天匆匆而过，几乎没有和这些年轻人搭过话，有时候真觉得自己的生活过于乏味。

饭后，孩子直接回了别馆，我独自去了四谷三丁目。上午野口裕子给我打电话说远藤誉下午有时间，约我一点钟在国际交流中心会面。我正好打算今天去还《国家的品格》一书，前几天图书馆已经来信催还了。

野口今天穿了一身暗红色的职业装，她注重打扮，每次穿着都不一样。

在我访问过的人里，远藤誉也是一个被贴上"右翼"标签的人物，不过她自己并不这样认为。百度百科上有关她的介绍是"日本著名的女物理学家、教育学专家、社会学家、作家"。和幅馆卓哉一样，远藤誉也是一个非常有故事的人。

"我1941年出生在长春。我母亲这边原是日本战国时期的诸侯。长宗我部的'长'据说是取自秦始皇的后裔派来日本弘扬佛法的一位张姓僧人。母亲常说'我们是秦始皇的后代'。长宗我部后来被丰臣秀吉打败了，所以我们家世世代代都不喜欢'秀吉'这个名字。我父亲来满洲不是为了打仗，他在长春开了'新京制药厂'，主要生产戒毒药品'吉德福禄'。这是他发明的药，虽然政府不让打广告，但是口口相传也让这个药在当时有非常好的销量。老百姓会买，戒毒所在用，开始主要是在长春和哈尔滨一带，后来甚至销到了东南亚。因为这些药影响了卖毒品的人的生意，我父亲当时还受到不少威胁。但是这些卖毒品的人很快发现，戒了毒的人复吸率很高，有的人甚至因为有了'吉德福禄'可以戒毒而不怕吸毒。这让我父亲很为难，所以后来他又开发出新的'吉德福禄'，可以让戒了毒的人不复吸。'吉德福禄'是由德语'gift'（毒药）和日语'除掉'合起来取的名字，其实就是'戒毒'的意思。

"我父亲那时候非常忙碌，通常都是十二点睡，三点就起来干活。工厂里有中国人、朝鲜人和日本人。我父亲对中国人最好，因为他觉得在中国的土地上他最该帮的就是中国人，其次是朝鲜人，最后才是日本人。1945年，关东军战败，苏联军队进驻长春，也是朝鲜人和中国人一起帮我们保住了家。父亲和往常一样，收留了些难民。

"几个月后，国军进驻长春，国民党部队里也有一些朝鲜人，偶尔还会有日本人。再后来，八路军进城，和国军枪战，我在窗边被流弹打伤，侥幸死里逃生，当时我只有五岁。八路军在长春没待多久，就是在那时候我父亲结识了林枫，他是共产党长春市委书记，后来还做过刘少奇的秘书，临撤退时我父亲送了他很多'吉德福禄'，他也给父亲留了有他名字的布条，说是到了解放区，有这布条就管用。

"那一年我还认识了部队里的一位赵大哥，他很年轻，负责保卫我们全家。我记得很清楚，当时我很喜欢看夕阳，他和我讲毛泽东是太阳。我不太懂，也不知道毛泽东是谁，心想我喜欢的太阳里面怎么还住了个人。赵大哥总爱哼一首曲子，后来知道那是《松花江上》。

"林枫和赵大哥走后的第二天，国军再次进驻长春。父亲的新京制药厂也改了名字。二战结束时蒋介石主张'以德报怨'，我们本来可以回日本的，但是先后两次都没能走成，因为我父亲是技术人员，发明过'吉德福禄'，国民政府这边觉得他很有价值。1948年刚过，父亲领到了吉林省发的关于'吉德福禄'的发明证书以及针对制造和销售成绩的感谢状。从那以后，国民党南京政府卫生部决定正式采用'吉德福禄'，并且给父亲下达了移居南京的指令。共产党的军队包围长春之前，据说国民政府准备派飞机将我们一家接到南京去，不过最后还是没有走成。'长春围困战'从1947年10月开始，长春街道突然停了电，煤气和自来水也都停了，那时候我母亲又怀着孕。国民党有美军支持，在机场能够获得物资，普通老百姓只能忍冻挨饿。

"我们当时盼着林枫他们能够早点打进来，但是没有盼来。父亲饿得像个木乃伊，看着吓人，我们每天就像鳄鱼一样一动不动，守候夜晚的降临。后来，因为实在没活路了，城里的一些日本人决定出逃，投奔有'豆馅年糕'的解放区。

"从1948年5月开始，整个长春都被包围了。长春人把包围长春的铁丝网称作'卡子'，我们逃出第一道卡子后发现还有一道卡子，前一道是国民党的，后一道是共产党的。有个早到了的日本女子告诉我们，后一道卡子的门一周开一次，甚至一个月开一次，她几天前本来赶上开门的，因为吃野菜中了毒昏迷过去，就没有走成。我们在中间地带等着共产党的军队放行，那里已经成了死人堆……

"我父亲把林枫给他的布条交给八路军，但他们根本不理会，父亲的解释是那些人是朝鲜籍的八路军，他们不知道林枫是谁。所幸，我父亲随身带了'吉德福禄'的专利证明书，八路军后来才给我们放行。本来我们一行19个日本人都可以走的，结果有个朝鲜籍的八路军战士拦住了一位妇女和两个孩子，用日语说他们不是技术人员不准走。我父亲下跪求情也不行。最后我们16个人一起逃出了长春包围圈。绝望之中，那位被拦住的妇女在后面骂我父亲是'叛徒'。在此之前，我的七个兄弟姐妹，有两个饿死了。准备出卡子的前一天，最小的弟弟也饿死了。

"那位赵大哥，这些年我一直在找他，包括通过《人民日报》海外版找他，但没有找着。我的心情非常复杂，一方面爱赵大哥和林枫，小时候在毛泽东思想教育下成长，有佩服的感情，但我的逃难经历，也无法忘记。我们享受现在的繁荣，也要正视过去经历的苦难。

"1951年，我辗转到了天津，在培植小学读书，我们一家住在冯国璋的旧宅里。那时候新中国刚刚建立，我热血沸腾，每天跟着喊'毛主席万岁！'、'共产党万岁！'、'新中国万岁！'，觉得过去的牺牲是值得的。我童年有太多的痛苦记忆，那时总受中国人欺负，他们骂我'小日本！'、'日本鬼子！'、'日本狗！'，这些经历让我有时候很难认同中国。当然后来我还是视中国为第一祖国，所以不说'去中国'，而说'回中国'。

"小时候在中国接受革命教育，每当听到《义勇军进行曲》，便会条件反射般地停下所有的动作，一边起立，一边流泪。当别人骂我并朝我吐口水、扔石子时，我只能默默承受。我十一岁的时候，跳过一次海河……为了表示我不是侵略者的孩子，我会声嘶力竭地唱《义勇军进行曲》。和很多人一样，那时候我相信中国有一个光明的未来……现在这个时代好像离革命理想越来越远了。"

时间过得真快，不知不觉过去了两个小时，我沉浸在远藤誉的往事里。当她开始说到天津时，我感觉自己再一次被拉回到现实。民主路、冯国璋旧居、海河……那是我生活了近二十年的一座城市。

随手翻开远藤誉赠我的书，序言里有这样一段话："特别是二零一二年九月，日本电视播放的中国青年反日游行。电视中，他们的身影呼之欲出，在我和中国之间撕开了一条深深的鸿沟。游行者的脸庞因憎恨而扭曲，破口大骂'小日本！'、'日本鬼子！'、'日本狗！'。目睹这一幕的我，不由自主地想起十岁时的种种不堪与痛苦，心如刀割，痛不欲生。"

"为什么有人说你是'右翼'？"我问。

远藤誉一笑："现在很多事情是不应该发生的，辜负了过去的牺牲。其实我心里的某个地方一直怀着一颗红色的心，不愿意看到中国的崩溃。有的中国人批评我是'右翼'，这太可笑了。日本的年轻右派说我是'反日右翼'、'亲中特务'，说我原来是中国人，是'反日分子'。几十年前我在中国受欺负，回到日本后又被欺负，他们骂我是"阿嘎"（红色）。其实我一直是'中间分子'，感觉压力很大。我的言论里满是困难、复杂与悲伤。如果中国不是现在这个样子，我只管爱就好了。可中国在有些层面是不值得爱的……我的这本书，本想在中国出，最后没办法只能在台湾出，其实我心里并不希望在台湾出。国共战争的时候我还站在共产党这边，如果在台湾出，就好像我是在给敌人写书一样……"

　　说起几天前到《朝日新闻》做讲座的马立诚，远藤誉有些伤心："我一直很佩服他，本想和他座谈，他最初也说可以。待订完了机票和酒店，他又说不见面了，而且不要给他打电话。我知道有位先生在背后和他说我是'右翼'、'反中'。那一刻，我又想起小时候受欺负时的情景，我甚至又有了自杀的念头。我一直被欺负、被误解、被虐待……心里有对中国的爱，爱林枫、赵大哥以及普通老百姓。我是在中国出生长大的，对我来说，这是一种自豪。可是……我对中国是因为有爱才有批评啊！"

　　我安慰了这位坐在我面前的老人。她有两个祖国，又像是一个没有祖国的人。她继续生活在有两个卡子的中间地带。想必是由于生活中苦难太多的缘故，她给了我一种凡事小心翼翼的感觉。她说当日本右翼骂她时，她不得不对自己所谓"亲中"的言论做一些调整，因为毕竟自己有孩子、有孙子，要学会保护他们。

　　"右翼可是什么事都做得出来的！"远藤誉说这句话的时候，我能明显感觉到她有些紧张。

　　几年前，远藤誉曾经在我供职过的《天津日报》连载了《茉莉花》。小说写的是她 50 年代在天津读小学时的一段经历。晚上我在网上粗略地读了一遍，虽然没有看全，却有不少感动。因为这篇小说的连载，她失散多年的一位小学同学还为此写了篇回忆文章。当时远藤誉三姐妹和一个弟弟在培植小学"学习了两年就回日本去了，从此杳无音信"。培植小学在当时是一所很好的学校，校舍是一座白色的、带有一个巨大穹顶的意大利建筑。当年让远藤誉非常委屈的是她没有能够加入少先队，因为她是日本人。几年前她回天津时还在一些朋友面前选唱了《歌唱祖国》，而且请大家与她一起唱。

人的故土情怀，真是一种奇妙的东西。

竞选广告上的通缉犯

晨起整理有关弘一法师的资料，读到他出家前写给日本妻子的诀别信：

> 对你来讲硬是要接受失去一个与你关系至深之人的痛苦与绝望，这样的心情我了解。但你是不平凡的，请吞下这苦酒，然后撑着去过日子吧，我想你的体内住着的不是一个庸俗、怯懦的灵魂。愿佛力加被，能助你度过这段难挨的日子。

> 做这样的决定，非我寡情薄义，为了那更永远、更艰难的佛道历程，我必须放下一切。我放下了你，也放下了在世间累积的声名与财富。

以上是信中两段。小到平常男女，大到两个国家，这世间的聚散离合，不过如此吧。

下午带女儿去明治通附近的 KIDDY LAND。不巧没注意钱包里的余额，只是简单买了点东西，如地铁站牌。这让我突然怀念起即将离开巴黎的那些日子。当时买了索邦大学边上的许多纪念品，仿佛这辈子再也不会回巴黎似的。

KIDDY LAND 不远的地方有一家东急百货店，屋顶上植了些树。如此奇思妙想深得我心。据我所知，在黎巴嫩的贝鲁特，建筑师们也有一个空中花园计划——在这座城市的所有屋顶上种树，造出一片屋顶上的森林。

晚上从东北泽下车，路过超市边的停车场，我指着路边矮墙上的一些竞选广告问女儿：

"你知道这些头像是什么吗？"

"是通缉犯吧？"孩子不假思索地说。

我心中一阵苦笑。英文里"Wanted"通常是指通缉"坏人"，而真正的民主政治是通缉"好人"。

路边的竞选广告

想起了小鹿纯子

早起收到西村豪太来信，问我是否一起去参加 22 日东大的中日大学生交流会。由于当日我将在关西旅行，我们约好今晚在涩谷共进晚餐。

傍晚时分，我和西村在涩谷的一家意大利餐馆坐了下来。

西村说他最早到中国是在 1986 年，作为东京的高中生随团访问了北京和上海。"那时候有一种东方主义的东西。从 1972 到 1989 年，中日关系很好。由于断绝了好长时间的交流，对于很多日本人而言，中国更像是一个期待被发现的神秘国家。"

我说当时我还在读中学，看了不少日本的片子。比如《聪明的一休》、《血疑》、《排球女将》，而现在中国几乎没有引进一部日本的电视剧。说到这儿，我赶紧补充一句："也许我说错了，我好几年没看过电视了。"

"《排球女将》？有位朋友和我说，马云十年前来日本时还托人找过小鹿纯子的扮演者荒木由美子，大概也有和你一样的情结吧！而且，马云对京都非常有好感。"

就在我的思维还停在小鹿纯子的"晴空霹雳"和"双十字扣球"里时，西村将话题转向了中国城镇化过程中的问题。在我看来，中国目前最需要解决的是土地问题。过去的悲剧且不说，大陆没有像日本和台湾那样温和的土地改革政策，现在也没有真正赋地权于民。土地不给农民，不让他们有第一桶金进城，有些地方政府甚至抢农民的土地，逼他们进城或上楼，如此"造城"只会制造和积累问题。

说到暴力时，西村向我特别推荐了电影《The act of killing》。50年前，在印尼军政府的"反共"清洗中，有包括华人在内的一百多万人遭到屠杀。"东亚是幸运的，因为有共同的汉字，并且没有宗教冲突……但石原慎太郎说过要战胜中国。"

"为什么非要战胜另一个国家呢？现代战争人类已经打不起了。而且，现代战争的罪恶在于，发动战争的和冲进战场的已经不是同一伙人了。"我说。

西村找我主要是约我为《东洋经济周刊》写篇关于中日历史问题的稿件。我简要表达了自己的写作思路，我说中日之间的历史问题从本质上说都是现实问题。历史已经发生了，它不会变化，变化的是后人对历史的态度，否则很难解释为什么20世纪80年代中日关系很好，少有历史问题之争，而现在两国为历史问题忙得焦头烂额。

沉重的幽默

　　休息一天，给孩子做了两顿饭，准备明日关西的旅行。第一站将是三重县的名张——日本"侦探小说之父"江户川乱步的老家。

　　晚上读铃木理生的《江户时代的风俗与生活》，其中不乏沉重或幽默的篇章。略记几则如下：

　　其一，日本桥附近曾是街头示众的场所。被当作重刑示众三日者包括杀害或伤害主人者（示众后处死）、僧犯淫戒者（示众三日后交由触头[1]处置，相关女子处死）。此外就是殉情而未死者。如果两人相约殉情而一人活下来，此人被视为凶手。如果两人都活下来，示众三日后流放。对于这些落难鸳鸯，时有闲人写下若干打油诗，如："殉情本应死，一死即百了。若是死不成，现眼日本桥。"

　　其二，在幕府末年来到日本的欧美人，不懂日本男子的发型，还误以为日本人在头上顶着一把手枪呢。

　　其三，1945 年以前，每逢节日，作者所在的学校被要求灌输教育敕语，校长用一本正经的声音开始念道，"朕唯我……"由于日语中的"朕"和男性生殖器都发"chin"音，学生们便忍不住笑起来。而当校长解释"朕"乃皇上专属的自称时，有些调皮的学生会追问："那皇后呢？"

1　为了有效地控制各宗，幕府命各宗在江户设置"触头"，他们对自己联络范围内的寺院寺僧进行监督管理，对不法行为者行使一定的处治权。

名张的天空

六时半起，七点前动身赶到东大站，转道涩谷，再坐山手线到东京站。今天要去三重县，前两天英巳从北京回了名张老家，他将在那里等我们。至于智子，此时已经在九州讲学，之后将与英巳会合，一家人去屋久岛游玩。原计划我是要带着女儿一起去的，但我担心时间不好安排，女儿也不太喜欢旅行，就放弃了。

在地铁里，我问女儿为什么日本人在公共场合看书时书上都包着封皮。女儿说她也注意到了，并很快说了几个理由，比如每本书都代表着一种观点，看书的人不想让人知道自己有什么观点。

孩子的回答让我有些惊讶，尤其上述这一点。我又补充了一个理由——可能这在一定程度上体现了日本人生活的精致。

到了东京站，在 JR 东海道区买了去名古屋的新干线的票。我的10360 日元，孩子的票半价。8∶03 坐上冈山方向的车。

东海道新干线是日本的第一条新干线，平均速度 270km/h。老实说，新干线给我的体验不如国内的和谐号。车速并不是很快，车身有些抖，有时甚至出现左右颠簸的情况，而且耳朵也有种不适的感觉。当然，对于乘客来说，最重要的还是安全问题。新干线从 1964 年 10 月 1 日开通以来，没有出现过一起伤亡事故。庆应大学的教授曾经就新干线的管理方法写过论文，详细剖析了新干线安全检查的细致与烦琐。它几乎可以说像一种严酷的军事管理：每辆新干线列车都要进行日检查、交换检查、月检查、重要部位解体检查、整体解体检查等，而每次检查，最多可包括上千个项目。除此之外，为保证轨道安全，在每晚零点到六点停运期间还有线路检查，包括线路是否磨损、泥土是否出现沉降等。

显然中国还没有做到如此细致，否则就不会发生温州动车事故。前几天新闻里说有架飞机无法着陆，只好在空中盘旋，原因是塔台的两位调度人员睡着了。中国的很多问题不是技术问题，而是管理水平和责任心的问题。

白云飘飘，远空之下，富士山一掠而过。这是我第四次与富士山失之交臂。约10点5分，车子到了名古屋，找到近铁站（"近畿日本铁道"之意），买了两张"近铁名古屋—名张"的车票。不知道为什么，这个售票口不能买儿童票。由于是特急券，共花了6000日元，多花了差不多一倍的价格。

经过桑名、四日、白子等海滨城市，列车朝着大阪难波方向飞奔。路边农田种的多是水稻。看着那些农舍以及临村而建的村公墓，我突然怀想起在南阳须贝智郎家度过的那几日。

英巳的父亲开车来接我们。他是个摄影迷，随身带着一个专业相机。名张的天空，美得让人心醉。司马辽太郎笔下的"坂上之云"，就是这样的意境吧。我在微信上发了几张照片，许多国内的朋友点赞。好几位说，这白云太不真实了，像是宫崎骏的画。这样的白云，我看着也不真实，但它们真真切切地飘在了名张的天空上。

英巳几天前也回来了，和他聊天我才知道，名张离四日市不远，同在三重县。二战后，伴随着经济的高速发展，日本也出过不少污染问题，其中最有名的就是水俣病和"四日市哮喘病"。从1955年开始，四日市相继兴建了十多家石油化工厂，化工厂终日排放的含SO_2的气体和粉尘，使昔日晴朗的天空变得污浊不堪。1964年，四日市烟雾不散，致使一些哮喘病患者在痛苦中死去。1967年，又有一些哮喘病患者因不堪忍受疾病的折磨而自杀。到1979年10月底，四日市确认患有大气污染性疾病的患者人数近80万。因四日市的呼吸系统病症患者大多一离开大气污染环境，病症就会得到缓解，人们把这种病统称为"四日市哮喘病"。

在名张吃完转盘寿司，英巳的父亲开车将我们送到伊贺市的雾生村。这是英巳的外婆家，老一辈人都已经过世，现在的房子由英巳的舅舅福森弘成和他的未婚妻住着。虽说是老房子，看起来却像是新修的乡间别墅。房前屋后的盆景精心修剪，院子里摆着烧烤架，屋子左侧还挖了个小金鱼池。为了防止山鹰俯冲下来将鱼叼走，福森还专门在池子上面拉了几格细细的钢丝。

这是最普通的日本乡村，阳光明媚，万物生长。我又一次想起远在中国的江南老家。遗憾的是，我的老家当年移民建镇，村里的老房子都按政府要求拆了，而新屋像厂房一样挤成两排，美感全无。

让我同样深有感触的是村后的公墓。走完一条不长的陡坡，下午我和英巳一起去了村后的小山上。和日本其他地方一样，墓地边上通常都有一座寺庙。我今天看到的名叫天照寺，功德碑上有长长的捐款名单，难怪这庙宇修得如此气派。

拜祭完祖坟后英巳回村里去了，我独自在墓地徜徉。增田家之墓、植谷家之墓、福森家之墓……在我眼里，农村之所以迷人，一个很重要的原因就是"祖坟挨着村庄"，生者与死者仿佛须臾不分。

非洲有句古话："一个老人归天，等于烧掉了一座图书馆。"所幸，还有墓园，为那些烧掉的图书馆收集残篇断简。寂静的午后，我耐心地读着一块块碑文。我相信一座好的墓园是可以供人阅读的，而这也是十年前我徘徊于巴黎的几处公墓不忍离去的原因。

和在山形县的农村看到的一样，这片墓地里也有几块"日本鬼子"

的墓碑。由于时间匆忙，我只看到七个："故海军三等兵曹（功七级勋七等）福森茂孝英灵"、"故陆军卫生军曹（功六级勋七等）中川光雄英灵"、"故陆军准尉（功六级勋六等）森冈定省之墓"、"故陆军步兵上等兵（功七级勋八等）结城进英灵"、"故陆军兵长（赐杯勋八等）松本森造英灵"、"故海军一等水兵（勋八等）杉田年重之灵"、"故陆军伍长（功七级勋八等）岩垣忠男之碑"。

和普通百姓的墓地不一样，这些墓碑都安放在天照寺前面。据说当年立这些碑的时候，敲锣打鼓，仪式隆重。站在被侵略国家的角度，这些堪为战犯者被当作英雄的确有违正义。但是，当我站在这些墓碑面前时，却在想另一个问题：英巳曾经和我提过他的外公在中国打过仗，但为什么今天我没有在那些"英灵"碑里找到他的墓碑。英巳晚上给我的解释是他的外公并没有战死在中国，只是因腿伤落了残疾，直到2012年过世时里面还有一颗子弹。

我该如何看待这些人呢？我注意到，在墓碑上，中川光雄被刻画为"资性温厚笃实勤勉……"的好人。历史残酷的一页已经翻过去了。那一代人，作为帝国的炮灰早已尘归尘土归土，而我们这些活着的人，无论来自什么族群与国家，最需要铭记的还是那句话："战争是无能政客发起的针对所有人的罪恶。"

天还没黑，大家在院子里吃烧烤。待孩子们放完焰火，陆续进入梦乡，大人们继续聊天。大概八九点钟的时候，福森弘成和他的未婚妻回来了。福森弘成早年学建筑，是一家公司的老板，平时多在乡下生活。看得出，他对目前的日本算是比较满意的，而且也不认为泡沫经济破灭后日本有什么实质性的衰退。有时候他也非常关心中国的事情，但似乎主要是为了炒好股票。用他的话说，"生意人嘛，能赚钱就好！"所以，他对安倍经济学有比较好的印象。

日本刀

山野里空气清新。上午坐火车和英巳父子一起经过奈良来到大阪。智子的父亲热情地接待了我们。日本人以洗澡为待客之道，整个下午，就可怜兮兮地在澡堂子里度过了。有位父亲带着自己七八岁的女儿走进男子浴池，全然无视随处可见的赤身裸体的男人，着实让我大跌眼镜。不过据说日本就这样，有的女子成年了还会和父亲同浴。当然绝大多数女性在进入青春期后就选择一个人泡澡了。

有件事让我觉得有些失礼。智子的父亲住在一间公寓里，我们从外面洗完澡回来时，他指着远处的一栋高楼说："你看，这里视野不错，那是大阪最高的楼，有 300 多米。"我一时嘴快，说这不算高，天津现在在建的一座楼有 597 米呢。尽管老人当时没说什么，但这种不合时宜的对比很快让我懊恼不已。

智子是个热心肠，按她的安排，我和孩子今晚住在她父亲家里。智子很小的时候母亲就过世了。我睡的那间卧室里，挂着一张她母亲年轻时的照片。母女俩长得真像！

关西的这次旅行，我只带了一本小栗栖香顶（1831–1905）的中国游记。小栗栖香顶是日本净真宗本愿派的和尚，一心想阻止基督教在日本的传播，还写过《日本刀》一书，希望以"日本刀"剿灭基督邪教。与此同时，他还希望东本愿寺能够迁往东京发展本宗势力，以遏阻基督教的进一步扩张。由于没有得到支持，他便想到中国来为日本的佛教寻找出路。

读小栗栖香顶的时候，我再次想起北一辉。当年他也是在日本实现不了平生理想，就到中国来闹革命，希望把中国的成功经验带回日本去。明治之前，这两个国家本是难兄难弟，可历史的因缘际会却让它们成了末路冤家。

我读得有兴趣的是小栗栖香顶"欲访中华无限春，单身万里入天津"时的一段对话。

问："几天到通州？"

答："七天进通州。"

这一年是1873年，我出生前的100年，坐船从天津到通州需要七天，路程不过两百多里。一切真应了作家木心写在《从前慢》里的那番光景——"从前的日色变得慢/车，马，邮件都慢/一生只够爱一个人。"

紧接着船家又问："日本国有好女人没有？裹脚不？"

答："不裹。"

船家说："不裹脚不好看。"

奈良屋檐下

英巳父子和智子的父亲一大早动身去屋久岛了。钥匙放在桌上，屋里只剩下我和孩子。吃完早餐，我们也离开大阪去了奈良。因为天气不好，今天很多时间都花在了屋檐下躲雨，没来得及去西京五条看鉴真及其弟子修建的唐招提寺。

几年前途径奈良，我印象最深的是东大寺和人行道上的鹿。没想到今天在去东大寺的半路上还发现了一个馒头神社。有意思的是，摆在馒头神社里的大馒头，其实就是一块大圆石头。据说最早给日本人带来馒头的是元代浙江人林净因。林于 1350 年东渡日本，初在日本奈良定居，为了维持生活，以制作馒头为业。据我了解，这里所谓的馒头，其实是豆沙包。在日本，各行各业都有神社，连做冰块的都有冰块神社。

下午四点回到大阪，在雨中寻找松下幸之助的创业屋及纪念碑。六点半左右，应邀与唐辛子、蒋海波、刘燕子、变态辣椒等人聚餐。除了唐辛子，其他人我都是第一次见面。每次在境外遇到流亡者，内心总有一种说不清的滋味。

京都创业课

　　和女儿在智子的父亲家里住了两天，今天要离开了。临走前特地给老人买了件礼物，并留了一封感谢信。不只是感谢这两天的关照，更感谢智子一家人的信任。

　　按约定将钥匙塞进嵌在门上的信箱里，我和孩子一大早便去了志纪站。今天要和唐辛子一起去京都玩。我们先到大阪站会合。昨晚刚回到神户的蒋海波先生，今早又特地从神户赶了过来。在去京都的车上，蒋海波向我介绍了他正在阅读的《"反日"中国的文明史》（平野聪著）。顾名思义，这是一本研究中国人"反日"的书。

　　一行四人，其乐陶陶。从三十三间堂浩瀚的观音像，到清水寺的清凉与威仪，我们在京都度过了难忘的一天。几年前我来京都，因为这里庙宇众多，曾经体会到石平所怀想的"南朝四百八十寺，多少楼台烟雨中"，而这次因为唐辛子的缘故，我有机会参观了通透恢宏的京都站。光线果然是最好的设计师，它让这个车站更像是一个集合了多种功能的山谷。据说原广司在设计京都站时，只将二十分之一的空间作为交通枢纽，余下部分则变成了一个集合广场，汇集各种城市功能用来欢迎旅客。因为京都站，我在这座城市里看到了传统与现代如此美好的结合。而上一次来京都时，因为过于匆忙，我却对此视而不见。

　　午餐时，辛子带我去"COCO 壹番屋"（这儿的最棒）吃咖喱饭。她曾经采访过这家店的老板宗次德二，我也因此多听来一段有关日本人创业的故事。

宗次德二生于 1946 年，原本是个孤儿。COCO 壱番屋最早也只是一家夫妻店，如今在日本已经有了一千多家连锁店。关于宗次德二的故事，有两件事让我印象深刻。一是 COCO 壱番屋有一个名为 "Bloom System" 的员工创业孵化计划，不需要缴纳任何加盟费或许可费，只要在 COCO 壱番屋有两年以上工作经验，能为自己积蓄 200 万日元的存款，并取得独立认可之后，就可以自己开店。而且，COCO 壱番屋为想要自己独立开店的员工建立了"资金援助制度"以及独立之后的"共同经营者体制"，从资金到技术，对独立的员工进行全面扶持，以保证每一家分店的品质并同时帮助他们在站稳脚跟后能步入赢利轨道。为此，COCO 壱番屋自信地称他们的 "Bloom System" 经营模式为"不会失败的独立"。在宗次德二看来，"光自己一个人赚钱并不是件值得高兴的事，能够帮助更多人一起赚钱才能真正感受到快乐"。

为了"不会失败的独立"， COCO 壱番屋对独立经营者提出了八项要求：

1. 对体力有自信

2. 不怕失败，并能从失败中获得教训

3. 喜欢咖喱

4. 想要成为有钱人

5. 热爱朋友

6. 每月至少理发一次

7. 已经结婚

8. 为了成功能够抛弃自尊

前面几条都好理解，最后一条道尽了创业者的艰辛。

作为"日本咖喱之王"，宗次德二在他 53 岁时将公司社长的位置让给了与自己毫无血缘关系的人。宗次德二说他从来没有考虑过将公司让位给妻子或儿子，与家族式经营模式相比，还不如将公司交给更有能力的人去继承。随后，宗次德二与妻子直美一起创办了非盈利财团法人（NPO）"Yellow Angel"（黄色天使），帮助那些想独立创业的年轻夫妻和在体育、音乐、艺术等领域有梦想的人。

尤其值得一提的是，在唐辛子的带领下，我和孩子第一次在日本唱了卡拉 OK。日本的卡拉 OK 厅和国内豪华到黑魆魆的风格太不一样了，这里窗明几净，没有任何刻意的修饰，一切奉行极简主义。记得我第一次听到"卡拉 OK"几个字是在 80 年代末，当时我正在江南乡下割稻子。生活艰辛而漫长，有时又是如此短暂。那些久远的几近忘却的记忆，只因在未来的某一天得到了呼应，仿佛就发生在昨天。

我的生活总是充满奇遇。在日本遇到唐辛子，也算是件神奇的事。我们互为读者，而且都觉得像是故人重逢。蒋海波今天也是忙前忙后，让我非常感激。他邀请我去神户住两天，恐怕这趟日本之行是来不及了。

回到东京住所时，已是零点。关西之旅，在我放下包裹的那一刻结束了。

"社会是魔鬼"——加藤嘉一来访（一）

8月26日
晴

孩子明天就要回国了。中午带她去东大食堂吃饭，然后去涩谷买了些她喜欢的文具。

加藤嘉一知道我在东京大学做访问，下午四点过来看我。几年前他曾经专程到南开大学来找我聊天。后来，他离开中国去美国做研究，前几天刚从波士顿回到东京。由于伊豆农村老家没通火车，只能叫出租，今天这一路上也是颇费周折。虽然外界对他有较多非议，不过在我眼里，加藤依旧是个上进、好学的人。

"我现在在哈佛大学傅高义那里做研究，和我一样，他也会讲英、中、日三种语言。我现在试图用英文给牛津大学出版社写一本书。我不知道我用三种语言写作是不是好，但是我真的觉得多了解一门语言，便多了一个世界。"

加藤说自己现在已经出版了近二十本书（包括译介的各种版本）。他曾经和另一位年轻人古寺宪寿合作出过一本对谈集。不过，在他眼里，古寺宪寿显然更受日本人的欢迎。古寺宪寿的腔调是"日本挺好的"，就在国内待着吧，做个"绝望国里幸福的年轻人"。当然，如果日本要打仗的话，他也会是第一个想逃走的人。加藤认为自己和古寺宪寿的观点不太一样，我便问他是不是古寺宪寿像道家，而他像儒家。加藤笑了笑："我没有这样说，就算是这样吧。"

"我离开中国去美国，有个原因是怕别人说我太过'中国化'。如果没有在同盟国生活的经历，在日本人看来是很糟糕的。不过我很快会

433

重返亚洲。在美国我结识了很多朋友，包括日本的年轻人，我们准备组党反对安倍，但这也是一件很难的事情。日本在美国的圈子很大，有麻生太郎的女儿，也就是吉田茂的外孙女……"

加藤抑制不住内心的兴奋，像是要把他在美国开阔了的眼界全部告诉我。他总是给我一种"Boys, be ambitious"的感觉。但有时候我又觉得他对人生所持有的过于精明的战略意识，可能成就他，也可能毁掉他。从政对他而言当然不失为一种选择，但我同样担心这会浪费他思想上的才情。如果他能够沉下心来做研究，我相信他是可以有一番成就的。

唐辛子以前在文章里提到加藤因为"读不懂空气"而遭到"群殴"。对于来自日本社会的种种压力，加藤颇有微词：

"社会是魔鬼！日本已经大到可以没有国家和市场的地步了。你知道吗，日本运动员得奖时一定会感谢大家的关照，如果不说这句话，就会引起反感，就会受到批评。中国是要感谢国家，日本是要感谢社会。日本社会针对个人的是制约而不是制衡。在这个国家，个体处于一种长久的压抑之中。日本很难有真正的个人主义，而这也是世界上许多国家担心日本的原因。因为这种淹没个人的集体主义完全有可能将这个国家重新带入某种危险，安倍完全有可能操纵社会从而控制国家。

"这个社会充满了同质性，特立独行的记者会被边缘化。媒体追求的往往只是别人报道了那我也应该报道，而不是我报道了别人没报道的。至于企业，这个国家已经将质量做到了极致。因为没法向上打质量战，就只能向下打价格战。日本企业有两个特点，一是终身雇佣制，二是年功制。在瑞士的会议上，我曾经向一位日本的长者提到年功制的问题，这位长者说等级制是日本人发明出来的，没有等级制，日本人都不知道怎么活……"

加藤对日本社会的激烈批评，有一定道理，但我并非完全同意。在一定程度上，我甚至认为日本是中国的一味药。我在日本看到的许多优点，恰恰是今天中国没有或者完全丧失了的。

每次交谈的时候，我们都会碰撞出不少思想火花，今天也是如此。从东大的露天餐桌移师到驹铁面馆，原定两个小时的面谈延长到四个小时，其间有不少思维的乐趣。比如我说"中国人反美是莫名其妙的"，加藤说"日本人不反美是莫名其妙的"；我说"中国人因为对未来有太多的不确定性而没有安全感"，加藤说"日本人因为未来太确定了所以没有安全感"；我说"中国是富人和穷人都很多"，加藤说"日本的富人和穷人都不多"；我说"我来到日本时，因为汉字的缘故，感觉自己没有离开中国"，加藤说"我离开日本时，就感觉自己彻底离开了日本"。

加藤赠给我的新书《加藤嘉一的留言：其实离不开》，我随意翻了翻，书写得拉拉杂杂，里面有个观点值得回味。加藤希望自己像新渡户稻造联结日美一样，做日本和中国的桥梁。而中国和日本需要跨越的是双重劣势感：中国在经济上的崛起让日本感到劣势，日本在诸多方面的优势也让中国感到劣势。

下午与加藤的对谈很值得记录，可惜没有好好录音，我只能凭记忆记下这些。大森要是今天在就好了。在日本，聊上两三次整理出来就是一本书了。正念叨着这事，大森那边来了电话，说是知道我明天要送女儿回中国，特别准备了一份礼物，这就送过来。

吃完晚餐，因为明早还要赶回波士顿，加藤先行离开了。大概一小时后，大森带着他的小礼物来到驹铁面馆。我感谢他的好意，由于明天要早起，我们只是简单地坐了一会儿。大森和我说起他在冲绳的学习和生活，并建议我有空一定要去冲绳看看。

"大森叔叔还真不错呢！"大森走后，女儿感叹道。在东京，这是她接触到的所谓"右翼"出版人非常人性的一面。女儿不明白的是，为什么她在东京接触到的日本人一个个彬彬有礼，而她在中国的同学们却多以"打倒小日本"为乐。我没有和她说，真正需要打倒的是"大日本"，至于"小日本"，反倒是需要被保护的。

驹铁附近有一个自动贩卖机，在那里买了两个抹茶冰激凌，父女俩沿着东大外面那条狭窄而熟悉的小道，一前一后地走着。待手上的小甜筒吃完了，别馆也到了。

再见了，驹铁！我和女儿在那里一起吃过好多餐面。这辈子恐怕再也不会有机会和她坐在这家面馆里了吧。因为小学要开学，明天我要亲自送她回国了。

仁川印象

送女儿回国，早晨九点就出发了。从涩谷转道日暮里，再转京成特急（特急只需 40 分钟，普通车要 80 分钟），赶了不到两小时的车，在 10：50 到达成田机场。为了多一点对韩国的现场感，下午我们转乘的是 13：55 大韩航空的 KE704 号航班。

仁川机场的服务态度让我和女儿都有些失望，这里与日本有天壤之别。飞机落地进入机场时，没有人表示欢迎，几个工作人员衣衫不整，无精打采，叉着膀子说话。孩子解释说："如果从中国到韩国，可能不觉得什么，但是从日本到韩国，难免有落差。"想起昨天加藤的那句话，离开日本就找不到日本的感觉了。

接下来的事情完全是不愉快。过安检时，女儿用手机拍了张自己书包的照片，被一位膀大腰圆的女安检人员勒令删除。女儿因此有些生气，认为这个机场太不近人情，于是决定不在仁川机场买一分钱的东西。

仁川机场只是一个大卖场。服务人员对于不打算买东西的人冷眼相对，让我想起从前在天津购物时的情景——你不买东西，她就拿白眼瞟你。到了韩国，感觉回国了。

我对韩国没有好感，还有一个重要原因是这个国家差不多废除了所有的汉字。韩国和日本，在文化的继承方面完全不同。由于保留了大量汉字，我在日本有一种没有离开中国的感觉。而同样受到汉文化恩泽的韩国，却将汉文化连根斩断。当我走进书店，像是被自动弹出来一样。哦，我是不受欢迎的过客，那些长得像拆散了的板凳腿的文字，我一个也不认识。当年争做"小中华"的朝鲜先人，看到子孙后代废除汉字，如果地下有知，会作何想？

据说韩国近年来也在反思废除汉字所带来的严重后果，为此金大中曾提出复兴汉字。而现任总统、同样在中国很有人气的朴槿惠甚至还会说一口流利的汉语。当然，反对恢复汉字的人也很多。真正的阻力在于现在还没有人考证出汉字是韩国人发明的，否则他们一定会认真学习汉字。

话说回来，仁川机场也给了我美好的记忆。我路过的时候，有几位女子在拉小提琴，旁边还有钢琴伴奏，悠扬的琴声响彻长廊。

道路与命运

——卷中插画

写出《美丽新世界》的赫胥黎曾经不无悲观地感叹：

> 我无法驾驭我的命运，只能与它合作，从而在某种程度上使它朝我引导的方向发展。我不是心灵的船长，只是它闹闹嚷嚷的乘客。

我无意追问这句话的深意，我更愿意拿它来关照一个卑微的人如何面对他所处的狂飙突进的时代。

每个时代都有此一时代的心灵。它是一个集合，时而幽暗，时而光明；时而狂躁如魔，时而慈悲如佛。能决定它的，不是某一位身居高位的"心灵的船长"，而是所有"闹闹嚷嚷的乘客"。正是这些不可胜数的乘客，构成了历史的细节与走向。

生活在继续。每个人都可以成为历史的扳道工，有的功绩在现在，有的功绩在将来。只要人性还在恐惧和欲望之间永恒地摆荡，只要人还有赋予"自我与我者"、"我者与他者"的意义的自由，幸福就不会一劳永逸，痛苦也不会一成不变，而人类的历史，更不会终结于某一个必定的命运。

日比谷公园民众聚集，一起保卫日本和平宪法，反对潜在的战争

内阁府前的示威民众，为日本和平
宪法第九条申请诺贝尔和平奖助威
加油

东京大学职员总会发布公告，以捍卫和平与学术独立的名义，抗议被要求参与相关军事研究

东京大学高桥哲哉教授发表演讲称，安倍破坏宪法无异于发动一场政变，听者踊跃

一位东京大学一年级的学生站在校门口呼吁同学一起去内阁府前抗议，应者寥寥

帝国的背影：参拜靖国神社的右翼分子

国家的新生：参观宪政纪念馆（东京）的孩子们

从琉球王国到冲绳美军基地，这片土地上的抗争绵延不绝

冲绳和平祈念公园。一加一等于零，一支军队加一支军队等于一片墓地

从政治回归生活。大日本向外开疆拓土，小日本对内耕种心田

大自然的旗帜

东土曾经有一种信仰，人们相信万物有灵，万物生长于慈悲

奈良，呦呦鹿鸣。我者与他者和平相处，一幅美好社会的图景

一个从帝国的战车中侥幸存活下来的民族，重新坐上生活的列车

条条道路通命运，只是命运各不同

反求诸己，原以为狭窄的大地竟如此宽阔

孩子引导未来。日本教科书博物馆内的雕像

下卷

归国数日

回国这几日，污浊的空气与地面上的混乱给我带来各种不适应。感觉中国与世界的接轨止于机场。

青年翻译家孙仲旭因抑郁症自杀。每有抑郁症患者自杀，我都会自感没有尽力，只希望日本之行早点结束，尽快把有关人生意义的书写完。福克纳在海明威自杀之后说："我不喜欢走捷径回家的人。"我在写书方面，给自己绕了太多弯子。

这次回国，除了送孩子，还有一个目的是去北京参加"理想国译丛"的新闻发布会。由于会议延后，变成了专程护送孩子回国。

订书若干，几日内陆续送到。

丑陋的日本人

回国数日，心绪全无。从 27 日到 31 日，前后五天时间，在这传说中秋高气爽的季节，我没有看见天空。

此刻，我坐在全日空 906 次航班上。这是一架波音 767 飞机，与上次坐这班飞机时的空空荡荡相比，这次乘客几近满员。

坐在我旁边的日本人正在读《法治国家的崩坏》（吉田敏浩等著），谈的是砂川事件，从书名就知道该书写的是日本政治如何破坏三权分立的原则。而我正在读高桥敷的《丑陋的日本人》。该书写于昭和四十五年（1970），它所集中批评的日本生活中的种种丑陋，在今天看来已经不可想象。比如书中写到，两位在秘鲁长大的日裔年轻人回到日本留学，她们本想看看自己祖辈生活的地方，到了那里却大失所望：

> 当时我们听说日本是一个整洁的国家，事实上却完全相反。大街小巷垃圾遍地，比起北美的"黑人街"简直是有过之而无不及。在大街上和公共汽车里，日本人若无其事地四处乱扔纸屑杂物，实在让人难以忍受。日本人不讲卫生，一盆洗澡水好几个人进去洗，漂浮着油垢的浴池里，居然会有上百号人泡在里面。公园和公共厕所的肮脏程度，评个"世界冠军"都不成问题。另外，还有件事情让我们震惊不已，那就是日本既没有下水道也没有带抽水马桶的厕所。很难想象他们是怎么处理那些大小便的。原来，他们每家每户都备有一只罐子，大小便全都装在里面，每个月洗一次。我们到了

日本之后,看到罐子里一团团的蛆虫,整整两个星期恶心得不想吃饭,痛苦极了。有钱修建东京塔,为什么不能花点钱帮助百姓们扔掉这些便罐子呢?

在《丑陋的日本人》一书中,高桥敷提到了70年代之前日本的各种肮脏和混乱。15年后再版时,有些细节高桥敷自己也觉得可笑。一个国家脱胎换骨需要一个漫长的过程。今天的中国,乱象纷呈,每次从国外回去时都会有严重的不适感。但我也相信,这种混乱与肮脏,都将随着时间的推移慢慢消失。我的老家农村,在经历了一个世纪的折腾之后,不也开始告别茅坑而用上了冲水马桶吗?当然,农村革命一百年后才有此成就,多少也有些反讽的意味。

上了飞机才发现我将东京住所的钥匙落在了天津家里,只能先找宿管员再要一把。到别馆后,宿管员不巧外出。大约十几分钟后,他回来了,在问明情况后倒也十分客气,说给你一把备用的钥匙,等你落在家里的钥匙寄到后再还给我吧。就这样,我赔着笑脸耽搁了将近二十分钟。而当我拖着箱子上到六楼,被眼前的一幕惊呆了。我出门的这几天,钥匙一直挂在门上。这时我才想起来,那天临走时,我正要锁门,孩子让我给她照相,照完后便彻底忘了锁门这件事。

推开门,除了女儿,屋里什么也没少。我有点想念陪我在东京待了将近两个月的女儿了。接下来的一个多月里,还有很多事情在等着我。

回归人的历史与同情

休息一天。给《东洋经济周刊》写稿，标题为《回归人的历史与同情》。历史不只是事件，也不是他人的故事（his story），而是无数的细节，我们注定身处其中。

中日政治僵局并未造成两国关系实质性的恶化，这得益于今日两国并没有一种主流意识形态告诉国民要相互仇恨。有一种观点认为，中国学校教育具有"反日主义"倾向。以我二十年前接受的中国教育而论，这一说法值得商榷。中国的历史教科书更在意的逻辑是"没有共产党就没有新中国"，为此当年在正面战场上抵抗日军的国民党的功绩被扭曲和遮蔽。这一逻辑同样适用于各种抗日神剧，其重点在于颂共，而不在于反日。

20世纪90年代以来中国兴起的民族主义，更像是一种意识形态替代品。该思潮受到了官方鼓励，但它在本质上是为了"内聚"（要相信共产党能够复兴中华民族），而非"外扩"，其作用仍在于号召全体国人团结在共产党周围。

亚洲的未来在很大程度上取决于中日关系的走向。和法德的历史性和解相比，中日无疑错过了战后的黄金时期。时至今日，双方实已进入"和解疲劳"。历史问题通常被理解为阻碍两国和解的绊脚石。表面上的分歧是，日本担心中国没有解决"未来的问题"——中国崛起将对日本构成威胁；而中国担心日本没有解决"过去的问题"——历史问题不解决，军国主义就会卷土重来。

新宿自焚案后续

继续休息。罗大佑《亚细亚的孤儿》单曲循环。

亚细亚的孤儿在风中哭泣

黄色的脸孔有红色的污泥

黑色的眼珠有白色的恐惧

西风在东方唱着悲伤的歌曲

……

今日的《朝日新闻》刊发了一篇采访——《衝撃の現場、今は素通り　集団の自衛権に抗議、焼身自殺未遂から 2 カ月》（令人打击的现场　现在避而不谈　抗议集体自卫权　自杀未遂两个月）。终于有人关心新宿自焚者何以自焚了。

出于隐私考虑，报道没有透露他的名字。记者井上到自焚者的老家埼玉县采访了他的邻居以及附近的铁路站台。他曾经开过出租车，后来眼睛出了问题，失去了工作，变成了无家可归的流浪汉。五年前，他还在东京新宿区收捡过废刊旧报。不过据当年和他在一起的流浪汉说，他对政治好像并不是太感兴趣，很少听他聊这个话题。有时候他们会去便利店买点酒，一起聊天。对于他的自焚，这位与其萍水相逢的朋友非常吃惊。在新宿流浪了一段时间后，他回到老家埼玉县。据说 2009 年金融危机的时候，他还参加过一个 NGO 的活动。日本在社会保障申请方面比较严格，NGO 帮他拿到了生活保障，可以供他租一个月 4 万日元的房子。由于很早就离了婚，孩子被老婆带走了，他一直一个人生活。据邻居说，他的性格比较内向，四年多来和邻居没什么交流，见面从不说早上好。警察在他家没有找到任何与政治有关的书籍。由于自焚者至今仍躺在 ICU 病房里，记者未获得更多的细节。

《朝日新闻》的这篇报道，为日本媒体同行多少挽回了一点颜面。而这份报纸，此时正受到来自四面八方的围剿。"喇叭党"聚集在它总部的楼下，每天都有人在接力高喊，要求它解散。

读《独裁者手册》，有趣的是对政府类型与下台风险的比较。

该书用一组数据指出，挺过头 6 个月的民主党领导人在任期第二年末下台的可能性为 43%，而在相同的时间里，独裁领导人只有 29% 的下台可能性。如果在位 10 年以上，民主党领导人下台的几率是独裁者的 3 倍。但在前 6 个月，独裁领导人被废黜的可能性是民主党领导人的 2 倍。

安倍、普京的下台率如何？尤其是普京，听说有俄罗斯的女议员提议全国女性人手一份普京的精液，好生下普京的孩子。这些孩子将来由国家抚养，因为都爱国，所以更加有希望成为俄罗斯的政治和经济精英。如此议员，呜呼哀哉！

德鲁克式的旁观者

下午接受共同社的采访。采访大约进行了两个小时。我就中国若干问题及我在日本访问期间的所思所感回答了记者的提问。不知道为什么，采访者将我称为法律学者，其实我并未专门研究过法律。

在日本的这些天，我只是一个德鲁克式的旁观者——观察与思考，但不介入任何权力游戏。我是局外知识分子，一切正如我在中国。因为坚守个体的价值，我不仅仅是宇宙中的一粒尘埃，还是一粒装着宇宙的尘埃。因为时刻在人群中保持目光明亮，我让自己的良知有了依靠，热情有了方向。

他人不是地狱，只有当我们将幸福完全寄托于他人时才把自己推进了地狱。我能想到的一生中最可靠的幸福，大概就是将内心呼之欲出的求知的本性付诸生活吧。在沙漏与枯叶之间，我喜欢思考甚于读书。虽然日日辛劳，我却满心欢喜地活在这个世界上。我相信黑塞说的：世上并没有偶然，如果一个人一心要得到什么，并最终得到了，这就不是偶然，而是他自己的功劳，是他的意愿将他领向了那里。

鸦片与战争

与林少阳在东大意大利面馆聊天，相谈甚欢。

读坂本雅子《财阀与帝国主义》。坂本雅子是名古屋大学经济部的教授，她试图在民族主义、外交、政治斗争之外，寻找日本侵华的另一条线索，分析先行进入中国的三井物产与侵华战争之间的内在联系。我很佩服这样的学者，同时也为日本宽松的出版环境叫好。

东京审判时，人们倾向于认为战争责任主要在军人和右翼政客，而外交官、经济官僚、重臣和财界人士只是抵抗不力最后被军人拖入了战争。三井财阀也这样为自己辩解——和平主义和亲美主义会遭右翼白眼，而且财阀的领导人团琢磨也遭到了右翼血盟团菱沼五郎的暗杀（理由是为了清除腐败政党后面的财阀），配合日军也是不得已而为之。三井财阀认为自己虽然全力协助了战争，赚取了军需生产的利润，但也只是服从基于国策的命令，并没有挑起战争。

事实上呢？三井财阀是侵略的合谋者和具体的作恶者。三井财阀作为日本最大的私人企业，与日本政治核心层具有很深厚的联系。通过这种联系，三井财阀对国家的政策制定发挥了强大的影响力，以正式或非正式的途径促使政府的政策体现集团资本的要求。在侵华战争期间，该公司还与日军联手直接参与了战争。三井物产在中日甲午战争之后与日军一起在战场开展活动，负责军用物资的调动和兵站活动。在侵华战争时期，更是与日军一起从中国农民手中掠夺粮食。

坂本雅子披露了一个细节，当年作为财阀巨头的三井物产，自甲午战争之后，不仅与日军共同活跃在侵略亚洲的战争和对占领地的统治中，而且配合日本政府向中国贩卖鸦片。"鸦片和日军侵略是一体的。贩卖鸦片在侵略时成为日军轻易即可到手的秘密财源……日本在侵略中接连成立傀儡政权，鸦片买卖也成了傀儡政权的财源。'满洲国'、'蒙疆联合自治政府'、华北的'中华民国临时政府'、华中的'中华民国维新政府'以及以汪精卫为主席的统合了后两个政府的'国民政府'等这些由日军撮合的政权，都在某种形式上与鸦片有关。"而且，随军时常常会有四五个苦力扛着 60 公斤的大包，里面装的就是鸦片。日军把它当作一种通货，以便于在占领地和敌占区收集物资。

坂本雅子在后记中说，她之所以写这本书，是为了社会正义和阻止战争尽自己的绵薄之力。他的父母曾经在上海居住过一段时间，房子就在"日本陆战队本部"的后面。起初他们经常招待来家里做客的陆战队的士兵们，可是"一·二八"事变之后，当她的母亲听到日本兵扬扬得意地大讲如何凌辱、性虐中国妇女时，她就再也不让那些士兵进家门了。

日本与本日

回来后日渐懒散。休息一天。

读藤木 TDC 的《日本 AV 影像史》。里面有句话："淫秽这种东西，只存在于一心要取缔淫秽的警察和检察官，或者与这些警察和检察官志同道合的人们的意念里。在这个世界上，根本就没有淫秽……"

读日本思想史，里面谈到《古事记》（712 年）和《日本书纪》（720 年）的区别。《古事记》试图使用古日语记事，而《日本书纪》采用的是正统的汉文格式。《日本书纪》讲述的是阴神与阳神缔造日本的故事，而《古事记》的主旨是"苇原中国"的形成与天皇统治权的确立。但是，《古事记》里没有出现"日本"这个词，有的只是"倭"。

历史演变真是令人称奇。日本从前以倭国自称，现在"倭"变成了贬义词。而日本作为"太阳升起的地方"，以前算是中国视角而非日本视角的一个地理称谓（就像"远东"一词体现的是欧洲中心论），如今它成了日本的正名。同样，"支那"一词原本中性，后来也变成贬义词了。

平时会在街边的广告牌上看见"本日"两字，想来也有些趣味。"日本"是一个空间概念，反过来念又变成了时间概念。

西风吹过东土（二）

　　读书日。晨起闲翻黑川雅之的《日本的八个审美意识》。黑川雅之是日本著名的设计师。在他的书里，我找到了一种久违的怦然心动。发散性思维，对东方文化的热爱，解构与建构的能力……他说，西方是他者在自身之外，而东方是自己里面也有他人。

　　西方信仰上帝的绝对价值，而日本表现为一种"没脸见人了"、"在别人面前怎么好意思"之类的羞耻意识，它不是西方的原罪意识，但是会看重他人的感受。所以，同样是偷别人东西这件事，西方的观念是"上帝在看着，你不可以这样"，而日本是"被偷的人多可怜啊，不可以这样的"，或者"这违背了和谐精神，是不可以的"。

　　在建筑方面，黑川雅之说，西方人喜欢像上帝一样的绝对的东西，他们把能够支配自然当作美，而日本更注重的是自然的本色。日本的房屋总是木质的、伞状的，慢慢地融入自然。从概念上说，黑川雅之认为东京不属于城市，日本也没有建筑，甚至可能连家具都没有。因为日本的房屋本身就是一个家具，是一张巨大的床，里面没有墙壁，可以灵活自由地使用。

　　佛教有个说法，慈是母爱，是"带来快乐"的爱；悲是父爱，是"去除苦难"的爱。我更愿意将慈视为包容，将悲视为拯救。虽然东西方文化没有严格的界限，但在特征上，东方重包容，西方重拯救；东方柔软，西方刚硬。

　　黑川雅之感叹日本文化的凋落，"明治维新后的日本，俨然已经成了西方世界观的奴隶"。读到此处，我竟有凝噎之感。他这里的日本，其实都可以用东方来代替。我不反对西方文化，但是近百年来，从文化保守的角度来说，东方的确丢掉了太多的东西。"按说日本还保留了些东西，"西川雅之哀叹道，"中国还剩下了什么呢？"

人其实并不能独立生活，而是要依存。依存于群体，依存于自然，依存于物。黑川雅之打过一个比方，有个朋友在南极走路，走了很久也找不到一个可以过夜的地方，因为那里是一片冰封的大陆，找不到可以依靠的地方。而一个荒野里的旅人，会靠在一棵树的根部过夜。黑川雅之认为，相较于欧美，日本丢掉了太多自己的东西。西方人相信神创造了人，然后创造了自然，所以在他们看来，人在神面前抬不起头来，人也不是自然的一部分。而日本更注重人与群体及自然的和谐相处。

这本书让我想起土居健郎[1]的《日本人的心理结构》。土居健郎承认日本和西方在社会结构上不同，普通人只是抱团生活，既不会大到关心天下（公共精神），也不会小到只有自己（个人主义），而是介乎两者之间生活。在传统的日本社会里，人们彼此依赖，而明治维新以后，个人主义与自由思想将原有秩序慢慢打乱，一方面它是进步的，但另一方面也让人处于一种孤零零的状态。而这也是我近年来在中国尤其是农村的发展变化中看到的现象。在"向钱！向钱！向钱！"的时代里，亲情与乡情变得越来越淡漠，所有人正在成为现代性里的孤魂野鬼。问题是，人真的有条件享受那种不依赖别人的自由吗？传统里那些慰藉人心的东西都要抛掉吗？

当然，对于黑川雅之的观点，我并不完全认同。就内心而言，我希望东方人心里装着神灵，也装着他者。但我并不认为这是东方人的专利，而不为西方所有，西方也有其丰富性，并且存在于不断的变化之中。先

---

1 土居健郎（1920-2009），精神科医生，精神分析家。

秦时中国有"胫无毛以利天下"的墨子（贵公），也有"一毛不拔"的杨朱（贵己）；有济世进取的孔子（入世），也有逍遥忘我的老庄（出世），东方文化并非只有"中庸"一种特征。这些异彩纷呈的思虑，在西方文化传统中也不难找到相关对应。

下午去自由之丘，写了一首诗。我希望遇到一个脸上和心里都装着阳光的人。晚间读小泉八云的《日本魅影》，里面有篇《日本人的微笑》，提到三位住在横滨的外国人的故事，我忍不住要将它们一一记下来。为了叙述方便，在这里且当是甲、乙、丙三个外国人吧。

在第一个故事里，外国人甲被日本人冒犯了，于是打了这个日本人。没想到的是，这个日本人不停地微笑着鞠躬。甲像是被击倒了一样，气立即消了，但他不理解为什么日本人会这样笑。

小泉八云说，他最初也不理解为什么日本人这样笑。但接下来的事情让他知道日本人甚至可以在死神面前微笑。这回是外国妇女乙给他讲的怪事。"我的日本护士那天来看我，满脸微笑，好像有什么开心的事一样，说她丈夫死了，想要我允许她去参加葬礼。我告诉她说应该去。他们似乎将男子的遗体火化了。晚上，她回来了，给我看一个装着骨灰的瓶子（我看见里面还有牙齿）。她说：'这是我丈夫。'她说话的时候还在微笑！你有没有听说过这样令人厌恶的人呢？"

第三个故事完全是悲剧。外国人丙帮过一位老武士，有一次不知道为什么，丙对这位老武士动了粗，老武士顺从地鞠躬微笑。丙越看越火，就打了老武士，老武士也动了怒，但是拔出剑又立即收回剑鞘了。丙着实吓了一下，转念觉得自己对不住那位老人。于是想补偿老人，但是老武士回家后当晚就剖腹自杀了。死前，他留下了一封信解释原因。对于武士来说，他本不该在受丙的侮辱时不还击，这样有损武士的名誉，但他又不能报复一个曾经帮助过自己的人。所以，为了挽回尊严，只好一死了之——选择能给他带来光荣的自杀。

在小泉八云眼里，日本人的微笑，既不是挑战，也不是虚伪，既非西人所说的性格懦弱，也非无奈。而是一种在悠长岁月里锻炼而成的精致礼仪。甚至，即使不幸降临，他们仍会把保持微笑当作一种社会责任。

小泉八云原名拉夫卡迪沃·赫恩，祖籍英国，生于希腊，长于柏林，求学于英法，1869年赴美打工，做过邮递员、扫烟囱工，后来做了记者。1890年，赫恩被派到日本工作并于同年娶了日本妻子，五年后加入日本国籍，改名为小泉八云。在《日本魅影》一书中，小泉八云深切地表达了自己对日本文化的赞美与同情。他感慨日本在面临有着诱人外表的西方文化的冲击下，可能会丢掉自己的根本。

时间流逝，生活每一天都在向他展示奇异但不容置疑的美。像其他地区的生活一样，日本生活也有其阴暗的一面；不过，和西方现存的黑暗相比，这方面也明亮得多。它有自身的弱点，有它的荒唐、罪恶和残酷之处；但你越是了解它，就越感到不可思议。它超凡的良知、奇迹般的耐心、永远的谦恭、单纯质朴的心灵和与生俱来的仁慈。

在古老政体下的日本，你遇见的是谦恭有礼、正直无私、纯粹出于善良的优雅，怎么褒奖都不为过。但在现代化的一代新人身上，这些品德已经消失，你能遇到的是一批嘲讽旧时代和古老方式的年轻人。……但是，终有一天，日本将回顾那个年轻一代所鄙视的过去，就像我们自己回顾古希腊文明一样。她将会后悔忘记了简单快乐的能力，对纯粹快乐的感觉，与自然充满爱的亲密关系，以及表现这种亲密的精彩艺术。她将回忆起世界曾经是多么辉煌和美妙。她会为很多事物哀悼——古老的耐心和自我牺牲，古老的礼仪，充满深刻诗意的古老信仰。她会惊异于很多事情，也会为之遗憾。

小樽街景，曾经流行于东方的人力车

我读这些话时，感觉它更适合过去和现在的几代中国人看。或许如小泉八云所说的那样，日本丢掉了很多东西，但是它古老的社会风尚至今犹存。而曾经被称为"礼义之邦"的中国，那个"仁义礼智信"的中国，如今还剩下什么呢？当我们以自由的名义肆无忌惮地张扬欲望，而忘了节制的美德，是责怪我们向西方学习了太多的自由的观念，还是责怪我们因为欲望的缘故丢掉了东方本有的对人对己的责任？

西风吹拂东土，自由有时会吹散责任。风有时候很猛烈，会折断树枝甚至将参天古树连根拔起，但我从未见过哪阵风能吹走一片森林。能毁坏森林的，不是因为外来的风有多强烈，而是本地的土是否变质。树被风吹倒了会再长，树根若都死在了土里，森林就不在了。

今天读到的两位，无论是黑川雅之，还是小泉八云，对日本的传统都有深厚的情感。小泉八云是近代史上有名的"日本通"，他在日本的时间点也颇值得回味。就在他尽乎无节制地赞美日本时，日本正忙着对外扩张，开始告别传统的小日本主义而走向大日本主义。

小泉八云在书中引用了坎普菲尔[1]的一句话："日本人在美德的实践方面，在生活的纯洁方面和对外的奉献精神上，要远胜于基督徒。"然而，在 20 世纪上半叶，他们把祖祖辈辈积累的美德几乎耗费殆尽，如果它们曾经存在的话。

关于小泉八云的去世，网上有个说法——"1904 年小泉八云因工作过度劳累及遭受排挤，忧愤死于东京寓所。"由于手上没有足够多的资料，我不知道小泉八云在生命中的最后一年是否改变了他对于日本的印象。而他对日本的判断与赞美，是否受制于异域的想象或审美的激情呢？

1　坎普菲尔（1651-1716），德国自然学家和物理学家，曾在日本游历，著有《日本史》。

寂静的沉睡

昨夜没有休息好，白天就这样睡没了。晚上校完《东洋经济周刊》的约稿。

网上热炒"扯大日本海军军旗事件"。新闻里说，在泰山举行的第二十八届泰山国际登山节上，一名据说来自天津的 30 岁左右的男子，穿着印有"大日本帝国海军"字样的 T 恤，随后该男子被现场民众包围。周围民众纷纷指责他，更有人愤怒地将其 T 恤扒掉。该男子称自己从小在日本长大，一直就是这样穿，在其他地方穿都没问题，在泰安穿怎么就不行了。执勤民警为防止事态进一步恶化，将其带离现场。

不知道这位男子是否在撒谎，来日本这么多天，我从未在街头上看到有人穿过类似的 T 恤衫。而且以我在日本接触过的华裔来看，没见谁家孩子有这般招摇。

睡吧，继续沉睡。听日语歌《给 15 岁的自己》。十五岁那年，我开始沉醉于文字，并决定将一生交付给文字。直到今日，我的胸膛里有两颗心，一颗是老和尚的心，一颗是少年的心。

礼失求诸野

今日中秋。早上把稿件发给《东洋经济周刊》的西村豪太。很快，我收到他热情洋溢的信。

熊老师：

我拜读了您的稿件，非常精彩！被您深远的考察深深感动。

我将把它马上从中文翻译成日文。

谢谢您！

西村

中午与《东方早报》原评论部主任任大刚在涩谷吃了顿便餐。他一家人在东京待了一周，昨晚才和我联系，紧接着下午就要赶回上海了。大刚和我简单分享了自己的一些感想。如日本的领土不只是陆地，还有辽阔的海洋，所以日本不是小日本，是大日本。和许多来日本旅行的中国人一样，他深深地感受到了日本人的礼貌，说中国要"礼失求诸野"。我说中国社会道德沦丧，已经无野可求了。如果有野，恐怕要到中国以外的地方找。当然，我很快意识到自己的这番话太过悲观了。

两点回到驹场，与林少阳聊天。

在横滨想起了傅雷

9月9日
晴

九点刚过，叶千荣在民艺馆的停车场等我。民艺馆的馆长正带着一个员工扫院子里的落叶。

叶千荣在东海大学教书，平时住在横滨。他责怪我怎么最近才和他联系，他将带我去横滨看几个地方。

这是我第三次到横滨。相较于前两次，这次收获最大。原本想当日返回东京，只因还未尽兴，晚上就住在万国桥边上的一家宾馆里。临睡前，特地去附近的便利店里买了双袜子。在日本进进出出总要脱鞋，今天才注意到袜子破了一个洞。

我们先去了横滨（山手）外国人墓。

作为横滨市第一个外国人专属墓地，据说它的起源与美国东印度舰队司令佩里有直接的联系。1853年7月8日，佩里率领4艘战舰出现在扼守江户湾要冲的浦贺近海，要求日本打开国门通商。转年2月11日，佩里再次来到江户湾索要答复，就在这时，有位24岁的美国士兵从巡洋舰船桅上失足跌落而死。佩里于是向幕府索要一片墓地安葬他，而这片墓地就是横滨（山手）外国人墓地的前身，1861年被指定为外国人专属墓地。自佩里的"黑船来航"开始到20世纪中期，这里已经埋葬了来自英、法、美、德等超过40个国家的4000多位外国人，其中不少是工程师和传教士。

几年前我曾经来过这里，由于时间不巧，只是远远地看着，这次走得近了些，更加了解了日本人对哺育他们的外来文明的感恩之心。我和叶千荣说这里可真叫"人人死而平等"，日本因为不接受普世价值而最终走向了军国主义，而我却在这片墓地里找到了普世价值。

接下来我们去了横滨外国人聚居区。这个地方有点像天津的马场道，都是一些独栋别墅。和天津不一样的是，这些别墅有的变成了可以参观的小博物馆，里面摆着当年房屋主人的家世介绍和照片；有的则变成了市民活动中心，可以开小型音乐会或者办手工展览。"真像是主妇的天堂！"我不由得感慨一番。

同样令人赞叹的是一路上我看到几十位老人在写生，他们和那些错落有致的房屋一样，散落在大树下与草坪间。恍惚之间，你会误以为日本是一个实现了共产主义的乌托邦。

说到这儿，叶千荣说："日本曾经动过搞国家社会主义的念头呢。近卫文麿时期，有社会党领袖称日本需要一个像墨索里尼、斯大林或希特勒一样的领袖。日本也有共产党，但和苏共的性质是完全不一样的。现在日本的共产党很了不起，党首素质也很高。上一届党首不破哲三，毕业于东京大学数学专业，曾通读德文版《资本论》。而现任党首志位和夫学的是理论物理，弹得一手好钢琴。现在的冲绳也是共产党当选知事。"

关于不破哲三，我曾经读过他的《斯大林与大国主义》。这本小册子给我留下两点印象：一是列宁反对斯大林的大国主义，要同大国沙文主义决一死战；二是不破哲三对苏联人二战后"侵占了日本领土"耿耿于怀。而日本共产党的使命就是要同大国主义做斗争，包括反对美国的霸权主义以及"日本反动统治阶层所参与的美帝国主义的阴谋活动"。这还是 20 世纪 80 年代的政治语言。

不破哲三对日本共产党的最大贡献是 2000 年在他的带领下修改了该党已有 42 年历史的党章，使日本共产党由工人阶级政党变成了代表全体国民利益的全民党。这种全民性也意味着日本共产党放弃了以前的一些原则，不再坚持旧党章中的废除天皇制和解散自卫队。差不多在此前后，中共正式提出"三个代表"理论。

晚上在宾馆里找了点有关不破哲三的采访，据说他现在住在神奈川县的一个乡里。因为很多人都搬到城里去住了，现在那里"老师比学生多"。他写过140多本书。如果在以前，我可能会惊讶日本人这么能写书，现在已经见怪不怪了。

至于志位和夫，前不久我在日比谷公园见过，远远地都能看到他人高马大的样子，没想到他竟然弹得一手好钢琴。当然，对于政治家而言，这些技能只是虚饰，重要的是他的眼光是否看得长远，他的肩膀是否担得起责任。历史上有多少会画画会写诗的政客，一边做着自己的白日梦，一边将国民带进万丈深渊。

下午的最后一个景点是神奈川近代文学馆。由于我读的日本文学作品不多，只知道一些作家的名字，所以兴趣不大。叶千荣做事总是慷慨周到，他特别买了一幅夏目漱石的书法"云去来"送我。在匆匆走完文学馆后，我们坐在旁边的咖啡馆里聊天。

"说来有意思，日本的十四位甲级战犯最初都是来自底层的左翼，他们和媒体结合，使日本向右转。中日两国态度偏右的媒体，像《环球时报》与《产经新闻》，互相鼓吹民族主义，也算是对立统一了。"叶千荣说。

"你怎么看汪精卫呢？"我问。

"汪精卫没有那么简单。余英时、叶嘉莹、陈寅恪对汪精卫都有过积极的评价。"

"在日本待了这么多年，对日本这个民族的特点有什么评价？"我接着问。

"要说日本这个民族的特点，一是注重理性与合理主义，在物的层面他们会做得非常精细；二是重视精神情感，当然这容易走向法西斯。但我并不认为是日本人坏，它只是证明国家主义深入骨髓后，对一个民族有着怎样毁灭性的作用。

"你知道，文明与文化是不一样的，文明面向的是合理，而文化面向的是美。司马辽太郎曾经讲过这么一个例子，说的是日本作家代表团从尼泊尔回日本，正午的时候，飞机正好飞过喜马拉雅山上空。让日本作家们没想到的是，这时候正副驾驶员都离开了驾驶舱，跑到驾驶舱与客舱中间的小块空地上跪下来祈祷。日本作家立即让翻译提醒他们注意安全，驾驶员答复说没有关系，飞机正在自动驾驶模式上。作家们很不理解地说：你们至少得留一个人守在那里，都离开岗位不妥吧？但对方不予理睬。司马辽太郎说，后来他才知道对尼泊尔人来说，在正午时分跨越喜马拉雅山是一种神圣，是一定要祈祷的。这种做法未必合理，但是在祈祷者看来，是美的。司马辽太郎说，其实日本人也是这样。当然，日本注重文明和文化的两全其美，所以你会看到当代有很多新技术诞生在日本，这是文明层次的东西，同时在文化上他们又极其重视传统和内心。日本的文化守成主义在整个东亚地区也是很明显的，不论是精华还是糟粕，他们都守护着。中国人常说的'扬弃'，是要去其糟粕的，而对日本人来说，文化没有合理不合理，只需守住。

"日本在处于落后或者走向绝路时会走向'有终之美'，在集体绝望中放出光辉。'三一一'大地震发生后，我从酒店地下车库将车开到了大街上，看到一幢幢大楼都在'吐出'滚滚的人流，每条大街的每条车道上都排满了车，两旁的人行道上全是人，他们都在一种异样的沉默中缓缓移动脚步。打个不恰当的比方，就好像遗体告别仪式时的那种静默和步履。虽然没有哀乐，但是所有人脚步挪动的节奏都是一致的、有序的。大部分人戴着口罩，背着包，穿着大衣，互相没有交流，也没有人抢先或插队，上百万人在一步一步往的方向走，这一刻他们肯定都明白至少要步行三四个小时才能回到在郊外的家。记得我当时在车里发了地震后的第一条微博。"

叶千荣说的这条微博我曾经在网上读过，当时印象非常深刻："在这一个小时里，我的车又缓缓前行了300米。虽然车辆几乎完全停滞，但两旁人行道的密集人流里，没有一个人走到车道上来。地铁都停了，每一条大街两旁的人行道上，都是黑压压的人流在缓缓移动，不见头尾的巨大队伍，好像是全体国民开始一场悲壮的远征，静默的表情和步履，如《出埃及记》里的一幕。"

叶千荣边说边饮着茶。我从他眼里读出了一种长久生活在这片土地上所培养出来的深情与爱。

"日本重视精神情感，注重美德与自律的培养。在日本，官员腐败不多，老百姓也不贪身外之财。我差不多每年都会丢一次钱包，最后都有人给我寄回来……"

叶千荣现在经常在媒体上抛头露面，有时会参加上杉隆的节目。上杉隆做了个网站，会有一些视频采访。因为他最近要出门，所以邀请叶千荣过去帮忙。

"上杉隆给石原慎太郎做过一期节目。最后三分钟，他请石原说一句话，石原推辞了一下，最后说'我想杀掉他'。上杉隆问'他是谁'，石原说'宪法'。"

叶千荣说如果不是时间仓促，他本想和我做个对谈的，可惜一时主题难以集中。而我此刻，更想倾听他的观点和故事。

天不知不觉晚了，我们还要赶回横滨。为了记录我们思想的火花，聊天时我找女店主借了一支笔，在出门时还给了她。谁知没走多远，女店主追了上来，她问地上掉了一个东西是不是我们的，同时把刚才我还给她的那支笔又送给了我。

"笔您留着吧，我看您刚才在记东西，过会儿您可能还会用到它。"

晚上在横滨港旧货仓内的餐馆吃完饭，我们又去了大栈桥码头。它像鲸鱼，又像航母，最有创意的是木质的走廊和坡顶上的草地，难怪这个码头的设计能够获得世界级奖项。

整理完上述日记，再说一件让我有些难为情的事情吧。中午在横滨的时候，叶千荣请我吃饭，那是一个风景非常优美的西式餐馆。整个屋子透光性很好，窗外是一片郁郁葱葱的树林。就是在这样一个美好的地方，叶千荣和我聊起他幼年时见证过的一出悲剧。

"傅雷夫妇自杀的时候，我在上海，还是个不到十岁的孩子。我记得好多人去看了。傅雷夫妇上吊时，特意在凳子下面垫了条被子，大概是怕凳子倒了，砸出声音，影响楼下的人……"

听到这里，我一时泪流哽咽，几近失态。正如此刻我坐在电脑前，竟也忍不住流下泪来。我知道，能让一个人与自己的国家变得疏远的，往往不是贫穷，不是落后，而是这些让人不忍回忆的历史细节。

晚上我特别问了叶千荣将来会不会考虑回中国，他说不会，理由是在日本他能"看到自己将来的生活"。那一刻，我在想，有多少人正是因为中国没有确定性而正在或者已经选择了离开。

在佐田雅志的歌声里（一）

走出宾馆，天空没有一点阴雨的痕迹，叶千荣已经开车过来。由于半夜起来看完 iPhone 6 的发布会，他显得有些疲惫。

"箱根我过几天再带你去吧，今天不如就在江之岛和镰仓一带玩个尽兴。"

"好啊，昨天听你说要跑镰仓再去箱根，我也觉得时间太赶了。"

车子在 134 国道上不紧不慢地开着，一路上听了几首佐田雅志的歌。叶千荣逐字逐句地为我翻译，他的嗓音铿锵浑厚，性情外露，口才又好，为佐田雅志锦上添花。我想起凯鲁亚克的名句："在路上，我们永远年轻，永远热泪盈眶。"因为佐田雅志的歌实在写得太好，好几次我都想流泪。生而为人，满面灰尘，流泪真的是我们活着的证据啊！

叶千荣给我推荐的第一首歌是《風に立つライオン》（迎风挺立的非洲狮），这让我有些惊喜。早先我在网上看过歌词，只是不知道那个版本是他翻译的。这首歌是一位远在肯尼亚的日本医疗队员给东京女友的回信。从 20 世纪 60 年代到现在，日本每年都有很多大学毕业生、工程师、技术员、医师报名参加志愿组织"青年海外协力队"，远赴非洲和拉美的穷乡僻壤。这些人的青春故事也一直感染着佐田雅治。有一天，他的好友、宫崎县的医师柴田纮一郎向他吐露了自己参加海外协力队赴肯尼亚后和女友分手的故事……不久，佐田雅志把柴田纮一郎给女友的回信改成了歌。

你忽然来信让我吃惊也让我高兴

你并未怨恨我　这将是我在这里每日生活中

最宝贵的寄托　谢谢　谢谢

在内罗毕迎来了第三个四月　可至今

仍怀恋和你一起在千鸟渊看的夜樱

那不是故乡而是东京的樱花　却那么令我怀恋

自己也觉得意外　觉得意外

三年间巡回各地

有许多想和你一起分享的感动

维多利亚湖的朝霞　百万只火烈鸟一齐升空后变暗的天空

乞力马扎罗的雪帽　草原上非洲象的身影

但比这一切更美的　是我的患者们的眼睛

在这伟大的自然中面对疾病

便会思考什么是神　什么是人

我遗憾地感到我们的国家

好像在一个重要的地方走错了路

去年的圣诞在国境边的小村度过

那地方也有圣诞老人到来　去年就是我

黑夜中是他们激扬的节奏和祈祷

还有南十字座　满天的群星　和浩瀚的银河

聚集在诊所的人们虽有疾患

但至少心灵都比我健康

我觉得自己还是来对了

若说不苦是假话　但真觉得幸福

我并非舍弃了你和日本

我只是不愿自诩懂得享受"现在"

就像那劈空直下的飞瀑

我希望有清澈不息的生命

就像那乞力马扎罗的白雪和依托她的碧空

我希望成为迎风挺立的非洲狮

请向大家转达我的问候和思念

最后　让我从远方　从心底　继续为你祝福

恭喜你　再见

叶千荣说他刚到日本时日语学不进去，本想回中国的，只因偶尔听到了佐田雅志的歌，非常喜欢，于是通过学唱那些歌慢慢喜欢上了日语。更神奇的是，几个月后他毛遂自荐，直接去 NHK 当学中文节目的主持了。

"我年轻时也喜欢过日本女人，托她们的福，我的日语大有长进。不过……到了我这个年纪，更在乎的是有一个女人，能陪自己读书，去世界各地旅行。"

说话间，车子来到了江之岛附近的海边。这里海天辽阔，点缀着许多滑板冲浪的年轻人。

江之岛保留了不少明治时代的痕迹。日本修验道始祖役小角曾于672 年在岛上居住，使江之岛全岛成为"圣域"。1880 年后，明治政府颁布了"神佛分离令"，岛上的土地允许人民购买。江之岛给我印象最深的是神社，神社外面摆着许多祝福、消厄的符牌。这些东西，过去的中国也非常盛行，只是在革命年代被当作迷信摧毁了。革命不只是摧毁了原有的组织系统，同样摧毁了包括宗教、迷信在内的意义系统。在我看来，一个人的价值在于他能否建立并控制自己的意义系统。中国现在所面临的社会危机和信仰危机，很大程度上正是因为这些意义系统的毁灭。

离开江之岛时，我在路边看到一个叫江岛神社的地方，门口挂了一个硕大的"祈福交通安全祈愿所"的招牌。这是江岛神社的一桩生意，祈愿费5000日元。在祈愿所的边上立着一个名人桩。桩主爱德华·摩斯是美国缅因州的动物学家和考古学家，把进化论介绍到日本来的第一人。摩斯曾经在江之岛上建了临海实验室，并在东京大学任教。每个国家都应该以开放的心态对待那些曾经在自己的土地上播撒文明种子的人。

江之岛对面是藤泽市海滨公园，海滩上同样是密密麻麻的冲浪者。前些天和议员阿部知子聊天时知道聂耳当年就是在这片海域溺水而亡的，所以顺道和叶千荣过来寻找聂耳最后的遗迹。

由于海滨公园比较漫长，加上车停错了位置，我们花了很长时间、问了好些人才找到地图上的聂耳纪念广场。它就是公园的一角，虽然不大，倒也隆重。这个广场是由藤泽市民在80年代集资修建的。事实上，早在1954年这里就建立了聂耳纪念碑。1963年，随着中日民间的贸易往来，日本人民又重建"耳"字形的花岗石纪念碑，日本戏剧家秋田雨雀先生撰写了介绍聂耳生平的碑文，并请郭沫若题写了纪念碑——"聂耳终焉之地"。

下午的目的地是镰仓文学馆。镰仓是12世纪末源赖朝创建幕府并开始武士政权的地方。那里除了幕府的建筑和武士们的宅邸外，还建有不少神社和寺院。14世纪，随着幕府灭亡，镰仓逐渐衰落，直到江户时代作为怀古之地又得到了复兴，成为仅次于京都、奈良的一座古都。

明治时代，镰仓是著名的东京近郊高级住宅区，夏目漱石、芥川龙之介、川端康成等许多作家都曾在这里购置房产，并留下不少有关镰仓的作品，这些作家在日本统称为"镰仓文士"。据说从战前到战后，先后在此地"诗意地栖居"的作家、批评家、诗人、电影导演、艺术家不下300人。中日战争和太平洋战争爆发后，镰仓诸多文士被派往前线，成为"笔部队"的一员，由于国内言论空间越来越窄，镰仓文学也因此跌入低谷。

叶千荣与上杉隆临时有急事商量，从镰仓文学馆出来后他将我送到横滨的一个车站，我便直接回了东京，并在池尻大桥站下车。到东京时，天下起了暴雨。晚上本来要和林少阳等人在池袋聚会，自觉身体不适便懒得去了。

出行两日，意犹未尽。叶千荣和我约好过几日再去箱根。今天才知道他曾经在电视剧《蹉跎岁月》里出演过反面角色苏道诚。人生真是奇妙啊！遥想三十年前的几个夜晚，我还在江南乡下，和一群村民坐在蚊虫飞舞的户外看《蹉跎岁月》，怎料三十年后竟然和其中的一个"坏蛋"在日本一见如故、结伴而行。没人知道自己将有怎样的机缘，将走上什么样的路，遇见什么样的人，担负怎样的命运。

晚上正写着日记，突然听到隔壁有华裔女子不断喊"救命"，而且一浪高过一浪。姑娘，好好享受人生的夺命时刻吧，我就不过去救你了。

可实现的乌托邦——秋叶原叙往（二）

整理完昨天的日记，下午和可越在秋叶原的餐馆里聊天。前几天我在微信里鼓励她多写点关于日本小孩教育的文章，她说她正有此意，也想多听听我的建议。正好，我也要还她两本司马桑敦的书。

"我家老大是'三一一'大地震的时候出生的，几个月前又生了老二。在日本，不管是本国人还是外国人，政府会给42万生育费。如果去公立医院，这些费用足够用了。我去的是私立医院，生老大时花的时间长一些，住了八天，花了近100万，当时孩子有黄疸。老二花了60万，因为住的是单间，要是选四人间的话，40多万也够用了。而且这些费用可以由医院找政府要，或者你自己要完后交给医院。在日本，小孩在16岁之前看病都是免费的，只需要一个出生后的健康保险证，确定是他就好。而且，政府每个月还会给孩子奶粉费，各区不一样，有的1万，有的1.5万。考虑到家庭负担，也因为鼓励生育，生第二个孩子时保育园的费用会整体便宜一些。

"由于职场妈妈越来越多，现在日本的保育园比较紧张。日本的老人没有帮子女照顾孙辈的文化习惯，年轻的父母也希望一边工作一边照顾子女，因此保育园的需求量越来越大。在入园费用方面，日本和国内有较大的不同，即使同一园的孩子，每个人的额度也不相同。需要缴纳的费用不是保育园制定，而是政府统一根据父母的收入及纳税情况而定。每年缴纳的税金在区役所里都有详细记录，区里根据每个家庭的收入状况、孩子的多少算出需要缴纳的保育园费用。收入越高，保育费越高；

孩子越多，费用越低。这是颇具社会主义风范的一种制度，保障了低收入多孩子的家庭能享受同样的政府福利。父母年收入在 300 万到 1500 万左右的，公立保育园费用在 1 万到 4.5 万之间。公立幼稚园便宜些，私立保育园和幼稚园贵一些。父母每个月缴纳的保育园费用，直接缴到区役所，与保育园没有任何关系。因此保育园不知道这个孩子交了多少费用，园里的所有设施及服务对孩子一视同仁，保育园也不收取任何与入园有关的费用。

"我家老大 1 岁 1 个月时申请进入了保育园。我们没能进第一候选的离家 5 分钟的大型公立认证保育园，不过进了第二候补的离家 3 分钟的小公立认证保育园，也算幸运。这家小保育园有 100 个孩子左右，从 1 岁的开始收起，是个人情味十足的小保育园。"

可越如数家珍，和我讲她的两个孩子以及日本的福利政策。我说难怪人们讲日本注重社会公平，这才是真正的不让国民输在起跑线上。孩子们在这种公平的环境下长大，戾气和怨气自然会少很多。日本不是没有自己的问题，人人也并非机会均等，但的确是朝着一个"可实现的乌托邦"在努力。

我和可越说起几年前在新宿附近遇到的流浪汉，当时我随一个叫"汤之会"的公益组织给睡在公园里的流浪汉送汤，有的流浪汉会欣然接受，有的则不受慈善之食。

"我也采访过日本的流浪汉，"可越接过话茬，"有位男士，曾经是一家公司的老板，收入不错，后来公司倒闭了，老婆、孩子都走了，房子也没了，而日本人在成年后兄弟姐妹之间的感情是很淡漠的，他也不好意思去找亲人接济，最后就变成了流浪汉。很多人其实是可以东山再起的，但他们有的不愿意折腾了。这是一种不想活了但又不想死的状态。事实上，这些流浪汉的生活也可以不那么困难，是他们不想领社会救济。我遇到过一个人，也是这种情况，就自己捡瓶子、漫画书、杂志等拿去卖，一天也有几百日元的收入，能生活下去。他们不惹祸，不会弄个残疾的孩子，强迫你给钱。"

"有人讲日本搞的是'社会主义'，"可越接着说，"其实日本的'社会主义'也有自己的问题。由于这个社会过于平等，一些高级知识分子要花很多时间搞科研，但他们有可能根本请不起保姆，所以不得不花大量精力在柴米油盐这些事情上。这里的社会分工相对扁平化，请保姆的费用和白领的工资差不太多。早稻田大学普通老师的收入700万 –800万，教授能拿一千多万，大公司部长级的1400万 –1500万，大公司女性白领400万 –500万，普通女性300万 –400万，男性在大公司能到800万 –1000万。日本有个叫胜间和代的女经济学家，生了三个孩子，她在书里说日本女性的平均年薪是600万左右。

"当然，日本也崇尚精英，名牌大学毕业的贷款额度和信誉度会高很多，但是好多人毕业后也无非是做公务员，男性公务员比大学教授的收入还要多，议员收入会更多一些。日本有四大职业被人尊称为'先生'（せんせい），包括议员、老师、律师和医生。[1]"

可越说到这里的时候，我忍不住插嘴了。我说在中国，"先生"已经不再是尊称了，"老师"也成为一种讨好、取巧的称谓。如果考虑到律师因维权被判扰乱社会秩序罪，医生因医疗纠纷被病人砍杀，以及其他的哼哼哈哈，在中国这几个职业都没什么尊严可言了。

"是啊，国内管谁都叫'老师'。有的人到日本来，叫某某人'先生'的时候，人家说你别叫我'先生'，我不是。这样的场面有些尴尬。"

可越倒是没有向日本一边倒的情绪，很快补充道："日本现在可能是全世界最成功的社会主义国家了。当然它也是一点点变好的。舩山龙

1　据笔者查证，在日本，作家、艺术家也会被尊称为先生。

二做过 JTB 旅行公司的社长。据说他年轻时带日本团去欧洲旅行，一样有过将团员护照没收的先例，也是怕他们跑了。"

"我听过类似的说法。"我想起日本刚刚富起来的时候，也有不少人跑到欧美抢购名牌，也有指着一个柜台说"这个牌子我全包了"的事情。那时候日本人到哪儿都是大吵大闹，有法国店铺甚至贴出告示——本店不欢迎日本人。至于"最成功的社会主义国家"，我认为应该在北欧，而不是日本。

"是啊，时代发展有时候真的需要一个过程，"可越接着说，"不过我觉得现在日本也挺浪费的。我有个表哥，经常把过期的东西全都扔掉，牛奶啊饭团啊，或者把牛奶拿回家洗脸。日本这边惩罚制度很严格，如果一家公司出现信誉危机，基本就很难东山再起了。这是岛社会、村社会，人们靠信赖来维持关系是不言而喻的。不像中国地方大，可以打一枪换一个地方。所以我有时候觉得，日本人不是不想做坏事，而是不敢做坏事。"

"说到信赖，几年前我来东京时就发现，这边的房子前面都会有住户的名字。而在中国初次见面时很多人都不大愿意说自己的名字。日本这方面有些意思，许多人其实挺在乎隐私的，比如在车上读书的人，通常会给书包一个封皮。"我说。

"这边的政治家和家属也不隐晦自己的身份。安倍夫人给过我她的名片，电话、家庭住址等都写得清清楚楚。在中国想见这些大人物很难，通常不会给你名片，有名片上面也不会写地址。在日本，从政真是个苦差事。我曾经在新小岩那里见过野田佳彦失魂落魄的样子。当时下着雨，他站在一个台子上演讲，有个老人过去责怪他当政时为什么搞得那么糟糕，他连连说对不起。这边的政治家都做不长，今天刚上台，明天也许就下台了。在台上大家还关注些，因为媒体关注，下台后立即门前冷落车马稀。"

最后我们又回到孩子的教育问题上。可越不明白为什么中国在 10 月之后要禁播国外动画片。"国内的小孩总爱看打打杀杀的动画片，我听说有两个孩子被烧，就是因为那个烧他们的大一点的孩子看了《喜羊羊与灰太狼》后，模仿了灰太狼烤羊肉的情节……"

我们在餐馆里聊了几个小时，然后一起逛了逛友都八喜的电器城。回到涩谷车站时，远远看见报摊上有要求《朝日新闻》社长木村伊量辞职的大标题。今天，木村伊量召开记者会，就误报福岛第一核电站相关新闻向读者致歉。此外，他还表示将撤销关于慰安妇的部分报道，并对没有及时更正表示歉意。

晚上收到平野爱的来信。平野告诉我，在她家佐藤会长的组织下，楼外那些挡在路边的树枝被他们几家住户自己动手修剪了。

中国的进步

中午与李永晶、智子一起在英香餐馆吃饭。

李永晶曾经在日本生活了 11 年，在东京大学拿了博士学位后回国，先后在汕头大学、华东师范大学教书。由于刚得了严重的十二指肠溃疡，正在恢复期，看上去比实际年龄显得衰老。这次回东京参加日本学生支援机构的一个项目。"算是回乡吧。"他说。

"我对中国很失望，刚回中国时，看邻居吵架为什么都那么狠，在日本的语境里是完全无法理解的。后来我在上海安定下来，看电视里面的吵架就明白了。中国人就是那么吵架的，不会吵的在电视里也学会了。另外，中国的各种规定只在惩治人的时候才有用，比如学校的考核，还有学生给老师打分，非常荒谬！"李永晶回国后有些水土不服。

我说是啊，民众给政府打分，老师给学生打分，这才是正常的。否则就不是老师教学生，而是学生教老师了。至于吵架，这同样有个话语暴力的问题，我时常为汉语失去了往日的优雅而感到忧伤。如今的汉语，所有的动植物名字、各种职业都可以变成脏话。我知道日语中脏话并不多见，有几句脏话也主要是出现在"横店大学的讲义里"。

"日本人有一种自觉，就是节约。我在日本待久了，也养成了这一习惯。刚回国时，非常不适应。有一次我去邮局寄信，自己带了个信封，柜员先是说寄不了平信，然后我说寄挂号，他又说寄不了挂号信。"

李永晶说到这里的时候，我突然想起我生活中的一个细节。每个月我在别馆的信箱里都会收到交房租的通知。每个信封都提示房客取走信后，将信封留下，以备下次再用。所谓入乡随俗，当我想到自己占用了好几个信封时，内心有点不安起来。

关于中国，席间听到不少悲观的话。李永晶认为中国和日本有时表现为两个极端，而且在很多方面中国落后于日本。他的不少观点我是认同的，中国有很多不如人意的地方，有些领域甚至出现了严重的倒退，但我觉得中国的人心还是在朝着开阔的地方走。这个时候，无论你是否愿意，还是需要一些耐心，一些时间。

"如果站在相对成熟的日本看中国，我承认中国在很多方面是落后的。但是如果站在中国看中国，这些年的进展也是可以看见的。比如私权观念的深入人心，社会力量尤其是网络的崛起等。互联网带着中国在变化，过去讲功过由后世评说，现在不用等到后世，当天就直接评说了。这里有个视角的问题，就好比看一个人走路，如果站在离他很远的地方看，就算他是朝着你走来，在相当长的时间内，你看到的都只是一个点，你很难发现他有什么变化。但如果你站在这个人的侧面看，你就会看到一根不断延长的线。也是这个原因，那些长期生活在中国以外的研究者虽然有所谓'旁观者清'的优势，但实际上可能会和中国的现实非常脱节。因为他们只是远远地看到一个点，而没有在近处看到一根线。"

此外，我还谈到心理学上"看不见的大猩猩"的实验，人们只看自己希望看到的东西。当我们坚持一个观点的时候，很容易忽略这个观点之外的事实。当然我并不否认中国的问题——政治上的弊病，社会中的互害，随处可感的自暴自弃的气息……

英香是东大附近的一个小餐馆，只能坐十几个人。挂在墙壁的电视，正播着当日的新闻。

"《朝日新闻》社长昨天的道歉看到了吧？"智子说，"现在日本左右都很急，没有健康的舆论环境，政府非常保守。木村在处理完这些问题后肯定要辞职了。"

"现在播的是小渊优子经产相的新闻，"智子看着电视，接着补充，"最近上台的几位女性阁僚，是日本非常右的政客。五位部长有四位是极右保守派。外界看安倍政权是开放的，实际上并不是这样。这些人反对女权，主张日本回到传统、注重家庭，主张参拜靖国神社，甚至还和极右社团的党首合影……"

几天前，安倍晋三首次重组内阁，在18个内阁职位中引进五位女部长。李永晶和我的判断一样，日本原本可以走在世界文明的前面，凤凰涅槃为一个伟大的国家。可惜安倍政府的方向感实在太差，逆势而动，他今天的努力将来都会被抹平的。

晚上与林少阳等人在法国餐馆吃饭，我们再次讨论了《朝日新闻》被围攻的问题。

"《朝日新闻》不是没有问题，但现在的日本是把小问题放大，把大问题遮盖了。"林少阳有些气愤，"今天安倍说《朝日新闻》使日本人的名誉受到损害，这完全是反过来了。世界会怎么看日本？日本越是否认慰安妇的问题，中国外交就越有机会。钓鱼岛的领土之争是各说各话，但女性的尊严却是人类共同的。"

林少阳认为日本政府如果能在战后积极悔过并守卫和平宪法，是有可能成为我所说的"伟大国家"的。可惜这个国家现在非常短视，而日本的媒体也是日本走向"伟大国家"的障碍。"昨天和在厦大日语系教书的一个日本人聊天，我说到三点：一、中国的媒体虽然不自由，但仍然保持着很好的批判性；二、中国的媒体主要是骂政府，特别是自媒体，而日本的媒体是骂中国；三、我们没有民主，但是我们还有想象力，而日本没有。在康德那里，想象力是一个重要的东西，也可以称为构想力。对我的这个观点，他们无话可说。日本社会美好的部分在大学，中学也还可以，那里社会党的基础还在。社会乌烟瘴气，日本没有普世价值，只有集团的价值。"林少阳越说越激烈，无论我是否完全同意他的观点，必须承认，他身上的知识分子气质是我欣赏的。

"这点中国和日本是有些不一样，"我说，"中国有历史感，放在历史长河里，这短短的几十年很快就过去了。当然，中国想要做伟大的国家，还是要从小国主义做起，真正解决我们这个时代的问题，让国家成就国民的梦想，而不是国民成就国家的梦想。"

"嗯，是这样。东京大学还是不错的，"林少阳意犹未尽，"我在这里见过不少让我感动的事情。你要是注意的话会发现，给驹场校区这边打扫卫生的很多是弱智。前几天我看到一个打扫卫生的被蚊子咬了，很慌张地说'怎么办？怎么办？'管事的人就安慰他'没关系，没关系，一会儿就好了'。请他们来做事，都是要教授会通过的。如果从效率角度来判断，不会请他们。我原来所在的香港城市大学都是包给别人来做的，要效率。但是东京大学真不一样。"

回屋后，收到永修一中杨校长的短信，他给我讲了些委婉的理由，说熊培云图书馆暂时要关闭了。

高中生来信

　　整理前两天的日记。早起收到济南一高中生的长信，他打算退学并直接拜我为师，随我游学。

　　这位学生对我陈述了很多理由，印象最深的是为了考高分学校不让他看课外书。在信件快结束时，他说："一旦有了您的同意，我父母也一定会同意的。我们家的经济也足够支持我在外租住，况且我希望自己打点工呢。我不求口体之奉，只求心中自有独乐者，只求能求得真知识。我甘愿置之死地而后生，作一只漏网之鱼，等羽翼丰满，可以回头撕破整张大网。"

　　这浮躁的年代，难得他有满腔的赤诚，愿担起自己人生的责任。我认同他说的，游学有助于成长，那是真的"读万卷书，行万里路"，可是我有条件接纳他吗？我的理想生活，包括有一家古代书院式的私学，能在中国实现吗？想到这里，我忽然有一种自责。我应该回复这些年来收到的每一封中学生的来信，耐心解答他们的问题。我应该尽我的微薄之力多为这个国家保留一些独立思想的种子，好让我对这个国家的未来多一些想象。

皮条客的春天

早起给高中生回信，嘱其先安心读书，辍学拜师一事容我回国后再议。

读《日本第一》。这是 20 世纪 70 年代末傅高义（Ezra Feivel Vogel）写的一本畅销书。当时，作为二战战败国的日本所取得的成就已让美国惊叹，而战胜国中国正试图爬出"文革"的泥潭。傅高义认为美国要适当地学一学日本的集体主义，同时也指出一些日本潜在的风险。比如压制个人权利和创造力，排斥外来移民以致第二代、第三代也不能融入等问题。此外，日本的爱国主义也是一个问题，傅高义特别批评了日本的媒体制度。一是外国记者被禁止参加日本的记者俱乐部，他们只能参加外国记者俱乐部；二是每逢日本与外国在某个问题上有不同意见时，日本媒体基本上不会介绍对方的观点。

中午本想到学校吃饭，但因为是周日，食堂没有开门。玻璃墙外，跳舞的学生依旧热闹不减。这些年轻人得多爱自己投在落地玻璃上的影子，才会如此日复一日地在这里跳舞？

我在食堂外的草坪边坐着的时候，刘春晖正好路过，我们简单聊了一会儿他借的《日本社会党》一书，同时交流了有关立人图书馆最近陆续被关闭的一些想法。

晚上到新宿歌舞伎町一番街找李小牧。我想听这位据说是"死了也要把骨灰埋在歌舞伎町繁华街道下"的著名皮条客聊一聊参选国会议员的事情。此前我们并未谋面，只是在新浪微博上互相关注。新宿自焚案发生后，我曾向他求教一个有关电视台台标的问题。他知道我在东京，便邀我到他的湖南菜馆喝酒。那是他的根据地，大多数时间他都在此交朋结友。

歌舞伎町热闹繁华，走在这个红灯区里，偶尔看到一些"鸟料理"的灯箱招牌，总让我觉得充满喜感。歌舞伎町据说是日本"三K党"最活跃的地方之一。我说的"三K党"是指那些来自底层到这里讨生活的人。在日语里"三K"意味着"危险、污浊和艰辛"，而李小牧当年就是这样一步步闯出来的。他曾经在书里批评日本的流浪汉，因为在他们身上感受不到想要生存下去的活力，而他初到日本时，什么脏活累活都肯干。"我都能在这个国家生存下来，我想流浪者也可以重新开始。"

由于路线不熟，我到湖南菜馆已是七点，迟到了约半个小时。餐馆不大，位于四楼，我进门时正播放着中国80年代的老歌《路边的野花不要采》。这首歌让我产生了一种滑稽的念头——这歌没作用啊。对于所有寻芳客而言，歌舞伎町的野花恐怕不是路边的野花，而是路中间的野花吧。

在说明来意后，服务员将我引进屋。我四周打量了一下，虽说这里是餐馆，倒更像是李小牧的竞选总部。门口摆着几本他的书，除了一幅比较大的"舌尖上的湖南腊肉"外，餐馆的墙壁包括厕所都贴着有李小牧照片的海报：《新闻周刊》（日文版）"东京眼"专栏、《微博的冲击》（与蔡成平合著，津田大介推荐）、《日本有病》（上面标明本店已售完，请不要向作者本人索取，谢谢合作！）。

和许多餐馆一样，店主都会有和演艺明星合拍的照片。湖南餐馆也有一张，那是李小牧和成龙的合影。当然这并非只是观众与影星的合影，据说成龙主演的《新宿事件》部分取材于李小牧在东京的生活经历。在另一个稍大的房间里，贴了一张第 38 届多伦多电影节入围作品的海报，海报用的就是李小牧抽烟的文艺照。

我在网上查了一下，这是一部真实反映日本人吉野真弘社长与中国人李小牧之间的友情及三角恋爱的纪录片。该片由法国人詹姆士导演，日本、土耳其合拍，吉野真弘、李小牧本人主演。所谓三角恋，简单说就是吉野真弘爱上了李小牧的日本前妻。

我说这里是"竞选总部"，一个最有说服力的细节是在门口的小桌上放了一大沓日本民主党的入党申请表。这张表格简单列了加入民主党的九条规定，并标明每年党费为 6000 日元、支持者年费 2000 日元。后来李小牧告诉我，民主党希望他能够参选。

这解释了为什么我会在餐馆里看到这样一幅隶体书法，上面写的是杜甫的诗句"正是江南好风景，落花时节又逢君"，而落款是"湖南菜馆繁荣昌盛之贺 甲午孟夏海江田万里"。海江田万里是民主党党首，鸠山派的核心人物。

就在我凝视一张海报的时候，服务员送来一杯水，并请我在里面的一个雅间坐了下来。这好像是餐馆里唯一一个雅间，也是李小牧在湖南菜馆的办公之所。我信手在报架上取了一份《阳光导报》，这是一份中文报纸，发行人为吉田宏美。该报首版有篇《自虐与自艾》的评论，不仅对日本所谓的"自虐史观"提出了批评，同时指出中国有一种"自艾史观"。想想也是，如果换一个角度看，中国近代史也并非只有屈辱。

我在雅间等了约十五分钟后，李小牧通过微博私信向我连连道歉，说他有事耽搁了，要八点才能到。待他终于来了后，我才知道他是彻头彻尾的昼伏夜出。

"今天起晚了，我的一天从夜晚开始。这也算是多年来在红灯区养成的作息吧。"

刚落座，李小牧连忙让厨房炒了三个菜。虽说我已经吃过了，此刻也差不多又饿了。

一阵寒暄后，李小牧点燃一根烟，向我解释他为什么决定在日本从政。

"去年三月，我从香港回来，民主党海江田万里的秘书给我发来邮件，说海江田万里要找我谈谈。后来我就去他办公室聊了一个小时。他对我很了解，看过我的书，包括我离过几次婚都一清二楚。两周后，他又亲自到湖南菜馆来和我谈了三个多小时。在他的邀请和鼓励下，我决定参选东京都新宿区的议员。你知道，新宿区是各党派的必争之地，而我呢，一方面在媒体曝光度比较高，而且红灯区也是我的一个大票仓。这里有数以万计的'牛郎织女'，应该会支持我。他们社会地位低，平时也不太关心政治。不过我现在还没有加入民主党，为了参与竞选，前不久我已经归化日本了。NHK 说如果我当选，将会是一个'革命性的事件'，'中国没有选票，不行就在外国弄吧'。我来日本时 27 岁，一晃26 年过去了……"

李小牧滔滔不绝地谈论自己的生活，不时夹杂着几句粗话。当他说到自己的年纪时，我才意识到他今年已经五十多了，可他看起来也就四十出头。他的穿着没有一点衰老之气，一件红绿白相间的竖纹衬衣，领口下敞开了两粒扣子。抽烟、喝酒以及长年熬夜，也遮不住他的红光满面。

对于我的迷惑，李小牧的解释是："我自己心里不藏烦恼，有不开心的事情也绝不留到明天，实在难受就找个女人，一操了事。"

紧接着他和我讲起自己来日本之前的生活：

"我父亲原是一名解放军，解放初期复员读的大学，后来做中学语文老师。我母亲以前是国民党的太太。'文革'时，父亲做过湖南造反派'湘江风雷'的三把手，'文革'结束后就失势了，被关了一年半。

我十三岁就开始工作了，先是在湘潭市歌舞剧团跳舞，也是因为父母有'政治问题'，觉得在剧团没什么发展。做了几年舞蹈演员后，我回到长沙，改行做了两年《芙蓉文艺》的记者。

"1982年，我父亲创办了湖南《芙蓉文艺》刊授学院，这个民办学校主要教文学。那时候文学青年也多，在全国招了很多学员，进账也很多。但是好景不长，没两年就被迫关闭了。当时的中央电视台、《人民日报》、《光明日报》都有'李氏骗子学院'的报道。我母亲因为这事得脑溢血死了，哥哥也受刺激得了精神病，只有我父亲坚强地熬了过来。

"由于对长沙很失望，我后来到了深圳，做过演员、记者，还做了六年的进出口贸易。那时，为赚20元外快，每天晚上都带着我老婆跑深圳各大歌厅舞场去跳舞。"

李小牧说到这里的时候，我想起在网上看到的有关他的资料，说是到深圳后他的第一个老婆跟香港人跑了，而第二个女人因为未婚同居，被警察以非法同居扣留了20多个小时。实际上是因为公安局那个主事的人看上那女人了。

"哦，那件事啊……"李小牧苦笑一声，没说下去但也没有否认，"后来我就来了日本。日本比较规范，你认识总理也没用。以前我并不关心政治，80年代中国闹得那么厉害，我也是不知对错，现在什么都知道了。别看我是拉皮条的，但警察是我的法律顾问，我知道什么可以做，什么不可以做。我现在做事是绝对不违法的，宁要合法的两万，不要违法的二十万。

"我1988年来日本，后来读的是服装设计，原本想做服装设计师，没想到最后成了歌舞伎町的案内人。刚到歌舞伎町，我还为一家风俗店向路人发放印有广告的纸巾，每小时能赚1000日元。很快我发现带一些中国或外国客人到他们想去的地方可以赚取更多小费，就这样慢慢变成'拉皮条'的了。

"我曾经被绑架过一次，差点死了。那时候我刚在这边站稳，有了自己的队伍。我的一个部下，福建人，刚开始跟着我时穷得像鬼一样，我让他入伙，带他上道，增加他的利润分成。他孩子病了，我半夜开车接送。他被我开除后就来报复我，不仅想瓜分我在这条街上的利润，还找人来绑架我。我这些年得罪更多的是中国人，迫害我的是中国人，绑架过我的也是中国人。所以来日本 26 年我就没和中国人做过生意。

　　"日本人做生意讲究诚信，不赚钱也没关系。日本黑社会也要过我的钱，但是一定讲规矩。他们在日本是合法的，平时并不扰民。山口组谈事情不是和中国流氓一样动刀动枪，而是坐在咖啡馆里聊……

　　"很多事情都过去了。我挺恨绑架我的人，但我没有敌人，也不想树敌，我的风格是'摆事实不讲道理'，离过婚的也是朋友。有人说我曾经想自杀，没影的事！自杀的是和我一起投资开餐馆的老板吉野真弘。我们一起拍了那部纪录片，那是很早以前的事情了。他在这片寻欢作乐的地方得了抑郁症。他对我有恩，我一直想报答他。

　　"我特别想感谢的是日本媒体。不管什么媒体，我都会接受他们的采访。八卦杂志也没关系，老百姓爱看，接民气和地气。没有听过的报纸、电视节目，只要是合法的，我都不会拒绝。性、家庭、政治，什么都可以谈。我和很多人打过嘴仗，包括为了保卫歌舞伎町和石原慎太郎打擂台。不过现在既然打算从政，我也开始克制在媒体上的表达了。我在《新闻周刊》（日文版）写了十年的专栏也停了。"

　　这些年，李小牧接触了各色人等，也写了十几本书。他觉得自己的身份现在更像是一个"社会学家"。说到中国和日本的区别，他免不了要批评中国人的漫不经心：

　　"两国教育不一样，日本人很认真，也很自立，这是从小培养的。日本的小孩，不到六岁就自己排队做这做那。这不是不关心小孩，在日本，如果一个小孩出了事，会上全国新闻的头版，而安倍见谁了会排在最后一条。如果有人掉井里了，日本是先救小孩，中国是先救父母，美国是先救老婆。其实日本女人也不错，没有谁会坐月子，生完孩子三天，就该干什么干什么去了。日本女人对男人们的胡作非为也比较宽容，把家里的账管好就可以了，男人在外面撒完尿，总还是会回家的。这个国家比较注重社会分工，比如女的不能做寿司。女人做好女人，带好孩子，男人是到外面去死的。"

维基百科中文版关于李小牧的简介是这样的：李小牧（1960年8月27日－），出生于湖南长沙，日籍华裔案内人、专栏作家，1988年开始在东京都新宿区歌舞伎町做案内人，现为日中韩文化交流协会会长。因自传《歌舞伎町案内人》知名于日本。2014年6月12日下午，李小牧在东京法务局向具有日本国籍的长子日向混一宣誓，正式成为日本国公民，并宣布参选明年4月的东京都新宿区议员选举。

"怎么归化日本还要向你儿子宣誓？"我有点不理解。

"向儿子宣誓那不是真的，当时法务局的大楼一层有我儿子的照片，他在日本是有名的童星，我对着照片开了个玩笑。十二年前出第一本书时就有人劝我归化日本，现在为了竞选，必须加入日本籍了。"

我们聊了几个小时，最后李小牧将话题转回到湖南菜馆：

"我很苦恼的是，我这里从中国来的服务员都不会笑。我总和她们说，一定要笑，像日本人那样自然地流露出笑意，但是她们都笑不出来。"

李小牧的这番话让我想起中国服务员的微笑。我常常见到一些长得面容尚好的姑娘，胸口别着一个笑脸，脸却板着——一种"胸笑脸不笑"的荒诞。

小泉八云曾经在《日本人的微笑》一文中这样写道：

即使伤心欲碎，勇敢地微笑也是社会责任……微笑培养从童年开始起就是一种职责，并很快成为一种本能。最贫苦的农民，也相信表现个人悲痛或愤怒是没有用的，总是不善意的。因此，尽管日本和其他地方一样，人们也会忧伤，但是忧伤的自然流露，以及当着长辈或客人控制不住眼泪，都是一种失礼；即使最没有文化的乡下妇女，在失态后所说的第一句话永远是："请原谅我的自私，真是很失礼。"

这些话中国人不一定都能接受，但我认为小泉八云说的是对的。它也在一定程度上解释了为什么日本人在面对灾难时那样平静，不是因为他们不悲伤，而是从很小的时候他们就已经学会了节制，像普鲁塔克[1]那样知道悲伤有度。

由于要赶地铁，我不得不起身告辞。李小牧的一天才刚刚开始，接下来他还有一堆事情要处理。

回东大的路上我一直在想，像李小牧这样一个来自东土大唐的"皮条客"，能在日本媒体上"呼风唤雨"，并且成为各党派拉拢的红人，这也足以说明日本的开放了吧。所谓万物各成其美，一个理想的社会就应该是人人各得其所。李小牧在中国只念完了小学，如果他当年在深圳梦碎后不是流浪东京，而是漂泊东莞，就算同样是"拉皮条"，等待他的也将是另一种命运吧。

隔日补记：著名导演王全安因"群众举报"在北京的工作室里"连嫖三日"被抓。

1　普鲁塔克（约公元 46-120 年）。罗马帝国时代著名作家，著有《古希腊罗马名人传》。其节制悲伤的美德尤其体现在《慰妻书》。

中国的"超稳定结构" 9 月 15 日
晴

因为空虚，人类想出各种节日。今天是日本的老人节，连休三日。伊丹市市议员樱井シュウ和保田宪司访问东大，随行者还有几位实习生。我们聊了大概两个多小时，互相问了一些问题。我谈了自己对当前中日关系以及对自由、民主的理解。在我看来，自由先于民主，是民主的根基。

兵库县的议员们聊完后先走了，智子邀我一起吃饭，带着孩子和给我做翻译的赵静，四人在井之头公园附近的一家居酒屋坐了下来。

赵静老家在呼和浩特。由于没有考上一本，索性来日本留学。先在语言学校学了一年半日语，现在神户大学读书。由于每个月有十万日元左右的奖学金，所以基本不用家里补贴了。赵静很遗憾自己没能上东京大学，因为当时不知道东京大学还需要托福成绩。

这是一顿丰盛的晚餐。居酒屋里有好多人。由于九点前要赶到上野的酒店 check-in，赵静在问了我几个关于《自由在高处》里的问题后，提前走了。接下来继续和智子聊我的日本印象。

"从整体上看，日本算得上是一个美好国家吧？" 我半信半疑。

"其实有些方面，你还没有看到，"智子突然认真起来，"日本家庭虐待小孩的事情很多，甚至有个几个月大的孩子因为哭得厉害被父母打死了。类似的事情不少呢！都有新闻报道的。另外，现在日本的贫富分化现象很严重，当然了，贫富分化是现在世界的一个潮流。

"80 年代的日本各方面的确非常好，自泡沫经济破灭后，格差社会渐渐形成。大学生毕业后找不着工作，甚至也贷不上款，许多人活得并不如意。几年前我们在新宿公园里看到的流浪汉，这样的人也不少。因为日本人不愿求人，所以自己出了事都不会指望亲戚朋友能帮上忙，他们宁可选择一个人自生自灭。

"日语里有一个词叫'夜逃'，是指一个人因为什么事突然消失了。有些人自杀了，有些人参加黑社会、买卖毒品、搞诈骗、做妓女。这是一个表面上到处堆满笑容的社会，也是一个冷酷的社会。我在中国待的时间越长，越觉得日本缺少中国的那种人情味。李永晶说他从日本回到中国后很不适应，其实我从中国回到日本也很不适应。因为习惯了中国人之间的互相帮助，平时活得随意，有困难一起解决。中国文化里有些东西是很好的。日本人请客的并不多，我在东京请中国人吃饭，他们都说我不像日本人。

"我母亲死得早，弟弟、妹妹我都很愿意帮助，但父亲告诉我没必要这样做，说这是他们自己的事情。这就是日本。同样，我希望父亲住到我这里来，但他不会同意，觉得自己一个人过挺好，不愿给我们添麻烦。

"日本现在的老龄化（人均寿命接近85岁）和孤老化现象比较严重，名义上是全民保障，事实上没保障的人越来越多。有些人本来是可以拿救济的，但不好意思申请，就在家里偷偷死掉。去年我老家大阪就有对母子饿死在家里，新闻都播了。警察去她家时发现她已经死了三个多月。这个女的没有固定工作，死的时候冰箱和胃都是空的，账户上只有20日元……"

智子把积压在心里的许多对于日本的怨言倒了出来。我边听边在网上搜索，类似饿死事件近几年在大阪发生了好几起，包括一位49岁的电脑专家失业后饿死在家里。

说到互相帮助，我说我最有体会的是中国家庭成员之间的互助，我从农村出来，见证了非常多的事情："很多西方学者预言中国会崩溃，但为什么中国贫富分化那么严重却没有崩溃？我想一个重要的原因就是中国人之间尤其是家庭成员之间的互助行为，所以我说我对于父母而言就起到了一个'临时政府'的作用，我能够救济他们以及我的弟弟妹妹。中国人重视人情、关系和家族救济。有人讲日本是一个纵向社会，其实中国不仅有以家族（区别于日本的集团）为中心的纵向社会，还有基于人情世故的横向社会。而且，就家族救济而言，它具有双重维稳功效。比如说一个精英或者中产，从底层农村出来，因为收入还可以，就会帮助大家庭的其他成员。正是无数这类隐秘的帮助在缓解社会矛盾，甚至会使基尼系数指标失灵。另一方面，如果他是这个大家庭的顶梁柱，即使他在心里有反抗现有秩序的冲动，也会充分考虑自己的行为对整个家庭可能造成的负面影响。中国人以家为信仰，有责任心的人通常都会先努力救出自己，继而救起家庭。一旦完成了血缘上的救赎，他们改变社会的愿望也就不那么迫切了。我想这才是中国社会真正的'超稳定结构'，一种以家为单位的精英救赎结构。"

我身后坐着几桌年轻人，他们在肆无忌惮地吵闹、劝酒、狂欢，以致我和智子之间的讨论越来越费劲。由于小青已经犯困了，大约十点钟我们赶回井之头地铁站，各自回了家。

感谢今天晚上的讨论，它让我对日本的印象更加立体化。这个国家仍有些人会饿死，这自然有贫富分化的原因，而他们"宁死不领救济粮"的做法，也让我五味杂陈。他们让我想起电影《乱世佳人》里郝思嘉抓起一把泥土时说的那番话："我要闯过这一难关，以后就不会再挨饿了。不，我家里的人谁也不会挨饿了。即使我被迫去偷，去杀人——上帝做证，我也决不会再挨饿了。"

然而那些甘愿饿死的日本人没有那样去做。我不知道体现在他们身上的是不是一种"春秋人格"。每个人都是一个宇宙，每个宇宙都有自己的故事和法则。是为了尊严，还是厌倦了活着，谁知道呢？

地震亲历记

9月16日
晴

早起读到一个故事，也算是日本生活的阴暗面吧。

2005 年 11 月 7 日，日本福井县的一个村庄发生了一起悲剧。大概是中午的时候，在村里的一个旧火葬场前停着一辆没有熄火的汽车，汽车里的磁带还在播放着音乐。村里人觉得很可疑，走近了却发现车里没有人，而边上那个废弃的火葬场却冒着轻烟。感觉情况不对的村民随后报了警。当警察赶来并打开焚尸炉时，发现里面有两具烧焦的尸体。他们是以一个人抱着另一个人的姿势死去的。转天，警察从附近医院的牙科治疗病案中发现死者是一对 80 岁的老夫妻。两人相依为命，而且都得了病，在妻子得了老年痴呆症后，做丈夫的因为孤独，无法再坚持下去，于是安排了这场自焚。为了不留下谜团，他把自杀的过程都写在了家里的几张收据上。而就在 8 号这一天，当地政府办公室收到老人的一份遗嘱，老人将自己名下的所有财产都捐给了地方。

这或许是我在日本读过的最让人悲伤的故事。

中午去田原史起教授的办公室聊天，东大 18 楼 1212 室。这哪里像是办公室？难怪智子和我说到了以后会大吃一惊的。虽说这是学校的房子，但田原很个性化地将它改造得像个茶馆或咖啡屋。

坐下来，田原早已备好了便当和茶。他主要研究中国的农村问题，在中国跑了不少地方，尤其是我的老家江西。

"喔，你怎么有这么多江西的县志？"我抬头看到他的一个书架，这次是真的惊呆了。

"90年代我在你们南开待过一段时间，后来就去江西做农村调查。江西省的县志我这里都搜集齐了，是托人帮我订购的，再从上海运到东京来，花了不少钱呢！"

"难怪都说日本人搜集资料的能力强啊，我写《一个村庄里的中国》时，只参考了《永修县志》。其实，地方的文史资料更有意思一些。"

田原说他第一次到中国是80年代，当时他还在上大学二年级。"我先是坐船到了上海，然后从上海骑自行车去武汉，到安庆时被人告发，因为是外国人，有些地方没有开放，不能去，所以只好坐船到武汉。回上海的时候是坐飞机，这是我平生第一次坐飞机，而且是在中国。当时中国给了我很脏的印象，我骑自行车的时候，竟然看到有人在泥水里洗碗……"

唉！此时我不得不在心里叹息一下。从峰洁的《清国上海见闻录》、芥川龙之介的《支那游记》，再到德富苏峰的《中国漫游记》，在我看过的几乎每本日本人写的中国游记中，都有关于中国"脏乱差"的感慨。现在当然比过去改变了很多，甚至我的农村老家自盘古开天辟地以来都开始用上了抽水马桶，但每当我想起国内的许多垃圾桶及周围流动的泔水，想起必须踮着脚进去的公共厕所，不适感总会油然而生。当然我也学会了安慰自己。按《丑陋的日本人》里的说法，直到20世纪六七十年代，日本在一些西方人眼里还是个脏国家。

"昨晚和阿古教授聊天，她和我特别说到日本在人情上的淡漠，您怎么看？"我换了个话题。

"啊，是这样的，"田原给我续了杯茶，"和中国比，日本这边的人情的确要淡漠很多。在日本，兄弟姐妹之间几年互不相见是很平常的事。可能是受了在中国的一些经历的影响吧，我和弟弟每半年差不多会见一次。"

说话间，田原站起身走到窗边说："您能看到，那边就是日本放送协会（NHK），我弟弟就在那儿工作。"

就在田原回到座位正准备喝茶的时候，屋子开始抖动起来，而且越抖越厉害，几个贴墙的书架开始呼呼隆隆作响。

"地震了！"我们不约而同地说。这是我今天的第三次惊叹。

房间继续摇摆，我像是站在老家夏天的枣树上。几本书从架子上掉下来，田原提议我们是不是钻到桌子底下避一避，我虽然重视他的建议，但还是觉得有些多余。这或许和藤田梨那若干天前和我说的"三一一"大地震经历有关系。此时我的脑子里想得更多的是另一个问题：如果这是在江西农村老家，当地的房屋会不会倒成一片？我曾目睹那些房子是如何偷工减料地盖起来的，有个四五级地震，很多房子是一定会倒的。对于我的担心，农民们千篇一律的回答是："哦，那你不用担心，我们这里没有地震。"

大约过了一两分钟，一切平静如初。田原查看手机，对我说："相关播报已经出来，16日中午12点28分，日本关东地区北部发生里氏5.6级地震。震源位于茨城县南部，深度约50公里。此次地震不会引发海啸。"

这是一次奇怪的经历。我知道日本的房屋有非常好的防震设计，故而没怎么担心。前些天女儿还在身边的时候，有天半夜她被地震震醒了，我却全然不知。

人终有一死，但并不认为现在死之将至。有时候我甚至有一种莫名其妙的自信，既然我认定还有几件重要的事情没有做完，老天爷就不会匆匆忙忙将我的命收走。如果他那样做，那他就太不够意思了。

偶尔还有几次小的摇晃，我和田原继续交谈。下一个话题是中国的土地问题。我承认自己是比较主张中国土地私有化的，不过田原似乎更赞同贺雪峰、李昌平们的观点，认为中国的土地不能私有化，理由也无外乎农民得到土地后可能会失去土地等等。当然我反对这种观点。我说过去是用"并不存在的天堂"让农民交出土地，现在又在用"并不存在的地狱"不把土地还给农民。

临走的时候，田原史起赠我一本他写的《日本视野中的中国农村精英：关系、团结、三农政治》。我随手翻了一下，其中有不少章节写到了江西农村的修路难。一百年前，传教士明恩溥曾感叹中国没有公路，到 1996 年田原开始在江西做农村调查的时候，他发现中国农村很多地方还是那样——人勉强能通过，但是走不了汽车，甚至自行车都过不去。

我想起几年前自己在老家跑项目修路的事情。相较以前，中国农村现在的道路状况的确有了明显改善，但问题是道路建设的质量太差了。我在老家发现有些路在硬化后没几年就又坏了。虽说是水泥路，但已经出现了坑坑洼洼甚至道路碎片化的情况。若是赶上下雨天，部分地方的水泥路就又变回了水路和泥路。

晚上六点，来到东京站附近的丸善书店，蔡孟翰给我约了东京大学的美籍教授高贵礼。遗憾的是，过了很久，高贵礼都没有到，而且找不到人，因为他平时不用手机，只通过邮件联系。就这样我们在书店里白等了一个多小时，其间看到傅高义来书店买书，也是一闪而过。美国教授就是这样如此神出鬼没的。

孟翰一直举着他的大个 iPad 收邮件。七点半，在对高贵礼的到来彻底不抱希望后，他带我去了附近的满天星，这是一个据说保留了明治时期日本洋食风格的餐厅。孟瀚和我聊了不少关于剑桥学派的事情。他曾经在澳洲读书，拿了澳洲的护照，并且在新加坡待过几年，之后又去英国读了八年书，在剑桥读完了政治思想史的博士。

关于中日为什么没有完成和解，我们的观点是一样的：东亚现在的"日本问题"不能仅认为是战后对日本政界、财界清算不彻底，这只是一个"果"。其"因"是战后中韩均未参加东亚国际秩序的重建。中国由于国共内战，大陆易手，导致原为美国盟友的国民政府退居台湾。国民政府在很长一段时间有随时失守、朝不保夕的焦虑，而控制大陆的中华人民共和国则在1949年后的二十多年间成为美国的敌对国，所以国共两党政府均无法介入美国主导的东亚重建。正如前麻省理工学院教授约翰·道尔指出的，在二战后美国指挥的"旧金山体系"下，日本与各国恢复邦交是一种"个别的和平"，而且受苦受难最多的中国、朝鲜和韩国均未受邀出席。这种"个别的和平"不但没有促成全面和解，反而留下未经处理的战争与帝国主义的伤口，甚至为参与军国主义的政治人士重返日本政坛铺路。

在我和孟翰聊完起身要走的时候，高贵礼给他发来邮件，"抱歉啊，我把日子看错了！"

晚九点再去李小牧处，《新周刊》封新城等一行人来了，他们早早到了湖南菜馆，邀我过去聚聚。我去得晚，赶到时他们已经喝得差不多了。

刚坐下来，已经喝了不少酒的封新城问我在日本的观感。我无意展开，只说日本有很多值得中国学习的地方，但我也注意到中国在人情冷暖与私力救济方面比日本要好一些。不知道是因为喝了酒，还是没听清，封新城大概以为我在日本说中国的好话，问我有朝一日会不会变成"毛左"。面对这样的诘问，我很惊讶。我完全理解封新城对目前中国许多问题的愤慨之情，但他如此无端揣测我，让我多少有些惊诧。不过我并没有为此生气，大家本是朋友，我只当是酒话吧。这些年，我饱受各种误解。那些没有读我书的人，只因为看到一句"不自由，仍可活"便断定我是"专制的帮凶"；我给《新京报》写新年社论，因为说了几句不悲观的话，又被一些人判了蛊惑人心的"希望罪"……

由于身体不适，我几乎没有喝酒。李小牧喝得尽兴时，竟一时性起，当众脱下了裤子，把在座的男男女女笑得前仰后合。

　　人哪，几时能活得这样年轻率性，却又不觉得那是堕落？

　　劳累的一天，回到住处已是零点了。

二重性烦恼

中午与小仓和夫在日本文化会馆见面，由于导航没有标明会馆正门，又迟到了十分钟。让一位老人等我，这种感觉真是糟糕！我本来是非常注重守时的，最近几个月却错误频出。

小仓和夫生于 1938 年，是日本著名的外交官，曾经出任日本驻法国大使，做过日本国际交流基金会主席，现在是青山学院大学的特聘教授。小仓和夫 1962 年进入日本外务省，据说早期从事中日建交准备工作的就有他。如今他已经头发花白了。

和西村豪太一样，小仓和夫和我聊天时也会不时做些笔记。这世界上最喜欢做笔记的，除了某国领导人身边的干部，恐怕就是日本人了。不同的是，日本人是不记怕忘，某国干部是不记怕死。

我平时也习惯随手记下一些观点，以前用本子记，现在直接在电脑上记。若非如此，我在日本想要完成目前的工作量会活活累死。

小仓和夫同我大致谈了以下一些观点：

1. 一直以来，亚洲都在努力被欧美接受和认可。但现在，该轮到欧美仔细考虑一下怎样才能为亚洲所接受和欢迎了。在建立东亚共同体这一问题上，欧美应抱着支持、合作的态度，而不该有打消这一念头或是反对它的举措。只有这样，欧美才能成为亚洲真正意义上的合作伙伴。

2. 经常有人说，在民主社会和网络社会里，不能压抑民众的不满和感情，然而，这是一种将政治变成民粹主义或群愚政治的思维方式。政治领袖不能迎合民众，而必须前瞻到几十年后的未来。为此，我们有必要透过两千年的历史演进来深入思考日中关系。

3. 日本人反感中国，很大程度上是因为在中国任何亲日或反对反日的言论都会遭到打压和批评。这让日本人怀疑中国言论自由的程度。

4. 对比战后德国和日本，二战后谁在降书上签字是一个非常关键的问题。德国在降书上签字的不是德国政府，而是德国军队，因为联合国不承认当时的德国政府。希特勒的第三帝国被认为在第二次世界大战中已经完全灭亡了。在法律上，新生德国与过去的德国没有关系。因此，由现在的德国出面清算过去，是非常有意义的。而日本在降书上签字的不只是军队，还有日本政府，也就是说同盟国承认日本国政府的存在。日本作为国家没有崩溃，这就存在着连续性。就这点而言，德国与日本性质不同，日本政府依然牵扯着过去。如同中国现在对"两个中国"的二重性烦恼一样，日本也处在连续和变革之中，烦恼不已。日本这个国家并没有在 1945 年 8 月 15 日崩溃，仍然延续至今。在"天皇负有怎样的战争责任"、"怎样对待参与战争的普通日本人"等问题上，始终摆脱不了暧昧。

5. 日本人常说中国总拿历史说事，是对日本的"滋扰外交"。虽然中国的对日政策里不能说完全没有这种因素，但是也要理解中国人有无论何事都"以史为鉴"进行探讨的倾向。中国人会把过去发生的事当作论事的基础，然后通过解析来认识现状，所以日本人大可不必一听中国人谈历史问题就火冒三丈。

小仓和夫特别给我准备了几份资料，包括他写的《日本文化外交的历史和现状》，以及第十次日中共同世论调查的报道资料。资料显示，日本对中国的恶印象达到了 93%。以我在日本的观感，这些世论调查的结论可靠吗？

晚上处理"熊培云图书馆"的一些事情。中国民间社会成长艰难，许多时候都是没有困难制造困难。临睡前读到一篇还俗和尚杀死算命先生的新闻，好想以此为蓝本写篇小说，就叫《僧杀道》。这世界上有多少人信仰神，是为了逃难，而不是为了侍奉。

日本为什么自杀率高？

立人图书馆关闭了，我为此发了条微博。

中午接到邮件，高口康太说 NHK 的高桥英辅要采访我，先来打个前站。他们已经在东大门口等了我半小时。由于我没带东京的手机，所以没能接到他们的电话。

二十分钟后，我们在学校里的意大利面馆坐下来。

高桥英辅说 NHK 准备做一期关于中国言论自由的节目，打算请变态辣椒和我出镜。我说中国言论自由是什么情况大家都很清楚，如果采访我，我希望能够比较完整地表达我的观点，而不是你们做一个专题，只是把我的几句话当作论据，插播在里面，以此来诠释你们已经定下来的立场或结论。

这等于是婉拒了 NHK 的采访。最近几年，我越来越想在人性的思考方面走得更深一点，而且我的写作也不只有政治表达，如果哪天我完全不能谈论政治了，我希望能将更多的精力投入文学和哲学。我富有热情且持之以恒关注的东西是人的命运，而不是政治本身。在因果链中，政治只是诸因中的一种，这世界上还有比它更丰富的东西。

我不愿意接受可能被断章取义的采访，背后还有一个审美上的原因，即我不太认同 NHK 新会长籾井胜人，对他声称 NHK 要跟着日本政府走很反感。我想现在的 NHK 已经不是拍《激流中国》时的 NHK 了吧。

我没有隐晦自己对籾井胜人的不认同，原本担心这会让高桥英辅有些扫兴，没想到他说得更直接——"NHK 的每一届会长都是混蛋，我们不要介意这个新的混蛋。"

借着这个机会，我问高桥英辅 NHK 当时为什么没有报道新宿自焚案。他说，两个月前荷兰莱顿大学的一位朋友也问过他相同的问题。对此，他作了两点解释："一是根据 WHO（世界卫生组织）的标准，媒体要尽量少报道自杀性事件；二是日本是个言论自由的国家，自焚之外有很多种表达方式，我们不赞同他这样做。"

我说第一个观点我赞同，第二个则有些牵强附会。NHK 报道 ISIS 的恐怖活动，恐怕也不是表示对 ISIS 的支持吧。

对我问的日本为什么自杀率高这个问题，没想到高桥英辅谈起了自己的家事。"我的妹妹不久前自杀了，幸亏抢救及时，现在人还躺在医院里。日本没有心理医生，也没有毒品，人们绝望的时候得不到慰藉，就容易想到自杀。"

紧接着，高桥英辅谈到一个很有意思的观点，世界自杀率高的国家，如日本，都是小学教育非常严格的国家。这些人很早就对人生有个计划性的东西，一辈子就朝着这个目标走，如果走不通，就难免有一种失落甚至绝望感，扛不住就会一死了之。

我曾经看过世界卫生组织公布的各国自杀率排名表，不知道排名前两位的立陶宛和韩国是不是高桥英辅所说的这种情况。不过他谈到的和我有关人生意义一书中的某些观点有点相似。人与其他动物的最大区别是人是意义动物，我们每天都在生产、交换和储存意义。一个人活不下去了，本质上说是赋予意义的能力出了问题。而一个人的生命维度越少，赋予意义的能力就越弱。比如说，如果你只为另一个人活着，当那个人背叛了你，你就有可能陷入绝望。同样，如果你是公务员，你所有的努力只为当上局长，而最后失败了，你也有可能陷入绝望。而这种绝望其实从一开始就注定了，因为你的人生只有一个目标、一种维度。而如果你有其他维度，一条路走死了，可以走另一条路。

虽然在世界自杀率排行榜上中国（十万分之 22.23，第九位）差不多仅次于日本（十万分之 23.8，第七位），但我认为中国人赋予人生意义的能力比日本人要更丰富多元一些。中国人总在寻找逃难的去处，好死不如赖活着。而日本人有比较强的社会压力，如果觉得生活毫无美感，自己不如意，别人也看不起，很多人就会觉得不如死了算了。当然，在求生的意志与求美的意志之间，不必非要判断出孰高孰低，本质上都是个人对自己人生意义的求取。

人世间，只有两样东西是真实的：一是粮食，二是意义。没有粮食，所有人都会饿死；没有意义，一切文明都会轰然坍塌。

和高桥英辅聊了一个多小时，由于急着回去做有关苏格兰公投的节目，他先告辞了。我和高口康太换了个地方继续聊。几年前，我和高口在东京偶然认识，当时还一起去泡过温泉，印象最深的是他有个天津女友。

"我已经和她结婚了。我上学时做的论文是有关义和团的，所以就到了天津，然后我们就认识了。那时候她教我中文，不过我觉得我现在的中文明显退步了。我和我老婆平时主要说日语，中文只在吵架时才用，因为中文里骂人的话多！"

高口的老家在大阪的一个农村，他曾经在南开大学学过两年汉语，并在历史系选修过几门课程，和我也算是系友了。高口说自己现在除了做翻译，还做自由撰稿人，给《文春周刊》等杂志写稿。

我说这是右翼杂志吧，他说不是右翼杂志，是极右翼杂志！我说你给极右翼杂志做事，夫人会骂你吧。他说是啊。

我问高口是不是现在日本底层的年轻人更倾向于右翼。他说以前他也是这样想的，但是后来《文春周刊》做过一次调查，发现它的读者主要是五六十岁以上的人。

我说如果只是以《文春周刊》的读者来做抽样，并不能说明整个年轻人的政治倾向。因为政治右倾并不代表一定会读《文春周刊》，而且很有可能现在的年轻人已经抛弃了阅读纸质杂志的习惯。

高口自己做了个 kinbricks.com 的网站，我问他是不是金砖国的意思。他很惊讶："你是第一个猜出网站意思的人。这个网站平时能赚点广告费，每个月有 10 万日元，足够我维护了。"

聊天快结束的时候，高口说起几年前和我们一起泡过温泉的野口东秀，这个人我已经完全没有印象了，只记得他以前好像是《产经新闻》的记者。

"他已经从政啦！参加了维新会，不过上次落选了。他有时会邀请我参加维新会的 Party，为了筹款，一次一两万元，不过我没有去。"

高口给我的印象，无论是外表还是精神都很像 BUSINESS 出版社的编辑大森勇辉。有时候我甚至会把他们的面孔模糊起来。他们都是我见到的另一种"小日本"，为生活所迫，会做一些自己并不认同的事情，至少当着我的面时他们是这样说的。

林少阳从中国回来了，晚上和他一起在法国餐厅吃饭。他向我称赞了一起去中国的日本同事，因为这位同事主动提出要去看日本人在旅顺修的监狱，同时嘲笑了他一直不喜欢的"华裔右翼"石平，"日本人有很多种呢，他为什么要选择做最坏的日本人？"

十几年前，我曾经去过阴森恐怖的旅顺监狱。比旅顺监狱更残酷的是旅顺大屠杀。在那次大屠杀中，能够幸免于难的中国人，全市只剩下 36 位埋尸者（也有说最后核实生还了 800 多人）。

复活

昨晚梦见自己要死了，一口血正要喷出来，又被咽了回去。今天不是醒来，是复活。

上午协调"熊培云图书馆"的事情，一言难尽。这个国家发生了什么？

叶千荣发来相关微信截图："远离山口组，尽享只此一次的人生吧。"昨天他已经拿到了 iPhone 6，此刻正在京都的山中。"我是提前通过网络订的。并且在首发当天拿到了手机。"这两天，网上到处是中国人在日本或美国抢购 iPhone 6 的新闻。

晚上与郭亮聊到一些事情，什么移民啊，《南方周末》和《炎黄春秋》这一报一刊如今越来越不景气啊。

野口一直建议我去看看日本的相扑，可我实在觉得没啥意思。我不太明白日本人为什么爱看那些臃臃肿肿的推推搡搡。是不是因为它简简单单，不费脑子，输赢一目了然？

感谢抗日神剧

An achievable utopia or impending doom.

休整一天，整理笔记。牙疼数日，悲观情绪浸染。

感谢抗日神剧，它不仅能治好我的失眠，而且给了我一个善恶分明、头脑简单的世界。我小时候能看到的电影也就是《小兵张嘎》之类的抗日片。我看抗日片与仇恨、洗脑无关。对于我这个乡下穷人来说，它只是动画片，是滑稽可笑的日本兵的"西游记"。不同的是，他们演的不是唐僧和孙悟空，而是被三打乃至百打的白骨精。

中间地带

晨起收到小仓和夫秘书室寄来的世论资料。

网上有消息说，日本推特上近日出现了一份《朝日新闻》记者死亡名单，该名单中列出了《朝日新闻》125 名记者的名字，除众多骨干记者外，还有现任日本法务大臣松岛绿（曾是《朝日新闻》记者）。据说这份名单在朝日内部引发了恐慌情绪。

其实没什么好恐慌的，今日日本终究还是法治社会。而就在前几年，我的头像也曾上过中国某个极左网站，属于第一批要被绞死的自由派。这些恶意满满的人，在叫嚷着要绞死他人之前，其实已经在莫名其妙的绝望中绞死了自己。

坐总武线，过隅田川，便到了两国站。下午看东京江户博物馆，正好路过我并不十分想去的两国国技馆，这是日本相扑比赛的重要场所。刚到地铁站口，就发现有人在搞动员会，唱着歌。墙上有不少大力士的巨幅照片，他们硕大的块头和手掌图案都是游客合影的背景。

两国国技馆的外面，旗帜招展，许多人围在路边等着相扑士进场。因为不感兴趣，我瞄了一下价格就走了。最贵的是包厢，六人席 37200 日元，最便宜的散席 2200 日元，小孩 200 日元。

走了十来分钟，到了江户博物馆。博物馆给我安排了免费的中文导游。和很多博物馆一样，这个馆也给了我一种大而无当的感觉。譬如说关东大地震展厅，里面空空荡荡的，我几乎什么也没有看到，尤其是关于关东大地震时的大屠杀。那一刻我脑子里闪过一个念头——不要试图到博物馆里寻找历史。

馆里有些东西我是非常熟悉的，比如汉字、关公、轿子、吴服。早期的和服就是从中国引进的吴服。

走马观花看了一路，我在江户町人口构成图前停了下来。上面有历年男女比例演变。1721年（享保六年）11月，江户男女比例为64.5∶35.5；1832年（天保三年）4月，男女比例为54.5∶45.5；而到了1867年（庆应三年）9月，男女比例为50.1∶49.9。由此可以看到人口流动的变化，外地居民进入江户是男人先进城，待站稳了脚跟，女人也就慢慢多了起来。

印象深的展品还有几本写于二战期间的《时局日记》。日记的主人名叫小暮得雄，作为涩谷区笹塚国民学校的小学生，在1942-1944年（小学四年级到六年级）之间写满了170个作业本。我在网上查了些资料，或许这位小暮得雄与生于1932年在北海道大学任法学研究科长的小暮得雄是同一个人。不过几年前他因为肺炎感染已经在札幌去世了，否则，过几天我去北海道的时候可以顺道拜访他。从展出的内容看，我能感受到被军国主义洗脑后的少年对时局的愤怒与不甘。我不知道整个170本册子里面都记录了什么，为什么没有展出1945年的记录。

与前面阴郁的气氛相比，战后日本发展展区的格调变得明亮起来。其中有个主题是三种神器的变化。在1945年以前，日本的三大神器是皇室的镜、玉、剑，而战后日本的三大神器开始由天皇下到平民，由政治回归生活，而且一直在变化。1950年代后期日本经济刚刚恢复，三大神器是黑白电视、洗衣机和冰箱；1960年代中期，日本经济高速增长，三大神器是彩色电视、窗型冷气机和汽车。而到了2003年，按日本前首相小泉纯一郎的说法，洗碗机也成为三大神器之一了。三大神器的变化，见证了日本从大日本主义转向小日本主义的过程。

江户时代的市民生活

蔡孟翰热诚不减，今晚又邀了我与高贵礼聚餐。我先去丸善书店，由于孟翰发的日程表有时差问题，我早到了一小时，顺便买了《石桥湛山论——言论与行动》（上田美和）、《希望格差社会》（山田昌弘）和《世袭议员》（稻井田茂）等几本书。

我感兴趣的是"世袭议员"这个称谓，它所批评的就是权力家族化。有资料表明，20世纪90年代以来，出任日本首相的14人中，除村山富市、菅直人和野田佳彦之外，其余11人均出自显赫的政治世家。比如安倍晋三，他的弟弟岸信夫是众议员，父亲是前外相安倍晋太郎，祖父安倍宽是帝国议会众议员，外祖父、外叔祖父分别是前首相岸信介和佐藤荣作。与其相似的还有麻生太郎。2008年9月24日，麻生太郎出任第92届日本首相，开创了日本历史上第一个三代首相世家（外祖父吉田茂，岳父铃木善幸、麻生太郎）。麻生组建的内阁当时被媒体和在野党称为"世袭内阁"、"少爷内阁"和"公子哥内阁"。18位内阁成员中有11人是世袭阁僚，4天后，国土交通大臣中山成彬辞职，金子一义继承后，世袭阁僚一度达到了创纪录的12人，超过了福田康夫改造内阁的9人，即全体内阁成员有三分之二是世袭议员。这些具有显赫背景和同质化倾向的官员与议员，在很大程度上影响着日本的政治走向。

高贵礼今天没有迟到，一见面他连连为前几天的失约道歉。晚上我们聊的内容太多，我只能简要记录其中几个与日本有关的观点：

1.高贵礼与蔡孟翰都认为日本现在的不景气是真实的。关于这一点，在东京可能看不到，因为它太特殊，所以要到乡村去看。高贵礼说他的老家加利福尼亚那边其实也一样，现在贫富分化是全球性问题。

2.关于日本自杀问题，高贵礼特别强调一点——日本自杀者多为老年人。晚上我查了内阁府关于老年人的相关调查，的确如此。

3.我们都对日本的右倾化表示遗憾，对《朝日新闻》所受的围殴表示同情。

这是一次漫长的聊天，我们三个人连吃饭带喝咖啡。孟翰是坐最后一班车回的千叶县，我和高贵礼回涩谷后各奔东西。怕我迷路，高贵礼一直送我到了井之头的闸口。

高贵礼是东大的美籍教授，一路上他不停地向我抱怨日本的形式主义太过严重："出个差还要把去外地的每天的行程填得清清楚楚，我可真是受够了！因为嫌麻烦，我的很多差旅费都干脆自己出，还不好意思和妻子说。"

高贵礼说这些话的时候，我们刚刚走进一个地铁车厢。在那班地铁列车上我第一次看到《东洋经济周刊》给自己打的广告语——"让读者看到《朝日新闻》和《产经新闻》之外的历史。"这是我认同的中间立场。

风雨夜归人

新闻里说，日本经济界史上最大规模的代表团今日起访问中国。

下午去市民大学讲解中国问题和中日关系，智子作陪。由于提问者较多，讲座不得不延长一个小时。

市民大学是一所社区大学，听讲者多是附近的老人。日本真的是一个学习型社会，在座的每位老人都在认真做笔记，年纪最大的有 88 岁。

关于我就新宿自焚案对日本媒体的批评，在座者有不少人点头，也有人辩解。不过显然他们对中国问题更关心一些，有位老人在提问时甚至和我谈到了中国的"蚁族"现象。整体而言，大家温文尔雅，只有一位老人言辞略显激烈。他说自己并不关心"中国崩溃论"，因为"中国其实早就崩溃了"。

晚上和智子来到驹铁面馆，想起曾经和女儿在这儿吃面，不禁有些伤感。因为聊得太久，智子延迟了近两小时去接孩子。让我感动的是，在我回住处后，她又带着孩子到住处来找我——为了给我送药。

智子知道我下午讲课时牙一直在疼，回家后便在微信里问我是不是好些了。

"有些疼，不过我习惯了，我的身体每天都同时有好几个地方疼，不多这一处，实在不行明天去医院看看。"我说。

"我家里正好有止疼药，我给你送过去吧。"

"这么晚，不用了，你好好陪孩子吧。"

"没关系，我一会儿就给你送过去。我知道牙疼的滋味。"

我再三推辞，智子决意要过来送药。我承认，在心里我似乎也没有坚决拒绝她来送药，管不管用再说，如果她真愿意这样做，想必她内心一定是快乐的，而我也同样享受着这份远在异国他乡的友情。

问题是，现在已经是晚上八点了，而且外面还下着雨呢！

"智子，听我劝，你别过来了。太晚了，外面在下雨。你好好陪孩子吧！"我压住内心最后一点自私的念头，开始整理今天的日记。

过了一会儿，智子说："现在雨停了，小青在看电视，还不肯走，我们准备 20 分钟后过去，大约 21 点半到。还很疼吗，你能忍吗？如果忍受不了，我现在就过去，不要客气！"

"我牙不是今天才疼，真没关系的。那样太麻烦你了，明天再说吧，你也别太辛苦了。"

"没事，牙齿痛，睡不着的。"

又过了会儿，智子发来信息："小青说现在可以出发了，21 点 20 到。"

智子差不多是准点到的，我在楼下等着她们母子俩。和往常一样，小青坐在后座上，穿着小雨衣。像智子这样一位早稻田和东京大学的老师，按说早可以买车，但她宁可每天骑着自行车上下班，助人为乐，迎来送往。

"先上楼歇会儿吧，我泡了茶。"我在雨里拥抱了智子和小青，感谢他们在风雨夜不辞辛苦。

这是智子第一次到我住的房间来。赶巧《东洋经济周刊》今天刚到，正好可以给智子分享我发表的"日语文章"。

"这期专题我觉得不错，各派观点都有，而且我的文章紧挨着石桥湛山的纪念性文章，不知道是不是西村主编有意安排的。另外，我发现小林善纪在这期杂志上的一些观点也不全是所谓'右翼'能概括的。"我边说着，边逗小青在床上打着滚玩。智子坐在边上看完了我的文章，她大概也觉得我在日本发表这篇文章有些戏剧性吧。

由于天已经很晚了，智子母子在我这儿只待了大约二十分钟。

"英巳过几天回东京，你要是有什么东西让他捎回北京的话，先给我吧。"临走时，智子打量了一下我的房间。

哎，这个热情的日本女人，总在为我着想。我说没有什么需要带的，我只有些书，上次送孩子回国时带走了一箱子。

说话间，我站起身，送母子二人下楼。

"谢谢智子，你们来了，我很高兴，现在牙都不疼了。"

"哈哈！"智子大笑起来。

在飘满细雨的夜色里，我再次拥抱了坐在自行车上的智子和小青，嘱咐他们路上小心。

智子母子俩走后，我给她发了一条微信："站在细雨里，目送你和小青，直到消失。时间过得真快。"

智子到家后，给我回复道："刚看到。你是诗人。感情很丰富，与你过了难忘的四个月。"

转眼之间，我在日本的游学已经接近尾声。智子是我在东京大学的研究伙伴，为我提供了很多帮助。中日两国有着非常微妙的关系，这种微妙有时甚至会让我在和日本人交往时感到某种不适，而今天晚上，我再一次体会到我们身处人类之中，在人性温暖的瞳孔里，国界并不存在 。

历史的后怕——读石原莞尔

今日秋分，日本的公共假期，读石原莞尔。

在中日关系史上，石原莞尔是个非常值得研究的人物。有关他的生平，我以前只有些简单的了解。比如说他是"日军之智"，曾经策划吞并东北，成立"满洲国"。而后来，由于不满"上等兵"东条英机的智商，他与东条英机彻底闹翻，被赶回山形县老家种地去了。二战结束时，东条英机作为战犯受审，而石原莞尔因为当年反对东条英机未被列为战犯，他不但不领情，反而耿耿于怀——这意味着他在日本近代史上成了一个无足轻重的人物。以其狂傲的性格，怎能接受这般"历史的轻慢"？

我读石原莞尔的《最终战争论·战争史大观》，难免有一种"历史的后怕"。

今天当我们回顾二战期间日本的作为，日军难免给人一种"彻底疯了"的印象。否则，它不会对美国挑起战端，更不会以战争的方式试图吞并整个中国甚至东南亚。但是，这只是东条英机疯了。我不得不相信，相较石原莞尔，东条英机的确只有"上等兵"的智商。

旁观者清。关于日本的狂妄，《大公报》在那篇著名的社论《我们在割稻子！》里已经讲得很清楚了：

> 敌寇真是无聊！它原是小本经营，侵华四年，已甚蚀本，现在又入轴心之伙，想做大生意。它为了配合盟兄的需要，于是占越南，窥泰国，作南进之势，以牵制英美；调兵东北，作北进之势，以威

胁苏联。

但经英美警告，止于屯兵泰边；苏军在西线既能力阻强德，它的北进之师亦遂趑趄不前。那么，它将全力侵华吗？其实它已将较强的部队抽调出去，去点缀南进北进的姿态，而把国内老弱预备役调来中国填防，所以也没有进攻的力量。

近来各战场之无大战事，就是这种原因。如此说来，敌寇南进不得，北进不成，西进也无力，那不是吊起来了吗？敌人的确吊在这种景况之下。但是它要表示还有力量，还在作战，就只有调遣这些架烂飞机来空袭重庆及其他后方城市，藉此作东京登报的材料，以欺骗人民，夸耀国际。所以我们说敌人这一向的空袭攻势，是"政治的帮闲，军事的自杀"。就这一有限的本钱，为点缀场面而消耗，看它将来怎了？

而就在几个月后，日本人偷袭珍珠港，将美国拉进了太平洋战争。此时石原莞尔意识到东条完全疯了，因为他使日本彻底陷入了一场必败无疑的灾难性战争，日本在物质上根本无法和美国抗衡。有一天，怒不可遏的石原莞尔走进首相办公室，向东条英机挑战，要求他或者引咎辞职或者开枪自杀。

石原莞尔的判断是对的。1942 年美国与战争有关的制造业就超过了日本，到了 1945 年，美国兵工厂生产的武器是日本的 10 倍。当美国人将一队队飞机、航空母舰、战舰和潜水艇派往太平洋，日本的地狱之门已经打开了。

至于日本天皇，据说在珍珠港遇袭后，他穿着海军制服，高兴了一整天。他没有想到的是，当日本在战争中越陷越深时，许多普通日本人以各种方式表达了他们对"圣战"的蔑视，甚至直接喊出了"杀死天皇"、"结束战争"的口号。

石原莞尔

假如日本听从石原莞尔的建议，后果会如何？在石原莞尔的建议与主导下，日本全力开发原子弹，是否会赶在美国之前发明这一致命武器？又如果日军收缩战线，守住塞班岛，美军是否有机会投放原子弹？

历史有太多的偶然性，我真的无法相信什么"正义必胜"的道理。如果正义必胜，宋朝就不会被蒙古所灭，南京城就不会沦陷敌手，傅雷夫妇同样不至于被逼自杀。这个世界经历了难计其数的"正义的惨败"，真正左右人类历史进程的是各种力量的角逐，正义之力只是其中一种而已。至于我们今天所能看到的写在纸上的历史，永远只是胜利者与幸存者对过往生活的断章取义，不及真实历史之万一。也正是因为历史通常是胜利者书写的，而胜利者常以正义自居，我们便误以为永远是"正义必胜"了。

所以，我宁愿从另外的角度探寻历史的进程。比如，为什么是东条英机而不是石原莞尔成为日军的指挥官？或许其中有规律可循——既然日本对外扩张本身就是一件十足疯狂的事，那么历史就会为它选择一个最疯狂的人。而在这方面，东条英机是疯狂于勇，而石原莞尔是疯狂于谋。

20世纪的日本，石原莞尔虽是个狂人，但他的若干预言与远见的确表明他不愧为"日军之智"。相较于他的军事才能，我更感兴趣的是他的思想。

石原莞尔信奉的是日莲教，他根据日莲大圣人在《撰时钞》中关于世界将在一场大战后统合的预言，断言日本应该一改在大正民主时期模仿英、美自由主义的流弊，断然实行昭和维新，不但要在物质上模仿苏、德的极权主义，实现统制经济，并且要通过工业大革命及建立国家科研机构来研制核武器。

昭和维新并不只是日本的问题，而是真正地将东亚各民族的力量做综合性的发挥，完成与西洋文明代表进行决胜战争的准备。就

像明治维新的着眼处在于王政复古、废藩置县一样，昭和维新的政
治目的在于东亚联盟的成立。

石原莞尔在《最终战争论·战争史大观》中指出，世界将在两个集
团之间对抗，一是由东洋崇尚王道的各民族组成的以天皇为中心的东亚
联盟，二是西方以霸道文明为代表的美国。而为了促进东亚联盟的形成，
一是要建立以天皇为中心的新道德，二是要积蓄可以不输敌手的物质
力量。

两个集团之间的战争为最终战争。甚至在石原莞尔看来，这场战争
是必须的，是人类最后的战争。就像日本在明治维新时通过内战结束内
战一样，在这场大战之后人类将进入永久和平，八纮一宇，四海一家。
而且，无论谁成为最后的胜利者，失败的一方都不要怨恨，因为这是人
类为避免战争所进行的最后的努力。而完成此一目的之前的人类历史，
皆可以称为"人类前史"。

石原莞尔说："为了达成全世界人类长久以来的共同愿望——世界
统合、永远和平，就要尽可能地不进行像战争那种暴力、残忍的行为，
我们热切期盼兵不血刃时代的到来，这是我们日夜祈祷的。可是很遗憾
的是，人类太不完美了。光靠互讲道理或述德道义是无法成立这个大事
业的……即使我们最后要与欧洲集团或美洲集团进行决胜战争，我们也
绝对不要憎恨他们，与他们争利。虽然进行的是令人战栗的惨虐行为，
但是其根本的精神与在武道大会上两方选手在擂台上全力奋战的精神是
一样的。人类文明的归着点是由我们发挥全部力量，然后堂堂正正地决
斗来接受神的审判的。"而"身为东洋人，尤其是日本人，要永远保持
正义之气，绝对不可做出侮辱敌人、憎恨敌人的行为，必须以十分尊敬
敌人、带着敬意的态度来堂堂正正地与敌人决胜负"。

读石原莞尔，时常觉得他在痴人说梦，其对日军的描述，完全是一

厢情愿。日军在中国之暴虐，可谓旷古未有。但我也并不认为石原莞尔的天真之言完全落空了。虽然日本没有成为历史的主角，但在石原莞尔所预言的 20 世纪六七十年代，世界的确形成了两个阵营，取代东方王道与西方霸道之争的是以苏联为首的社会主义阵营和以美国为首的资本主义阵营的对垒。

石原莞尔的问题和亨廷顿是一样的，他们都相信"文明的冲突"。细读他的生平与思想，也是另有一番滋味。据说 1911 年中国爆发辛亥革命时，石原莞尔正被派驻朝鲜当少尉。在听到辛亥革命成功的消息后，他带着一小拨士兵到附近的山上对天鸣枪，高呼"中华民国万岁！"中日两国面对欧美列强，在清末民初之际，尚有"难兄难弟"之情。中国一旦革命成功，也意味着饱受白种人欺压的黄种人终于有救了。然而，这种"难兄难弟"的情意，很快随着日本的崛起被抛到一边，取而代之的是"弑兄弑父"。当这些狂人开始为人类谋求幸福的时候，也是人类开始遭殃的时候。

晚七点再去歌舞伎町的湖南菜馆。封新城等人结束了几天的采风，大家一起聚餐。吃鲸鱼，喝清酒。

临睡前，微信里传曹保印被刑拘。我在《新京报》评论部的时候有六个同事，如今各自散了，其中两个被拘，一是陈宝成，一是曹保印。

悲歌与风骨

牙疼似有好转。天阴沉沉的，暴雨伴随台风，时而感觉到有地震，屋子在摇晃。每次遇到地震，我总免不了想起农村老家那些未做过任何抗震设计的房子。然而，担心有什么用呢？这样的天气最适合沉睡。

醒来时天快黑了。有朋友看到日本地震的消息，要我躲避一下。我说我现在在日本，其实就算是躲避地震了。

不久前看到一则新闻，说日本设计的一种隔离地震的建筑，可以在九级地震时丝毫不受影响。我看了相关视频，因为那个神奇的设计，九级地震时被试屋子里的高脚杯只有轻微颤动。

近日萌生一个念头，想去水户寻找朱舜水的遗迹。在日本的时间已经不多了，如果天气不坏，明天就出行吧。

朱舜水是明朝浙江人，明朝灭亡后，避祸于日本。这个明清之际的流亡者，水户藩第一代藩主德川光国的座上宾，一生之中五次东渡，在日本从事讲学和著述二十四年，直至终老日本。死后，德川光国派人整理他的遗稿，并于 1715 年刊行了《舜水先生文集》全 28 卷。

朱舜水在日本影响深远，他的弟子对其也是敬爱有加。在他死后周年时，弟子与知己安东守约在祭文中哭道："呜呼先生，知我望我。今也既逝，学殖云堕。有疑谁问？有过谁督？有事谁计？有怀谁告？"日本汉诗长老小野湖山在青年时代访水户谒朱舜水墓时曾作过一首《朱舜水先生墓》：

安危成败亦唯天，绝海求援岂偶然。

一片丹心空白骨，两行哀泪洒黄泉。

丰碑尚记明征士，优待曾逢国大贤。

莫恨孤棺葬殊域，九州疆土尽腥膻。

读朱舜水的《避地日本感赋》，寥寥几句，写尽了他的沧桑与无奈。

廿年家国今何在？又报东胡设伪官。

起看汉家天子气，横刀大海夜漫漫。

朱舜水死前曾经留下遗言："予不得再履汉土，一睹恢复事业。予死矣，奔赴海外数十年，未求得一师与满虏战，亦无颜报明社稷。自今以往，区区对皇汉之心，绝于瞑目。见予葬地者，呼曰'故明人朱之瑜墓'，则幸矣。"

流亡者的悲歌。我被朱舜水的诗文击中了。

晚上孟翰告诉我他曾去过茨城瑞龙山德川光国家族的墓地，朱舜水的墓就在那里。不过当时这个家墓在维护，不知是否今已完工。

来东大几个月，今天才注意到我住的别馆边上有一家生协食堂，食堂不远处有家生协小卖部，杂志区还摆了不少黄色漫画。这个国家，很多东西或近在眼前，或山遥水远，我还没来得及发现，就要回国了。

从朱舜水到宋教仁

天气不好，唐辛子和我说很快会有台风，加上昨晚三点才睡，今天未能去水户。

在别馆的一楼办完住宿，准备延后几天回国。没想到天天在电脑上玩扑克、时而看起来醉醺醺的管理员，在我提出延长住宿时间时，竟然从墙壁上快速取下有我名字的牌子，直接在上面改了日期。原来他认识我，每天都很清醒地看着我在这楼里进进出出啊。

连日暴雨，路边落满了银杏树叶。中午去食堂吃饭时，竟然发现这些银杏树下积了许多发黄的果子。这是一条我差不多每天都会走几遍的大路，而且我经常会抬起头为两排树之间的天空拍照，却从来没有看到树上有一粒果实，如今它们坠落下来的时候，地上铺了厚厚满满的一层。

心有不甘。虽然今日没去成水户，下午还是特别去了东大本乡校区。幸好昨晚孟翰给我提了醒，农学院那儿有一块朱舜水的纪念碑。几年前我曾经在那附近参观大红门（东大正门），却对此文物一无所知。

一切都很顺利，坐地铁出了东大前站，左转一分钟，便是东大农学院。就在我正要转身问门卫朱舜水纪念碑如何走时，发现它就在正门口边上。这是一块修长的条石，上面刻了几个字——"朱舜水先生终焉之地"。

午安，来自日本以西的流亡者！我在心里默念，时而想起他"横刀大海夜漫漫"的悲伤。

朱舜水的终焉之地

离开朱舜水纪念碑，我在校园里漫无目的地走着。跨过一座天桥，我从农学院到了东大的另一侧。因为正值假期，整个东大现在像是一个大工地，安田讲堂也在维修。离大红门不远的地方，挂着一个牌子，我走近一看，发现那是今年 7 月 15 日东京大学关于拒绝配合防卫省军事研究的声明。

以大学之独立精神对抗一个国家，东京大学的风骨，尽在这个牌子上了。

由于未作其他安排，下午四点左右我又去了早稻田大学，继续我的怀思之旅。我想在早稻田大学周围寻找宋教仁留学时住过的旧所。前些天我查到的地址是新宿区西早稻田 1 丁目 16 号，尚且不知是否准确。

出了地铁，在细雨里走了十几分钟后，我到达了目的地。衣服被雨水打湿，渐渐有了些凉意。这些两三层的小楼更像是战后重建的简易楼房。虽然标了相同的地址，但基本上闻不到一点宋教仁当年在此居住过的气息。

我有些不甘心，敲开了 16 号人家的门。

一位精神矍铄的老人出来了。他警惕地看着我，在我和他说明来意后，他和我做了简单的交谈。

我对老人说我找的这个人非常了不起，他曾经在日本留学，并且爱上了一个日本姑娘，但他节制了一切男欢女爱的欲望，因为他心里念着他的国家，不想辜负一生的使命。不幸的是，这个堪为国父的年轻人，在 1913 年的中国被暗杀，中国革命也从此慢慢改变了方向，走上了一条暴力至上的错误道路。而他当年只有 31 岁。

老人会些英文，他说他今年 89 岁，在 16 号房子里住了 50 多年，并不知道这里曾经住过一位叫宋教仁的中国人。

我像一个敲门进屋的推销员一样向这位不知所以的老人推销一个死

寻访宋教仁,往日不再

去的中国人，这看起来的确有些荒诞。我希望老人能够原谅我的冒昧。其实从一开始我就不抱希望可以在日本找到什么与宋教仁有关的东西，我甚至谈不上有太多的热忱。找到了又能怎样呢？我来这里只是想了却一桩心愿，想借着这个地方浇一浇心中的块垒罢了。

早些年读宋教仁日记，时而痛心不已。这是我在读胡适日记时不曾有过的刻骨铭心的疼痛。当时他爱上的女子叫西村千代子，但最后还是放弃了。他在日记里嘱咐自己"誓当绝迹此念，以不负生平"。就是这样一个克制礼让的人，当他回到中国力推宪政与总理内阁制时，动辄有人过来朝他大打出手，甚至在众目睽睽下扇他耳光⋯⋯直到最后，彻底死于暴力之手。他不想辜负一个时代，而那个时代却辜负了他。

没有带伞，独自在暮色与雨水里走了许久。当我走到附近的早稻田站，才发现那不是地铁站，而是荒川的有轨电车，于是转到鬼子母神前站下了车，转道去涩谷。车上诸多有关墓葬的广告，给了我一种诡异的感觉。

回到东大，还没过饭点。想着自己将很快回国，我对东京大学以及每天经过的地方有了越来越多的留念。打开微信，上面又是一片悲观言语，沈灏被抓了。

忙了一天，我在雨中寻找过去的历史，其实我就是历史本身。

茨城半日与因果谜团

五点起，七点半我已经坐上开往茨城的常磐线了。按计划今天要去水户继续寻访朱舜水。

半小时后，车到了取手。时值秋日，沿路的稻田已经收割。一扎扎立于田间的稻草垛、点缀在连片稻田之间的藕塘，这一切都勾起了我的思乡之情。若非看到一些日式风格的民居，此刻我真觉得自己正穿行于中国江南的乡村了。

外面阳光正好，没多久车子到了水户站。我又坐着站前巴士到了常磐神社和偕乐园。先进到义烈馆，里面有卷帙繁多的《大日本史》。这里忠君气氛浓厚，不仅有"尊攘"二字，大阵太鼓上的刻字也是"震天动地，起云发风，三军踊跃，进思尽忠"。馆里也还有些明朝遗臣朱舜水的印记，但毕竟这是一个以水户藩主德川光国一系为主题的展览馆，所以我的收获并不多。

相较而言，我更喜欢水户藩校弘道馆里的文明气息。在信息摄入方面，我最敏感的还是汉字，比如德川庆喜的书法"云高气静"。"游于艺"的馆名也给了我一种精神上的愉悦感。

同样是在弘道馆，吉田松阴下面这首汉诗给我留下了深刻印象：

四海皆兄弟，天涯如比邻。吾生山阳陬，来游东海滨。长刀快马三千里，迂路水城先访君。一见指天吐肝胆，交际何论旧与新。分席三旬吾去矣，皆决奥羽三重云。浩然之气塞天地，华夷何尝有疆畛。一张一弛有国常，张之弛之在其人。澹庵封事愕蒙古，武侯上表泣鬼神。大义至今犹赫赫，丈夫敢望车前尘。见君年少尚气义，白日学剑夜诵文。斗筲小人何足数，勿负堂堂七尺身。吾亦孩提抱斯志，欲将韬略报国恩。东西离合非所意，誓将功名遥相闻。

这首诗是吉田松阴在"壬子孟春留别顺成永井兄"而作。每次读到日本人写的汉诗，我总会在心里想，19世纪末以来中日交恶，真是汉文化圈的一场大悲剧。而这方面，吉田松阴也的确是起了不少副作用。一来，他反对中国人讲的"良禽择木而栖"，认为那是对君王的背弃，日本应该唯万世一系的天皇是尊，如果天皇错了，只能怪臣子没有辅佐好而不能责备天皇。二战后，丸山真男曾批评日本的天皇制是一个天皇没有责任的体制，吉田松阴的这番说辞可以引为旁证。此外，吉田松阴还强调对外扩张的"海外补偿论"。正是因为吉田松阴的这些观点，去年8月15日当安倍避开靖国神社而去山口县萩市参拜与吉田松阴有关的松阴神社时，被有识之士批为"换汤不换药"。

下午本来还要搭车到茨城县常陆太田市寻找朱舜水墓，但在车子即将启动时我下了车，改道直接回了东京。鲁迅当年从仙台去东京，半路上想起朱舜水，于是改去了水户，而我偏偏是已经到了水户，最后放弃了。这让我有点羞愧，但也并非不可原谅。

回东京的路上，细想我没有坚持去太田龙瑞山主要有以下几个原因：

其一，朱舜水于我而言，并不像罗曼·罗兰、宋教仁、胡适和董时进那样成为一种精神上的指引，我对他的寻访更多是出于对一个来自中国的流亡者的同情。

其二，朱舜水指导了《大日本史》的编纂，而《大日本史》与大日本主义在血脉上或许有着某种联系。这一点我并不确定。

其实，最大的原因是我今天实在太累了，连日来的奔波让我身心俱疲。晚上约了大森，怕去太田后不能及时赶回东京，而且明天一大早我还得赶到成田机场去北海道。

回东京的车上，头晕晕乎乎，却又忍不住去想一些事情。中日两国隔海相望，都容纳了不少对方国家的流亡者。朱舜水虽然客死他乡，但也算是其中最得善终者。德川光国作为江户幕府开创者德川家康的孙子，他聘请朱舜水指导、编纂鼓吹"尊王一统"之说的《大日本史》，影响直至二百年后的明治维新。历史有某种相关性，朱舜水避祸日本，在一定程度上促成了天皇权力的上升；倘使朱舜水能看到未来，可以预知天皇制和军国主义合流后会把日本人骗进他的故乡中国烧杀掳掠，恐怕也会三思而后行吧。当然，我在这里说的是相关性，不是说是朱舜水直接导致了什么罪恶的结果。这世间由因果律主宰，而因果律恰恰是这世间最大的谜团。

历史的细节，连起来看总是那么耐人寻味。人不是上帝，人总是在挣扎（上帝也在人心中挣扎）。我们一生中很多努力都是以短量长，放到稍长一点的历史里，曾经的孜孜以求换回的可能只是事与愿违。也正是这个原因，我对人类整体的命运与个人的努力始终抱一个同情的态度。

我以前分析过的北一辉其实也是如此。北一辉对日本失望后来到中国，本想帮助宋教仁完成中国革命，并将之复制到日本，谁知道他所追随的宋教仁很快被暗杀。此后北一辉的思想越来越极端，几年后他在中国完成《日本改造法案大纲》，并把它带回日本。在那个极端的年代，他的极端思想很快影响了许多狂热分子和激进军人，最后促成了"二二六"兵变，日本法西斯由此逐渐登上历史舞台。历史充满了吊诡，早先北一辉一定痛心于宋教仁遭人暗杀，因为这场暗杀使中国开始走上了一条黑暗的道路；而他回到日本后却一味鼓吹暗杀，让日本同样因此万劫不复。北一辉本人也因为"二二六"兵变提供理论来源而身首异处……

车子很快回到了上野，出了不忍剪票口，穿过上野恩赐公园，还有一点时间，我顺道去了东京国立博物馆。在东洋馆看中国古代文明展时，还是有些触动。中国古代有那么优秀的器物文明，却一次次被灭国，或险遭灭国，至今仍然处于转型困厄之中，让人叹息。

因为太困，在车上睡着了，错过了转车，醒来时发现车子正朝着横滨方向开，于是赶紧在下一站下车，待我折回别馆已经晚上六点多了。接着去驹铁面馆见大森勇辉。大森发邮件说他要晚到十几分钟。

为了打发时间，我和山梨县卖水果的老农聊了起来，今天是周五，他又开着他的皮卡进城了。皮卡的车厢上面订着个大牌子，上面写着"山梨农家直送 减农药 美味 高级梨大特卖"。

我过去和他打招呼时，他正在看一份晚报。

"这篇文章是批评安倍的。我不喜欢民族主义，但现在全世界都是这样！"老头向我抱怨。

猛然想起给大森带的《东洋经济周刊》上有关于石桥湛山的文章，我赶紧把那页翻给他看。老人看到后很高兴，说："石桥湛山，山梨人，是个好人！"

随后老人从车里翻出一份杂志，并翻开了其中一页。虽然交流有些困难，但我还是明白了他的意思。这本杂志报道了一位名叫大塚哲雄的职业拳击手退役后的生活。我完全没想到的是，故事的主角竟然就是眼前这个卖水果的老人。这也是我第一次知道他的真名实姓，而且他有个侄子在美国国家足球队效力。

"让我打你几拳。"我开始变得兴奋。

老人立刻精神抖擞，拉开了架势，并示意我尽管用力。不用说，我几拳下去，足以证明他以前是个专业拳击手。他的胸肌和胳臂像他那饱经风霜的皮卡车一样板实强壮。

就在这时，大森过来了。我给他们互相做了简单介绍。从现在开始，卖水果的老人一改往日的木讷形象，变成了昔日拳击场上的大塚哲雄。大塚示意我们用拳头击打他的腹肌和胸肌，在我们终于放弃后，接下来有近十分钟的时间完全变成了他的个人演讲。他舞动拳头，语速飞快，仿佛舌头也练过拳击一般，不时缩头缩脑地躲闪。大塚开始找到了年轻时的感觉，恢复了赛场上的活力，向我们讲解拳击场上的事，不时发出打拳时才有的怪声音。

"上场之前其实我也害怕，但真正打起来，就变得很勇敢了。人生需要害怕，也需要勇敢，关键是要找到一种平衡。"这话不像是卖水果的拳击手说的，而像是来自一个哲学家。

看完了拳击秀，接下来我问了大塚几个问题，比如农业收成如何。

和西方人一样，大塚没有直接说自己的年收入，而是将话题转到了他对生活的理解："说到收入，现在是一年不如一年了。但是收入不是最重要的，人生不过就是一段一段的经历。我以前觉得打拳击性感，能招引女孩子，就去练了。后来不打拳了，就开了一家服装店，做比较新潮的服装。当时有不少政要还到我的店里买过衣服，比如渡边喜美的父亲渡边美智雄……"

我和大森陪大塚在水果车前聊了不到半小时，然后进了驹铁面馆，我在这里吃面的日子已经屈指可数了。

大森说他现在正在给柯隆编一本关于中国经济的书。

"我最近发现其实'极右'的书销得并不好，可能是日本民众已经习惯这些观点了吧。"

"难免的，一个观点重复很多遍，就算再吸引人也会有审美疲劳的。

何况是一些极端的观点。"我说。

了解到我明天要去北海道大学寻访日本自由主义的传统，大森说可能日本人都知道克拉克。他同时建议我到北海道后不妨了解一下阿伊努族。

大森知道我很快就要回中国了，提前给我和女儿准备了两份礼物。我也送了他一根刻着朱子家训的竹简（戒尺），上次回中国时特别买了几根，分赠给不同的朋友。

再见，大森！

北海道的秋天（一）

　　我寻找石桥湛山的时候，了解到他的老师大岛正健曾毕业于札幌农学校，由此按图索骥，一步步找到了北海道大学。

　　早早坐车去成田机场，到了一号航站楼后发现里面没有国内班机，一打听，才知走错了航站楼，于是心急火燎坐车回到二号航站楼。时间有点赶，幸好在 Jetstar 排队时，后面的一位旅客提醒我如果不托运行李可以直接去办理登机牌，省了我不少时间。

　　日本国内并非此前有朋友告诉我的不安检，至少现在需要了。不过，矿泉水倒是可以带的，不知道安检人员用的是什么检测仪，直接在瓶外扫一下，就可以通过了。而且，安检人员也没有让我举起手来搜身，只要过安检门时不发出报警就可以。

　　这是我第一次来北海道，飞机刚落稳，我便被北海道的天空迷住了。这天上，仿佛有各种云彩织成的动物在狂欢。我拍了几张照片，其中一张像极了龟兔赛跑。

　　从新千岁机场坐车去札幌站，于亚妮在那儿等着我。上次我们在山形县曾一起参加须贝智郎的音乐节，她知道我已经到了北海道，下午正好没课，于是在我安顿下来后带我先去了小樽。

　　小樽在北海道西部，曾经极尽繁华。如今运河两边的仓储建筑大多变成了玻璃工艺品商店，常住人口也不过十几万人，甚至更少。导演岩井俊二曾经在小樽拍摄《情书》，为小樽注入了更多的浪漫和怀旧气息。

虽然名义上这是一座城市，当我徜徉其中，感觉却像是走在远离尘嚣的水晶之乡。小樽的海或许是迷人的，但更好的海景不在城里，而在我们去小樽的路上。

晚上去西茹教授家做客，屋子坐得满满当当，多是她的学生。西茹的老师高井洁司教授也从东京赶来了，明天我们还要一起参加一个纪念日中记者交换协定 50 周年的讨论会。大家七嘴八舌，我记得最清楚的一句话是："北海道大学很大，大到里面有自己的农场。"

今天很多时间都花在了路上，所到之处，印象最深的是在札幌地铁站大厅里有一个小小的的阿伊努人像。据说立这个人像是为了表示当地对阿伊努人的重视，可是它带给我的却是一种奇怪的感觉。阿伊努人如今只有两万左右，从外貌上看，迥异于我平常所见的日本人，属于蒙古与欧罗巴混合类型。他们似乎只是作为一种文化符号留存在北海道。随着大和族的扩张，大多数阿伊努人消失在祖先的土地上，活下来的子孙变成了一种异国情调。

晚上读到野岛刚的文章。他认为 9 月 11 日是铭刻在日本战后媒体史上的一天，因为这一天，"《朝日新闻》被打败了"。曾经的日本自由派势力，即"左派"大本营《朝日新闻》的这次失败，给今后的日本社会带来了巨大影响。面对主张解禁集体自卫权、强化日美安保的安倍政权，《朝日新闻》的批判或许无法像过去那样激烈了。

野岛刚说他有种预感在弥漫——"日本要变了。"

北海道的秋天（二）

今天要在北海道大学开一天会，讨论媒体责任与中日关系，顺带纪念日中记者交换协定 50 周年。

早早起来，于亚妮带我先去了离酒店不远的旧道厅。旧道厅位于札幌市中心，原本是北海道的最高行政机关大楼，建于 1888 年。这座红砖绿瓦的巴洛克风格的建筑被当地人亲切地称为"红砖房"，里面有不少关于北海道历史的展览，包括北海道历史画廊、北方四岛资料馆、桦太与战争等主题，是北海道开拓时代的象征。

桦太是位于北海道北部的一个大岛，中国叫库页岛，俄罗斯叫萨哈林岛。这个岛曾经是中国的领土，后来归属俄国。日俄战争以后，日本人逐渐占领全岛。1945 年日本投降，该岛又被苏联夺回。因为日本曾经在该岛有过殖民统治，后来被迫全部撤出，所以相关陈列与文字使整个展厅充满了怀旧的情调：昭和十年"大东亚战争割引国库债券"、"战时报国债券"、士兵随身带的"千人针"[1]、给军人的慰问信以及桦太岛歌等，而最让日本"爱国者"伤情的，恐怕还是桦太当年的白色界石，上面镂刻着樱花图案以及"大日本帝国境界"几个字。

由于时间关系，我没能参观北方四岛馆，远远看见有"北方领土要求返还署名コーナー"。走出旧道厅，发现前面有小湖，它们被隔成四块，

---

1 千人针是日本人的一种迷信品，长约一米，上面由一千个女人每人缝一针。日本女性在家中士兵临行时献上该礼品，用来保佑士兵武运长久，逢凶化吉。

据说分别代表北方四岛的形状。在这原本寻常的景致背后，却是随时可能兵戎相见的领土之争。

我赶到北海道新闻学院的会场时，会议正要开始。上午的发言者较多，只能简单记录一二。世界上最早报道邓小平去世的记者、《朝日新闻》的加藤千洋说，1989 年是中日关系的转折点。当年记者交换，为的是两国关系转好，而现在两国记者都坚持国益优先了。

原《读卖新闻》驻华记者藤野彰，现在在北海道大学当教授，他抱怨一线记者有时候不好写东西，因为东京本社的权力太大，那些和社论立场不一致的稿件随时可能被毙。此前他在接受采访时也谈到，"对中国的批评性报道"并不意味着"反华"，当然也不必然破坏中日关系。

茶歇时遇到了 NHK 的山田贤一，他和我谈起我发表在《东洋经济周刊》上的文章，"嘿，不错呢！"这让我有点惊讶，看来《东洋经济周刊》在知识分子里还有些影响力。这两天蔡孟翰和高贵礼也分别来信和我提到了这篇文章。

说到《朝日新闻》，山田贤一说："《朝日新闻》其实还是比较开放的，他们的记者可以用自己的账号在 Twitter 和 Facebook 上批评《朝日新闻》，但是我们 NHK 是绝对不敢这样批评会长的。NHK 只有退了休的人才能批评会长。当然，《产经新闻》也不会这样，他们是很一致的。"

会议有些拖沓，考虑到在北海道只有两天时间，我下午直接参观北海道大学的校园了。我知道作为札幌农学校首任副校长的克拉克在这里的影响，没想到他的头像竟已变成北海道大学的 LOGO，随处可见。

高井洁司曾在北海道大学任教，昨晚特别嘱咐我一定要到学校的综合博物馆转转。感谢高井的这个建议，我为此在博物馆里逗留了很长时间。坦率说，这里比前几天我看过的东京江户博物馆好多了。我平常喜欢读点小历史，也同样喜欢逛小型博物馆。现在的很多所谓国家级博物馆都设计得大而无当，而且很多都是器物崇拜而忽略了人。就这几点而言，北海道大学的综合博物馆足以增加我的好感，它不仅规模适中，而且记录了太多人的故事：克拉克、黑田清隆、佐藤昌介、内村鉴三、新渡户稻造、有岛武郎、大岛正健、矢内原忠雄、南原繁、石桥湛山等。如果有足够多的时间，我会停下来了解札幌农学校前几期所有毕业生的人生去向。

在这个校史馆里，克拉克的精神被概括为"胸怀大志，同情弱者，绅士之精神，自主、独立与自律之精神，自由、平等、博爱之精神，为正义而誓不屈从之精神"等。而北海道大学的学风则包括"在大自然中培养一种豁达的浪漫主义、热爱独立与自由、同情弱者、非权威主义、人间爱、实证主义、重视田野调查和现场主义、重视标本、开拓与挑战、努力与忍耐"等。

耐人寻味的是，在某个十字路口，我看到一边是克拉克的雕像，另一边是天皇行幸碑，它们仿佛要帮路人回忆自由主义和天皇中心主义曾经在此对决。

按矢内原忠雄的说法，明治以后的日本，其实可以概括为两个大学之间的争论：一个是札幌农学校以通识教育为主的自由主义传统，一个是东京帝国大学以天皇中心论、国体论、国家主义为主的官学传统。然而伴随着军国主义的上台，札幌农学校的这一传统逐渐淹没。

札幌农学校成立于 1876 年，受邀而来的克拉克原是马萨诸塞农科大学校长。当时的札幌是一个很小的城市，只有 3000 人，所以第一期只招到 24 位学生。1918 年，札幌农学校升级为北海道帝国大学。1936 年天皇行幸，1942 年东条英机来校视察，表明它越来越受到大日本帝国的重视。而这种所谓的重视，毋宁说是国家对个人的一种重压。作为具体的苦难，博物馆重现了发生于 1941 年的"宫泽事件"。

北海道大学的克拉克像

1941 年 12 月，日本偷袭珍珠港前，北海道帝国大学学生宫泽弘幸无意中看到了位于根室的海军飞机场。在与自己的英语教师、来自美国的兰恩夫妇聊天时，宫泽说起这件事。事后，兰恩夫妇将此事告诉了美国驻日使馆的武官。日本偷袭珍珠港当天，宫泽弘幸与兰恩夫妇均遭逮捕，并于第二年被判刑。而事实上，这个机场早在 1931 年就已经被一名美国飞行员发现并在媒体上公布了。但就是因为传播了这个"公开的秘密"，宫泽在狱中受到拷打，还患上了结核病。尽管在 1945 年日本投降后获释，但是两年后宫泽就病死了，年仅 27 岁。

　　说点题外话。北海道大学在日本简称北大，北京大学也简称北大。同样是来自美国的两个创始人，北海道大学有无人不知的克拉克，而北京大学有几人知晓丁韪良（W. A. P. Martin）？丁韪良不仅做过北大前身京师大学堂的总教习，还为中国翻译了《万国公法》，让中国人从 1864 年就接触到"权利、主权、人权、自由、民主"等观念。《万国公法》出版后第二年，日本开成书局将其译成日文，明治维新后该书成为日本法学教科书。

　　历史的因缘际会让人惊叹，也让人着迷。克拉克当年在札幌农学校只是做了半年副校长兼首席教官，回国时还希望内村鉴三等学生发誓信奉耶稣，按说也有传教的意味，然而其一句"Boys, be ambitious"却成了北海道大学的校训。可叹丁韪良在华生活六十余载，死后长眠于中国地下，至今仍是一个"有争议的人物"。作为"帝国主义的传教士"、"有自身缺陷的美国人"，据说在如今的北京大学档案馆里已经找不到他的任何个人资料和照片了。

　　晚上聚餐，和于亚妮的老师藤野彰简单讨论了一下新宿自焚案的报道问题。藤野彰曾经做过《读卖新闻》中国局的局长，现在在北海道大学任教。他认为《读卖新闻》就是不应该报道这一起自焚案。

"我的态度是不同情，也不同意！"

"可这的确是一个新闻。三岛由纪夫当年自杀后日本媒体做了大量报道，这并不意味着那些媒体都同意三岛这么做。"我说。

"他自焚可能有背景！"

"如果有背景，可以把背景报道出来。新闻媒体的一个重要责任不就是揭露背后的真相吗？而且中国有自焚案的时候，日本媒体不也在报道吗？"

"日本和中国不一样，中国人自焚是因为绝望且没有言论自由。而日本有言论自由，他完全可以找正常途径表达。"

这个逻辑当然是不成立的。我说："世界上有很多人自杀，而且我相信他们当中绝大多数人不是因为没有言论自由而自杀，而是因为绝望。你无法推断新宿自焚案的男子因为日本有言论自由，就不会绝望。"

"不管怎样，对于这种人，我的态度是不同情，也不同意！"野藤彰有些不耐烦了，再次表明态度。

气氛有点尴尬，我其实无意和他争论。新闻业没有一项准则规定只有同意某件事，才去报道它。谁能说我们报道一起凶杀案，只是因为同情凶手或同意这场凶杀呢？

沉默了一会儿后，野藤彰找其他人喝酒去了。于亚妮过来给我打圆场，说别介意啊熊老师，我导师的逻辑我们有时候也都跟不上。

余下的时间，我和于亚妮等人围着山田贤一，听他给 NHK 的历任会长打分：某某 60 分，某某 50 分，某某 30 分……

"从朝日啤酒过来的福地茂雄不错，他虽然是极右翼古森推荐的，我给他打 90 分。他刚到 NHK 时，走访了 NHK 的各个分局，声誉很好，他离开 NHK 时大家都鼓掌送他。其他人，不是"胖胖胖"，就是根本不懂新闻……"

山田贤一是个大嗓门，他不光嗓门大，而且说话很用力，好像每个字都是从牙缝里咬出来的：

"安倍不可能左右逢源。既任命喜欢中国的部长，又任命女性右翼部长。

"中国外交部的发言，不是给我们看的，而是给你们看的。

"现在日本的几位反中专家，樱井、中西辉政、渡边利夫都不专业。"

……

"为什么现在NHK的会长是籾井胜人？"我问了山田最后一个问题。

山田的回答是："NHK 有两个局，包括自由派的节目局和保守派的报道局，他们搞权力斗争，都不希望对方局的人当会长。所以最后就只能用外面的人了。"

"哦，原来这样。看来在一定要用外人当会长上，NHK 的人还是挺齐心的。"我笑道。

"哈哈！"山田愣了一下，继而大笑。

由于晚上主要是在聊天，而我又不喝酒，晚宴散场时早已经饥肠辘辘，于是请于亚妮在附近的"自由人餐馆"吃宵夜。

回到住处，已是子夜。完全没想到的是，我下榻的宾馆紧靠着札幌的红灯区，猛然想起季羡林在 23 岁时写的日记。有一天他读了篇淫秽小说《石点头》，因为性欲总是被勾起，于是发愿说："我今生没有别的希望，我只希望能多日几个女人，（和）各地方的女人接触。"

哎，我今生还有别的希望。

晚安，灯红酒绿的世界。

北海道的秋天（三）

　　劳累的一天。早上本打算参观北海道大学的北方资料馆，发现已经撤展。昨天在会上遇到段跃中，他在东京办了一家出版社，说是有意将我的书译成日文，我们约好十点在北海道大学附近见面，然后在一家名为"时计台"的餐馆里坐了下来。

　　段跃中和我聊了许多自己的事情，离开中国前他在《中国青年报》工作。

　　"小时候艰苦，家里没有好伞。我知道村里新婚的人家里都有一把好伞，我就让我妈找新娘子借来了。从家里到学校要走一个多小时的路，那时候小，觉得好伞有面子。但是，不小心把伞给弄坏了。当时也不知道怎么办，糊里糊涂就过去了。前些年回去，我还和那个新娘子说要赔她一把伞。"

　　关于中日历史问题，段跃中认为："日本人里也有明白事理的，比如东京广播公司的记者大越幸夫就讲，'日本必须忏悔，不要因为中国人的态度而改变'。"

　　没聊多久，段跃中动身回东京了。我是晚上的航班，还有些时间，顺便去了一趟时计台。有人说它是日本"三大失望名胜"之一，我看未见得。时计台原为札幌农学校的演武场，始建于 1878 年。时计台上有一口时钟，至今响了 120 多年。作为一家小型博物馆，如果想了解札幌农学校的历史，它还是颇有价值的。

日本说是单一民族，其实也有民族问题，南边是琉球，北边是阿依努。当然，和琉球相比，阿依努的问题已经不是什么问题了。他们当中的绝大多数人，要么被杀掉，要么被大和族同化，再加上此前饿死、病死的，到19世纪初北海道的阿依努族只剩几万人了。

明治维新后日本国力上升，对于阿依努族来说却是一场灾难。1899年日本通过《旧土人改造法》，使阿依努人放弃了自己原有的风俗和宗教，逼迫他们必须像大和族一样生活，甚至包括弃用原有姓氏而改为日语名字。从这一年起，阿依努语被禁止，到1979年会讲阿依努语的据说不过十人。被称为"熊的传人"的阿依努族，在文化上消失殆尽。

下午原本想和于亚妮一起去拜访阿依努原住民的，谁知道这个善良的姑娘领会错了我的意思，将我带到了开拓村。这是一个经过精心改造的景点，为的是还原北海道开拓时期的历史风貌。然而这里的一切做得太过精致，洁净整齐的街道、错落有致的房屋、静谧的小树林，将这里装扮得像世外桃源，丝毫不见开拓时代的艰苦与冲突。

暮色苍茫，我们是最后进来的两位游客，就在我们打算以最快的速度走马观花的时候，在景区里真的看到一辆马车，旁边还站着两个女人，仿佛刻意等待我们的来临。

"如果需要坐马车，我们还可以最后安排一次。"我和于亚妮刚走近，年轻一些的女子满面笑容地说。她挂着胸牌，名叫种市侑奈。

只需300日元，我们决定体验一把。这是有轨马车，我只在电影《让子弹飞》里见过，原以为是个笑话，没想到它真的存在于那个遥远的年代。

回到东京的别馆已是凌晨。傍晚赶到札幌机场，刚上飞机就睡着了，一路上连空姐长什么样子都没注意。回想几个小时前坐马车时的情景，心里依旧暖洋洋的。当时种市侑奈和我们一起坐在车厢里，她有说有笑，向我们介绍马车周围的景物，而一位中年妇女在前面牵着一匹白马，顺着铁轨缓缓地走着……

生活有时候需要一点美好的经历，即使它顷刻之间烟消云散。如果将来写小说，我会安排一个女主角，让她和种市侑奈一样年轻漂亮，或像前面那位中年妇女一样洗尽铅华，在类似幽静的场合，为陌生的旅人牵一辆马车，一天只在暮色中走一百米的旅程，让时间悄悄地停下来。

在火车中向后奔跑

　　休息一日，不安排外出。近年来的许多事情时常让我想起曾经读过的一则隐喻：

　　一辆火车，正开往一个美好的地方。一开始，一切还不错，但是当火车临近目的地的时候，窗外的景色变得暗淡、不祥。终于，乘客看到了远方的目的地。可他们没能发现乌托邦，取而代之的是饥饿的儿童、被锁链连在一起的苦囚，以及更远处的有着铁丝网和岗哨的集中营。惊恐而愤怒的人们，在火车中向后奔跑，企图以此来让火车倒驶。

　　在这种情况下，出现了三种应对方式：一种是上面提到的"在火车中向后奔跑"，可以拖延一点时间，但是毫无希望；一种是跳下车，这需要能力和胆量，跳下去有可能获得自由，也可能摔个半死；还有一种是及早发现问题，让车停下来，并且重新寻找方向。

　　天津大剧院开始上演《战争与和平》，遗憾我在东京，只能错过了。一直喜欢托尔斯泰写在书里的一句话，大意是：如果每个人都为自己心中的信念而战，这个世界就没有战争了。

　　晚间读金子美铃[1]的诗，《积雪》一首尤其细腻。上层的雪，高处不胜寒；中层的雪，孤独得没有天也没有地；下层的雪，"上百的人

1　金子美铃（1903-1930），活跃于 20 世纪 20 年代的日本童谣诗人，死于自杀。作为童谣诗人中的彗星，其作品一度被世人遗忘。

压着它"，负重累累。短短几十个字，金子美铃以独特的视角，道尽了人的酸辛，也解释了人间的种种隔阂与互不理解。而她的一生，又是何等不幸！

相较而言，同为女性作家的宇野千代和濑户内寂听要洒脱得多。前者信仰"恋爱武士道"，对于离去的男人，从不追赶和挽留，也不计较或拷问男人的负心。后者早年风流无数，晚年皈依佛门。究竟是好死还是赖活，要出世还是入世，没有谁能够回答得更好。最关键处只有一条——人生没有标准答案。

在外务省聊石桥湛山

　　与加藤嘉一商量做一本对谈书籍，暂定本月 14 日见面。不过他并不想出版社先行介入，而是我们自己先整理出来，再交给中意的出版社。

　　下午去外务省找植野笃志聊天，前几天他和我重新约了见面时间。

　　在一个小会议室里，植野笃志向我解释了现在到中国的日本人大量减少的几个原因：空气差、反日游行、汇率问题。而中国和日本作为两个大国，必定会有冲突。当然，他也承认如果没有美国的介入，中日的战后和解会顺利得多。至于极右翼的 hate speech，植野和我之前访问的丹羽宇一郎持相同观点，就是"不要太在意"。中国在乎日本的《产经新闻》，日本在乎中国的《环球时报》，都是不好的现象。这两家报纸都是在做生意，在市场定位方面，《产经新闻》总得有些和《读卖新闻》、《朝日新闻》不一样的东西。

　　在我谈到有关石桥湛山的问题时，植野笃志坦言对他不太了解，并误以为石桥湛山是在《朝日新闻》工作。

　　大概是不想让我白跑一趟，植野让他的手下户张敬介陪我继续聊天。

　　户张曾经在日本驻重庆领事馆做过副领事，在中国待了八年。两年前因为肺部过敏回了日本。

　　"中国的空气污染太严重了！"户张向我抱怨中国的天气，接着似乎对过去的生活有些怀念，"2009 年，我见过薄熙来，而且和王立军还握过手……"

　　在我接触过的日本人里，户张似乎更能代表日本政府的立场，甚至包括思维方式。比如当我批评安倍政府修改和平宪法时，他说安倍至少维持了一个稳定的政府，符合日本民众的利益。

对于日本当年侵略中国，他说："其实侵略者不那么想，他们并不认为那是侵略。"户张似乎有点为他们开脱的意思，当然我并不认同他的观点：

"我在不少书里看到类似说法，我承认有些人曾经是善意的，像冈仓天心，他的大亚洲主义似乎是为了'拯救中国'，而且他的这些想法和后来的日军侵华是两回事。但是，退一步说，即使有人有善意，也不能到中国去杀人。打个比方，一个男人在街上看到一个女人，觉得她应该有个孩子，于是上前强奸了她。你不能以'让她怀孕'为借口，回避强奸的事实。更别说这个动机本身也是可疑的。"

至于石桥湛山，户张同样表示自己不太了解，并且强调"现在日本人大多不知道这个人"。

基于上述事实，我和户张说应该让更多的日本人知道当年日本是如何错过石桥湛山和他的小日本主义的。而且，表面上看，大日本主义葬在靖国神社，而小日本主义在 1945 年以后的日本复活。但正如小日本主义从来没有死去，只是被大日本主义所压制，今天大日本主义也没有真正死去。大日本也好，小日本也罢，它们都是观念，都不会彻底消失，都可能有朝一日在被压制后卷土重来。

对于我的分析，户张有些不以为然。他说他不喜欢用思想来分析战争中的日本人，"你能告诉我当年哪个日本军人可以用一种思想概括？"

户张的质疑是对的。的确，我无法用任何一种思想概括一个人，我连自己有什么样的思想都无法用一句话来概括，所以我从不以信奉任何主义自居。但这并不妨碍我分析当年日本如何走向战争。思想不是全部因素，却是不可忽略的因素，正是它带人从"人性的疯狂"走向"意义的疯狂"。而当我谈论一种主流观念时，并不意味着要否定其他因素。

导致日本走向战争的因素有很多，比如人性深处的贪婪与恐惧，人生的虚无感以及长期的灌输教育训练出来的对天皇的崇高情感，军事上的绝对优势导致的"身怀利刃、杀心自起"，为个人飞黄腾达而不计战争后果，权力斗争，大家都在瓜分中国"不多日本一个"，等等。

几年前，我在巴黎参加中欧社会论坛。这是一个民间活动，当时去了不少中国学者，人大一位副校长也在场。让我没有想到的是，在总结发言时他竟然说"我方代表认为……"，仿佛中国是组团来表达一个共同的观点。这种打包式的做法让我很不适，因为这是学术交流，而不是辩论赛。我表达的只是我自己深思熟虑的观点，它不是和国家商量出来的。今天，我同样感到了这种不适。和我聊天的时候，户张总爱用"你们"、"你们中国人"来结束一个话题。直到我提醒他我和他聊天只代表我自己，他似乎才意识到我们之间进行的是私人谈话。

户张在北京大学做的硕士论文是《日本"汪精卫工作"的决策过程》。虽然我们观点不一样，但他给我的印象还是礼貌周到。我们之间的分歧，与其说是日本人和中国人的分歧，不如说是政府和民间的分歧，我感觉世界上许多官员的逻辑，其实是差不多的。

牙疼难忍，先记到这儿吧。我在中国看过几次牙，那是有生以来最痛苦的经历。

中日的凹与凸

拖了很久，今天终于去看牙了。先是去了东大校医院，结果牙科医生不在。上次为我看过感冒的医生给我开了点镇痛剂，同时开了点养胃的药，以防止镇痛剂伤胃。所需费用共 400 多日元。

紧接着我又先后去了驹铁面馆边上的两家医院，不巧今天都休息。

晚上六点半，我在东大做了一场《中日社会比较》的讲座，分别从国家、社会与个人的强弱结构做了一些比较分析。我的主要观点是：中国是凹型，即强国家、弱社会和强个人；日本是凸型，即弱国家、强社会和弱个人；作为参照，美国是强国家、强社会和强个人。

首先我对目前中国出现的某些非法治化的现象表达了自己的担忧。对比两个国家，很多到过日本的中国人，因为异域的想象容易将日本描绘成一个"已实现的乌托邦"。这也是我最初到日本时的印象。相较中国，日本是一个开放社会，在一定程度上说也是美好社会，但日本也有自己的问题。中国不是地狱，日本也不是天堂。中国向好的方面挣扎，表现为社会的上升；日本向坏的方面挣扎，表现为社会的右转。两国的共同点是都有不确定性。从政治组织、经济组织与社会组织的发育程度来看，最优走向为民主政治、市场经济和公民社会，而且中国正朝着这个方向努力，但因为行在中途，根基未稳，既可能向前，也可能后退。而这也是过去一些年中国知识分子对薄熙来在重庆"唱红打黑"保持一种高度警惕的原因。

我同时对自己在日本对石桥湛山的寻访作了简要介绍，并强调了他和宋教仁、胡适、董时进等人在日中近现代史上的重要意义。我对他们被本国所遮蔽和遗忘都深表遗憾。对比 1945 年前三十年的日本和 1949 年后三十年的中国，一个是国家对外扩张，一个是国家对内扩张，从本质上说，都是国家压倒社会。日本是全面极右走向灾难，中国是全面极左走向灾难，共同点都是国家过于强大以致消灭了社会和个人。

我谈到了"中国式自由"与"不健全的个人主义"。在自由方面，目前的中国是暧昧的。一方面，因为政治等原因，很多人认为中国是一个不自由的国家，但另一方面又不得不承认它充满机会，而这些机会背后还是有中国式的自由。至于个人，抛弃政治因素，中国表现为"自由过度"，而日本是"责任过度"。

整体而言，日本对于中国是一味药。至于药性，主要取决于中国对日本的态度。如果中国过于在意日本为数不多的右翼分子的言行，并由此大力推行民族主义和国家主义政策，这种行为对中国的害处将远大于日本。此谓毒药。反之，如果中国着眼于学习日本在社会保存、个人责任培养等方面的经验，中国将大受裨益。此谓良药。

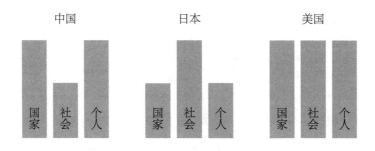

	国家	社会	个人
中国	**强国家** 权力未被有效约束。 中国梦的国家主义价值取向。 趋势：在内政和外交上趋强。	**弱社会** 被破坏的意义系统和组织系统有待重建，对权力与权利的双重规制有待完成。 我呼吁"重新发现社会"的出发点。	**强个人** 极端个人主义导致个人自由过度，容易出现"个人帝国主义"。混合生活，互相救济，但冲突也多。自我赋予意义的能力强。
日本	**弱国家** 1945年后依靠和平宪法建立起来的宪政体系使权力被驯服，甚至剥夺了国家的战争权。 趋势：政权与社会向右转后国家趋强。	**强社会** 完整的意义系统和组织系统，集团主义生活。 社会高度自治和自律，即使是在没有政府的情况下，社会也会运行良好。	**弱个人** 每个人在"社会空气"的宰制下生活。 集团主义压倒个人。新宿自焚案表现出人与人之间缺少同情。 集团主义导致个人责任过度。
美国	**强国家** 主要体现在外交上。内政上受宪政约束相对弱。 趋势：反恐背景下通过《爱国者法案》、《国土安全法案》后国家趋强。	**强社会** 意义系统（民主、自由等政治观念以及宗教精神）和组织系统（政治、经济与社会）运行良好。	**强个人** 个人主义和自由主义传统深厚使美国在二战期间没有滑向纳粹主义。 健全的个人主义和安·兰德意义上的理性利己主义。公民甚至有持枪自由。

　　我大概讲了两个小时，接下来是近一个小时的提问环节。有人提到在2014年的世论调查中，日本的集团主义比例并不高，个人主义也都很强。关于新宿自焚案，《朝日新闻》驻京记者坂尻信义认为日本媒体

可以报道发生在外国的自焚案，但考虑到后果，不宜报道发生在日本的自焚案。对此，日本时事新闻社驻中国记者城山英巳现场予以反驳，他坚持认为媒体首先要考虑的是新闻真实，而不是新闻效果。

提问环节结束后在法国餐厅还有恳亲会，大家畅所欲言，合影留念。其间郑成与我聊起了日本宫内厅最近公开的《昭和天皇实录》。我们对于其"天皇没有战争责任"的价值取向表示了心中的不满。相较而言，我更相信《高松宫日记》。我曾经在山梨县石桥湛山纪念馆的书架上看到多卷本，出于好奇后来才知道日记的主人是昭和天皇的弟弟宣仁亲王。这本日记是他的仆人在地下室发现的，里面不仅真实记录了他参与策划偷袭珍珠港，还写了他和石原莞尔的交往，以及如何密谋行刺将日本一步步推进深渊的首相东条英机。

今天参与旁听的人里有不少帮助过我的朋友：智子和英巳、野口裕子、西村豪太、高口康太、郑成、刘春晖、张成……《朝日新闻》的吉冈桂子也来了。做完今天这场活动，我在日本几个月的访问就算正式结束了。

因为牙疼，临睡前发了一条微信减压。智子看到后说明天一大早帮我预约附近的 RON dental 诊所。

"战争来了第一个跑！"

一大早接到智子的电话，说帮我预约好了牙科诊所。

RON dental 的女医生给我做了检查后，建议我拔牙。可恶的智齿，像《小王子》里的猴面包树一样，挤坏了我口腔里的两颗星球。

再忍忍吧，我没有下定决心拔牙，今天这牙就算白看了。直线是死，曲线是生，我不要一劳永逸。就算疼，我那牙还活着；要是拔了，它就死了。

中午回图书馆补看这些天落下的《东京新闻》。晚上直接去虎之门附近的餐馆与"林萍在日本"（男性网名）吃饭。几天前在李小牧那里，"林萍在日本"邀我择日聚餐，并且约上了他的好朋友渡边诚司。"林萍在日本"说渡边诚司在内阁府上班，"相当于在中办吧，是我可以半夜打电话叫来喝酒的哥们"。

我们从六点半一直聊到快十二点，一共换了几家餐馆。

"在东京不用开车。这是我花了差不多 3000 元人民币买的。"渡边锁上自行车，我们准备去第三家餐馆吃烤鱼。

过了一会儿，我发现走在身后的渡边不见了。我折回他刚才放车的地方，发现他正在往下扳自行车的车把手。待它们像牛角落下来后，他向我解释了这样做的原因。"刚把车停在这里，我突然想起来车把手可能挡住了旁边布告栏上的字，所以就把它放下来了。中国人只看前面，而日本人脑袋上像是装了个 360 度的雷达，总想着不要给别人添麻烦。"

我说干得漂亮！我想起昨天做的讲座。相较于中国人，日本人更在乎自己与社会的关系，而不只是要求自由和权利。

"美国是个人主义，中国是'一个人主义'，日本是'隔人主义'，"渡边开始滔滔不绝，"日本人的'隔人主义'表现在很多方面，比如人与人之间很少交流，周末去喝酒也只是部门的同事。日本人见面很少握手，都是敬而远之的鞠躬。说起和谐，美国是横的和，日本是纵的和。中国人和美国人一样，可以在 Facebook 上认识很多朋友，在日本这是不可能的。这种交流工具，只会让日本人原有的朋友交往更深，而不是认识的朋友越来越多……"

说话间走进了餐馆，很快我们把话题转向了日本的国旗问题。

"我在大阪读的中学，我们从来没有唱过国歌，学校也没有国旗。"渡边说，"日本社会有一种反政府的倾向，当然主要是反对过去的军国主义。大家觉得爱国主义和军国主义很像，所以全社会都反对。老师教给我们的是：'不挂国旗，不唱国歌，战争来的时候第一个跑。'因为你要是跑了，就没有人参加战争了。我印象很深的是音乐老师，有一次用钢琴弹奏国歌，在开始之前他很抱歉地说这是学校的意思，他自己是不想弹的。90 年代后，日本要做正常国家，的确有所转向。一方面有中国的因素，中国和韩国的崛起刺激了日本。

"我第一次到中国时，问一个孩子正在唱的是什么歌，他说是'国旗国旗真美丽'。我当时很吃惊。后来送他去幼儿园，发现孩子们在一起唱国歌。日本不是这样的，日本人害怕像过去一样爱上这个国家，所以学校没有国旗，而且大家对国旗没有什么好感。但现在有些变化。一来二战的历史已经变得久远，二来周边的压力越来越重。1995 年出现麻原彰晃放毒事件，小林善纪感慨日本人的沉沦，没有精气神，年轻人没有理想甚至加入邪教。到石原慎太郎做东京都知事时，索性要求教师站起来唱国歌，说做日本人要有自豪感。我记得 1988 年之前，日本有个国民意识调查，问人活着是为个人还是为社会，当时的比例各占一半，此后回答为个人的比例越来越高。日本社会也担心个人主义太过流行，而安倍整体来说还是一个注重传统的人。福泽谕吉非常伟大，他其实不是真的'脱亚论者'。你看他的《文明的概论》就知道，他追求西方的文明，但也非常重视亚洲的传统。"

渡边反对战争，他向我感叹现在日本的极右势力都是些没有参加过战争的人。真正在战场上活下来的，都是反战的。

"我认识一个神风队员，今年九十多岁，1943年他在早稻田大学读一年级时只有20岁。因为要服兵役，他参加了海军，先是做普通飞行员，后来被指定为特攻队员。接受训练时都是用单程燃料飞机，装上几百公斤炸药去撞美国海军军舰。他说入选特攻队员后，别人见他时还恭喜他，可他自己知道是去送命，所以非常痛苦，每天都活在死亡的恐惧里。不过他很幸运，两次大难不死。一次是去撞击冲绳的美军，炸弹都绑好了，由于飞机突发机械故障，只好回基地迫降；另一次也是相同的原因，飞机引擎失灵，迫降在鹿儿岛附近的海面上。没办法，只得在岛上住了几十天。后来他回老家的时候，广岛刚刚被原子弹轰炸过。他是亲眼见过广岛核灾难的人，所以他说只要还活着，就会一直反对战争。"

渡边告诉我，这个神风特攻队员名叫江名武彦。我让渡边帮我联系，如果老人时间允许，我希望能和他聊一聊。

当我提到"日本的入侵干扰了中国现代化进程"这个问题时，渡边做了一些辩解。他认为历史自有"后备军"，正如犬养毅一次没被杀，后面还是会被杀一样。就算当年日本不入侵中国，苏联也会入侵中国。大概是觉得我不会同意他的这个观点，紧接着他揶揄了一下自己："不过这话也不一定对啊，我1975年生，至今没结婚，就是因为总觉得会有'后备军'，可是我到现在还没有找到啊！"

对于日本人是否"抱团"，渡边认为韩国人比日本人还抱团。"有一次我从九州坐船到韩国，然后骑自行车在各地转，当我看到几个韩国人手拉手的时候，很不习惯。"

和户张敬介一样，渡边最早也是在北京大学留学，因为受不了北京"室外穿棉袄，室内穿单衣"的冬天，转学至复旦攻读国际关系。除了天气，他认为中国还是有些不错的地方：

"中国人口述历史发达，日本人不善于言说，很少有留下来的好句子。我想创造力来自于两个东西，一是懒惰，二是拜金，这些都是搞发明创造的动力，而这两点日本人都不具备，所以没有什么创造力。"

至于石桥湛山，渡边说他只知其名，对于他的思想和经历不太了解。两天来，我先后三次询问"你是否了解石桥湛山"这个问题，几位政府工作人员都给了我否定的回答。

席间，"林萍在日本"和我谈了自己的家庭状况。他本名叫俞振强，家在福建福清，大学毕业时有个叔叔曾经帮他在人事厅下属单位找了份工作，他觉得没有什么意思，就在几年前来到了日本。他在日本没有读书，一直在打工、做生意，偶尔也写点文章，现在主要是通过微博卖化妆品。对中国的失望和对日本的认同让他渐渐有了归化日本的打算。

明石真人的悔悟

昨晚接到《朝日新闻》社吉冈桂子的邮件，说前天听完我的讲座，打算今天对我做个采访。吉冈桂子是《朝日新闻》的编辑委员，曾经在中国做过几年记者。考虑到下午要去林少阳的"以文会"做主题发言，我们利用上午的一点时间匆匆见了一面。我婉拒 NHK 的采访后，这应该是我在东京最后一次接受采访了。我求取知识的热情远甚于传播自己的观点，所以很多时候我更愿意听别人说，而不是让别人听我说。

十点半左右，我来到东大的意大利面馆，吉冈桂子差不多同时到了。采访进行了一个小时。内容大致如下：

1. 几个月来我对石桥湛山的寻访。显然这个人物的重要性在日本被忽略了。

2. 我对中日媒体的价值取向及民众的媒介素养的担忧，对身陷困境的《朝日新闻》表达了同情。

3. 新宿自焚案的报道。对 9 月 2 日《朝日新闻》的报道表示赞赏。这位躺在 ICU 病房里的无名氏，和很多人一样，只是一个寻找意义的人。

4. 中国的现状。今天的中国其实很难直接说是进步还是退步，这是一个多点、多方博弈的过程，是曲线挪移而不是直线挪移。至于中国的前途，虽然有很多担心，但我还是坚持以前的看法，站在发达国家看中国和站在中国看中国，感受是不一样的。

5. 人性的幽暗。

我又一次迟到了。下午的讨论在成城大学，赶到时第一位嘉宾已经开讲了。大约半小时后，由我主讲日本媒体在新宿自焚案中的表现。我对该案的追问，至此告一段落。

今天的一个收获是，与会者赵怡向我推荐了她翻译的小说《希望之国》，因为"这本书里的故事和新宿自焚案有类似的地方"。据赵怡说，那天她在现场，看到消防车老早就等在那里，只等着那人点着自己。言下之意，以当时的情形，本来是可以提前喷水的。此外，日本的媒体很成问题，她不理解为什么媒体上几乎没有关于核污染的报道。

而另一位赵女士说，日本人把金子光晴称为反战诗人，其实他并非反战，只是厌战。这样一个人能成为反战诗人，说明日本反战的作家诗人少得可怜。

她说这话的时候，我想起了明石顺三的儿子明石真人，他原本和父亲一样是个无教会派的基督徒。被征兵时，他立即表明自己反对杀人，并把枪还给了长官。这种"良心式规避兵役"让军方很头痛。之后，明石真人被送上军事法庭并判了三年刑。奇妙的是，在狱中他读了日本的史书《古事记》和《日本书纪》后，认为日本之所以伟大，正是有万世一系的天皇，并且誓言今后要成为帝国军队中的一员，将自己罪恶的身体献给天皇，为国家慷慨赴死。而且后来还以此逻辑说服一个弟弟上战场当了炮灰。

会后大家聚餐，相谈甚欢。从下北池转回京王线，回到住处已经十点。林少阳来住处聊天，我告诉他还有十天我就要回中国了。

休息日

晚上去智子家吃饭，王铮和铁牛也在。

智子总是嘲笑英巳的中文说得不好。英巳只能任妻欺凌。可他也真是，在中国待了八年，汉字发音就是很不准，像抗日剧里的日本人。

智子家新住进了一个中国留学生。我们已经吃完，那个学生才刚刚醒，说是一会儿要去打工。智子又给他现做了一顿饭。

变态辣椒留在日本了，据说今天在大阪举行婚礼。

河上民雄的心事——秋叶原叙往（三）

牙疼一夜，早起犹豫是否拔掉，最后还是下决心去了。RON 齿科的医生说因为台风，护士今天没有来，手术进行不了。好几位朋友都劝我在日本看牙，现在他们劝也没用了。台风说了，今天拔不了。

回住处做了顿饭，剩下不少米，肯定是吃不完了。前几天可越约我今晚六点半在秋叶原聚餐，并告诉我同时邀请了两位同事。由于台风的原因，总武线的车误点，我们都晚到了二十分钟，后来才知道是坐同一趟车晚点的。

可越说的同事是孙盛林、王丽萍夫妇，他们早早到了友都八喜楼上的餐厅。这是一次非常愉快的聊天。因为要回家带孩子，可越在九点半左右先撤了，我和盛平夫妇一起聊到餐馆的伙计过来说要关门，一看手机，已经十一点半了。

晚上的聊天是从生活中的恐惧开始的。比如我和王丽萍都害怕蛇。王丽萍还说她平时也害怕参加国内学者在东京开的研讨会。"我不知道他们做的是什么学问。你看日本学者秦郁彦，他虽然右，但学问做得扎实。所以开会时如果赶上他发言，我多少会有点紧张，因为他有比较翔实的材料。"

王丽萍来日本后就读于一桥大学，硕士导师是社会活动家田中宏，他研究日本的战争责任，并且参与了众多的民间组织，如"村山谈话继承发展会"、"决不允许南京事件重演社团"等。

"我念书的时候社会上有不少奖学金，但我研究的是日本的战争责任，所以从来没有申请到过，因为日本社会根本不会为这个项目提供支持，日本的社会规训无处不在。我的博士课程导师是吉田裕，著有《日本人的战争观》，他现在对日本的媒体也非常失望，从不接受 NHK 的采访。"

至于理由，和我差不多。因为担心自己的观点不能完整呈现，怕被断章取义。

"司马桑敦的书里提到他那时候在日本还能看到一些有关'三光'和侵略类的书，现在什么也没有了，取而代之的是右翼咄咄逼人的憎中言论。"可越补充道。

孙盛林在东京大学时读的是新闻，对日本媒体有较细致的观察。不过他认为日本新闻界的良心不在媒体，而在东京大学教授桂敬一发起的"媒体九条会"里。

"我对日本新闻界很失望。日本很多学者，以前活跃的，现在也多半只有苦笑。《朝日新闻》本来还不错，但因为总被围殴，如今也是锋芒尽失。NHK 就不说了。当然，他们做的专题类节目质量还是非常棒的。80 年代，NHK 给过中国的电视台许多帮助，协助拍摄了《故宫》、《长江》、《敦煌》等片子。"

对于日本媒体为什么就福岛核辐射谈得比较少的问题，孙盛林和我讲了自己的一段经历：

"'三一一'大地震后，日本媒体对福岛核电站的辐射问题不吱声，美国提出了不同看法。我在国内毕竟做过几年记者，比较好奇，就同一个中国人和一个日中友好协会的人在两个月后去了一趟福岛县的饭馆村。我们带了检测仪器，发现测出来的结果比日本政府公布的要高四五倍。车子刚停下来的时候，我们打开车门，发现检测结果高出更多。我担心是来来往往的汽车扬尘导致数据不准，就把仪器放到草丛里，结果竟高出了一百多倍，仪表盘的指针像炒豆子一样蹦了起来。

"我记得很清楚，当时有个女学生光着小腿肚子从边上经过，我就在想，为了稳定大局，日本政府真是太不负责任了。日本和中国不太一样，日本人相信媒体，相信政府，中国人是什么都不信。原先的自民党干事长野中广务说现在的日本舆论一致，和战前很像。"

谈到日本的政党政治，孙盛林十分惋惜社会党的没落：

"村山富市上台后背离了自己的初衷，把自己政党原有的特色弄没了，所以有人说他是社会党送葬委员会委员长。当然，他当选时迎合选民，也是因为日本社会那时已经开始向右转。改组后的社会民主党，差不多是最小的政党了。日本社会民主党不像日本共产党那样多年来一直坚持原来的理想，反正日本共产党也知道自己没有机会执政，所以会尽力做好反对党的角色，也比较廉洁。"

"我这次到日本来，花了很多时间寻找石桥湛山。为了解今天日本的民情，我询问过很多人，我发现石桥湛山似乎又一次被遗忘了。而今天这个世界，大国主义回潮，各国国家权力上升……"我再一次旧事重提。

我完全没想到，王丽萍接下来的回答给了我极其意外的惊喜：

"我对石桥湛山比较熟悉。这得从我的忘年交河上民雄说起。他的父亲河上丈太郎被称为'十字架委员长'，而河上丈太郎的父亲正是受了内村鉴三的影响后加入基督教的。20世纪60年代，社会党领导人浅沼稻次郎被右翼刺杀，当时河上丈太郎也受了伤，河上民雄就过来给他的父亲做秘书，起草一些演讲稿之类的东西，就这样开始了他的从政之路。

"河上民雄和我私交很好，他在两年前过世了。我和盛平是人大同学，他以前在《人民日报》工作，1988年自费公派（其实是停薪留职）到日本，后来便留在了日本。我以前在中央党校工作，1991年也到了日本。刚来的时候，我不会日语，盛平认识不少日中友好协会的人，就让我去那里教汉语，因此认识了河上民雄的夫人河上京子。由于日中友好协会是共产党办的，而河上京子一直没有暴露自己的身份。直到有一天，有人问我日本的战争责任问题，我推辞不掉，就说了自己的一些观点。河上京子在边上听着，后来她对我做了自我介绍，表示同意我的观点，同时提醒我不要和外人去说。

"后来她和我说她的丈夫想见我。河上民雄那时候已经退出了他所在的神户选区，回到了东京。河上京子为丈夫操劳一辈子，丈夫就是他的事业。为选举奔波，各种压力，各种苦行，后来得了抑郁症。现在身体不是太好。

"河上民雄和我熟了后，经常和我谈起两个人：一是胜海舟，当年反对日本打甲午战争，说日本这次可能会赢，但接下来就会面对失败；二是石桥湛山。河上民雄一直希望我能够将石桥湛山介绍到中国去。我当时没敢答应，因为看到他书架上那么厚重的一套书（《石桥湛山全集》），我真的是没有勇气，完全不知道从哪里开始。这的确是一件非常遗憾的事情。他过世后，河上京子整理他生前的遗物，把很多书都捐给了国会图书馆。他是一个非常好的人，于我堪称人格榜样。他也是一个非常冷静客观的人，当年营救金大中，他是关键性人物。他还和胡锦涛一起促成了中日研修交流班。我本来是要写点纪念他的文字的，只是一时不知从何说起。

"两年前安倍当选首相的消息传来时，我们正在将河上民雄的遗体送往火葬场的路上。车里，一片复杂的笑声……"

王丽萍陷入了漫长的回忆，带着一些愧疚与自责。当她发现我有热情了解石桥湛山时，就把自己知道的包括河上民雄的东西都告诉了我，以减轻心中的遗憾。

"日本有些理想主义者，"孙盛林接着补充道，"比如日中友好协会。和白西绅一郎的日中协会不同的是，日中友好协会完全是在一种艰难落寞的环境下做事情。这个协会在日本大约有几万会员，但现在只出不进，因为都是些老人，死一个少一个。年轻人基本不会参加，一来条件太艰苦，三四十岁也娶不到老婆；二来日本社会在整体向右转。这些人和日中协会不一样，他们更理想、更纯粹。当初丽萍刚来日本时，去了趟靖国神社，觉得非常压抑，我就带她去看日中友好协会办的展览，心情才好了些。此外他们还会搞中日和平之旅，各地也会有些地方化的纪念会，比如在仙台纪念鲁迅。我和丽萍打算做一个系列访问，采访各地的事务局长，他们每个人都是一个漫长的故事。"

王丽萍这时连忙接过话茬："我去过他们的东京总部，环境不是很好。离开的时候我在想，如果哪一天那里昏黄的灯光也熄灭了，日本就真的没有希望了。"

黑暗森林——琉球纪事（一）

六时起，去冲绳。香草航空，一个美好的名字。冲绳原来也有个美好的名字，叫琉球。不同的是，琉球是结下疤痕的苦难，而冲绳是正在发生的苦难。

上了飞机，我的邻座是一位中国人，他正改一张"曹妃甸领导考察日本计划"的表格。待他合上电脑，我和他聊了一会儿。他毕业于日本的国学院大学，在日本待了十几年。除了强调中国人对日本很不了解外，他还表达了另一个观点——美元不会止跌，美国完全可能崩溃，各州将会独立。我耐心地听着，心想他对美国太不了解了。

来冲绳（写下这两个字的时候，我心里仿佛有个声音在说，是"琉球"）之前，我听好几个朋友说过那里太像中国了。当我在那霸机场附近的一家餐馆吃完第一顿饭，感觉真像是回到了中国——这里的服务态度怎么能这么差呢！

花700日元，买了一张全天的单轨列车票。在美荣桥站下车，走了五六分钟，就到了TUNE宾馆。不巧酒店三点以后才能Check-in，我只好带着行李先去首里城转转。刚走到酒店边上的十字路口，就听到附近有大喇叭在放着歌曲，循声而望，果然是辆日本右翼的车子。在日本，大喇叭属于右翼分子。车上标着"大日本忠仁社"、"日本固有の领土尖阁诸岛"、"石垣市字登野城2390-2394番地"、"宪法正"。车牌号为"冲绳400っ28~29"，上面有一个太阳标记。车子的另一面是"鱼钓岛，久场岛，大正岛，北小岛，南小岛"、"大日本忠仁社"以及一个菊花图。

海风和煦地吹着，重新坐上单轨列车，像是在这座城市的屋顶上飘浮。三点半左右，我到达首里城。我对这片土地上苦难的了解，就是从这座王宫开始的。

首里城位于冲绳南部，从 15 世纪至 19 世纪，一直是琉球国的都城所在地和王宫。琉球国原隶属中华朝贡体系，却屡被日本侵扰。明治维新后，日本国力强盛，意欲"开拓万里波涛"，琉球被划入鹿儿岛管辖。不顾琉球王国的反对，1879 年日本派兵冲进首里城，将王室成员押往东京，随即宣布"废琉置县"，将琉球改为冲绳。

刘慈欣在《三体》里曾讲到黑暗森林的宇宙法则：

> 宇宙就是一座黑暗森林，每个文明都是带枪的猎人，像幽灵般潜行于林间，轻轻拨开挡路的树枝，竭力不让脚步发出一点儿声音，连呼吸都必须小心翼翼：他必须小心，因为林中到处都有与他一样潜行的猎人，如果他发现了别的生命，能做的只有一件事：开枪消灭之。在这片森林中，他人就是地狱，就是永恒的威胁，任何暴露自己存在的生命都将很快被消灭，这就是宇宙文明的图景，这就是对费米悖论的解释。

不能说宇宙都在遵循这个法则，但它的确部分道出了人类历史上的残酷。而茫茫大海上的琉球王国，当年就是这样被来自日本的猎人"发现即被消灭"的。

面对日本的吞并，琉球王国自然无力抵抗。自从 1654 年萨摩退兵后，仰仗大清帝国的保护，琉球两百余年未设军队。可叹琉球王子急赴天津，

赝品琉球王宫

每日清晨长跪于李鸿章的辕门外，等候李鸿章坐轿外出，哭请他派兵救援，然而无济于事。刚刚经过太平天国、捻军内乱而元气大伤的大清，选择袖手旁观。坚持了几个月，没有搬到一个救兵，琉球王子只得痛哭而归。同样，1876年，琉球密使19人来华求救，紫巾官向德宏无功不返，后客死福州，通事林世功苦等五年后自觉复国无望，写下绝命诗拔剑自刎。

> 古来忠孝几人全，
> 忧国思家已五年。
> 一死犹期存社稷，
> 高堂专赖弟兄贤。

历史不仅有遗忘，还有刻意的粉饰与掩盖。首里城王宫先后四次被毁，最严重的一次是在二战结束后——冲绳战役让这里几乎片瓦无存。如今看似巍峨的宫殿，不过是1992年为旅游开发而重修的假古董。我走在这万象更新的王宫里，却找不到一点时间感。所有的沧桑都被抹平了，在这里我看不到一个王朝的覆灭，看到的只是有人在查验门票，有人在提鞋参观。

失意地走出这座假王宫，我心里在纠结另一件事情。几个月来，我一直强调小国主义，但小国并不是可以任人宰割的。在这个由恐惧和贪婪的人性搭建起来的世界，人不能大到胀死自己，也不能孱弱到活不下去。

王宫不远处有一排纪念品商店。赶巧，我进去的第一家店的店主会讲点英语和法语。这是一位五十岁左右的妇人，父姓大城，她说不知道自己祖上是否来自中国。

真巧！日本"琉球自立独立实行委员会"委员长大城浩诗也姓大城。

就在前不久，他还明确表示将作为无党派人士参选 11 月的冲绳县知事选举，并以一年内实现 "琉球国独立" 作为参选的根本政策，在安全保障政策上欲让美国撤军，转由中韩等东亚共同体军队进驻。

女店主告诉我她大学主修历史，对中国史和日本史都比较有兴趣，以前在东京工作很多年，后来回到冲绳。景区的这家古物店是 "NPO 琉米历史研究会" 开的，卖的都是一些与冲绳有关的文化产品，所得钱款最后都捐给需要帮助的孩子。

"你不一定要买这些东西啊！如果需要，你也可以把它们拍下来，留作纪念。" 女店主善意地说。随后她接过我手里的地图，向我详细讲解这两天可以去的地方。

她的热情拉近了我和这座岛的距离。我们一直聊到其他店都开始打烊，女店主也准备收拾东西回家了。临走，女店主给我手里塞了几个橘子。因为初次见面，有些事情不便多问，但我能感觉到她是一个很有故事的人。

晚上回到 TUNE 宾馆，电视里正反复播放着两条新闻。一是日本有三位物理学家获得诺贝尔奖；二是日本有年轻人因准备前往叙利亚参加 ISIS 被捕，其中一位是北海道大学正在休学的 26 岁的学生。日本刑法第 93 条规定禁止本国国民准备和阴谋参加外国私战行为，违反者将以 "私战预备及阴谋罪" 被处以 3 个月以上 5 年以下有期徒刑。

一加一等于零——琉球纪事（二）

早早起来，从美荣桥转单轨列车至旭桥，在那霸汽车总站搭乘去往丝满的 89 路公交车。昨天在首里城，游人三三两两，没有看到一个孤独的人，唯我独来独往。

今天不一样，多了个同伴。一上车，我遇到一个叫木下七穗子的女子。幸好有她的带领，我省去了许多问路的麻烦，而且多看了计划外的姬百合和平祈念资料馆。

木下七穗子能说一口流利的英文，丈夫毕业于早稻田大学经济专业。她曾经随丈夫在英国待过几年，一直做 housewife。一周前，从东京来冲绳旅行，坐的也是我昨天那班香草航空，不过今天她就要回东京了。姬百合和平祈念资料馆是她在冲绳的最后一站。她背了两个包，一看是已经退了房。

"昨晚的体操比赛你看了吗？日本第二，中国第一，好遗憾！" 木下七穗子说这句话的时候，大概忘了我来自中国。

"他们谁拿第一，和我们的生活其实没有什么关系吧！"我说。

她笑了笑："嗯，也是！"

公交车在乡村公路上缓缓行驶，周围的房屋给了我一种穿越中国乡镇的感觉。七穗子说她从来没有到过中国，只在香港转过一次机。我向她介绍了我在东京大学做客座研究员以及几个月来寻访石桥湛山的故事。她虽然并不知道石桥湛山这个人，但还是饶有兴致地听着。之后，我们聊电影。七穗子说她也很喜欢《美丽人生》和《肖申克的救赎》。这两部电影拉近了我们之间的距离。至于书，她说自己看得不多，不过还是很乐意向我推荐和田龙、奥田英朗以及百田尚树。前面两位作者我并不熟悉，而百田尚树正是《永远之零》的作者。近年来他的政治倾向在日本差不多可以归类于极右翼了，比如为田母神俊雄站台、公然否定南京大屠杀等。田母神俊雄是日本原航空自卫队幕僚长，2014年在日本宣布结成"太阳党"。该党主要政策包括：废除宪法，自主制定宪法；创建军队；主张"真正的历史观"，恢复"日本名誉"；反对接受移民，反对外国人参政……

我能理解为何《永远之零》这样的作品会打动木下七穗子。这部虽有争议却能够销售过百万册的小说，难免有一些关于爱与人性的东西，而女人一辈子就靠着这些意义品活着。我相信一个喜欢《美丽人生》和《肖申克的救赎》的人骨子里是热爱自由的，而且，她今天能够不辞辛苦来参观姬百合和平祈念资料馆，想必也有内在的历史关怀。要不，她怎么会在这个资料馆里完整地看完一部有关日军逼迫学生"集体玉碎"的纪录短片。而那时我正站在为军国主义献身的女生照片墙面前，沉重得透不过气来。那都是一些十几岁的孩子，其中一位叫国场兰子，只有13岁，她稚气未脱的笑容让我至今难以忘怀。小时候爱看《霍元甲》，每听到片首曲"这里已是全国皆兵"时觉得精气神十足，此刻我在冲绳战役的遗址上看到的却只有毛骨悚然。

如果说琉球灭国是这片土地上的哀伤，那么冲绳"玉碎"则是整个日本的耻辱。冲绳战役前，当地人口有47万，到美军占领时，岛上居民只剩下11万。失去的36万人里，除了死于美军轰炸的，剩下的大部分人都死于日军的"玉碎令"。据说从美军登陆起，日军就开始执行"玉碎令"了。其后每逢美军到来之前，日军都会先杀光当地百姓，再与美军血拼。直到二战结束后两个月，仍有漏网的日本兵在冲绳的村子里执行"玉碎令"，活生生杀死了八名妇女和少年。

据幸存者披露，由于担心军事机密泄露，日本军方强迫当地居民自杀，并为他们分发了自杀用的手榴弹。此前如果谁被发现在说琉球语，会被当作间谍处死。一位日本军官后来是这样说的："我们三十几个兵，要对付一万多民众，怎么杀得过来。就一个村一个村地分发手榴弹，命令他们拉弦集体自杀。"如此惨绝人寰的灾难，在日本教科书里最后被美化为"为天皇尽忠"的"集体自杀"。

关于美国为什么要在二战后期向日本投原子弹，有很多种说法，比如：白人对有色人种的歧视，更具体说是因为美国人认为日本是"猴子"、"野兽"，所以"对兽类要像对兽类一样"（杜鲁门）；赶在苏联对日参战之前迫使日本投降，争取战后主导权；美国以罕见的"国家体制"制造出原子弹，不投下一两颗没法对人民和科学家交代；等等。

不能说没有上述因素，但我更倾向于另一种解释——美国给日本本土投下原子弹，很大程度上是因为冲绳战役打得太过惨烈，美军已经死不起那么多人了。据统计，美军当时的总伤亡人数大约是 6.5 万，其中 12520 人死亡或失踪。阵亡人数比硫磺岛战役和瓜达尔卡纳尔岛战役的总阵亡人数多了两倍以上，此数字还不包含几千名在日后间接死亡（由伤口或其他原因导致）的军人。攻占冲绳岛的美军司令巴克纳中将也在此战中因遭到日军炮击而阵亡，成为二战中美军战殁的最高将领。而日军除了约 7000 人被俘虏外，其余约 10 万名守军则尽数阵亡，付出了比美军高十倍的阵亡代价。要求军队和民众战至最后一人的日军中将牛岛满[1]也因兵败而剖腹自杀。

从一开始，日本人打的就是一场毫无章法、随心所欲的战争。现在

---

1 牛岛满（1887-1945），旧日本帝国最后一位陆军大将，被日本军事评论家评为"优秀的战术家"。1938 年武汉会战时手上染满了中国军民的鲜血。1945 年以 32 军军长之职坚守冲绳，和日本硫磺岛陆军部队 109 师团团长粟林中道一样以敢打硬仗著称。战败后两人均剖腹自杀。

很多研究资料表明，日本当时并没有做好全面侵华的准备。卢沟桥事变时，日本在中国的兵力不过区区 30 万人，吞并中国谈何容易，而偷袭珍珠港向美国宣战更是令人费解。十五年战争，贯穿日本最清晰的脉络就是从局部疯狂到彻底疯狂。对于完全进入疯癫状态的日本而言，早点结束战争又何尝是件坏事？我读麦克莱恩的《日本史》，据说在决定投降前的两个月，日本政府还试图将本国所有 15-60 岁的男性和 17-40 岁的女性组织起来，在他们的街区和工作地点成立"国民义勇队"。根据官方令人毛骨悚然的计算法，全体日本人要组成"一亿人的玉碎"，以此"特攻"，抗击美军入侵。

木下七穗子是一个做起事来毕恭毕敬的女人——进馆前，她买花、默祷，临出来时，还认真填写参观感言。从她的留言我知道她今年 31 岁，母亲出生于 1945 年 8 月，母女俩差不多都是出生于二战之后。简单的相遇与道别。下午一点左右，七穗子按原路返回那霸，我继续坐 82 路前往和平祈念公园。

和平祈念公园离姬百合大约 4 公里。我到的时候，园内几乎看不到什么人。入口处的场馆标明负责战殁者遗骨收集，更将这里衬托得冷冷清清。当时我在想：为什么没人来参观？日本人对战争淡漠了吗？不过后来发现并非完全如此。我不知道这个馆平时的客流量如何，在我准备离开时发现外面停了三十多辆大巴车，来的都是中小学生。

再往里走，是冲绳和平祈念资料馆。应该说，这个馆的存在证明日本至少表面上还是一个言论自由的国家，维持着言论自由的体面。比如馆内介绍了当年日本人如何侵占琉球并进行皇民化统治，包括改日本姓氏、建立神社、说标准日语等。虽然内容不是很多，但也没有列为禁忌。

日本曾经有一首非常动听的《萤火虫之歌》："萤火虫之光，窗外的雪。读书的日月，岁岁年年……"它原本是苏格兰民谣，传到日本后歌词改了几遍。1881 年第一版时，歌里唱的是"南为冲绳，北为千叶群岛"，到 1906 年，又变成"南为台湾，北为萨哈林"了。解说词里说："日本政府用音乐课告诉国民对外扩张的辉煌战果。"

馆内有 145 位战争目击者的证言。一份份摊开的册子，像是钢琴谱。看到学生们站在那里翻阅时，我心里难免有些触动。想必这些孩子都是学校组织来参加和平主义教育的。从这个细节也可以看到现在的日本不是军国主义时代的日本。在军国主义时代，日本的数学课本里用来计算数目的图例，都是士兵、飞机和坦克。一辆坦克加一辆坦克等于两辆坦克，一个士兵加一个士兵等于两个士兵……那些编教科书的混蛋没有告诉学生，一辆坦克加一个人可能等于一辆坦克，一个士兵加一个士兵可能等于零（两个都死了）。

位于冲绳海边的这片和平公园或许是我见过的最有特色的反思战争的场所。这里有韩国人慰灵碑，纪念那些被日军抓来打仗而枉死的韩国人。在靠近海岸的碑林上，刻着数以万计的死者的名字，除了冲绳人、岛外的日本人，还有美国人、韩国人、朝鲜人和台湾人。那些曾经殊死搏斗的作战双方，奴役者与被奴役者，杀戮者与被杀戮者，最后都缩略成一个名字。一切都回到了人本身。战争是人类最糟糕的发明，战争由人类发起，而能够阻止战争的也应该是人类。

如果说我对这个主题公园有什么不满，主要在于这里立着纪念牛岛满的黎明之塔和慰灵碑。他的名字应该出现在万人碑里，而不应该单独拿出来祭奠。他没有给任何人带来黎明，他执行的"玉碎令"更让冲绳人陷入了长久的黑暗之中。

人生何处不青山——琉球纪事（三）

10月9日
太阳雨

　　"朴圣杰有车，你想去哪儿和他说就好了。"

　　陈明州昨晚知道我到了冲绳后，请他在冲绳的朋友帮我安排余下的行程。我求之不得。陈明州现在在京都念书，是我的一个热心读者。

　　早上九点半，小朴到 TUNE 酒店前接我。他现在是琉球大学的学生。多亏他的帮助，我可以在短短一天内看完琉球大学、冲绳县立博物馆和宜野湾普天间美军基地。

　　琉球大学的面积似乎并不比北海道大学小，我走马观花地看了一路，印象最深的是图书馆里的两幅字：一是借阅处的"真理令尔得自由"，二是阅读室的"真公和"，旁注"琉球大学之理念"。在建校五十年纪念馆里，琉大的理想被概括为：真理之探究；为地域及国际社会做贡献；和平与共生之追求。虽然我对这所大学没有什么了解，但看到这些标榜，心里还是有些感慨。而"真理令尔得自由"更让我想起燕京大学的校训——"因真理得自由以服务"。可惜的是，这所大学在中国早已经销声匿迹。

　　冲绳县立博物馆的外观像一座城堡，走进去却有着细腻的结构。伞状的柱子让我想起小时候用竹笋叶折叠而成的玩具伞。很巧的是，里面正好有久米村和久米人的展览。

　　博物馆虽然不大，我在里面却读到不少汉诗。比如：

未觉此别远，星分同在兹。

沧波一渡隔，贡舶半年期。

共曳登山屐，联吟刻石诗。

兴狂犹未遍，遗恨识君迟。

——徐葆光《留别蔡大夫温》

我曾经说因为汉字的原因，我到东京时觉得自己并没有离开中国，而当我到了冲绳，也是因为汉文化的亲缘性，我更觉得自己仿佛回到了中国。

有个细节让我有些迷惑。一个流行的说法是，1392 年明太祖朱元璋为方便贡使往来，赐琉球闽中舟工 36 姓。这些移民到达琉球后，在那霸港附近的浮岛上定居下来，于是有了后来的久米村。而我在博物馆的姓氏变迁图谱上只看到了 25 姓。为此，我特别询问了博物馆的工作人员。她说当时 36 姓只是一个笼统的说法，36 用的是汉语里的虚数。由于日本强迫琉球人改姓，这些来自闽、浙的 25 姓到后来也慢慢分化为各具冲绳特色的其他姓氏了。

博物馆的一角，有两位老人在下中国象棋。我过去观战，还和他们分别杀了一盘。这还不像回到了中国吗？我以前住的小区，楼下整天有老头下棋。不同的是，此刻我正在太平洋的一个小岛上。

趁着下棋的机会，我和两位老人熟络起来，渐有一种"他乡遇故知"的感觉。他们都来自久米村，一位叫八木明达，空手道十段；另一位叫吉川正一，琉球象棋协会副会长。据说他们祖上都来自福建，八木的祖先姓郑，吉川的祖先姓毛。虽说祖籍在中国，但经过世代推移，两位老人基本上不会讲汉语了。

根据博物馆的姓氏变迁图，我了解到郑姓来自福建长乐，到琉球之后改姓为湖城、池宫城、村田、志坚原、上原、渡久村、登川、宫城、屋富祖、仲岭、古波藏、糸数、与那霸、城田、伊礼、屋部、池宫等；而毛姓来自福建龙溪，所对应的琉球姓氏包括吉川、与世山、仲岭、安富祖、田里、普久岭、南风原、喜友名、奥间、喜濑、与仪、伊佐、安仁屋、阿贺岭、喜久山、奥村等。

昨晚查找有关冲绳县知事仲井真弘多的一些资料，知道他是"闽人三十六姓"蔡姓的后代。2007 年 4 月日本文部科学省拟删除公立高中历史教科书中有关冲绳人被日军强逼集体自杀的相关内容时，仲井真弘多曾经提出抗议。

从县立博物馆出来，小朴开车带我去了宜野湾普天间美军基地。半路的街角，偶有"琉球独立"的彩旗飘扬。由于车子开得太快，我不确定边上是否有琉球独立党的三星天洋旗。待车子接近美军基地时，我一眼就看到了抗议美军的标语，如"Osprey（鱼鹰运输机）out！Marines（海军）out！"。它们像前卫艺术品一样挂在基地外的铁丝网上。

虽然美军基地大名鼎鼎，我们却只能开车在外面转转。一路上，小朴和我分享了他的冲绳往事：

"来冲绳有几年了。刚来的那天，我还不怎么会说日语。约好了到机场接我的中国人等了一个半小时也没有来（后来知道是因为通宵打游戏睡过了）。一位保安过来问我遇到了什么麻烦，之后帮我叫了出租车。一上车，那司机说：'欢迎你来琉球，我不是日本人，我们和中国人是兄弟。'他把我从那霸机场送到琉球大学，4000 元只收了 3000 元。我下车的时候，他还鼓励我说：'留学不容易啊，你要好好努力！'这句话让我非常感动。

"过了两三分钟，这司机又回来了。他发现我在学校门口有些茫然，不知道往哪儿走，于是又找门卫帮我问明了留学生住宿的地址，再免费将我送到那里。那晚我住下后就哭了。一年后，我和一位老师在机场偶遇那位司机，才知道他叫田下，但他已经记不起有这么一件事了。"

我说："他不记得你，可能是因为他平时帮过别人的事情比较多吧。"

小朴接着说："我总觉得中日关系其实没有媒体说的那么紧张。我在冲绳教中文，有一次带一群冲绳老头、老太太去中国旅行。当时反日游行刚刚过去，大家有些害怕。没想到的是，坐地铁时几位中国人给他们让座，这让他们很感动，回冲绳后逢人就夸中国人好。你知道在日本年轻人通常是不会给老年人让座的。

"日本人知道满洲的多，但知道'731'的少。我第一次见我的专业老师志村建一，他问我来自哪里，我说哈尔滨。他说，那地方我知道，有'731'的事情。我们简单聊了一会儿。最后他站起来，向我深深地鞠了一躬，说：'对不起！我们国家历史上做了罪恶的事情，请您原谅！'他还说自己将来退休后要去中国住上一两年，同时学学汉语。"

身处异国他乡，这个细节难免让人感怀。巧的是，小朴说志村建一老家就在山梨县，这也勾起了我几个月前去那里寻访石桥湛山时的回忆。

"我在冲绳待了不到五年，也遇到过一些伤心的事情。比如打工的时候受别人欺负，算是嘲笑的那种吧。此外，有个非常好的哥们儿学了几年 K-1 搏击，原本打算回国开个拳击馆，没想到在国内出了交通事故。去年我本来有机会到欧洲留学一年，当时有一个项目，需要十个学生报名，但日本学生不愿出国，最后连我一共只有三人报名，去欧洲的计划泡汤了……"

说到这里，小朴脸色忽然凝重起来："在外面待久了，其实我也想回中国，说文雅一点，也想'报效祖国'。但我现在不是太想回去了。为此，女朋友年初还和我分了手，她已经回中国了。我在冲绳有过美好的生活，对将来也有预期，总觉得将来可以为这里做些什么。我相信再过几年，冲绳会好一些的。

"日本这个地方有一点非常好，给救护车让道可以说是一道景观。再窄的车道，只要救护车来了，所有车都会立即让出一条足够宽的通道。我遇到过几次，当我把车让在边上，心里会有一种救死扶伤的成就感，觉得自己活得特有尊严……"

我们一路聊着，去机场前还顺便看了一下冲绳旧海军司令部战壕。可叹当年那些日本兵，为打仗挖了那么深的洞。为谁辛苦为谁忙？

此次冲绳之旅，除了让我看到几百年来的战争加诸琉球人的苦难，也让我看到华人世界源远流长的温情，以及他们对自己生活的土地的热爱。西乡隆盛诗云：

男儿立志出乡关，学不成名誓不还。

埋骨何须桑梓地，人生何处不青山。[1]

此之谓也！

回程依旧是香草航班。赶巧坐我旁边的女子谷真里奈和我买了同一时间的往返票，我们聊了一路。每次往返京津时，和谐号动车广播总会提醒旅客"不要和陌生人说话"，以免上当受骗，可我偏偏喜欢和陌生人说话。在日本自然有我更想了解这个国家的目的，此外，还有两个最根本的原因，一是人人路上平等，我喜欢这种没有杂质的交流；二是和陌生人交流时，我能感觉到自己遇到了一个叫人类的物种。我这样说，仿佛自己真的是外星人了。

谷真里奈学的是法律和英语，现在就在香草航空上班。如果她懂汉

---

[1] 1910 年毛泽东在离家赴湘乡县立东山高等小学求学前夕，曾将此诗留赠父亲，有研究者误以为是毛泽东的作品。事实上，西乡隆盛的这个版本也是化自宋代月性和尚的《题壁诗》。

冲绳海滩，美日两军曾经在此激战

诗，我会告诉她我读大学时曾经写过一首关于香草的旧诗："系马高楼且何妨，美人香草芳烂漫。但信我本好儿男，万死投荒侠骨香。"现在的日本人能懂汉诗的太少了，这样的荣光只能在明治以前去找。

和我寻访苦难不同的是，谷真里奈说她在冲绳主要是欣赏美景，游水族馆，逛东部海滩，再到国际通免税店疯狂购物。听她这么一说，我突然间有点自责。

我这趿趿奔走的几个月，远离了亲人，甚至远离了正常的睡眠，逼迫自己日日背着一台苹果和一个大相机。但是，生活有时候也不必那么沉重啊！那些真正热爱生活的人早与自己和解了。然而我又有什么办法呢？就像《浮士德》里靡菲斯特所嘲笑的，思考者就是那个在碧绿原野上啃食枯草的人。

"去过中国吗？"我问。

"我只到过台湾，我外祖父曾在台湾的石油公司做事。战争爆发后就回日本了。在台湾，我找到了以前日本独有的那种怀旧气息。"

"你是说类似《海角七号》的那种？"

"不好意思，我没看过这部电影。"

"有什么好的日本小说可以推荐吗？"

"啊，这有点难。让我想想，江国得织、吉本芭娜娜、东野圭吾……还有《永远之零》。"

这一趟冲绳之行，已经有两个日本女子向我推荐《永远之零》了。

时间越来越不够用。余下数日，行程皆满。下了飞机，我坐上 21 点 52 分由成田机场开往日暮里的 Skyliner 快车。

整理完今天的笔记，该下车了。

赤子孤独了

唐辛子知道我将回国，特地从大阪赶来东京看我。我去涩谷接了她，先一起参观了近现代文学馆，本来她还想去靖国神社那边看看的，我说那边鬼气太重，于是改去神田川附近的一家餐馆聊到天黑。

餐馆离法政大学不远，我又一次想起了宋教仁。唐辛子和我讲了她这些年在日本的写作与生活。我们之所以一见如故，想来最重要的一个原因是我们都属于那种不愿成群结队的人。

我说我时常怀念 2008 年以前的那两三年，那时候我觉得自己全天下都是朋友。我经常去南方报业和中央电视台，那里有不少意气相投的青年才俊。我写了数以百计的评论文章，其中不少得到了朋友们的认同。那是中国评论界难得一见的黄金时代。我甚至一度同时给《新京报》和《南方都市报》写社论，声言"一个开放的社会必将前途无量"。虽然仍有言不尽兴的时代弊端，但那时的内心终归是充满时代的热忱和朝气的。也正是因为这种时代氛围，我于 2010 年出版的《重新发现社会》在中国社会中引起了广泛的共鸣。而后来，不只是由微博而起的发言将这个社会撕得四分五裂，而且我在这两家单位的媒体朋友也多因理想破灭或各种羁绊纷纷离职创业。这种变化让我想起了九十年代初的光景。

这几年，我更愿意离群索居，有时候甚至连话都不愿多说了。我只想通过自己的文字做点力所能及的事情，没想到身上多了一些荒唐的罪名。而以前经常来往的朋友，有的因为误会离开，有的失去了自由，有的远走他国，有的出了精神状况。最后我发现自己还是孤零零的一个。

不过这也没什么，傅雷说过，"赤子孤独了，会创造一个世界"。

"我现在一事无成，可能还是因为不够孤独吧！"说这句话的时候，我已经分不清这是认真的，还是在开玩笑。话虽如此，谁能够无情无义地活在这个世界上？即使是孤独的赤子傅雷，不还有温良贤淑的朱梅馥相伴至死吗？

天色已晚，辛子要回大阪了。由于时间紧迫，我只能送她到半路上，然后急匆匆赶回涩谷。我还要买个箱子，再将部分东西装好搬至林少阳处。我在日本的这几个月，勤勤恳恳，过着自己想要的生活，同时得到许多朋友的悉心帮助。这样的自己遇到这样的一群朋友，纵是萍水相逢，也令我终生难忘。

再见幅馆卓哉

华北出现严重雾霾天气。机场大面积延误，部分高速公路封闭。过几天就要回国了。

上午与孙盛林、王丽萍夫妇一起去了日中友好协会。我们约在神保町地铁口见。由于我到得比较早，便进了刚刚开门的山本书店。书店入口处摆了很多汉诗，随意翻开一本《词华集·日本汉诗》，我慢悠悠地读了起来。

> 乡园一别少知音，况又天涯秋色深。
>
> 夜夜思朋劳远梦，年年作客损闲心。
>
> 光寒万里空中月，声乱千家风外砧。
>
> 木叶只今零落尽，人生不啻有浮沉。

相较于地理上的国家，我更愿意在语言上寻找意义的乡土。上面这首《客中感秋》的作者是僧亮融，如果只是读这首诗，你哪还分得清他是日本和尚还是中国和尚？

在山本书店待了半个小时，远远望见王盛平夫妇走出地铁站。我赶紧走过马路，跟着他们到了日中友好协会。

的确如他们所说，这个草根版的日中友好协会环境非常简陋，不过办公室门口挂着的书法《小雅·鹿鸣》立即吸引了我。

"呦呦鹿鸣，食野之苹。我有嘉宾，鼓瑟吹笙。"这不正是我一直喜欢的诗句吗？寥寥十几个字，勾勒出我所追求的美好社会的图景，在那里，人与人、人与自然都是开放而和谐的。

今天是休息日，协会只有两个年轻人值守。其中一位是东京都联合会事务局次长佐野达哉，他简单介绍了自己的工作：

"我老家在埼玉县，在明治学院大学读书时，参加过日中友好协会组织的证言会，因为比较感兴趣，毕业后我就申请到这里来工作，一晃六年过去了。协会不隶属于任何其他组织，正式会员都是日本人，外国人只是准会员。现在全国会员人数大概5000人，其中东京都为2000人。会员平均年龄大于60岁，年轻人只有50个左右。募款方面主要靠会员的年费（每年1.3万日元），此外还有协会报纸《日中友好新闻》和'中文教室'的一点收入，以及部分募捐。为了保持独立性，我们不接受任何政府部门的款项。平时搞过不少活动，比如中国百科鉴定（知识竞赛）、'中文教室'、太极拳、中国二胡文化、中国电影欣赏，有时候也去中国搞点活动。因为对中国保持一种友好的态度，偶尔也会有右翼分子打电话来抗议……"

由于没有提前预约，自觉冒昧，我们在协会没待多久就离开了。走到地铁口，王丽萍从背包里掏出几本河上民雄早些年送给她的书，嘱我一定保管好。我连连道谢。接下来我还得赶到府中本町附近的赛马场，王铮和他的几位早稻田校友在那里等我。

赛马场在郊区，路上花了一个多小时。在入口通完电话，王铮出门迎我。今天他穿得西装革履，知道我没有穿西服出门，还特别给我备了一件西服上衣。我走进预约的包厢，里面都是一堆光鲜无比的才子佳人。

要了几瓶红酒、几个比萨和果盘，我喜欢这种体面而不拖泥带水的午餐。入乡随俗，我凑了个热闹，看了几圈赛马，并且花了800日元赌了两局，血本无归啊！

其实我知道，上帝对我最大的仁慈就是让我中不了奖，这样我就会见坏就收，而不至于沉迷博戏，浪费生命。细想我也中过一次假奖，奖品是"再抽一次"，抽完后还是等于没中奖。当然我并不反对体验生活，十年前我还进过摩纳哥的赌场，在那里买了十欧元的筹码。感谢上帝，同样血本无归。

虽说大家只是来玩，不过有位朋友好像进入了状态。每次买码和开奖时都显得格外紧张，因为输了几次，脸色明显发红。可我实在太困，很快就坐在沙发上睡着了。看来我不仅看恐怖片会睡着，看赛马也一样。哎，我与这世界时常格格不入，或者根本就不是这世界上的人。

五点左右，从赛马场出来，和王铮赶往调布市。在离开东京之前，我想再见幅馆卓哉老人一面。

早早到了苏州屋，这是一家中餐馆，等了十几分钟，餐馆才开门。这时幅馆老人也到了，他是骑自行车来的，而且带了一个大包。店主夫妇热情地和他打招呼，福馆是这里的常客。

选了个靠窗的座位坐下，幅馆脱了外套，里面是一件红格子衬衣。他说今天一定让他来请，并且很熟练地点了满满一桌子菜。随后从包里掏出一本书放在桌上，这是丹羽宇一郎的新书《中国大问题》。

"八月份我刚去了丰桥的爱知大学，为了参加同文书院的同学会。"

"您怎么去的？"我问。

"我自己骑摩托去的。"

"啊，很远吧？"我不敢相信，毕竟他已经九十了。在中国，到了这把年纪早该"作威作福"，而且家里人恐怕都不会让出门了。

"从东京到丰桥，有好几百公里。不过我没急着赶路，在路上还住了一晚，泡泡温泉。这次我们去了二十多位校友，其中还有年近百岁的。"

关于自己的生平，幅馆这次讲得更细致了：

"我 1924 年 11 月 16 日出生于汉口，四岁时随父母到了上海。淞沪会战爆发后，全家回了日本岩手县的外婆家。我还有两个弟弟一个妹妹，后来又一起搬到了东京的小姑家。上初中时家里人问我将来做什么，我说要考上海的东亚同文书院。家里人说，你脑子笨，考不上吧。我后来就真的没有考上，然后复读了一年，终于考上了东亚同文书院的预科。我离开中国是在 1947 年，李香兰（山口淑子）也是那时候离开的，我们在上海坐同一趟船到了长崎县的佐世保。

"我儿子在中国做生意，在东车轮船公司中国区做事，他有时候在上海，有时候在大连。两个孙子，一个去了美国，一个去了香港……"

正聊着，幅馆突然记起什么，说要回家一趟。没想到的是，大约十几分钟后，他从家里捎来了一大堆东西，包括几个照片夹子、一大厚本《东亚同文书院大学史》以及一块牌匾。牌匾是一位自称"学生潘德成"的人送给他这位"中国人民的好朋友"的。上面用行楷工整地写着郭沫若的名句"黄河之水通江户，珠穆峰连富士山"。

老人向我们逐一介绍了带来的东西，不时劝我们多吃点菜。接下来，他讲了一件让我和王铮都十分震惊的事情：

"有件事上次人多我没和你们讲。1945 年春天，日本军在太平洋战争中越打越吃力，军粮也运不过来，他们就到附近的农民家里征粮。由于语言不通，东亚同文书院的学生们便被派上了用场。有一天，我和两位同学——中久保政二郎和小久保（小久保的名字我忘了），我们三个学生和三个日本兵一起去征粮。说是征粮，实际上就是白拿。当时农民也没有办法，只能给他们。我们几个学生都觉得这样很不好。我记得在嘉善一户农民家里征粮的时候，两个日本兵不但抢粮，还轮奸了这家人的女儿。当时她下身都是血，应该还是处女吧，只有十六七岁的样子。女孩的爸爸怎么求饶也不管用，妈妈当时就疯掉了。

"这件事让我和同学都很气愤，心想这是什么'圣战'啊！什么'拯救大东亚'啊！跑到农民家里抢粮食，还强奸人家的女儿！我们当时劝也没有用，一个强奸犯冲着我喊：'你少管我，老子很久没碰女人了。你们学着点！'

"当晚我们几个人都没有走，把农民家里剩下的一点酒喝光了。我当时心里很难受，一时性起就和中久保合伙把其中两个士兵给杀了。中久保和我配合得很默契，当时我们每个人身上配了一把手枪和一个手雷。另一个士兵当时没怎么作恶，被我们缴了枪后放了。我们回去时带上了他们的认知牌（名牌），说是遇到了中国兵的伏击，这事就不了了之了。我们很幸运，跑掉的那个日本兵后来也失踪了，也许半路上真的被中国人杀了吧。

"当时我还问上级军官那几个日本兵死后会不会进靖国神社，军官说'当然会的'。从那一刻起，我对靖国神社也开始怀疑了。"

幅馆说他这些年一直在写自传，"我已经把我的传记写好并寄给国会图书馆了，你们可以在那里查到。去年我还去警视厅询问自己当年杀了人是否有罪。他们的答复是：'虽然你没有罪，但是也不必去和别人说吧。'"

说着说着，幅馆又把话题转回中国，念起中国人的好。回想起90年代潘德成的妻子曾帮他用手洗过衣服，老人觉得这是中国人对他的恩情，忍不住又哭了起来。

在佐田雅志的歌声里（二）

10 月 12 日
晴

早起坐轻轨去横滨，叶千荣开车守在半路上接我。

今天我们跑了不少地方。先是路过位于静冈县的岸信介的家宅。岸信介在这里度过了生命中的最后 17 年。后来安倍的母亲安倍洋子将这片占地 5000 多平米的家宅捐赠给了御殿场市。2009 年起，这里作为观光地对普通市民开放。

我承认，在我的印象中，有关岸信介家族的信息基本上都是负面的。安倍晋三曾在《美丽的日本》一书中承认自己的政治 DNA 更多地继承了外祖父岸信介。而安倍洋子据说本是个政治强人，没少在这两个男人之间传递某种价值。从岸信介到佐藤荣作再到安倍晋三，这仿佛是个流着国家主义血液的家族。1987 年 8 月 7 日岸信介病死时，《朝日新闻》的社论写道："由于被指名为甲级战犯的岸信介复出为首相，不少人认为这就是为什么日本人无法明确追究战争责任的原因。"

当然，客观上说，对于日本而言，岸信介还算是做了点事，一是签订日美安保条约，二是在日本全面建立社会保障体系。这些对于其后池田勇人、佐藤荣作时期的经济高增长无疑是至关重要的。而且我没有想到的是，岸信介书法精湛，无论其家书还是抄写的《金刚经》，都给我留下了深刻印象。

之后，我们到了热海市的起云阁。起云阁是许多日本作家特别青睐的地方，据说太宰治就是在这里写作《人间失格》的。他与山崎富荣殉情前三个月，还在这里缠绵过两个晚上。

虽说出来游玩，不过今日心情几度欠佳。昨晚看国内几个朋友在网上讨论一些事情，内心本已十分茫然，而就在我站在起云阁外晒太阳的时候，又在微信上读到了一些有关国内的不好的消息，更是搅得心绪不宁。有时候我觉得自己变了，我对这个世界失去了耐心，甚至偶尔会想起曾在南美度过余生的茨威格。

我必须尽快让自己振作起来。"不要活在新闻里。"我对自己说。每当我快要被各种坏消息摧毁的时候，我就会这样劝自己。或者干脆转移注意力，比如眼下可以让叶千荣给我讲点他在日本遇到的有趣的人和事。

"和你说说秋山仁吧，他是著名的数学家，已经退休了的东海大学教授，算是我的前同僚。他曾经讲过：'虽然现在中国发展很快，但我还是很怀念 80 年代应邀去曲阜讲学的情景。那时的大学不像现在这么有钱，但他们对学问的态度是那么热诚。记得下火车后，他们派了一辆马拉的大车来接我。我当时很感动，不但丝毫没觉得不好，反而有一种孔丘周游列国讲学的感觉，觉得这才是曲阜！'"

"嗯，这应该是一个有趣的人，"我说，"你要是在这乡下有辆马车就好啦！"

"我喜欢换车，这辆车刚换没多久。人生只有一次，不要辜负它。"叶千荣继续讲他的笑话，"秋山仁是数学家，可据他说小时候跟数学全无缘分，之所以会产生兴趣是因为考试作弊的时候，他发现前后左右的答案各不相同，为了确定谁是对的，就在偷看的比较中发现了问题，找到了数学的趣味。"

"这是他给自己开的玩笑吧。"我说。

"最好玩的在后面。上大学时他住在东京近郊小金井的简陋民居里，周边全是卷心菜地。他说他穷得一分钱也没有，饿得头昏眼花时，就在半夜去菜地里偷挖一棵菜回来吃，同时满怀歉疚地在挖走卷心菜时留下的坑里拉屎，并念念有词——'实在对不住啊，留下这点肥料聊表心意吧……'"

哈哈，我们都大笑起来。

随手 Google 了一点秋山仁的资料。他在南开大学讲过几次课，回日本后还特别写了篇文章批评日本学生上课漫不经心、躁动不已，而南开学生"非常珍惜接受研究生教育的机会，他们从内心里感激父母、家人以及社会，并尽可能地把握好这种学习机会，以便将来学业有成，回报社会"。

异域的想象，读完一乐。

下午又跑了箱根不少地方，天黑时我们来到伊豆，在伊东，面朝大海，共进晚餐。餐厅外有流动温泉，一对情侣坐在那里一边泡脚，一边倾听迎面而来的涛声。

"人生只有一次，要远离山口组。"这是叶千荣的口头禅。虽说"危邦不入，乱邦不居"，可是谁又能做到呢？

吃完饭，我们开始往回赶。大概因为周日回东京的车较多，有段路车速明显放慢。走了好长一阵子，我注意到没有一辆车在我们前面加塞并道。

"日本人这方面非常规矩，除非遇到紧急情况，平常都这样开车，谁要是突然挤到另一辆车前面去，会觉得不好意思。日本人不喜欢给别人添麻烦……"

我想起自己在中国开车时见到的所有活力四射。有一次在快速路上，前面有辆车突然飞出个烟头，正砸在我的挡风玻璃上，一时火花四溅。幸好我当时没有慌乱，否则说不定会出什么事呢。

汽车在夜色中飞奔，我们继续听歌。叶千荣恨不得为我翻译佐田雅志的每一首歌曲，好让我分享他内心的喜悦。

奶奶刚收拾完晚饭
弟弟还在二楼的摇篮里

我和爸爸
在街头电视上的空手道
正打得白热之际　得知小妹降生
……
小妹生下那会儿的咱家
哪怕奉承也说不上富裕

但就像在黑夜里　总会因为什么
看见光亮
……
有天一个年轻人　来到咱家
说"请把女儿嫁给我"
爸爸一言不发　注视着
满脸通红低着头
但已不知从何时起变得漂亮了的女儿

种种记忆　在爸爸心里翻滚
于是终于嗓门变粗
初见爸爸的狼狈　小妹泪珠大滴落下
时间在家中停止

妈上前劝解　爸全然不听

用颤抖的声音　摇头拒绝

可在看到小妹的真心后

他闭上眼睛深吸一口

小声说道：

"好吧　把女儿给你了

但要让我揍你一顿

你这夺走我女儿的！"

作为老爸

说小妹选的男人一定不会错

最相信的也还是爸爸

作为新娘爸　静静地握住女儿的手

在婚仪的神坛前　慢慢站起

婚礼钟声　在避暑地教堂

响起的那一刻　我注视着老爸

那分明是当爸爸的眼泪啊

我一生难忘

……

　　没等听完这首《親父の一番長い日》（老爸生涯中最长的一天），我早已热泪盈眶。它不只是歌曲，更是一首长篇叙事诗。它带我走进一户普通人家的喜怒哀乐。

　　接下来一首是我同样喜欢的《いのちの理由》（生命的理由）。

我的降生　是为了和爸爸妈妈相遇

我的降生　是为了和兄弟姐妹相遇

我的降生　是为了和朋友大家相遇

我的降生　是为了和爱恋的你相遇

就像春来时花自会绽放

就像秋至时叶自会飘落

每个人　都是为幸福而降生的啊

就像悲哀的花朵后　会有喜悦的果实

我的降生　或许是伤害了哪儿的谁

我的降生　或许是被哪儿的谁伤害

我的降生　或许是得救于哪儿的谁

我的降生　或许是拯救了哪儿的谁

……

　　我是何等喜欢这忧郁而温润的声音，真希望时间能在这夜色中停下来。

一亿总忏悔

昨晚回到东京，住到林少阳处并聊至深夜，从战前的"一亿总玉碎"说到战后的"一亿总忏悔"，以及最近的《昭和天皇实录》。

"一亿总忏悔"这个口号是日本投降后不久由新上任的首相东久迩宫稔彦[1]提出来的。对于这个口号，我是从三个层次来看的。

首先，相较于战争结束前的"一亿总玉碎"、"一亿总特攻"、"一亿火球"，"一亿总忏悔"是一个进步。

其次，人应该对自己的行为负责。日本对外扩张，出现全民狂热的浪潮，尽管有被操纵的成分，但他们是有战争责任的。举例说，据《东史郎日记》记载，当东史郎接到征召令，前来送别的母亲平静地对他说："这是一次千金难买的出征。你就高高兴兴地去吧！如果不幸被支那兵抓住，你就剖腹自杀！因为我有三个儿子，死你一个没关系。"当年战场上的杀人机器，就是被无数这样的母亲一个个推上前线的。如果这些母亲认为生孩子不是生孩子，而是生战士，她们怎么能与战场上的杀戮脱得了干系？这个世界充满了合谋，反思战争不能只抓几个战犯了事。倘若如此，这些战犯也就成了我说的"替罪狼"。他们无疑有罪，但他们也在为那些在日本战败后将责任推得一干二净的人替罪。

第三，不能因为"一亿总忏悔"而忽视天皇及其他战犯的战争责任。

1　东久迩宫稔彦（1887—1990），昭和天皇的叔叔，作为第二军司令官参加了武汉会战，1945 年 8 月 15 日天皇广播投降诏书后，在木户幸一与重臣们的推荐下成为日本第一位皇族首相。

在一个由非民主方式产生的权力体制下，权力在暗处运行，对整个社会走势占有主导地位。正是这些弄权者开动国家机器，左右舆论，将全民纳入战时体制，才使国家走上了一条彻底的法西斯道路。掌权者的责任应区别于普通民众，理应严厉追究。所以我同意加藤周一在《日本社会文化的基本特征》一书中的分析：

> 在十五年战争中，作为个人，日本没有一个战争责任者，即大家都有错。战争责任由全体日本国民承担，不是由领导人承担。所谓"一亿总忏悔"，就是说无论是香烟铺的老板娘还是东条首相，都有一亿分之一的责任。一亿分之一的责任，事实上就等于零，即变得没有责任。大家都有责任，几乎等同于大家没责任。

在此意义上，东久迩宫稔彦（注意，他是皇族、首相并且参与了侵华战争）抛出的所谓"一亿总忏悔"就是明修栈道、暗度陈仓的化有为无。而日本的集团主义，也因此变成了一种进可以众志成城、退可以法不责众的怪胎。

加藤周一特别谈到知识分子的战争责任。他认为把知识分子的责任推到一亿国民身上，使之化为乌有，实际上是一种欺骗。"国民受骗了"、"什么也不让国民知道"这类借口对于普通老百姓可能还算适用，但是知识分子不能这么说。因为如果知识分子说自己什么也不知道，只能说他什么也不想知道。

鹤见俊辅在接受采访的时候也特别谈到知识分子的责任，他认为，知识分子不同于普通人，他们在信息获取方面本属于"特权阶级"，因而有必要担起与之相称的责任。很不幸的是，十五年战争期间许多自由派知识分子最后变节为军国主义者，而他的父亲就是其中一位。

甲级战犯东乡茂德的外孙东乡和彦去年在他的《重问历史责任》一

书里写道："日本的大多数国民都有相应的战争责任，所以用生命肩负起国家整体责任的甲级战犯，是国民感谢的对象。"这话不假。当时作恶的是一个国家，而受审的却只有几个。最该感谢他们的还有天皇，这位发动了战争的天皇，在无力抵抗美军的轰炸后发了个"终战令"，不但所有战争责任由此一笔勾销，而且摇身一变成了和平的缔造者。如此荒唐的"放下屠刀，立地成佛"，人世间恐怕只此一例吧！

今日主要参观了中野附近的一家养老院。这是我平生第一次进养老院，看着那些靠别人照顾才能活着的老人，更能感觉衰老是件多么残酷的事情。据介绍，入住者所需缴纳的费用共分四个等级：最便宜的是接受生活护理的老人，他们需要的只是伙食费，每月1万日元，全部由政府补贴。剩下的按年金分为三个等级，最贵的每月需要交15万日元。差额收费是为了促进平等，却也表明日本老年人的收入有较大差距。日本厚生劳动省曾经做过老年人家庭收入调查，年收入不足200万日元的达到了35%。养老金本应是晚年生活的经济来源，但实际上这笔费用并不足以维持正常生活。按照规定，如果交满40年的保费，年老后每月可领取6.6万日元的养老金。但并非所有人都交够了保费，平均下来每人每月实际上领取的养老金不到5万日元。

晚上和智子、春晖去一桥大学张成的宿舍聚餐。由于赶上了台风，回来时暴雨倾盆，虽然带了伞，裤子和鞋还是湿透了。我可怜的鞋子，几个月来的辛苦奔波，鞋底早已磨破。

从国立回来，在高丹寺下车，小青在地铁里已经睡着了。我和智子轮流抱着他，在大风大雨里走了几里路，真是有很多感慨。英已没在家，智子独自带个孩子多有不易。怕我感冒，智子帮我热了碗生姜红糖水。

"三国治"——加藤嘉一来访（二）

加藤嘉一从美国回来，到东大找我。他准备与我合写一本书，书名都敲定了。原本只想上午聊聊的，没想到一直聊到了傍晚。

"我在哈佛这两年，最大的收获是找到了一些志同道合的朋友，"加藤说，"我和一些在美研修的官员，两周碰一次面，有时会聊到天亮，那是我在美国度过的最好时光。大家都觉得为祖国奋斗是件光荣的事情，有的研究革命理论，有的甚至说日本社会得不到解放，宁可切腹。

"当然最大的问题还是如何组织起来。日本外务省的人偏保守，我在哈佛与日本官员经常谈到日本应该放开对中国人的自由行。大凡到过日本的中国人，对日本印象都很好，这有利于改变两国社会的对立情绪，而且能够拉动日本内需。此外，也为日本进入移民社会做好准备。现在日本越来越封闭，我在美国发现那里是中国人越来越多，日本人却越来越少。

"对比美、中、日三国，美国是 the rule of law，中国是 the rule of politics，而日本是 the rule of air。谁在操盘日本？是无所不在的空气，是 KY（kuki yomenai）。我曾经参加一个日本人的会议，当场提了个不受欢迎的问题，一位老人就和我说，下次你不要来了……中国是体制性的问题，比较清晰。日本的问题比中国复杂。日本有很多共谋，《朝日新闻》的记者在大学做教授受到威胁，就是一种共谋。"

加藤说的是右翼抵制《朝日新闻》的事。一位曾经撰写过慰安妇报道的前《朝日新闻》记者，年初还在神户一所大学任教，之后学校收到各种抗议信，诸如"不解聘就炸学校"、"将伤害学生"等，最后学校只好解除合同。类似的事件已经发生多起，引起日本很多有识之士的不安。

"为什么日本不能理解中国？日本人看不到中国历代皇帝治国的内在逻辑，所以毫无理由地感到恐慌。统治中国这么大的国家，逻辑必定是非常简单的。当然，中国也有问题，本质上看，中国并不把理想国家的目标放在时间轴上，没有真正长远的打算。"加藤接着说。

由于明天就要离开东京，我心里还惦着浅野纯次先生前不久给我推荐的书，在意大利面馆吃完午餐后加藤便陪我去涩谷的几家书店找书了。

转了大约两个小时，我们终于在纪伊国屋书店找到了那本书。行李虽已超重，却经不住诱惑又多买了几本书，包括一本《琉球独立论》。翻着这本书，我顺便和加藤聊起了前些天在冲绳旅行时的感受，没想到加藤很快接过话茬：

"如果从政，我可能考虑参选冲绳知事。先做些准备吧！我已连续几年在冲绳参加马拉松比赛，赛后还会在琉球大学做演讲。会场通常有三四百人。我要让冲绳人慢慢适应一个非冲绳人也能在这里参选知事。当然目前胜算可能性是零，我要等待机会。假如冲绳将来出现危机，我会参与必要的社会运动。我的主张是将冲绳消费税降到零。"

加藤很少在我面前掩饰自己的观点，而我也总能在他身上看到他与日本社会的格格不入以及年轻人独有的雄心勃勃。

之后我们又回到涩谷——这世界上最繁忙的路口，聊起了内田树和石桥湛山。

加藤说："内田树的《日本边境论》我很喜欢，在我心中仅次于《菊与刀》，日本被边缘化有什么不好的？日本要是有道路自信的话，就应该像石桥湛山一样向世界宣布做好'小日本'。为什么不甘心做中等国家？"说话间，他举起路边商店里的一个小电器。"其实，日本就应该生产这种东西，做真正的'小日本'。"

这是我在日本几个月来第一次听到一个日本人主动向我提起石桥湛山的小日本主义。

加藤原本打算中午回伊豆老家的，结果到了晚上才走。因为没聊尽兴，整个下午他一直帮我拖着箱子，陪我买书、买药，在商场里找合适的西服和鞋，当然最重要的是聊天。

我们聊的最后一个话题是关于日本的亲情：

"我妈妈在养老院工作，那是日本老年人的监狱。她年纪也不算大，55 岁，家里有 4 个房间，但没让我姥姥一起住，当然我姥姥也没打算去。日本人讲究不给别人添麻烦，家里人也是一样的。所以我姥姥就住进了离家 5 公里以外的养老院。这是另外一家养老院，逻辑是一样的，我妈妈怕我姥姥在她的那个养老院会给其他同事添麻烦。

"日本社会是这样的，距离感比价值观更重要，这和中国、美国都不一样。如果以 0-10 的标尺来算，中国是关系近的保持 0-3 的距离，关系远的保持 7-10 的距离，而日本永远是 3-7。所以日本没有'陌生人'这个词，也没有'熟人'这个词。这背后其实是公私观的问题。中国和日本是完全相反的：日本的公共场所非常整齐，人人循规蹈矩，家里怎么脏乱都可以，因为不给别人添麻烦；而中国是公共场所脏乱差，自己家里却收拾得干净整洁……"

今天和加藤聊了很久，为了便于内容整理，我们像往常一样用手机录了音。不巧的是，由于昨天大雨将我的皮鞋完全浸湿，我不得不靠窗而坐，好让炽热的阳光晒干我的鞋。结果我的手机被阳光烤宕机了——"由于手机过热，请让它变凉后使用。"

辛辛苦苦聊了几个小时，不光是手机中途罢了工，而且之前录的几个小时也没存上。几个月来忙忙乱乱，在日本走访了很多人，相信有不少内容也在我的粗心中遗失了吧。

晚上抽空跟智子道别，明天她有安排，不能送我去机场了。我回涩谷给自己买了一件西服和一支万年笔。至于脚下这双已经湿了又干的鞋，陪了我那么久，我还是把它带回中国吧。

东方的土地

打开电脑，此刻我已经坐在日本航空 JL863 飞机上了。早起林少阳帮我运了个箱子到新宿。多亏有他帮忙，我这一路上才不致太过狼狈。

在成田机场买了一份当天的《朝日新闻》，报上刊登了一幅讽刺漫画：安倍代表日本政府给获诺贝尔和平奖的巴基斯坦女孩马拉拉·扎伊颁奖，以示感激之情。言下之意，诺奖如果给了日本和平宪法，试图谋杀这部宪法的安倍政府将会十分尴尬。

而在有关该报两代记者的讨论中有这样一段话，大意是：媒体当为纳税人代言，今后《朝日新闻》会一如既往地监督日本政府，同时对安倍提出批评，他现在的做法正在瓦解日本战后的民主主义。作为媒体，《朝日新闻》不会对此坐视不管。

以我多年来的观察，媒体之死有三种：第一种是自然死亡，比如网络的兴起导致纸媒的衰败；第二种是死于他杀；第三种是死于自杀。唐辛子曾经和我说，《朝日新闻》如果死掉，日本媒体就彻底沉没了。最近这些天，我不像刚到东京时那样常看《朝日新闻》，不过，虽然有右翼的围追堵截，事情似乎也没有完全变坏，至少这一期的《朝日新闻》没有让我失望。至于这个世界将来会变成怎样，谁知道呢？当一家有着几百万读者的报纸大费周章地声称自己要保持独立精神的时候，也是其独立精神岌岌可危的时候。

这几年，我听到太多的坏消息，偶尔有几个好消息，也好像是为了拼出一个更大的坏消息。可我能够做什么呢？我虽然也在写一些谈论政治与社会的东西，但我的内心时常感到焦灼，因为我生命的激情其实并不在这些所谓的大事情上，我更在乎具体的人的命运以及对人的思考。然而，既然有这样一次访问日本的机会，我还是会尽量多做一些功课，为东亚和解以及两个国家的相互了解多做一些事情。我不敢奢望对这个世界能有什么功劳，我只希望自己读万卷书，行万里路，能够守住内心的这点天真与勤恳，尽一个读书人的本分。

合上报纸，收起小桌板，飞机已经滑出了跑道，冲向天空。

再见，东京大学，涩谷繁忙的路口。

再见，山手线和日暮里。

再见，摇摇欲坠的日本和平宪法。

再见，所有在我旅日期间曾经寻访或帮助过我的朋友。

一路向西。窗外，阳光万里，白云朵朵。渐渐地，云层的边界越来越不清晰，最后变成灰蒙蒙的一片。而我终于困意袭来，直至在天空安睡，在地上醒来。

这一天，我从东方起飞，依旧回到了东方的土地。

后记　如何弹奏一架钢琴

人生如寄，岁月如驰。汤汤川流，中有行舟。

准备写这篇文字的时候，我正坐在上海的一家宾馆里，窗外是滔滔黄浦江水。我记不清这是第几次来到这座海滨城市，据下午到机场接我的司机说，前两天上海也有雾霾，好在今天已经散去了。此时的北京，有人已经准备贩卖来自加拿大的罐装空气。霾天黑地，许多人又在把这一天过成雾霾节。从来没有救世主，中国除外。幽默是中国人的救世主，它教会中国人苦中作乐，向死而生，在苦难面前出污泥而不染。

一

几个小时前，和邀请我来沪做讲座的朋友去听了一场音乐会。遗憾的是在整个演出期间，有不少观众在拍照，大声说话，甚至在演出进行时退场，和十几米外没有退场的朋友挥手告别……如此热闹非凡让我感觉自己仿佛置身于某个村庄的露天电影院，而非气质高雅的音乐厅。要知道上海是国内最先进、最洋气的城市，这里的公共场所尚且如此，中国其他地方可想而知。这就是我在书里谈到的中国式的"强个人"——重自由而轻责任。

当然，重自由而轻责任并非中国人独有。如果考虑到每个人会因为他者的越界而减损自由，此"强个人"从本质上说依旧是"弱个人"。

这场以"天地人和"为主题的音乐会，构思可谓精巧。这是我第一次在一场音乐会里看到这么多种乐器轮番上演，钢琴、大提琴、小提琴、古筝、古琴、琵琶、大鼓、铙钹、埙、长笛、二胡、非洲手鼓、马林巴……这种混杂性就像是今日的中国。在中国，你可以见到各种人，听到各种声音，它杂乱无章，但丰富无比，甚至在这种丰富中包含着举世无双的黑暗与荣耀。

而生活在一个正处于转型时期的古老国家，魅力正在于此。我周围有越来越多的朋友选择在国外定居，而我之所以没有真正动心，固然是因为我在文字上担负着一定的理想与责任（我想在有生之年都能亲近这片土地上的灵魂，我的胸腔里至今跳动着十五岁时那颗火热的心）；与此同时，我也清楚地感受到这片土地一直以其绵延不绝的丰富性回报着我。

在所有的乐器中，我最喜欢的是钢琴。当那位年轻的女钢琴家坐在台上开始演奏巴赫的时候，我竟忍不住浮想联翩。三毛曾经说过："女人是一架钢琴，遇到一位名家来弹，奏出来的是一支名曲；如果是普通人来弹，也许会奏出一支流行曲；要是碰上了不会弹琴的人，恐怕就不成歌了。"在我眼里，我们所处的时代也像是一架钢琴，它不像我们想象中那么完好，甚至可能还缺少了几个琴键，但终究是可以弹奏出音乐的。当然，前提是你要了解并会弹奏它。

我能想到的最糟糕的情况是，因为年久失修或者突然遭遇变故，一架钢琴只剩下一个琴键，而其他琴键不是像牙齿一样自行脱落，就是从根上腐烂了。不用说，虽然名义上这还是一架钢琴（瞧，它还有消音钉、制音器、琴槌、踏板、琴键、音板、击弦机），但即使是世界上最伟大的钢琴家，也不可能靠它弹出一首美妙的曲子。中国历史上不乏这样单调的时代。管仲所谓的"利出一孔"，秦始皇的焚书坑儒，清朝的文字狱，从目的上看追求的都是"一个琴键的时代"。当然，管仲比嬴政强多了，他并不真正相信自己宣扬的那一套。作为"华夏第一相",管仲长袖善舞,其治下的齐国多少还是尊崇市场和人性的。

二

经过漫长的等待,我对这本书的出版格外珍惜。

这个世界越来越紧张,未来会变成怎样,我不确定。唯一能确定的是我会继续以写作和思考为一生志业。而且,我不想生活在一个单调的世界里。我庆幸我还有能力写作,写作的功用之一就是丰富意义,医治单调。

我想以后我会时常回忆起今晚的这场音乐会。这世界上并非只有钢琴一种乐器。况且,修不好这架有缺陷的钢琴,还有其他地方的钢琴。而就算世界没有了外面的钢琴,你还有内心的古筝。如果你本来就能弹一曲《落花飞》,何必总为那架有缺陷的钢琴耿耿于怀。若是实在情怀难舍,那就努力去修好那架钢琴。无论结果如何,你的人生都是一部《命运》交响曲。

因为上面的这些思考,我在如何面对国家、社会与他人等诸多问题时,突然有了一种豁然开朗的感觉。

记得苏东坡写过一首《题沈君琴》:

若言琴上有琴声,放在匣中何不鸣?
若言声在指头上,何不于君指上听?

人世间的美,既不仅在于人,也不仅在于世界,而在于人与世界的具体交往。这实际上是一个意义控制与意义完成的过程,结果如何,不是我和世界单方面决定的。我不能决定世界的本质,但我可以决定我对世界的态度（赋予意义）。比如，我可以决定以自己能够接受的且认为美的方式来弹奏世界这架钢琴。

三

几天前的一个午后，当时阳光明媚，我坐在阳台上闲翻《弘一法师手书嘉言集》。书中汇集了若干幅弘一法师的书法作品。我读大学时曾被弘一临终前写的"悲欣交集"四字俘获，而今在他的字帖中读到"以情恕人，以理律己"几个字时，又是心头一震。

这些年来，我一直追求"有情有理"的写作风格，并将自己的生命置于那一段段情理之间，没想到弘一法师将情理之间的奥妙说得如此透彻！还无情以有情，是慈悲；还无理以有理，是智慧。当然，最需要的还是耐心。我过去也是想这样努力去做的吧。我知道我想得还不够周全，做得也不够好。如果我以追求一种"悲智双圆"的意义为理想，就要相信无论世界怎样不好，守住心中之情理乃是我的第一等事。而这也是写作之于我的价值所在。

四

熟悉美国小说的读者一眼就会看出本书英文名化用了《乱世佳人》（*Gone with the wind*）。我只是把风变成了西风，于是便有了这个"Gone with the western wind"。当我的脑子里浮现出这个书名时，我几乎毫不犹豫地选择了它。今日世界依旧充满了争斗与隔阂，无论"随西风而逝"还是"与西风同行"，人们终究是在同一颗星球上。无论风朝哪个方向吹，日本始终与中国相邻，正如东方始终与西方相邻。

我选择这个英文书名的理由还有很多。比如我在书里回应了一个观点，这个观点认为日本走向帝国主义是向西方学习的结果。对此我是持怀疑态度的。日本和中国在近现代化过程中都受到了西方的影响，但我始终认为，真正毁灭本国传统和未来的，不是外在的哪个西方国家，而是东方国家自己的选择。西方是复数，东方也是复数。一切正如尾崎行雄所说的，同样是学习西方，向德国学习和向英国学习，结果不一样。遗憾的是日本当时没有选择信奉自由主义和个人主义的英国模式，而是学习了德国模式。

我选择这个书名还因为我非常喜欢《乱世佳人》这部小说。几年前在美国旅行时，我曾不辞辛苦地跑到亚特兰大寻找玛格丽特·米切尔的足迹。事实上，我写《一个村庄里的中国》时听得最多的歌曲就是电影《乱世佳人》的主题曲"My own true love"（我之真爱）。在我看来，这不只是一部有关爱情的小说，更是一部关于土地和希望的小说。这世上许多东西都会随风而逝，最后能留下来的，还是土地及其孕育的希望。前提是生活在这片土地上的人要广种善因缘。也是这个原因，尽管周围有不少朋友选择离开，我依旧对我的故土有着深情厚谊，并且相信自己的内心藏着一颗向善的种子。

五

《西风东土》记录了我的一次远行，也是我思想上的一次寻找。我一介书生，别无长物，读万卷书，行万里路，只为寻一个信得过的道理。而这种寻找，同样是我在为自己的人生赋予意义。年轻的时候，我总觉得自己是为寻找真理而生的。至年纪稍长，思索愈多，方明白真理在丰饶的人世何其渺小。

人是意义动物，而不是真理动物。没有谁会为真理而生，人只会为寻找意义而生。许多人宁愿提前结束自己的生命，或自杀或甘于被他杀，他们不是死于追求真理，而是以最后一搏完成人生的意义。日子过久了，两个人不再相爱，变化的不是两个人，而是彼此赋予的意义。明白这一点，就明白了人世间的许多悲欢离合。

真理只是事实，就如"1+1=2"，你寻与不寻它都在那里。然而意义不一样，同样是面对"1+1=2"，有的人反对，有的人赞成，有的人支支吾吾。你的选择决定了你有什么意义。在意义的世界里，人们注定无处可逃。不选择也是一种选择，正如无意义也是一种意义。

我曾以为写作是件非常高尚且有希望的事情。后来知道自己不过是芸芸众生里的那个普通人，只是因为知道人生没有意义而努力为自己寻找些意义罢了。写作是我寻找与储存意义的一种方式。我心里很清楚，思想者不是科学家，也不是发明天堂的狂热分子，他追求的是一个合理的世界，而不是一个真理的世界。在真理的世界里装的是"1+1=2"，而在合理的世界里装的是公平、正义和美，是你的快乐以他人的悲伤为界。我希望东亚能长出和解的花朵，同样不是为了追求真理，而是为了追求合理。即使无关乎公平、正义，一个冤冤相报的世界在我这里首先是不美的。

由于人的眼光有限，科学家能找到的真理随时可能被推翻。这是卡尔·波普尔的理论。但在真理的世界里，客观规律又是绝对的、可循的。比如地球在旋转，金刚石比木炭坚硬，水由两个氢原子和一个氧原子组成。与此相比，意义的世界更热衷于相对。你有你的正义，我有我的正义。你有你的善，我有我的善。如果想相安无事，那就掌握好"正义的平衡"和"善的平衡"。普世价值不是真理，而是一种为大家共同遵守的价值观。相信或不相信，那不是真理的事，而是意义层面的事。

人们常说"真理令尔得自由"，这里的"真理"并非客观世界的规律，而是一种可以信赖的绝对意义。为了便于理解这句话，我可以换一种说法：当你深爱一个人（赋予绝对意义）时，就不再对其他人胡思乱想，于是你情欲的世界也就从此清静了（得自由）。人们信奉宗教，也是为了在这种单一的意义维度中获得自由，或者说把自由一次性承包给神。当然人很难做到这一点，所以才经常会有天人之战，有作恶与救赎。

进一步说，在意义和真理之间，相信真理是众人之事，相信某种绝对意义则是个人之事。人类历史上的很多悲剧，就在于有强人以个体之意义代替世界之真理，以一人之信仰取代世界之规律。如果真理是被发明出来的，我更喜欢"庆祝无真理"，而不是昆德拉笔下的"庆祝无意义"。同样，相较"真理令尔得自由"，我更相信"（绝对）意义令尔得自由"。然而，人类毕竟是一个有着自由意志的物种，想要找到可以笃信的绝对意义，何其难哉！就连上帝也因为经不起人类的折腾，死过好几回了。

但我总觉得人应该相信点什么，比如"举头三尺有神明"，正如弘一法师所说："是是非非地，明明白白天。"

六

限于篇幅，以上内容不便在此展开了，我会在下一本书里着重探讨有关人的更本质的话题。我必须承认，我思考国家与社会等政治性话题只是为了尽时代之责，但这些并不关乎我灵魂的激情。我的写作最终还是会回到人本身，以我之情理去关心具体的人的命运，比如那些苦于人生没有意义而在忧伤抑郁的怀里挣扎的人，而我亦时常身处其中。

为了迎接那一天的到来，我已经走了足够多的弯路。读者如果有心，会发现我已经在近几年的写作中开始了这种转向或回归。我在《西风东土》这本书里偶尔流露了相关焦虑。每当看到有人自杀的新闻时，我的内心便有一种不堪承受的自责——万一我关于人生意义的某些思考能够帮助他呢？我承认，当时代困厄未消，谈论人生意义可能是一件奢侈的事情。但我相信，哪怕我未来的写作只能帮助到一个站在悬崖边上的人，那也是最紧要的事。

在书稿即将付梓之际，我谈了太多遥远的话题。还是回到当下吧，说说我最后坚持了的事和我所要感谢的人。

从市场的角度来说，也许我该听从一些人的建议将书名改为"重新发现日本"之类的话。我尊重这些建议，但我实在无法从内心割舍掉我在"西风东土"以及"两个世界的挫折"里所暗藏的意蕴与情怀。对于一位写作者来说，他最应该同时也最有能力维护的是一本书的精神内核。我相信多年以后有缘的读者能够记住的是"西风东土"这个书名。而我从一开始便坚持这样一种写作态度——尊重市场，但更尊重内心的品质。

感谢阿古智子、佐藤充则两家以及所有日本朋友给我的无私帮助。感谢可越、叶千荣、林少阳、王铮、唐辛子等所有帮助过我的华人朋友，是他们让我在异国他乡感受到了一种温润如玉、和煦如风的暖意。而这也是我在其他国家旅居时不曾有过的奇异体验。

感谢姜克实、西村豪太、加藤嘉一、大森勇辉、渡边诚司等所有接受过我访问或者访问过我的人。无论来自哪个国家，有着怎样的观点和立场，他们能拿出小半天时间与我交谈，就是拿一段生命来与我同行，我没有理由不心存感激。由于时间仓促，文稿来不及交付各位检验，书中行文若有错漏、不周之处，敬请各位原谅。

此外，我还要特别感谢东京大学和Japan Foundation。感谢野口裕子、王琳、张成和刘春晖等为我做了大量翻译工作。没有他们的帮助，在日本的很多时候我会寸步难行。

感谢陈卓兄和陈凌云兄，他们为本书的写作给予了必要的鼓励，并提出了宝贵的意见。

感谢爱我与我爱的人，你们是我世界里的最后的光亮与勇气。

当命运的齿轮旋转

梦，就即将涌现

当真爱的奇迹启航

美，来了呢！

在我合上电脑之前，还要向我在东京期间没能好好照顾的女儿深表歉意。上面这节小诗是女儿十岁时写的，我读到后一直念念不忘。我将其引用在这里，只为祝愿她此生不负才思和情理，能够自由创作，将来生活在一个没有雾霾与恐惧的世界里。

熊培云

写于 2015 年 12 月 19 日凌晨